ドイツ相続法

ドイツ相続法

ディーター・ライポルト 著

田中宏治 訳

法学翻訳叢書
017
ドイツ民法

信 山 社

Originally Published in Germany
under the title of
Erbrecht: Ein Lehrbuch mit Fällen und Kontrollfragen,
23., neubearbeitete Auflage von Prof. Dr. Dres. h.c. Dieter Leipold
© 2022 Mohr Siebeck GmbH & Co.KG Tübingen

Japanese Translation Rights © Koji Tanaka (Translater) 2024
Shinzansha Verlag, Tokyo
6-2-9-102 Hongo, Bunkyo-Ku, Tokyo-To, ZIP 113-0033, JAPAN
Printed in Japan
ISBN 978-4-7972-2374-3

日本語版序文

　私の相続法の教科書を田中宏治教授が日本語に翻訳してくださったことは，私にとって大いなる慶事であり名誉です。まず，その翻訳に心からの感謝を申し上げます。また，出版をお引き受けいただいた信山社にも深い感謝を表したいと存じます。

　田中教授は，日独民法研究に幾星霜を捧げられてこられました。田中教授がフライブルクで研究滞在を繰り返される度に，議論を重ねることができたことをいつも有り難く思ってまいりました。一冊の図書を翻訳する作業は，並々ならぬ根気と時間を要するものですが，田中教授は細心の注意を払ってその作業をこなされました。今後，この書籍が日本国内でも注目を浴び，多くの人に活用されることを願っています。

　私の教科書の目的は，ドイツ相続法の基本的な事柄から詳細な重要事項までを読者に明示することです。そのため，本書は日独相続法の比較研究に適しています。同時に，本書は，相続法上の紛争解決やドイツ法関係の遺言書・相続契約の作成等，実務案件にも活用することができるでしょう。

　本書の本文および事案には，多数の判例を引用していますが，それらは主にドイツにおける民事事件の最上級裁判所である連邦通常裁判所のものです。ただし，相続権はドイツ基本法に明文で保障されているため，連邦憲法裁判所も相続権の保障の範囲に関する判断を下す権限を有しています。また，欧州法の影響も無視できません。国際私法上のドイツ相続法の適用範囲は，欧州相続規則（EuErbVO）によって規定されていて，（日独間の相続事件においても）相続法の準拠法の決定は，一般に，被相続人の最後の常居所地が基準になります（従来は国籍を基準にしていました）。この点については，本書の冒頭に，欧州司法裁判所の基本判例に関する情報を掲載しています。

　ドイツで相続法は民法典第5編です。他の編，特に債務法と比較すると，立法以来ほとんど改正されていません。それでも，1900年1月1日の民法典施行以来，特に親族法に関連して，若干の改正を被っています。たとえば，同性婚の合法化（2017年）に相続法も対応しました。最近の法改正の中では，世話と人的会社に関するものが相続法に相当な影響を及ぼしています。これらの改正にも本書は対応しています。

　日独法学の緊密な連携の継続の一助となることを心より願いつつ。

　フライブルク，2024年8月

　　　　　　　　　　　　　　　　　　　　　　　　　　ディーター・ライポルト

日本語版著者経歴

ディーター・ライポルト教授（Prof. Dr. Dr. h.c. Dieter Leipold）

1939 年 1 月 15 日	ドイツ・パッサウ生まれ
1957 年	パッサウにてギムナジウム卒業試験合格
1957 年	マクシミリアネウム財団(ミュンヘン)奨学生
1957 年～1962 年	ミュンヘン大学法学部
1959 年～1960 年	サマランカ大学(スペイン)留学
1962 年	国家試験 1 次（ミュンヘン）（評点 1.46－秀上(ausgezeichnet)；第 1 位）
1963 年～1970 年	ミュンヘン大学法学部助教（ルドルフ・ポーレ教授）
1965 年	博士（ミュンヘン大学法学部）（最優等(summa cum laude)）
1966 年	国家試験 2 次（ミュンヘン）（評点 2.20－秀(sehr gut)；第 1 位）
1970 年	教授資格（ミュンヘン大学法学部）：（民法，労働法，民事訴訟法および民事手続法）
1970 年～1979 年	エアランゲン＝ニュルンベルク大学法学部教授（民法，労働法および民事訴訟法）
1972 年～1973 年	エアランゲン＝ニュルンベルク大学法学部長
1975 年	ギーセン大学の招聘を拒絶
1979 年～	フライブルク大学法学部教授（民事訴訟法）
1984 年～1985 年	フライブルク大学法学部長
1985 年	ヴュルツブルク大学の招聘を拒絶
1985 年～	フライブルク大学民事訴訟法研究所長
1988 年～1994 年	民事訴訟法学会理事長
1991 年～1993 年	ドレスデン大学法学部設立委員；民事法教官任用委員会座長；ドレスデン学部代表（1992 年～1993 年冬学期）
1993 年～1996 年	フライブルク大学「私法国際化」研究代表
1998 年	大阪市立大学名誉博士
2001 年	立命館大学客員教授（9 月から 12 月まで）
2007 年 3 月 31 日	フライブルク大学教授退官・名誉教授
2007 年	中央大学客員教授（10 月）
2008 年	トラキア大学法学部(ギリシャ)名誉博士
2013 年	日本民事訴訟法学会名誉会員
2013 年	立命館大学客員教授（4 月から 5 月まで）

研究滞在，研究報告および客員教授
日本，韓国，オーストリア，イギリス，ギリシャ，スペインおよびイタリア

主たる研究分野
民事訴訟法，国際民事訴訟法，倒産法，国際倒産法，比較法，法社会学，相続法，民法総則

日本での活動について

1976 年	竹下守夫教授等（上田徹一郎，石川明，染野義信および松浦馨各教授）の招聘で初来日。東京および名古屋の大学で講演
1988 年	第 2 回来日。民事訴訟法学会大会（熊本）で講演
1990 年～2013 年	来日多数，特に立命館大学および中央大学で客員教授
1993 年～2012 年	フライブルク大学・大阪市立大学共催の法学シンポジウムにおいてフライブルク側の報告者および責任者（うち日本開催は 1993 年，1998 年，2005 年および 2012 年）

訳者まえがき

　本書は，翻訳書であり，原典は，Dieter Leipold, Erbrecht, 23. Aufl., Tübingen: Mohr Siebeck, [2022] である。以下，原典の紹介（Ⅰ），著者の紹介（Ⅱ）および私が翻訳を担当した経緯（Ⅲ）を記すことをもって，訳者まえがきとしたい。

Ⅰ　原典の紹介

　第1に，原典は，初版が1974年に刊行され，以下2版1977年，3版1979年，4版1982年，5版1984年，6版1986年，7版1988年，8版1990年，9版1991年，10版1993年，11版1996年，12版1998年，13版2000年，14版2002年，15版2004年，16版2006年，17版2009年，18版2010年，19版2012年，20版2014年，21版2016年，22版2020年，23版2022年と49年間に渉り1〜4年（平均2.2年）の間隔で版を重ねてきたものである。単独著者によるドイツ相続法の教科書として最多の版数を誇る。

　特徴としては，次の3点が挙げられよう。第1に，ライポルト教授自身の研究業績（論文・判例評釈など）が基礎となっていて，50件の業績が150箇所にわたって引用されていることである。一旦公表した研究を再考した上で，原典に盛り込んでいることが窺われる。第2に，法改正・裁判例および学界の動向に対してきめ細かい目配りがされていることである。それらに対する配慮は，脚注から明らかになっている。第3に，第1の点と深く関連することであるが，文章が非常に明晰で分かりやすいことである。それは，ドイツ相続法全体および個々の制度についてのライポルト教授自身の考え方が明確に示されているためである。世の中の教科書には，客観性や中立性という名目で法令判例や通説の無秩序な列挙に止まるものも見られるけれども，そのようなものとは対極をなす存在である。なお，わが国には，教科書の中でも本来の格式を備えているものを「体系書」と呼ぶ慣例がある。ドイツにおいては，そのような呼び方はなく，„Lehrbuch"（教科書）と一括りに呼ぶけれども，原典こそ，「体系書」という邦語訳を当てるに相応しい „Lehrbuch" である。

　また，原典は，ドイツ本国において定番であるだけでなく，わが国のドイツ相続法研究者にもあまねく利用されている。21世紀に入ってからのわが国のドイツ相続法研究で，原典を引用していないものは存在しないだろう。

Ⅱ　著者の紹介

　第2に，ライポルト教授の人物については，前掲の日本語版著者経歴がもっとも正確に物語るであろう。

　1点補足するとすれば，ライポルト教授の日本語についてである。ミュンヘンでの助教時代に遡る日本人研究者との良好な関係は，教授就任以降に多くの日本人研究者を受け入れて指導したことでさらに深まり，ライポルト教授は，本格的に日本語を学習するに至る。私が初めてライポルト教授にお会いしたのは，1998年秋の大阪でのシンポジウムであったが，その歓迎パーティの冒頭でドイツ側代表として登壇されたライポルト教授は，すべて日本語で挨拶されたのであった。外国語習得に苦労した経験のある者であれば，あの明快な日本語から，ライポルト教授がどれだけの時間を日本語学習に費やしたのかに思いを致さずにはいられないであろう。ライポルト教授の日本語能力は，会話だけでなく読み書きにも発揮され，その一端は，日本の民事調停法の解説と全文訳からなる Dieter Leipold/ Koji Tanaka: „Das japanische Zivilschlichtungsgesetz", in: „Zeitschrift für Zivilprozeß International", 18. Bd. 2013, SS. 319-338〔2014〕という業績にも現れている。

　ライポルト教授が日本と日本人に対して注がれた愛情の量に対し，私たちはどれだけの恩返しができているのかと忸怩たる思いである。

Ⅲ　翻訳の経緯

　第3に，翻訳を私が担当した経緯を説明しよう。1999年から丸2年間，私は，DAAD奨学生としてライポルト教授を指導教官としてフライブルク大学法学部修士課程に留学した。2001年に無事に学位を取得して帰国した後も，現在に至るまで，私がライポルト教授の下で在外研究を繰り返しているのは，先生の熱心な指導によるものである。そのような中で，ライポルト教授の2冊の教科書（民法総則と相続法）を翻訳し，日本の読者に提供したいという使命感が芽生えた。民法総則については同志の円谷峻先生がいちはやく翻訳書を出版したけれども（2008年初版，2015年第2版），私が担当することとなった相続法の翻訳は，なかなか着手できずにいた。自身の研究書2冊（『代償請求権と履行不能』・『ドイツ売買論集』）の刊行を優先したためである。2020年にそれらを脱稿した後，ようやく原典第22版（2020年）の翻訳に着手した。ところが，2022年に原典第23版が上梓されたため，第22版を元に訳し終えていた部分も第23版を元に訳し直し，合計4年の執筆期間を費やして完成したのが本書である。その間2017年に病没された円谷峻先生に本書出版を報告し，先生のご

訳者まえがき

冥福を祈りたい。

　翻訳に当たっては，学術書としてのルール・慣例を遵守するよう努めた。すなわち，原典を理解するために，数知れぬ日独の先行業績の教示に与りながら，翻訳書という性質上，逐一文献を引用することはしていない。他方，ドイツ語の各法律用語を最初に邦語訳（これも学術上の業績である）をしたのは誰か，についてはできる限りの注意を払い，その出典を明らかにしている。しかし，私の能力不足のために不備が多々あることを恐れている。この点については読者の皆様のご海容を願うと同時に，ご斧正を請いつつ，将来の改善を期することとしたい。

　そのように翻訳を進める過程で実感したことは，①訳者が原典を言語上も法学上もよく理解しているだけでなく，②原典や著者を大切にしたいという訳者の心構えが重要だ，ということである。さもなければ，粘り強く原典に取り組む意欲が湧かないからである。私のライポルト教授に対する特別な敬意が，本書の文面に多少なりとも表れていることを願っている。

　なお，本書出版に当たり，著者のライポルト教授には，翻訳のお許しをいただき，Mohr Siebeck 社からの翻訳権取得にお骨折りいただいたことはもちろん，翻訳作業のために，対面であるいは郵便やメールや SNS を通じて考えうる限りの助力を賜った。心からの感謝を申し上げたい。また，ドイツ遺産裁判所における実習の世話をしていただいたヨハネス・キメスカンプ裁判官に深謝したい。他方，日本人としては，ライポルト教授を紹介してくださった能見善久先生および先述の DAAD 奨学生としての留学を実現させてくださった故國井和郎先生と故潮見佳男先生に対して謝意を表したい。また，本書そのものが最終的に出版できたのは信山社の今井守氏の理解と尽力によるものであることを記し，厚くお礼を申し上げる次第である。

　東京，2024 年 3 月

田　中　宏　治

第 23 版の序文

　第 23 版では教科書全体を更新した。影響の大きい幾つもの新法に言及した中でも，後見・世話法の改革のための法律と人的会社法の現代化のための法律が重要である。しかし，もっとも重要なのは，欧州〔司法〕裁判所，連邦通常裁判所および高等裁判所の諸判例によって相続法の特徴がますます際立ってきていることである。

　本書は，その所属する大学を問わず，大学生を対象としている。法律家の卵ではあっても，実務上の重要性に鑑み，相続法の知識を身に付けるべきである。相続法の大部分は，第 1 次・第 2 次国家試験〔司法試験〕の必修分野でもある。大学で相続法ないし相続法関係を重点科目として選択する者にとっても本書の資料は十分なものであろう。

　本書には，教育上の配慮として，導入のための事案と復習のための問題を収めてある。解答は意識して詳しく書いてある。本文は，事案・問題と一体のものとして読んでいただきたい。事案の解答においては，本文では触れていないあるいは詳しくは扱っていない事柄を検討している場合がある。

　　フライブルク，2022 年 3 月

　　　　　　　　　　　　　　　　　　　　　　　　　ディーター・ライポルト

〈目　次〉

日本語版序文（v）
日本語版著者経歴（vi）
訳者まえがき（viii）
第23版の序文（xi）
凡　例（xix）

第1部　入　門

第1章　相続法の対象，法源および適用範囲 …………………… 3

- Ⅰ　相続法の概念と対象（3）
- Ⅱ　法　源（4）
- Ⅲ　場所的適用範囲（国際私法）（6）

第2章　基 本 概 念 ………………………………………………… 15

- Ⅰ　被相続人と相続開始（15）
- Ⅱ　相続人と相続能力（16）
- Ⅲ　相続財産，遺産および遺産債務（18）
- Ⅳ　法 定 相 続（18）
- Ⅴ　死因処分，遺言相続および遺留分権（19）
- Ⅵ　包括承継，相続人共同体，相続分（20）
- Ⅶ　相続人の地位，遺贈（21）

第3章　社会システムにおける相続法 …………………………… 27

- Ⅰ　相続法の目的（27）
- Ⅱ　私的自治の一部としての遺言の自由（27）
- Ⅲ　相続法と所有権秩序（28）
- Ⅳ　相続権の憲法上の保障（28）
- Ⅴ　国の取り分としての相続税（33）
- Ⅵ　相続法改正（37）

第 2 部　法定相続

第 4 章　血族（特に卑属（第一順位相続人））の法定相続権 …… 41

- Ⅰ　親族相続権の基礎 (41)
- Ⅱ　血族関係（Verwandtschaft）と血統（Abstammung）(42)
- Ⅲ　順位等による相続（同祖血族主義（Parentelsystem））(48)
- Ⅳ　家系（Stamm）による相続 (49)

第 5 章　後順位の法定相続人 …… 56

- Ⅰ　第 2 順位の法定相続人 (56)
- Ⅱ　第 3 順位の法定相続人 (57)
- Ⅲ　第 4 順位，第 5 順位以下の法定相続人 (59)
- Ⅳ　数個の血族関係における相続権 (60)

第 6 章　配偶者の法定相続権 …… 65

- Ⅰ　一般的要件 (65)
- Ⅱ　配偶者の相続分一般 (66)
- Ⅲ　夫婦財産契約の剰余共同制における配偶者の相続法上の地位 (69)
- Ⅳ　別産制における相続法上の特殊性 (77)
- Ⅴ　財産共同制の法律関係 (79)
- Ⅵ　独仏の選択剰余共同制の夫婦財産制 (80)
- Ⅶ　先取分（Voraus）(81)
- Ⅷ　30 日間扶養を受ける者 (82)
- Ⅸ　相続人の母になる者の扶養請求権 (83)

第 7 章　パートナーの法定相続権 …… 87

第 8 章　法定相続人としての国 …… 88

- Ⅰ　前提と目的 (88)
- Ⅱ　手　続 (88)

◆　Ⅲ　法定相続人として国が取得する法律上の地位（89）
◆　Ⅳ　ドイツ国の先占権（89）

第3部　相続に関する死因処分およびその他の法律行為

第9章　遺言の自由とその限界（法律上の禁止および良俗違反） …………91

◆　Ⅰ　遺言の自由（91）
◆　Ⅱ　法律上の禁止，特に老人ホーム法（Heimgesetz）において（92）
◆　Ⅲ　死因処分における良俗違反（94）

第10章　遺言能力と自筆死因処分 ………………………………………107

◆　Ⅰ　遺言能力と相続契約締結能力（107）
◆　Ⅱ　死因処分の本人作成（110）

第11章　遺言の作成と撤回 ………………………………………………116

◆　Ⅰ　遺言方式の目的と種類（116）
◆　Ⅱ　公正証書遺言（公的遺言）（116）
◆　Ⅲ　自筆証書遺言（120）
◆　Ⅳ　特別方式遺言（緊急遺言）（127）
◆　Ⅴ　遺言の撤回（128）

第12章　遺言の内容と解釈 ………………………………………………137

◆　Ⅰ　遺言することができる内容（137）
◆　Ⅱ　遺言解釈一般（140）
◆　Ⅲ　重要な解釈・補充規則（143）
◆　Ⅳ　好意的解釈，補充的解釈，無効行為の転換（150）

第13章　無効な，取り消すことのできるおよび無条件の遺言 …………160

◆　Ⅰ　無効と効力不発生（160）
◆　Ⅱ　取　消　し（162）
◆　Ⅲ　条件付終意処分（174）

第 14 章　共同遺言 ……………………………………………………… 179

- Ⅰ　共同遺言の本質と要件（179）
- Ⅱ　遺言の方式と共同遺言性（180）
- Ⅲ　終りの相続人（Schlusserbe）の指定（181）
- Ⅳ　相関的処分概念（184）
- Ⅴ　共同遺言の撤回（186）
- Ⅵ　拘束力を生じた相関的処分と加害目的の贈与（187）
- Ⅶ　共同遺言の取消し（188）
- Ⅷ　再婚条項（189）

第 15 章　相続契約 ……………………………………………………… 197

- Ⅰ　相続契約の目的および法的性質（197）
- Ⅱ　相続契約の成立（199）
- Ⅲ　相続契約の内容（201）
- Ⅳ　契約上の処分の拘束力の消滅（203）
- Ⅴ　相続契約の拘束力と生存中の処分（207）

第 16 章　相続放棄 ……………………………………………………… 218

- Ⅰ　放棄の種類（218）
- Ⅱ　相続放棄の法的性質と適用規定（218）
- Ⅲ　相続放棄の目的と和解との連結（219）
- Ⅳ　相続放棄の契約締結について（221）
- Ⅴ　相続放棄，遺留分放棄および受益の放棄の効力（221）
- Ⅵ　相続放棄の取消しと解消（223）

第 17 章　死亡に備えた生存中の法律行為；会社と株式の承継 ……… 227

- Ⅰ　死因贈与（227）
- Ⅱ　死亡の場合に効力を有する第三者のためにする契約（231）
- Ⅲ　事業・株式等の承継（237）

第 4 部　相続開始の法律効果

第 18 章　遺産の承継と相続人の法的地位 ……………………………… 247

- Ⅰ　遺産の承継，放棄および承認 (247)
- Ⅱ　相 続 欠 格 (257)
- Ⅲ　相続人の権利取得と権利貫徹 (258)
- Ⅳ　相続法上の請求権の消滅時効 (267)
- Ⅴ　相 続 証 書 (268)
- Ⅵ　欧州相続証書 (278)

第 19 章　予備相続人ならびに先位相続人および後位相続人 ……… 284

- Ⅰ　予備相続人 (284)
- Ⅱ　先位相続と後位相続 (285)

第 20 章　相続人の遺産債務に対する責任 …………………………… 297

- Ⅰ　無制限だが制限可能な責任 (297)
- Ⅱ　遺産債務とその調査 (299)
- Ⅲ　責任制限の可能性 (301)

第 21 章　相続人共同体 ………………………………………………… 307

- Ⅰ　相続人共同体の法的性質と共同相続人の相続分 (307)
- Ⅱ　遺産管理，遺産中の個別財産の処分および代位 (312)
- Ⅲ　遺 産 分 割 (318)
- Ⅳ　共同相続人の遺産債務に対する責任 (323)

第 22 章　遺贈と負担 …………………………………………………… 328

- Ⅰ　遺　贈 (328)
- Ⅱ　負　担 (332)

第 23 章　遺言執行者 …………………………………………………… 336

- Ⅰ　遺言執行者の指定 (336)

目　次

- ◆ Ⅱ　遺言執行者の任務と法的地位（338）
- ◆ Ⅲ　一人会社および人的会社の持分における遺言執行（342）
- ◆ Ⅳ　遺言執行者の職務の終了（344）

第 24 章　遺 留 分 権　……………………………………………………… 348

- ◆ Ⅰ　要　　件（348）
- ◆ Ⅱ　遺留分侵害額請求権の内容と算定（351）
- ◆ Ⅲ　遺留分補充請求権（355）
- ◆ Ⅳ　情報提供請求権（360）
- ◆ Ⅴ　遺留分の猶予（361）
- ◆ Ⅵ　消 滅 時 効（361）
- ◆ Ⅶ　遺留分の剥奪（363）

第 25 章　遺産売買および生存中の第三者の遺産に関する契約 ………… 374

- ◆ Ⅰ　遺産売買の内容と形式（374）
- ◆ Ⅱ　遺産の売却の履行と瑕疵担保責任（374）
- ◆ Ⅲ　遺産債務に対する責任（375）
- ◆ Ⅳ　生存中の第三者の遺産に関する契約（375）

参 考 文 献（377）
訳語出典一覧（379）
条 文 索 引（381）
事 項 索 引（396）

凡　例

- 亀甲の括弧〔　〕内は，訳者によるものである。原典の誤りを指摘する箇所は，すべて著者の確認をとっている。
- 原典のボールドはゴチックで，イタリックは傍点で表示している。
- 欄外番号(Rn.)には，章番号を付した。たとえば，1-1は，第1章のRn.1の意味である。
- 法令は，原則としてドイツのものである。ドイツ以外の国の法令には国名を明記した。
- 法令名は，原典の表示が略称名であるときも，原則として正式名称を掲げた。民法は，法令名を略し条数のみ挙げた。
- 訳語は，原則として先例を尊重し，〔　〕内に出典を，〔著者姓　出版年, 頁〕の形式で表示した。訳語出典一覧は巻末にある。

ドイツ相続法

第 1 部
入　門

第 1 章　相続法の対象，法源および適用範囲

事案 1：M は，オーストリア国籍の寡夫あり，2 年来〔ドイツ南西部の保養地〕リンダウの高齢者住宅で暮らしている。M は〔ドイツ国境に接するオーストリアの中北部の都市〕ザルツブルクに一軒家を所有しているが，そこには娘の T が住んでいる。M には息子 S もいるが，S に子は無くパリに暮らしている。M は，スイスの病院に行って心臓の手術を受けたが，3 週間後にそこで死去した。
　a）相続の順位はどのようにして決めるべきだろうか。
　b）遺産が姉だけのものになるよう，S は，相続を放棄したい。S は〔居住地の〕フランスの裁判所に放棄の意思表示をすることができるだろうか。

I　相続法の概念と対象

1-1　相続法という概念は，主観的意味と客観的意味で用いられることがある。主観的意味の相続法は，相続権の意味であり，他人の相続人になった人，つまり遺産に相続人として関与する人の法律上の地位を言う。それに対し，**客観的意味の相続法**は，ある人物の死亡の際に生じる私人かつ財産法上の権利義務の承継を規律する法規範全体として理解される。客観的意味の相続法の規定する範囲は，ある人物の死亡に伴って発生するすべての法律効果を包括しているわけではない。むしろ，その効力は，**私人の財産法**の範囲に限定されている[1]。

1-2　ある人物の死亡が公法上の法律関係にいかに作用するかは，相続法ではなく，公法に属する諸法律が規定する[2]。公法の性質を有するのは，たとえば，公務員関係

（1）　したがって，事前指示（Patientenverfügungen）〔エーザー 2013, 242〕（治療の終了等に関する指示）は，相続法の領域には入らない。事前指示は，〔親族編の〕1901 条 a および b に規定されている。
（2）　死亡による公法上の権利の承継〔山田 1993, 517〕について詳しくは，MünchKomm/ Leipold, Einl. Zum Erbrecht (Bd.11), Rn.164ff.

から生じる請求権である。公務員の遺族に援助給付請求権が帰属するのか，その金額はどれだけか，という問題はもっぱら公務員法の規定に従って決まる[3]。そこでは，相続人としての地位は問題にならない。**法定の定期金保険（Rentenversicherung）**〔山田 1993, 532〕から遺族が諸請求権を取得する場合も相続法とは無関係である[4]。

II 法源

1．実体法

1-3 実体法は，主に**ドイツ民法典相続編**，つまり法第5編（1922条から2385条まで）に規定されている。相続法の発展については3-84以下参照。ドイツ民法典第5編は，かなり広範囲であり残念ながら見通しがよくない。最重要の規定は，〔全9章の内の〕前半5章に置かれているものである。第1章は，「**相続順位（Erbfolge）**〔太田 1989, 5〕」という表題であるけれども，**法定相続の順位**に関する要件だけをすべて規定している。非常に重要な**死因処分（Verfügungen von Todes wegen）**〔山田 1993, 664。遺言と相続契約（Erbvertrag）の上位概念〕については，ごく一般的な内容の輪郭を示し，それが許容されることを宣言するだけである。いささか混乱させるのは，その直後の第2章に相続人の法的地位（Rechtliche Stellung）〔太田 1989, 111〕が規定されていることである。そして第3・4章（「遺言」と「相続契約」）でようやく死因処分の内容と形式についての詳細が規定される。法定相続と遺言の自由の間の緊張関係は，第5章遺留分権（Pflichtteilrecht）において法律上解決されている。

1-4 直接に相続法上の効力のある個別の規定が前後関係の理由から**ドイツ民法典の他の編**に置かれることがある。たとえば，債務法の563条以下（生存配偶者，非婚の生活共同体（Lebensgemeinschaft）の当事者または他の家族などとの住居賃貸借関係の継続），物権法の857条（相続人に対する**占有の移転**），親族法の1371条（生存配偶者の相続分の加重による剰余清算）である。さらに，相続法は，ドイツ民法典の他の編にある規定の準用，とりわけ**親族法**（たとえば，血族関係（Verwandtschaft）と血統（Abstammung）に関する1589条・1591条以下，養子縁組の効力に関する1754条以下・1770条・1772条の諸規定）によって補充される。法律行為に関する**民法総則**の諸規定は，相続

---

[3] 遺族給付については，官吏援助給付法（Beamtenversorgungsgesetz）〔横田 2012, 155。Versorgungは，遺族給付を意味し，恩給（Pension）のような公務員自身に対する給付を含まない。官吏扶助法とも（早津 2017, 70）〕16条以下参照。

[4] 法定の定期金保険における遺族年金は，社会法（SGB, Sozialgesetzbuch）〔山田 1993, 585〕第6編46条以下の規定による。死亡時に既に満期となっていた年金請求権については，まず社会法第1編56条1項が相続法とは無関係に固有の承継順位を規定している。詳しくは，MünchKomm/ Leipold, Einl. Zum Erbrecht (Bd.11), Rn.180ff.

法が特別規定を置いていない限り，死因処分にも適用される。

1-5 民法典の外にも，相続法の実質を持つ実体法上の諸規定が置かれている。ここで言及すべきは，たとえば，従前の所有者が死亡した後の商号継続〔使用（神作 2016, 23）〕の権限を規定する商法 22 条である。さらに，若干の州には，農場の継承に関する特別法（世襲農場法・単独相続法〔山田 1993, 27〕）がある[(5)]。その他の点では，農場についても民法典だけが適用される。

　国際私法上の諸原則については（ドイツ相続法の適用範囲についての諸規定についても），1-10 以下を参照。

2．手 続 法

1-6 ドイツ民法典は多くの箇所で**遺産裁判所**（Nachlassgericht）に権限を与えている。たとえば，相続証書の発行の管轄である（2353 条）。相続の放棄は，遺産裁判所に対してしなければならず（1945 条 1 項）。遺言による相続人の指定の取消しは，遺産裁判所に対してしなければならない（2081 条 1 項）。遺産裁判所は，裁判所構成法（GVG）23a 条 2 項 2 号の規定に従って，**区裁判所**である（事物管轄）。土地管轄は，まず，被相続人の死亡時の常居所によって定まる（家事非訟事件手続法（FamFG）343 条）。遺産裁判所の手続は，家事事件及び非訟事件の手続に関する法律〔松久 2009, 832〕（家事非訟事件手続法）に規定されている。遺産事件および分割事件（Teilungssache）〔青木 2009, 103〕について法 342 条以下参照。

1-7 この関連で州法の規定にも注意を払わなければならない。民法施行法 147 条の規定に従って州法は，遺産裁判所の任務に裁判所以外の官庁が当たることを定めることができる。バーデン・ヴュルテンベルク州では，かつて公証役場が遺産裁判所の職務を担っていた（非訟事件に関するバーデン・ヴュルテンベルク州法旧 38 条）。しかし，この規定は，2018 年 1 月 1 日に失効し，現在ではバーデン・ヴュルテンベルク州においても遺産裁判所の職務は区裁判所が担わなければならない。遺産裁判所による職

---

(5) ライヒ世襲農場法（Reicherbhofgesetz）〔山田 1993, 523〕は，1945 年に管理委員会法律（Kontrollratsgesetz）〔山田 1993, 523〕によって廃止された。当時のイギリス占領地区に関しては，軍政府令によって世襲農場法（Höfeordnung）〔山田 1993, 322〕が〔1947 年に〕公布された。同法（1976 年 7 月 26 日再公布 BGBl. I 1933，その後数次の改正あり）は，部分的な連邦法として（BGHZ 33, 208, 213），現在もハンブルク，ニーダーザクセン，ノルトライン・ヴェストファーレンおよびシュレースヴィヒ・ホルシュタインの各州において効力がある。さらに，バーデン・ヴュルテンベルク（現在では旧南バーデンのみ），ヘッセン，ラインラント・プファルツ，ブレーメンおよび最近加わったブランデンブルクでは，民法施行法 64 条の規定に基づいて許される，世襲農場および単独相続に関する州法の特則が置かれている。詳しくは，MünchKomm/ Leipold, Einl. Zum Erbrecht（Bd.11），Rn.127ff.

権相続人調査（Ermittlung des Erben von Amts wegen）は，現在ではバイエルン州にだけ規定がある[6]。

1-8　非訟事件の分野の任務を公証人に委譲するための法律[7]により，**遺産分割の調停**の管轄は，公証人に委譲された（裁判所構成法 23a 条 3 項，家事非訟事件手続法 344 条 4a 項）。

1-9　**公証法**（Beurkundungsgesetz）〔ケストラー 2007, 290〕は，公法上の公正証書に関する手続規定を置いている。それらの規定は，とりわけ公的遺言（öffentliches Testament）〔公正証書遺言〕の作成と相続契約の締結について重要である。

遺産裁判所の手続の費用および公正証書の費用は，**裁判所公証人費用法**（Gerichts- und Notarkostengesetz）に従って定まる。

争いある相続法上の問題は，通常裁判所の**民事訴訟**によってのみ，実体法上確定する（18-653 参照）。管轄と手続は，裁判所構成法と民事訴訟法が規定する。地方裁判所の特別部については裁判所構成法 72 条 a 第 1 項 6 号の規定が，高等裁判所の特別部については同 119 条 a 第 1 項 6 号の規定が相続法上の争いの管轄に関する根拠条文となっている。

Ⅲ　場所的適用範囲（国際私法）[8]

1．法　源

1-10　国際相続事件では，どの相続法（相続準拠法（Erbstatut））〔金子 2013a, 129〕が適用されるかが問題となる。その基準となる国際私法の規定は，EU 相続規則（Eu-ErbVO）〔金子 2013b, 151〕[9]に置かれている。そこで規定されているのは，とりわけ，相続事件における裁判所の国際管轄（詳しくは 18-649 以下参照）と外国裁判の承認・執行についてである。さらに，EU 相続規則は，欧州相続証書（ENZ）の導入によって重要な改正を被った（18-660a 以下参照）。

1-11　EU 相続規則は，2015 年 8 月 17 日以降に死亡した人の権利義務の承継に適用され（EU 相続規則 83 条 1 項），民法施行法に規定されていたドイツ国際私法の旧規定

---

[6]　裁判所構成法及び州手続法の施行のための法律 37 条（BayRS IV, 483）。
[7]　BGBl. I 2013, 1800.
[8]　本節は，体系上の理由から本書の冒頭に置かれる。初めて相続法を学ぶ者は差し当たり飛ばしてよい。
[9]　相続事件における管轄，準拠法，裁判の承認・執行，公正証書の承認・執行並びに欧州相続証書の導入に関する 2012 年 7 月 27 日の欧州議会及び理事会の EU 規則 2012 年 650 号，Abl. EU vom 27. 7. 2012, L 201/07。EU 相続規則は，アイルランドおよびデンマークを除く総ての EU 加盟国に適用される。従来の条約の効力について詳しくは，1-14 参照。

の後継である。

1-12　EU 相続規則の規定に国内法（ドイツ法）を合わせるため，国際相続法及び相続証書等に関する規定改正に関する法律が公布された（2015 年 6 月 29 日。BGBl I S. 1042，2015 年 8 月 17 日施行）。その中に，**国際相続手続法（IntErbRVG）**が置かれている。さらに，〔廃止されずに〕存続している諸法律（民法・家事非訟事件手続法を含めて）も多くの改正を被っている。

2．滞在所主義（Aufenthaltsprinzip）〔山田　1993, 48〕とその緩和

1-13　EU 相続規則 21 条 1 項の規定に従って，原則として，被相続人が死亡時にその**常居所**を有していた国の法に従って権利義務が承継される。遺産に属する（土地を含む）財産がどこにあるかにかかわらず，このことは遺産全部に妥当する。

1-14　かつてドイツでは国籍主義（Staatsangehörigkeitsprinzip）に拠っていた。民法施行法旧 25 条 1 項の規定に従って，まず被相続人死亡時の国籍に従って適用される相続法が決まっていた。それに対し，現行の滞在所主義（Aufenthaltsprinzip）に従うと，死亡時にドイツに常居所のあったすべての人は，外国籍であるとしても，ドイツ相続法に従って相続される。外国に死亡時の常居所のあったドイツ国籍の人は，その外国の法に従って相続される。なお，EU 相続規則 75 条 1 項前段の規定に従って，国際条約が別段の定めを置いていることがある[10]。

1-15　上記のことは，EU 加盟国だけでなく，一般に妥当する（EU 相続規則 20 条）。たとえば，晩年はタイ人の妻とタイに完全移住することに決めたドイツ国籍の被相続人は，原則としてタイ法にしたがって相続されることになる[11]。

1-16　相続開始時における**常居所概念**について EU 相続規則に詳しい解説は存在しない。最後の常居所となるための最低期間についての規定は欠けている。EU 相続規則考慮事由 23 の考え方によれば，被相続人死亡前数年間と死亡時における生活状況全体で判断され，とりわけ当該国における滞在の期間と規則正しさおよびそれと関連する諸般の事情が考慮されなければならない。欧州裁判所によれば[12]，最後の常居所は，加盟国の 1 つになければならない。問題は，常居所概念は，現実の滞在所の

---

(10)　したがって，ドイツ・イラン間では居住地条約（1929）に従って引き続き国籍主義が妥当する。ドイツ・トルコ間では，居住地条約（1929）に従って遺産のうち動産については国籍主義が妥当するけれども，不動産についてはその所在国法が基準となる。詳しくは，MünchKomm/ Dutta, 8. Aufl., Bd. 12, EuErbVO Art. 75 Rn.8ff, 16ff.

(11)　もっとも，個別事案による。現地民と交際しない「マヨルカ年金生活者」は，故国に常居所があるかも知れない，MünchKomm/ Dutta, 8. Aufl., Bd. 12, EuErbVO Art. 4 Rn.10.

(12)　EuGH NJW 2020, 2947 Rn.40f.

客観的要素に加えて滞在・滞留の意思の形における主観的要素をもまた前提としているかどうか[13]，また，常居所の変更には被相続人の行為能力が必要かどうかである[14]。

1-17 その他，EU相続規則21条2項の規定によれば，被相続人が外国に明白に強い関係（offensichtlich eine engere Verbindung）を持っていたときは，常居所の連結点にかかわらず，当該国の法を例外的に適用することができる。たとえば，考慮事由25によれば，被相続人が死亡直前に最後の滞在所となる国に移住したが，その国よりも強い関係を被相続人が第三国に有していたことが明らかな場合である。

このようにして，適用法の連結点は，全体として柔軟に作られているが，その結果，法的安定性と予測可能性に欠けることにもなっている。

3．法 選 択

1-18 EU相続規則は，被相続人が全遺産に関して滞在国法に代えて他国法を選択することを認めている。しかし，その選択肢は厳格に制限されている。つまり，EU相続規則22条1項の規定に従って，被相続人は，法選択時または死亡時に国籍を有する国の法を選択することができるだけである。多重国籍の人は，国籍を有する国々から選ぶことができる。

1-19 ドイツ人が外国に常居所を持つまたは外国に移住しようとするときは，常居所にかかわらず確実にドイツ法にしたがって相続されるようにすることも可能である。この法選択は，遺産全部についてなされなければならない。つまり，ドイツ国内の土地についてだけ法選択をするということはできない。EU相続規則によれば，遺産が分裂することは極力避けるべきだからである。

1-20 法選択の要件は，EUが独立して（つまり被選択国の定めを要せず）定めることができる[15]。この法選択は，EU相続規則22条2項の規定に従って，死因処分（つまり遺言，共同遺言または相続契約）の形式で明示の意思表示によってなされるかまたは（たとえばドイツ法に言及するまたはその特殊な概念を用いる[16]）処分によって黙示に明らかにされなければならない。共同遺言における相関的処分（14-466参照）の形でもよいし，相続契約において契約として成立する処分でもよい（15-503参照）。なお，2015年8月17日より前（1-11参照）になされた法選択が，EU相続規則（第3

---

(13) OLG Hamm ZEV 2018, 343（Steinmetz ZEV 2018, 317参照）は肯定。
(14) OLG München ZEV 2017, 333（Rentschの評釈有り）は肯定。
(15) BGH NJW 2021, 1159 Rn.16ff.（Zimmermannの評釈有り）。
(16) BGH NJW 2021, 1159 Rn.24。

章）の規定に反しない限り，EU 相続規則 83 条 2 項の規定に従って 2015 年 8 月 17 日に効力を生じるのは興味深い。これは，連邦通常裁判所[17]によれば，新法の遡及効として許される。

4．死因処分の許容性（Zulässigkeit），有効性（Wirksamkeit）および方式

1-21　原則として適用法は被相続人の死亡時の常居所に従って定まるけれども，死因処分の許容性および有効性は，被相続人が**死因処分を行った時点**（Zeitpunkt der Errichtung der Vefügung von Todes wegen）で死亡していたとしたら適用されるであろう法に従って定まる。このことについては，遺言に関して EU 相続規則 24 条が規定し，相続契約に関して同 25 条が規定している[18]。法選択は ── 被相続人が処分または死亡の時点で国籍を有していた国の法を選択することは ──，この問題に関しても許されている（EU 相続規則 24 条 2 項，25 条 3 項）。

1-22　死因処分の方式がどの法に従うべきかについては，EU 相続規則 27 条が規定している。しかし，遺言の方式と共同遺言の方式については，1961 年 10 月 5 日の遺言による処分の方式への適用法に関するハーグ条約がその条約加盟国（ドイツを含む）には引き続き適用される（EU 相続規則 75 条 1 項後段）。それに対し，相続契約の方式に関しては，EU 相続規則 27 条が規定する。

1-23　EU 相続規則 27 条と上記ハーグ遺言条約は，内容が一致している点が多い。それらは，死因処分をできるだけ有効とすることを趣旨としているからである。そのため，適用相続法に従った方式だけでなく，たとえば，土地方式（Ortsform）（つまり，作成地で定められている方式）や被相続人が死因処分作成時または死亡時に国籍を有していた国の法に従った方式を遵守していればよい。

5．反致（Rückverweisung），転致（Weiterweisung），あり得る遺産分裂（mögliche Nachalssspaltung）

1-23a　EU 相続規則の規定に従って加盟国法の 1 つが適用法となるときは，転致は

---

(17)　BGH ZEV 2019, 538（Mankowski の評釈有り）= ErbR 2019, 633（Schoppe の評釈有り）．旧法によれば無効であったが EU 相続規則によって 2015 年 8 月 17 日に効力を生じた相続契約中の法選択が問題になった事件である。

(18)　ドイツ法上の共同遺言についてどう整理するかは難しい問題である。EU 相続規則 3 条 1 項 c 号は，共同遺言について特別の定義をしているけれども，むしろ，相互相続の定めを含む共同遺言を，同 3 条 1 項 b 号の意味における相続契約，つまり「相互遺言による合意」と評価し，相続契約に関する EU 相続規則の定めを適用すべきように思われる。詳しくは，Leipold ZEV 2014, 139; MünchKomm/Dutta, 7. Aufl., Bd. 11, EuErbVO Art. 3 Rn.11.

生じない。その国の法だけが適用される。

　それに対し，（被相続人の最後の常居所が加盟国以外の国にあったことを理由に）非加盟国の法の適用が命じられるときは，当該非加盟国の国際私法の規定も関連することになる。EU 相続規則 34 条 1 項の規定に従って，加盟国法の 1 つへの反致，または（その国の抵触法に従って）その国の法が適用法となる，他の非加盟国法への転致が生じるときは，〔当初の〕非加盟国の国際私法の規定に従うべきである。しかし，EU 相続規則 34 条 2 項の規定に従って，法選択の事案においてはその限りでない。つまり，その場合には，この〔選択された〕法秩序の国際私法の規定にかかわらず，被相続人が選択した法が適用される。

1-23b　たとえば，非加盟国の国際私法が適用法の定めにおいて不動産（土地）と動産とを区別するときには，反致・転致によって遺産分裂（Nachlassspaltung）（つまり，遺産の区別され得る部分への異なる法の適用について）が生じる可能性がある[19]。

6．公序条項（Ordre-public-Klausel）

1-23c　EU 相続規則 35 条の規定に従って，規則の命じる適用法のある規定の適用を拒むことができるのは，その規定の適用と訴えが提起された裁判所の国の公序（ordre public）とが明らかに矛盾するときに限られる。従来の民法施行法 6 条後段に明示的に規定されていた基本法への言及が EU 相続規則には欠けているけれども，相続法にも妥当してきた民法施行法 6 条の一般の公序条項と比べて違いはない。

　相続法での**公序条項**の適用[20]が問題になるのは，たとえば，被相続人の子が被相続人の宗教に帰依しないときに法定相続権を失うという外国法があるときに，基本法 3 条 3 項前段の差別禁止規定との関係においてである[21]。あるいは，たとえば法定相続において妻が死亡した場合の寡夫よりも夫が死亡した場合の寡婦が不利に扱われたり[22]，男児が女児の 2 倍の相続分を認められたりするならば[23]，外国法の適用が男女平等原則（基本法 3 条 2 項前段）違反として公序条項によって禁止され得る。また，必要性とは無関係に，被相続人の卑属の遺留分侵害額請求権（またはそれに類する権利）が存在しないことも，公序良俗に反すると判断された[24]。

---

(19)　Schaal BWNotZ 2013, 29, 30 も同旨。
(20)　これについて詳しくは，Hohloch, Festschr. für Leipold（2009），S. 997.
(21)　エジプト相続法についての OLG Hamm ZEV 2005, 436（Lorenz の評釈有り）; KG ZEV 2008, 440（Pattar u. Dörner の評釈有り）参照。
(22)　イラン相続法についての OLG München ZEV 2012, 591; OLG Hamburg FamRZ 2015, 1232（Köhler の評釈有り）参照。
(23)　イランの相続法について，OLG Munich ZEV 2021, 177.

7．物権的効力のある遺贈の直接承認

1-23d ドイツ相続法上は，遺贈は，債権的効力しかない（いわゆる債権的遺贈（Damnationslegat）〔山田 1993, 139〕）。つまり，受遺者は，相続開始によって相続人に対して遺贈されたものの給付を求める請求権を取得するだけである（2174 条）。たとえば，ある土地が遺贈されたときは，それが遺贈の履行のために生存の相続人の法律行為（土地所有権譲渡の物権的合意（Auflassung）〔山田 1993, 50〕と土地登記簿への登記（873 条 1 項，925 条 1 項前段））によって受遺者に所有権移転されなければならない（ドイツ法による遺贈の内容について詳しくは，2-41, 22-768）。これに対し，少なからぬ諸外国の相続法においては，遺贈に物権的効力があり（いわゆる物権的遺贈（Vindikationslegat）〔山田 1993, 694〕），たとえば，遺贈された土地の所有権は相続開始によって直接に受遺者に移転する。従来，この物権的効力は，ドイツ物権法はこのような権利取得を認めていない，という理由でドイツ国内の土地については承認されてこなかった。ドイツ国内の物については，外国相続法の物権的遺贈はドイツ法への適合（Anpassung an das deutsche Recht）によって債権的効力だけの遺贈として扱われてきたのである[25]。

1-23e しかし，欧州裁判所（EuGH）は，EU 相続規則の適用下で反対の判断を下した[26]。その解釈によると，EU 相続規則は，加盟国法が直接的な物権的効力のある遺贈の制度を知らないことを理由に，他の加盟国内の不動産に関して適用相続法に規定されている債権的遺贈に物権的効力を認めない。同時に欧州裁判所は，債権的遺贈を理由とする所有権取得は欧州遺産証明書〔臼井 2019, 246〕に含まれ，その効力（EU 相続規則 69 条）の規定が適用されることを明らかにした（18-660d, 18-660h 参照）。土地登記法（GBO）〔山田 1993, 293〕35 条 1 項前段類推適用により，物権的効力のある遺贈による権利取得の土地登記法上の証明は，欧州相続証書によってすることができる[27]。

---

(24) このように，国内との関連性が非常に強いケース（被相続人は 50 年以上ドイツに住所を有していた）において，法選択により適用可能な英国法について，OLG Köln ZEV 2021, 698 (Lehmann の評釈有り)．—— オーストリア法の観点から異論を判示するのが，OGH Wien ZEV 2021, 722．
(25) BGH NJW 1995, 58．
(26) EuGH NJW 2017, 3767. 詳しくは，MünchKomm/Leipold § 1939 Rn.4ff．
(27) OLG Düsseldorf ErbR 2019, 645（Leitzen の評釈有り）; OLG Köln ZEV 2020, 218 Rn.11. それに対し，適用される法が物権的効力のある遺贈または物権的効力のある分割方法の指定を認めていないときは，これに反する欧州相続証書は無効である．OLG Munich ZEV 2020, 233．

第 1 部　入　門

8．剰余共同制（Zugewinngemeinschaft）の夫婦財産制における配偶者相続分の 1/4 の加重の相続法上の評価（Qualifikation）

1-23f　剰余共同制を採る法定夫婦財産制の夫婦の一方が死亡したときは，1371 条 1 項の規定に従って，生存配偶者の法定相続分が遺産の 1/4 だけ加重されることによって剰余が清算される（詳しくは 6-165）。ドイツ相続法とドイツ夫婦財産制の双方が適用されるときは，この定めが適用されることに問題はない。どの国の夫婦財産制が適用されるかは，欧州夫婦財産制規則（Verordnung［EU］2016/1103）が規定する。しかし，ドイツ夫婦財産制と（上記の相続分加重と無縁の）外国の相続法が適用される場合においても，相続分加重となるのだろうか？　これは従来長く争われてきた問題であったが，連邦通常裁判所[28]が相続分加重を夫婦財産制上評価することを肯定したため，外国相続法が適用されるときもまたこの法律効果が生じ得ることとなった。しかし，外国相続法の定める相続分率の算定にやはり夫婦財産制が関係するときは，連邦通常裁判所によれば，夫婦財産制上の清算が重複することを避けるために，個別の事案においてはこの限りではない。

1-23g　連邦通常裁判所判決によって問題が解消すると期待するのは誤りであることは明らかである。欧州裁判所は，1371 条 1 項の規定に従った相続分加重の相続法上の組み込み（erbrechtliche Einordnung）に関し，EU 相続規則の規定の適用を前提に正反対の判断を下したのである[29]。欧州裁判所によれば，1371 条 1 項の規定に基づく相続分加重は欧州遺産証明書にも記録されることが必要である。この問題は，欧州裁判所の決定の直接の契機であった。しかし，欧州裁判所は，1371 条 1 項の規定が相続法上どのように評価されるかに関してごく一般的に述べるに留まった。したがって，剰余共同制のドイツ夫婦財産制に加えてドイツ相続法も適用されるときに限って相続分加重が生じる，ということを前提としなければならないだろう。しかし，たしかにドイツ夫婦財産制が適用されるけれども，ドイツ相続法は適用されない，という事案においては，法の欠缺が生じることになる。つまり，1371 条 1 項の規定が適用されないときは，剰余の清算はどうすればよいのだろうか？　この欠缺は，1371 条 2 項の類推適用の形で，剰余清算を目的として，具体的に算定される請求権を承認することによって埋めなければならないであろう[30]。したがって，婚姻継続中に死亡

---

[28]　BGHZ 205, 289〔原典の 205, 290 は誤記〕= NJW 2015, 2185（ギリシャ相続法とドイツ夫婦財産制の重なり）。

[29]　EuGH ZEV 2018, 205.

[30]　同旨が Dörner ZEV 2018, 305, 309; Mankowski ErbR 2018, 295, 301, 303; Weber NJW 2018, 1356, 1358. しかし，1371 条 1 項を適用することなく仮定的相続分の 1/4 の価額を目的とする支払請求権を生存配偶者に与えることは現行法下では正当化できないだろう。Bandel ZEV 2018,

した配偶者が生存配偶者よりも多くの剰余を取得したときに限って生存配偶者に有利に清算請求権が発生する，という結論は無理であろう。というのは，剰余共同制の基本思想に照らすと，相続分加重で剰余を型どおりに清算するというは，そもそも疑問の余地があるからである（6-166 参照）。

事案 1 の解答：
1-23h 　a）EU 相続規則 21 条 1 項の規定に従って，死亡による一切の権利義務の承継には，被相続人が死亡時に常居所を有していた国の法が適用される。M は，相続開始時にスイスに滞在していたけれども，M は，治療の間だけスイスに行ったのであるから，常居所を有していたわけではない。M の常居所はリンダウのままであるので，ドイツ相続法が適用される。仮に M がオーストリアに明白に強い関係を有していたとすれば，EU 相続規則 21 条 2 項の規定に従ってオーストリア法が適用される。しかし，M は既に少なくとも 2 年間ドイツに滞在していたのであるから，そうではない。M がオーストリアに一軒家を所有し，そこに娘が住んでいたということは，オーストリアとの明白に強い関係を肯定するのに不十分である。

　死因処分は存在しなかったのであるから，ドイツ相続法の適用によって，第一順位の親族の S と T が法定相続人としてそれぞれ 1/2 を与えられる（1924 条 1 項・4 項）。
1-23i 　b）相続の放棄（1942 条 1 項）は，1945 条 1 項の規定に従って遺産裁判所に対する意思表示によってしなければならない。EU 相続規則 4 条の規定に従って，相続放棄の意思表示の相手方に関する国際管轄は，死亡時に被相続人が常居所を有していた国の裁判所であり，したがってここではドイツの裁判所ということになる[31]。事物管轄は区裁判所にあり（裁判所構成法 23a 条 1 項前段 2 号，2 項 2 号），土地管轄は，家事非訟事件手続法 343 条 1 項の規定に従って，被相続人が死亡時に常居所を有していた管轄区域の裁判所にあるので，ここではリンダウ区裁判所ということになる。
1-23j 　しかし，それに加えて，EU 相続規則 13 条 1 項の規定に従って，意思表示をする人が常居所を有する加盟国の裁判所もまた，相続法規の意思表示の相手方として

　　207, 209; Kleinschmidt ErbR 2018, 327 は反対。1371 条 1 項の規定を類推適用する形で相続分加重によって問題を解決することは説得力が無い（Sonnentag JZ 2019, 657, 662 も同旨）。欧州裁判所がまさに拒絶した，適用される外国相続法の相続分率を侵害してしまうという説を肯定することになるからである。
　(31)　常居所を従来の国に残している「国を行き来している人（Grenzpendler）」（これについては KG ErbR 2016, 382 = FamRZ 2016, 1203（Mankowski の評釈有り））はここで問題にならない。

の管轄を有する[32]。したがって，Ｓは，フランスの裁判所に対しても相続放棄の意思表示をすることができる。（〔フランスにおける〕裁判所の事物管轄および土地管轄については，フランス法に従う（EU 相続規則 2 条））。

---

(32) これに関する疑問について，Leipold ZEV 2015, 553.

第2章　基本概念

事案2：ヴェンツェル・シュネルと妻ローザリンデは，交通事故で重傷を負った。夫ヴェンツェルは事故現場で即死したが，妻ローザリンデは，その数分後病院への搬送中に死亡した。夫ヴェンツェルは，土地建物と銀行口座を所有していた。また，自家用車も所有していたが，ドライアー氏に対する残代金4,000ユーロが未払であった。妻ローザリンデは，装飾品と有価証券を遺した。夫妻には，2人の子供（4歳のヨーゼフと8歳のレオポルト）がいた。また，妻ローザリンデには，〔再婚であったので〕前夫との間に11歳のオルガという娘がいた。さらに，夫妻のそれぞれの両親はいずれも健在である。妻ローザリンデは，有効な遺言を遺していた。それは，「私が死亡する場合には，私の全財産は，娘オルガのものとし，琥珀の首飾りだけは友人のベルタに形見として贈る」というものであった。

a）死亡した夫妻の財産は誰に帰属するか？
b）ドライアー氏は誰に対して〔自家用車の残代金〕4,000ユーロの支払を請求することができるか？

I　被相続人と相続開始

2-24　**人間の死亡**（Tod eines Menschen）こそが相続法の規定が必要となる状況である。それによって**相続開始**（Erbfall）となる（1922条1項が定義規定）。**被相続人**（Erblasser）とは，死亡によってその財産が相続される人である。被相続人は，自然人でなければならない。法人または権利能力ある組合の解散の際に生じる法律効果（財産の移転，清算）は，相続法ではなく社団法・会社法で規定される（たとえば，権利能力ある社団の解散について45条以下，解散した株式会社の清算について株式会社法264条以下参照）。

2-25　1人の人の死亡によって1つの相続が開始される。言い換えると，開始される相続の被相続人は1人（だけ）である。つまり，上記事案2では，2人の被相続人について2つの相続が開始することになる。異なる相続開始は常に注意して分けることが必要である（重要な答案の組み立て原理である）。相続開始は，時系列に従った吟味が必要である。つまり，上記事案2では，まず夫ヴェンツェルの相続を検討し，次に妻ローザリンデの相続を検討しなければならない。試験では，問われている相続開始についてのみ検討するということに気を付けなければならない。

Ⅱ 相続人と相続能力

2-26 相続人とは，被相続人の死亡によってその財産を承継する人である（1922条1項）。相続人となるには，**権利能力**（相続能力〔山田 1993, 198〕）が要件となる。この要件は，総ての自然人および法人において満たされる。法人は，私法上の法人（たとえば，登記済社団（eingetragener Verein）〔山田 1993, 198〕，株式会社，有限会社，財団法人）か公法上の法人（連邦，州，市町村，大学等）であるかを問わない。商法上の人的会社（合名会社（OHG），合資会社（KG））にも権利能力があり，したがって相続能力がある[1]。民法上の組合で組合財産を有するもの（いわゆる外的組合（Außengesellschaft））も[2]，連邦通常裁判所がそのような組合を認めて以来[3]，同様に相続能力がある。未登記社団（54条の文言上は「権利能力のない」）も相続能力があるとみなされるべきである[4]。なぜならば，相続能力以外の諸点において広く登記済社団と等置されるからである。

2-26a 人的会社法の現代化のための法律（MoPeG）によって改正され，**2024年1月1日から**施行される法律（詳細は17-595a以下参照）によると，権利能力の有る組合と無い組合とを区別する必要がある。権利能力の有る組合のみが相続可能と扱われなければならない。権利能力の無い組合に対する出捐については，組合員に対する出捐と解釈することで無効を回避できないかが吟味されなければならないだろう。未登記の非経済的社団（Idealverein）〔山田 1993, 325〕は，改正後には「法人格のない社団」であるけれども，権利能力を有して[5]相続可能と扱われるべきである。

2-27 相続能力は，通常，相続開始時に存在する必要があり，**最低年齢**は設けられていない（胎児と設立中の財団についての相続能力の拡張について，2-28, 2-29参照）。出生直後の乳児も相続能力がある。遺産の承継は，法律上当然になされ（18-601参照），相続人の法律行為ではないので，相続人の行為能力は問題とならない。

2-28 それに対し，**相続開始時**，つまり被相続人死亡時に相続人が**生存**しているか（1923条1項）または**懐胎**（gezeugt）〔東 1930, 511〕[6]されていて（いわゆる胎児（nasci-

---

[1] MünchKomm/Leipold § 1923 Rn.40; Palandt/Weidlich § 1923 Rn.7.
[2] 同旨が Ulmer ZIP 2001, 585, 596; Staudinger/Otte（2017）§ 1923 Rn.29.
[3] BGHZ 146, 341 = NJW 2001, 1056.
[4] MünchKomm/Leipold § 1923 Rn.41; Palandt/Weidlich § 1923 Rn.7.
[5] Begr. BT-Drs.19/27635, S. 202 によると，新54条1項は「法人格のない社団の権利能力を法律上承認している」からである。
[6] OLG FRAnkfurt BeckRS 2016, 13050 によると，着床（受精卵の母胎への定着）が基準となる。しかし，もっと早く卵子の受精時を基準とする方が1923条1項の目的に適うように思われる。MünchKomm/Leipold § 1923 Rn.20.

tus))生きて出産されなければならない（1923条2項）。その場合においては，子は相続開始時に既に生きていたとみなされる。胎児の相続を放棄する意思表示はその出生前に（1912条2項の規定に従って代理権を有する両親によって）することができる[7]。

2-28a 今日の難しい法律問題となるのが，人工授精である。**体外受精**の場合，着床時ではなく，〔発育を始めた受精卵としての〕胚（Embryo）の発生時が相続能力の基準時と解されるべきである[8]。**死後生殖**の場合，つまり，死亡した男子の保存精子を用いて懐胎したときは（ドイツでは，胚保護法（Embryonenschutzgesetz）4条1項3号の規定で禁止されているけれども実際には行われ得る），精子提供者を被相続人とする相続能力については，相続開始後に法定相続人が新たに登場することによる法的安定性の侵害を理由にこれを否定するのが多数説である。しかし，（法秩序は，すべての人間に対してその父母との法的に保護された関係を保障しなければならないことが基本法1条・2条からの帰結であり，基本法14条の規定による相続権の保障という）憲法上の考慮からすると1923条2項の規定の類推を根拠に相続能力を肯定することもできそうである[9]。

相続開始時に未懐胎であった人は，後位相続人（Nacherbe）〔山田 1993, 432〕）に指定される可能性がある（2101条1項前段）（19-672参照）。

2-29 法人が相続人として指定されるときは，相続開始時に権利主体（Rechtssubjekt）として存在していなければならない。財団設立者死亡後に認証を受けた財団法人に対する設立者の出捐についてはその死亡前に設立されていたものとみなすという例外規定を84条が設けているので，そのような財団法人は，要件を満たせば設立者の相続人になることができる[10]。死因処分（遺言[11]または相続契約）で財団を設立することもできる（83条）（2023年7月1日以降は，財団法改正により，これらの規定は，80条2項後段および81条3項に規定される。BGBl. 2021 I 2947）。

2-30 被相続人死亡時以前に死亡した者は，相続人となることができない。したがって上記事案2では，妻ローザリンデ・シュネルは，夫の相続人となることができるが，夫ヴェンツェル・シュネルは，妻の相続人となることができない。数人が死亡し

---

(7) OLG Stuttgart NJW 1993, 2250; OLG Oldenburg FamRZ 1994, 847.
(8) MünchKomm/Leipold § 1923 Rn.21.
(9) 相続能力を肯定するのが，MünchKomm/Leipold § 1923 Rn.23ff.; Brox/Walker § 1 Rn.10; Röthel § 6 Rn.9. ── これに反対するのが，Schack JZ 2019, 868, 869/870; Staudinger/Otte（2017）§ 1923 Rn.25ff.; Erman/Lieder § 1923 Rn.3; Lange § 7 Rn.15a.
(10) このことが外国財団についても，それが当該国の法律に従って権利能力を取得する限り，妥当することについて，OLG München FamRZ 2009, 1358.
(11) 寄附行為に関する遺言の遵守が必要なことについて，LG Berlin FamRZ 2001, 450.

てその順序が明らかではないときは，同時に死亡したものと推定される（失踪法11条 —— いわゆる同時死亡の推定（Kommorientenvermutung））。その場合は互いに相続することができない。

2-30a　EU相続規則32条は，同旨の規定を含んでいる。その規定が適用されるのは，死亡の順序が不明である場合に関して異なる規定を含む別々の法に従って2人以上の権利義務の承継がなされるときである。

2-31　死亡時がいつかの判断基準について明文の規定は無い。伝統的な解釈によると，最終的な心停止と脈拍停止が基準となり，一般にはそれで十分であり[12]，人工的に(機械的に)呼吸と脈が維持されていた場合にだけいわゆる脳死が問題となる[13]。

Ⅲ　相続財産，遺産および遺産債務

2-32　相続財産（Erbschaft）とは，被相続人財産である（1922条1項）。「財産」という概念から明らかなように，相続財産には被相続人の金銭的価値のある権利（geldwerte Rechte）（たとえば，金銭や家財道具の所有権，銀行預金残高，土地所有権，組合持分）だけが含まれ，非財産的権利（親権などの親族法上の権利，名誉権や —— 通説によれば —— 一般人格権の非財産権の部分などの人格権，18-635参照）は含まれない。後者は相続人に承継されず，権利者の死亡によって消滅する。

2-33　相続財産には，**積極財産**と**消極財産**（債務）の双方が含まれる。後者は，**遺産債務**（Nachlassverbindlichkeit）とも呼ばれる。1967条1項の規定に従って，相続人は**遺産債務**を承継する（20-696参照）。共同相続人は，連帯債務者として責任を負うので（2058条），各共同相続人は，給付全部について（しかし全体としては1回のみ給付する）義務を負う（421条）。—— 相続財産（Erbschaft）は，遺産（Nachlass）とも法律上表記される。遺産概念は被相続人の積極財産を念頭に置いて用いられることもある。

Ⅳ　法定相続

2-34　相続に関する被相続人の（遺言または相続契約という）法律行為としての指示が無ければ，誰が相続人になるかは法律が直接に規定する。法定相続においては，通常の利益状況における法律効果と典型的な被相続人意思の推定が根拠となっている。法定相続人になるのは，血族（1924条〜1929条），配偶者（1931条），パートナー（Le-

---

[12]　詳しくは，MünchKomm/Leipold § 1922 Rn.12f 参照。常に脳死を基準とすべきという反対説は，OLG Köln FamRZ 1992, 860; Brox/Walker § 1 Rn.5.
[13]　OLG Frankfurt NJW 1997, 3099.

benspartner）（パートナー法10条）および最終的には国庫（1936条）に限られる。

2-35 優先する順位の血族の相続は，劣後する順位の血族のそれを原則上は排除する（順位に従った相続，1930条）。したがって，冒頭の事案では，ヴェンツェル・シュネルの血族の中で，その子ヨーゼフとレオポルトだけが法定相続人になり（第1順位，1924条1項），ヴェンツェルの両親は相続人にならない（第2順位，1925条1項）。血族の他には，被相続人の配偶者とパートナーが法定相続人となる。その法定相続分はどの血族がそれらとともに相続するかによって（1931条1項・2項，パートナー法10条1項・2項），そしていかなる夫婦財産制が採られていたかによって定まる。法定夫婦財産制（剰余共同制）では，1931条に加えて1371条の規定も重要である（生存配偶者の法定相続分の加重）。

V 死因処分，遺言相続および遺留分権

2-36 被相続人の法律行為としての指示によって，法定相続の〔規定の〕一部または全部を排除することができる。被相続人は，相続人以外の者を加えたり（1937条），代わりの者を選ぶことなく法定相続人を相続から外したりすることもできる（1938条）。死亡の場合のための法律行為の定めを死因処分（Verfügung von Todes wegen）と言う。指定された，つまり死因処分による相続は，法定相続に優先する。死因処分は，被相続人の死亡によって有効となる法律行為上の指示を総て含む。つまり，生存者間の法律行為において前提となる意味の処分は含まれない（そこでの処分概念は，譲渡であろうが，権利の目的の変更・負担設定・放棄であろうが，既存の権利に直接影響を及ぼす法律行為だけに関係する）。死因処分は，不当利得による返還請求権（812条1項前段）を発生させないところの，出捐の法律上の原因となるという点でも，（たとえば譲渡による）処分の他に法律上の原因（債権法上の契約，たとえば売買契約が大部分である）を必要とする生存者間の処分とは異なる。

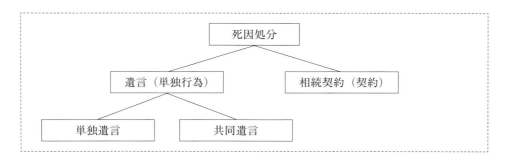

2-37　死因処分という上位概念には，単独行為による処分としての**遺言**（Testament）（1937条）と，契約による処分としての**相続契約**（Erbvertrag）（1941条）が含まれる。遺言は，**終意処分**（letztwillige Verfügung）とも言われる（1937条）。実際には，遺言はいつでも自由に撤回することができるので（2253条），被相続人が最後に遺言をした意思が基準となる。それに対し，契約による処分は，原則として拘束力があり撤回することができない。配偶者間の共同遺言はその特別方式である（2265条）。それは，配偶者双方またはパートナー双方の単独の処分であるが，相関的処分の方式で互いに特別に関係させることができる処分である。相互に関係する処分は，当事者の一方が死亡すると生存当事者に拘束力を有する（2271条2条前段）。その限りで共同遺言は，単独遺言と相続契約の中間の存在である。

2-38　第1順位の血族および配偶者・パートナーは，死因処分によって**相続から除外**されることがある。ドイツ民法典には，直近の親族が必ず相続するというような，最低相続権の制度はない。したがって，冒頭の事案では，ローザリンデ・シュネルは，遺言によって娘オルガだけを相続人とし，子のヨーゼフとレオポルトから法定相続権を奪ったことになる。しかし，死因処分によって相続から除外された被相続人の卑属，配偶者・パートナーおよび両親は，法定相続分の価額の1/2相当の遺留分権を取得する（2303条）。この遺留分権は，遺産に属する個別の権利についての物権的権利ではないので相続権ではなく，単純な相続人に対する**金銭請求権**である（2317条参照）。

Ⅵ　包括承継，相続人共同体，相続分

2-39　相続法では，**包括承継**主義（Prinzip der Gesamtrechtsnachfolge）が採られている。すなわち，被相続人の財産は，全体として一人または数人の相続人に移転する（1922条1項）。事案2では，ヴェンツェル・シュネルの死亡によって，その財産権（動産所有権，土地所有権，銀行預金債権など）は全体として共同相続人全員（妻および子）に移転する。ドイツ相続法では，特定承継は一般には規定されていない[14]。また，特定承継を法律行為によって実現することもできない。したがって，たとえば，ヴェンツェル・シュネルは，その死亡によって息子の一人を土地の所有者とし，もう一人の息子を銀行預金の債権者とする，ということを遺言で実現することができない。つまり，被相続人は，個々の共同相続人が遺産分割協議において遺産からどの個

---

(14)　例外として，**世襲農場法**の分野の特別法や（1-5脚注5参照）（農場に関する特定承継），人的会社（民法上の会社，合名会社，合資会社）の持分が相続された場合がある。17-584以下参照。

別財産を取得するかという分割方法の指定を遺言によってすることができるだけである（2048条）。この分割方法の指定には，**物権的効力**が無く，共同相続人間の**債権的効力**があるにすぎない。したがって，その指定は，共同相続人による生存者間の法律行為（所有権譲渡等）を通して初めて履行されなければならないものである。

2-40 また，共同相続人間で〔個別財産について〕は共有持分に基づく共有がなされるわけではない〔ため，この部分は日本法と大きく異なっている〕。したがって事案2では，ヴェンツェル・シュネルの土地について，ローザリンデ・シュネルが1/2，2人の息子が各1/4の共有者となったわけではない（相続分算出について，2-45参照）。そうではなく，共同相続人は，**相続人共同体**（Erbengemeinschaft）を形成し（2032条1項），それは，**合有**（Gesamthandsgemeinschaft）の法的性質を有するものである。すべての個別財産は，分割されずに〔共同相続人全員に〕合有的に帰属し，個々の共同相続人は，遺産全体について持分（＝相続分）を有するだけである（2033条1項）。

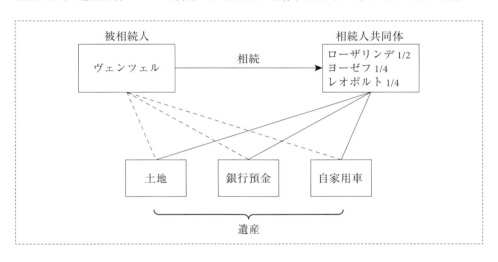

Ⅶ 相続人の地位，遺贈

2-41 包括承継の原則からすると，遺産中の個別財産を死因処分による物権的効力で移転することはできない。しかし，相続人の指定（Erbeneinsetzung）とは区別される，**遺贈**をすることはできる（1939条）。冒頭の事案では，ローザリンデ・シュネルの遺言は，友人ベルタに対する遺贈を含んでいる。遺贈によって相続分が発生するのではなく，〔単独相続においては単独〕相続人に対する（共同相続においては相続人共同体に対する）**請求権**が発生するにすぎない（2174条）。したがって，相続開始によっ

第1部　入　門

て受遺者は，遺贈目的物についての権利を取得するわけではない。遺言は，遺族の法律行為によって履行されなければならないのである。相続人の指定と遺贈との区別は重要である。一般には個別財産の相続が意識されることがあるので，解釈問題となることが多い。外国法の物権的遺贈については，2-23d, 2-23e を参照。

2-42　前置き：通常，相続法の事案の解答には，親族関係の見取り図を，しかも相続開始ごとに別々の見取り図を作ることが必要である。そうしないと全体を見通せないからである。解答を清書する際には見取り図を書いてはならない。どのような記号が用いられるかは，相続法の教科書によって区々である。

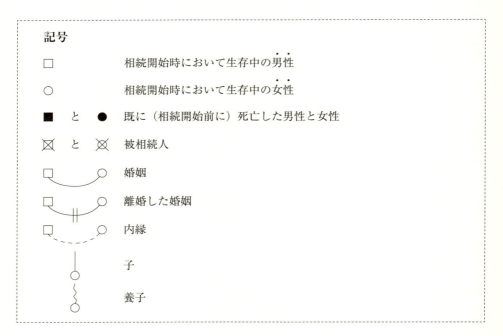

第 2 章 基本概念

事案 2 の図

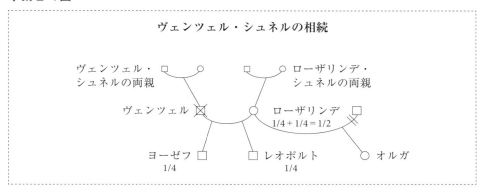

I ヴェンツェル・シュネルの相続

2-43　1．法定相続の開始 —— ヴェンツェル・シュネルは，死因処分をしていなかったため[15]，法定相続人が相続する。

2-44　2．相続人となる人[16]

a) **血族**：被相続人の 2 人の子，ヨーゼフとレオポルトは，第 1 順位の法定相続人である（1924 条 1 項）。ヴェンツェル・シュネルの両親は，第 2 順位の法定相続人である（1925 条 1 項）。しかし，被相続人の子（優先順位の高い血族）がいるため，1930 条の規定に従って，両親は，相続人とはならず，2 人の子だけが相続人となる。オルガは，ヴェンツェル・シュネルの卑属ではないので（血族ですらない），法定相続人にはならない。

b) **配偶者**：ローザリンデ・シュネルは，生存配偶者として，上述の子らに並んで法定相続人となる（1931 条 1 項前段）。

2-45　3．相続分[17]

a) ローザリンデ・シュネルの相続分：1931 条 1 項前段の規定に従って，ローザリンデ・シュネルは，第 1 順位の血族と並んで相続人となるので，その相続分は，1/4 である。ヴェンツェルとローザリンデ夫妻は，法定夫婦財産制（剰余共同制。1363 条 1 項）を採っていたので[18]，ローザリンデ・シュネルの相続分は，1371 条 1 項の規

---

(15) 事案に死因処分の記述が無ければ，これを前提とすることができる。
(16) 相続人の問題と相続分の問題とは分けて書くことが望ましい。
(17) まず配偶者の相続分を算定し，その残りを卑属で分けることになる。
(18) 事案中に夫婦財産契約の記述が無ければ，法定夫婦財産制が前提となる。

23

第1部　入　門

定に従って，剰余の清算として，1/4 だけ加重され，計 1/2 となる。

　b）ヨーゼフ・シュネルとレオポルト・シュネルの相続分：被相続人の子として，ヨーゼフとレオポルトは，同一の相続分となる（1924条4項）。ローザリンデ・シュネルの相続分が 1/2 なので，ヨーゼフとレオポルトの相続分は，合わせて残りの 1/2，つまり各 1/4 となる。

　結論：ヴェンツェル・シュネルの相続人は，ローザリンデ・シュネル，ヨーゼフ・シュネルおよびレオポルト・シュネルであり，それぞれ 1/2，1/4，1/4 の相続分で相続人共同体に立つ。

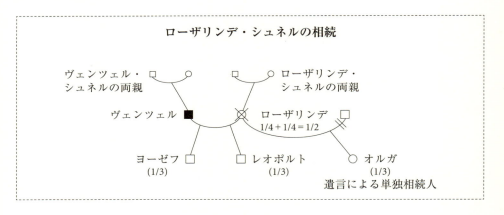

Ⅱ　ローザリンデ・シュネルの相続

2-46　１．遺言相続 ―― ローザリンデ・シュネルの終意処分（1937条の規定に従った相続人指定）により，娘オルガが単独相続人となる。

2-47　２．ヴェンツェル・シュネルの相続との関係 ―― ローザリンデ・シュネルの死亡は，ヴェンツェル・シュネルの相続には影響を及ぼさない。ヴェンツェル・シュネルの遺産の 1/2 がローザリンデ・シュネルに移転し，それが今度は（ローザリンデ・シュネルの他の財産とともに）オルガに移転することになる。

2-48　３．遺留分額侵害請求権 ―― ヨーゼフ・シュネルとレオポルト・シュネルは，遺言によって母ローザリンデ・シュネルの相続から除外されている。その相続分は 1/3 のはずであった（1924条1・4項）。2303条1項の規定に従って，ヨーゼフとレオポルトは，ローザリンデ・シュネルの遺産の各 1/6 の価額についてオルガに対する遺留分侵害額請求権（金銭請求権）を取得する。

2-49　４．遺贈請求権（Vermächtnisanspruch）―― ベルタに対して琥珀の首飾りを贈

ることは，遺贈である（1939条）。オルガはそれを相続人として負担する（2147条2項）。つまり，ベルタは，ローザリンデ・シュネルの死亡によって琥珀の首飾りの引渡しと所有権移転を目的とする請求権をオルガに対して取得する（2174条）。

Ⅲ　ドライアー氏の請求権

2-50　ヴェンツェル・シュネルの義務は，まずその相続人のローザリンデ，ヨーゼフおよびレオポルトが連帯債務者として負担する（1967・2085条）。ローザリンデの死亡によって，その責任はオルガに移転する。ドライアー氏は，上述のいずれに対しても全額を（421条），しかし1回に限り請求することができる。ヴェンツェル・シュネルの遺産分割が成立しないうちは，ヨーゼフ，レオポルトおよびオルガはそれぞれの固有財産からの弁済を拒むことができる（2059条1項前段）。

第2章の問題と事案[19]

1．法人は，a）被相続人，b）相続人になることができるか？
2．被相続人の債務はどうなるか？
3．法定相続と遺言相続との関係は？
4．遺留分の内容は？
5．死因処分の2つの最重要な形式を挙げなさい！
6．相続開始による財産の移転は，民法上は，＿＿？＿＿承継主義に従って生じる。＿＿？＿＿承継は，終意処分によってもすることができない。つまり，個別財産を特定の人に対して＿＿？＿＿的効力をもって与えることはできない。
7．相続人の指定と遺贈とはどう違うのか？
8．マイヤー氏は，2人の娘だけを相続人とした。マイヤー氏の財産は，2つの等価の土地が主なものである。マイヤー氏の死亡後にその所有権はどうなるだろうか？

解　答

2-51　1．a）1922条1項は，相続開始を人の死亡と定義している。したがって，法人は，被相続人となることができない。法人は，「死亡」することがなく，解散することしかないからである。解散の法律効果は，相続法ではなく，社団法と組合法が規定している。
　b）法人は，権利能力を有するので，相続人になることができる。1923条1項の規

---

[19]　自分で解答を書いてみてから，解答を見ること。

定が相続人の生存という文言を用いているけれども，それに惑わされてはならない。2044条2・3項，2101条2項，2109条2項の規定からは，民法典の相続法上は法人が相続人になることができることを前提としていることを読み取ることができる。

2-52　2．1922条1項の規定に従って相続人に移転する被相続人の**財産**には，被相続人の**積極的財産**の他に消極的財産（債務）も含まれる。遺産債務についての相続人に責任は，1967条1項に明示的に規定されている。債務は相続人に移転するのである。

2-53　3．遺言相続，つまり死因処分に基づく相続は，法定相続に**優先**する。法定相続は，被相続人が相続について死因処分をしていなかった限りにおいてなされる（1937・1938・1941条）。

2-54　4．遺留分権は，遺留分権利者の相続人に対する，法定相続分が有したであろう価額の半額の**金銭債権**を発生させる（2303条）。

2-55　5．単独の死因処分（遺言。終意処分とも）と契約による死因処分（相続契約）は区別しなければならない。

2-56　6．以下の単語を（文章の順に）埋めなければならない：包括，特定，物権（または絶対）。

2-57　7．相続人が指定されると，相続開始によって法律上当然に（法律によって）遺産は指定された相続人に移転する。指定された〔単独〕相続人は，相続開始によって**直接に**遺産に属する総ての権利を取得する。それに対し，受遺者は目的物の物権的（絶対的）権利を相続開始によって取得するわけではない。その権利は相続人に移転する。相続開始によって受遺者は義務者（一般には相続人である。2147条後段）に対し遺贈目的物の移転を目的とする**請求権**を取得するにすぎない。

2-58　8．2人の娘は1/2ずつの相続分の共同相続人となる（相続分について2091条参照）。2人は**相続人共同体**となる。2つの土地の所有権はいずれも2人の娘に合有的に帰属する（2032条1項）。2人の娘はそれぞれの土地について1/2の共有持分権者となるわけではなく（所有権は分割されない），相続開始によってそれぞれがどちらか一方の土地の単独所有者となるわけでもない。遺産分割（生存者の法律行為）によって初めてそれらの権利関係は生じ得るのである。

第3章　社会システムにおける相続法

Ⅰ　相続法の目的

3-59　およそ法がそうであるように，相続法は，生存者のためのものである。その目指すところは，ある人が死亡することによって生じる財産変更の正当な秩序である。遺産が誰に帰属し，債務を誰が負担し，遺産を（共同相続人間で）どう分割するかを規定する。これらすべての法律問題は，相続開始によって初めて現実化する。

3-60　相続法の第2の重要な機能は，被相続人に対して決定権を与えることにある。つまり，遺言の自由が認められるため，遺言または相続契約によってその財産をどうするか指示することができるのである。このような死因処分によって，被相続人は，自らの判断で近親者に与えたり，その事業の継続を指示したり，その財産を公益目的に寄贈したりすることなどができるのである。死因処分によって，被相続人は，その財産を取り崩すことなく存命中に利用することもできる（たとえば，相続人の指定の対価としてその指定相続人から世話や扶養を受けることができる）。こうして，相続法は，被相続人の人格の発展や自由の実現に資するのである。そのような目的を相続法がどの程度どのように考慮するかは，社会秩序の本質的な問題，つまり個人の自由と私有財産をどの程度重視するかと密接に関連している[1]。

Ⅱ　私的自治の一部としての遺言の自由

3-61　遺言の自由の原則は，相続法の領域における私的自治の現れである。そこでは個人の自由が広く認められる。自由が認められない相続法規範は存在しない。配偶者・パートナーおよび直近血族の遺留分侵害額請求権が被相続人の自由にならないだけである。その他は，法律行為による処分の自由の一般的な限界が妥当し，特に，良俗違反の法律行為の禁止がそうである（138条1項）。もちろん，相続法によって保護される自由は，不公正な処分を導く可能性がある。民法典は，この危険を甘受したうえで，個々の被相続人の正義感を信頼しているのである。全体としてみれば，妥当な方法，つまり，遺言の自由と遺留分権の組合せが上手に保たれている。

（1）　相続法の教義学上の歴史について参考になるのが，Hattenhauer, Grundbegriffe des Bürgerlichen Rechts, 2. Aufl.（2000），204ff.

III　相続法と所有権秩序

3-62　ある人間が死亡するとその総ての財産権が私人から私人に移転することは，私法上の所有権秩序の帰結である。遺言の自由も結局は所有権の処分可能性，すなわち**所有権が私人のものである**ことの側面にすぎない。その関係は，所有権と相続権について基本法14条1項前段の規定が憲法上保障することにおいて明らかである（3-65参照）。私的所有権に対する攻撃（特に生産手段に対する）は相続権に対しても何度も向けられてきた。たしかに一見したところでは相続権は所有権よりも問題がありそうである。つまり，生存者間の所有権取得が経済秩序の枠内における給付の対価として現れるのに対し，相続人は相続によって労無くして財産を取得するからである。しかし，**自由経済秩序**が所有権を価値・給付対価として認めている以上，その価値の一部として所有権の相続性も保障し，たとえば，家族の将来を保障するのに財産取得が資するのが一貫している。

3-63　総ての私的所有権が相続されることは，資本集積と長期投資を促進する。その意味で，相続は，自由な市場経済秩序における**所有権制度の補充**である。私的所有権を経済生活の原動力，つまり人格発展と個人の自由保障の手段と考えるのであれば，私的相続権もまた無くてはならないものである。

3-64　いわゆる社会主義国家（旧東ドイツも含む）の経済システム（国の計画経済）や理想世界の構想としてのマルクス主義は，現在では克服されている。社会主義国家においても人格的所有権については，相続が認められていた[2]。しかし生産手段は大部分が私有することを認められていなかった（個人所有権はたいてい僅かであった）ので，相続権が有する経済上の意義は非常に小さかった。相続権が所有権秩序に依存していることは，ここでは明らかであった。

IV　相続権の憲法上の保障

1．保護領域

3-65　基本法14条前段の規定によって相続権が保障されている[3]。その憲法上の保障は，法制度としてまた個人の権利としての相続権に及んでいる[4]。この制度保障に

---

[2] 旧東ドイツについて詳しくは，MünchKomm/Leipold, 4. Aufl., Einl. Zum Erbrecht (Bd.9), Rn.9, 308ff.

[3] 複数の州憲法にも相続権保障が規定されている。EU基本権憲章〔中西 2014, 38〕17条1項前段は，すべての人に合法的に取得した所有権を相続させる権利を認めている。欧州人権条約〔中西 2014, 37〕8・14条の意味については，4-96, 9-257d参照。

[4] BVerfGE 67, 329, 340 = NJW 1985, 1455; BVerfGE 91, 346, 358 = NJW 1995, 2977; BVerfGE

よって，立法者が相続権を完全に廃止してしまうことができないだけでなく，内容の変更にも制限が設けられている。つまり，所有権保障以上の，被相続人の処分可能性だけでない包括的な意義を有している⁽⁵⁾。個人の権利の保障は，まず**被相続人の**，その財産を相続させる権利を保護している。しかし，その保障は，**相続人の**，被相続人の財産を相続によって取得する権利も含んでいる⁽⁶⁾。それは，被相続人だけの，そしてその死亡によって終了する権利保護では，ほとんど効き目がないため，必要とされるのである。相続人は，少なくとも相続開始時の基本権保護を主張することができる⁽⁷⁾。相続人の相続人は，基本法 14 条 1 項の規定に従って，相続人指定をめぐる相続人の手続を承継する際に保護される⁽⁸⁾。

3-65a さらに，連邦通常裁判所は，基本法 14 条の規定から「**相続の消極的自由**」，つまり遺産を受け取らない権利の憲法上の保障も読み取ろうとする⁽⁹⁾。たしかに相続や遺贈の放棄は民法典の相続法中の権利であるけれども，基本法 14 条 1 項の規定が相続の消極的自由の憲法上の保障をしていると解釈するには，さらに詳しい根拠付けを必要としよう⁽¹⁰⁾。

3-66 相続権という概念は，憲法上は定義されていないものであり，それを解釈するに際しては，所有権概念との隣接性，相続権保障が自由主義的な自由権に属すること，そしてドイツ相続法の沿革を考慮しなければならない。**相続権の内容および限界は，法律上定められる**（基本法 14 条 1 項後段）。つまり，相続法の詳細の規定は立法者に委ねられているのであり，多く著しい展開の余地が残されている⁽¹¹⁾。しかし，相続権の本質的内容は侵害されてはならないものである（基本法 19 条 2 項）。基本法 14 条 2 項（所有権の社会的拘束）は相続権には及ばないのである⁽¹²⁾。つまり，その社

99, 341, 350 = NJW 1999, 1853; Maunz/Dürig/Papier/Shirvani, GG (Stand 2018), Art. 14 Rn.404; von Münch/Kunig/Bryde/Wallrabenstein, GG, 7. Aufl., Art. 14 Rn.81; MünchKomm/Leipold, Einl. Zum Erbrecht (Bd.11), Rn.25; Staudinger/Otte (2017) Einl. zum Erbrecht, Rn.60 参照。

(5) BVerfG NJW 2005, 1561, 1563. この決定は，被相続人の子の遺留分権に憲法上の保障が及ぶことを肯定したものであるが，詳しくは，3-72 以下参照。

(6) BVerfGE 91, 346, 360; BVerfGE 93, 165, 174.

(7) BVerfG NJW 2005, 1561, 1562. 一般には，推定相続人の基本権保護は被相続人存命中に始まるとする Vyas ZEV 2002, 1, 4.

(8) BVerfGE 99, 341, 349.

(9) BGHZ 188, 96, Rn.27 = ZEV 2011, 258, 261 = NJW 2011, 1586.〔原典の BGHZ 188, 96, 104（zu. Nr. 27）= NJW 2011, 258, 261. は誤記〕連邦通常裁判所は，社会保障を受給中の障害者が相続放棄（18-602 脚注 1 参照）や遺留分放棄（16-545c 参照）をすることが公序良俗違反に当たらない論拠として「相続の消極的自由」を用いている。

(10) 詳しくは，Leipold ZEV 2011, 528. 同旨が Menzel MittBayNot 2013, 289, 290; Staudinger/Otte (2017) Einl. zum Erbrecht, Rn.104b. ProffRNotZ 2012, 272, 273f は連邦通常裁判所に賛成。

(11) BVerfGE 99, 341, 351 参照。

会的拘束から，相続させるプロセスに余計な制約を設ける可能性を演繹することはできない。

2．構成要素
a）私的相続

3-67 憲法上保障される相続法の核として挙げられるのは，まず**私的相続**の承認である[13]。ここで所有権保障との関係が特に明らかになる。自己責任の生活形成の基盤としての私的所有の存続が，所有者の死亡の場合にも相続権の保障によって確かなものとなるのである。このように所有権保障と相続権保障は協働して，基本法上の私有財産秩序の基礎となっているのである[14]。

3-68 したがって，通常の場合に遺産が国に帰属することを規定する法律が立法されるとすれば，それは基本法 14 条 1 項前段に違反することになろう。それに対して問題がないのは，遺言によって相続人が指定されず，かつ，法定相続人としての配偶者や血族がいない場合に国を法定相続人と規定することである。（現行法においてそうである，4-88 参照）国の相続権を総ての（いくら遠くてもよい）血族に劣後させるか相続権を取得する血族の範囲を限定するかもまた，立法者の裁量である。

b）遺言の自由

3-69 連邦憲法裁判所[15]と連邦通常裁判所[16]とが一致して強調するように，**遺言の自由**は，相続権の中心の一つであり，憲法上それを立法者が侵害することはできない。この解釈は，相続権の形成史だけでなく，個人の自由の憲法上の保障にも沿うものである（基本法 2 条 1 項）[17]。連邦憲法裁判所は，遺言の自由のことを「相続権保障の決定的要素」と呼び[18]，遺言の自由は死後にもわたって所有者に認められる処分権として所有権保障と密接に結び付き，それとともに，個人の自由保障の要素としての性質を持つ保護を享受するものであると宣言している[19]。

3-70 遺言の自由が憲法上保障されているからといって，被相続人の自己決定能力

---

(12) 争われている。詳しくは，MünchKomm/Leipold, Einl. Zum Erbrecht（Bd.11），Rn.27 参照。Münch/Kunig/Bryde/Wallrabenstein, GG, 7. Aufl., Art. 14 Rn.79; Leisner in Isensee/Kirchhof, Handbuch des Staatsrechts, Bd. VIII, 3. Aufl., § 174 Rn.25 は反対。
(13) BVerfGE 67, 329, 340; BVerfGE 91, 346, 358.
(14) BVerfGE 91, 346, 358.
(15) BverfGE 58, 377, 398; 67, 329, 341; 99, 341, 350 参照。
(16) BGHZ 118, 361, 365 = NJW 1992, 2827.
(17) これを強調するのが BVerfGE 99, 341, 350.
(18) BVerfGE 112, 332, 348 = NJW 2005, 1561, 1562.
(19) BVerfGE 91, 346, 358.

についての要件を法律で具体的に定めること（たとえば，一定の年齢に達することによる遺言能力を規定すること）や死因処分をなすために一定の形式を遵守するべきことを規定することが禁じられるわけではない[20]。それに対し，話すことも書くこともできない人に遺言の可能性を全く認めないことは許されない，というのが連邦憲法裁判所の見解である（11-299a 参照）[21]。

c）親族相続権

3-71　親族相続権（Familienerbrecht）（血族相続権（Verwandtenerbrecht））もまた相続法の不可欠なものと挙げなければならない[22]。婚姻と親族の憲法上の保護（基本法6条1項）もまた，この解釈の論拠となる。連邦憲法裁判所[23]（第1部（Erster Senat）〔村上・Marutschke 1991, 53〕）は，法律上の親族相続権と血族相続権が憲法上の保障であるとは明言していない。しかし，連邦憲法裁判所の判決[24]（第2部）においては相続税に関して，遺言の自由および血族相続権が相続権保障の基本的な内容であることが明言されたことがある。第1部第1小法廷もまたそれを踏襲している[25]。連邦憲法裁判所の遺留分権についての決定もまた（3-72 参照），遺留分権の基礎である法定親族相続権が相続権保障の範囲に含まれることを暗黙の前提としている。親族・血族の法定相続権の憲法上の保障が個々の場合にどこまで及ぶかは，別の問題である。一致しているのは，ドイツ相続法が規定している（4-88 参照），無制限の法定親族相続は，憲法上保障されている訳ではない，ということである。それに対し，たとえば，被相続人の配偶者または生存卑属が法定相続人とはならないという立法したとすれば，違憲であろう。が，第二順位の血族の法定相続権もまた，相続法の沿革に鑑みてやはり憲法上保障されるものと考えるべきであろう[26]。

d）遺留分権

3-72　被相続人が死因処分によって一部の共同相続人のために他の共同相続人を不利に扱ったり，遺産を法定相続人に相続させずに第三者に与えたりするときは，親族

---

[20]　BVerfGE 99, 341, 351f.
[21]　BVerfGE 99, 341, 353.
[22]　通説。Maunz/Dürig/Papier/Shirvani, GG（Stand 2018）Art. 14 Rn.409ff.; von Münch/Kunig/Bryde/Wallrabenstein, GG, 7. Aufl., Art. 14 Rn.84; Staudinger/Otte（2017）Einl. Zum Erbrecht, Rn78ff.
[23]　BVerfGE 91, 346, 359.
[24]　BVerfGE 93, 165, 173.
[25]　BVerfG NJW 2001, 141 = ZEV 2000, 399. それについては，J. Mayer ZEV 2000, 447; Leisner NJW 2001, 126 を参照。
[26]　同旨が Staudinger/Otte（2017）Einl. zum Erbrecht, Rn.80; MünchKomm/Leipold, Einl. Zum Erbrecht（Bd. 11），Rn.38.

第1部　入　門

相続権と遺言の自由が矛盾に陥る。この緊張関係を緩和するには，遺留分権が役立つ。遺留分権は，被相続人の財産に対する原則不可侵の最低取分を，法定相続分の半額を金銭請求権の形で近親者に与えるものである（詳しくは 24-821 以下参照）。現行の遺留分権が原則合憲であることは全面的に肯定されているけれども，遺留分権が憲法上保障されていて立法者には改正の制限が掛かっているか否かについては百家争鳴である。**連邦憲法裁判所**は，2005 年の指導判決の一つ[27]において，この問題について，特に被相続人の子の遺留分権について態度を明らかにした。連邦憲法裁判所は，現行の子の遺留分権が合憲であることを肯定しただけでなく，被相続人の子の遺産に対する，原則不可侵かつ必要性を要件としない最低取分が憲法上保障されることをも肯定したのである。連邦裁判所は，遺留分権の沿革を挙げ，それがローマ法に遡り，以来ドイツ相続法の中心であり，他の欧州国家においても（一部は他の形式で）同様であり，したがって，**ドイツ相続法の伝統的中心要素の一つ**として基本法 14 条の意味における相続権概念に含まれる，と根拠付けた。このように伝統を挙げる他に，連邦憲法裁判所は，子の遺留分権が憲法上保障されることを根拠付けるため，14 条の相続権保障と 6 条 1 項の被相続人・子の関係の保護との関連に言及した。つまり，子が遺産に関与することは，被相続人と子の間における原則不可避の**親族連帯の現れ**と考えたのである。しかし，財産価値の取得と維持が親族共同体においては被相続人だけでなくその子の観念的経済的貢献に基づくのが典型であるという連邦憲法裁判所の考えは，現代よりむしろ一昔前（「家族経営」の農業や手工業）にこそ妥当するものであろう。したがって，必要性とは無関係に最低取分を求めるある種の「権利」は[28]，必ずしも憲法から解釈することはできないだろう。

3-72a　連邦憲法裁判所は，遺留分権の立法について立法者に対して広い**裁量**を与えている。つまり，立法者は，最低相続権の形の関与（つまり相続人共同体の枠内の取分）か，それとも ── 現行法と同様に ── 共同相続人に対する金銭請求権としての関与が保障されるのか，決めることができる。連邦憲法裁判所の見解によれば，遺留分権の金額もまた，憲法上拘束されてはおらず，相当な不可侵の取分が保障されるだけである。つまり，遺留分権の改正の余地があり，従来それが立法者によって活用されなかっただけだ，ということである（3-85 以下参照）。

---

(27)　BVerfGE 112, 332 = NJW 2005, 1561 = JZ 2005, 1001（Otte の評釈有り）= FamRZ 2005, 1441（J. Mayer の評釈有り）．それについて Stüber NJW 2005, 2122; Kleensang DNotZ 2005, 509; ders. ZEV 2005, 277; Schöpflin FamRZ 2005, 2025; Gaier ZEV 2006, 2, 5ff.; Frank, FS Wahl (2011), 303; Zimmermann AcP 222 (2022), 3, 46 ff.

(28)　必要性に無関係であることを保障するのに批判的なのが MünchKomm/Leipold, Einl. Zum Erbrecht (Bd.11), Rn.44; Frank (Fn.27), 309ff; Zimmermann AcP 222 (2022), 3, 47 ff.

3-72b 被相続人が死因処分によって遺留分権利者から**遺留分**を奪うことができるのは，特別の狭く限定された要件（2333条以下）が満たされるときだけである。連邦憲法裁判所の見解によれば，遺留分剥奪原因の規定は，憲法上の要請でもある。被相続人と子が永く疎遠になっているからといって遺留分剥奪が認められるわけではない，ということが裁判所には特に命じられている。逆に，連邦憲法裁判所は，規範は明確であるべきとの原則や，裁判の対象になり得ることおよび法は安定すべきことに言及し，この憲法上の観点から一般的な非行条項や疎遠条項を否定するべきと判示した[29]。連邦憲法裁判所によれば，疎遠や軋轢に至る前の子の不適切行為もまた遺留分権に対する遺言の自由を正当化するものではない。さもなければ遺留分権はその実務上の意義を喪失してしまうからである。

3-73 上述の連邦憲法裁判所への憲法異議の訴えで認められたのは1点だけである。それは，2333条1号の規定の適用において，精神障害のある息子が母親に対して暴行（結局息子は母親を殺害するに至る）をしても刑法上責任無能力であることから**遺留分剥奪原因**に当たらない，という通常裁判所の判断に対するものであった。連邦憲法裁判所は〔異議を認め〕，遺留分剥奪原因の文言と目的に照らして刑法上の責任は必ずしも必要ではなく，いずれにせよ息子がその行為の不当性を認識することができたという意味での「自然な」故意で足りる，と判示した。

2009年の相続法改正については，3-85 参照。

V　国の取り分としての相続税

1．憲法上の基準と法政策的評価

3-74 ワイマール憲法（154条2項）が明文で遺産に対する国の取り分は法律で規定すると宣言しているのに対し，基本法14条は，国の遺産への関与について特に言及していない。しかし，遺産の一部が国のそして一般社会の取り分となるのであれば，相続権の内容と限界についての法律上の規定されることになる（基本法14条1項後段）。基本法106条2項2号の規定に従って州に納められる**相続税**の形となる[30]。それに対し，**国の法定相続権**（1936条）は，遺産に対する国の取り分を保障することを目的としているわけではない。むしろ，その清算が問題にならないよう相続人不在の遺産とし，秩序維持の機能を有している。死因処分が存在せず，近親の親族が相続人

---

[29] これに批判的なのが MünchKomm/Leipold, Einl. Zum Erbrecht（Bd.11）, Rn.45; Frank（Fn.27）, 315ff.
[30] 1997年2月27日 BGBl. I S. 378 の相続税および贈与税法であり，その後多くの改正を経ている。詳しくは，MünchKomm/Leipold, Einl. Zum Erbrecht（Bd.11）, Teil F 参照。

とはならない場合においてのみ国が登場するという方法によって，国には取るに足らない財産価値しか残らないようになっているのである。

3-75　相続税法もまた憲法上保障される相続を侵害することはできない。相続される財産を剥奪することになるような相続税，いわゆる没収相続税（konfiskatorische Erbschaftsteuer）は，基本法14条1項前段の規定に反することになる。個々の場合にどこで線引きをするかはもちろん問題となる[31]。

3-75a　相続税についての法政策的判断は，様々である。たとえばオーストリア[32]やスウェーデン[33]では相続税は全廃されているけれども，ドイツでは残念ながら無理である。立法上は逆に，長期的に相続税加重の方向にある[34]。

2．連邦憲法裁判所と相続税の近時の発展

3-76　相続税の発展は，連邦憲法裁判所の決定と非常に強く関係している。度重なる改革の努力にもかかわらず，立法者には，法律を安定させることが困難である。まず1995年に連邦憲法裁判所は，財産税[35]と相続税[36]における2つの指導決定において，基礎財産と資本財産との大きく異なる課税が違憲と宣言し，相続税法を合憲になるよう改正することを立法者に課したのであった。

3-77　連邦憲法裁判所はそこで，憲法上の相続権保障（基本法14条）が遵守されるよう，重要な指針を立てた。連邦憲法裁判所が定式化したところによれば[37]，相続税負担は，「所有者の経済的見地から相続を無意味に見せてはならない。」そして，立法は，遺言の自由を保護するだけでなく婚姻および親族の保護（基本法6条）も考慮しなければならない，と。したがって，課税順位1位（被相続人の配偶者および子のことである）の親族に対する課税は，遺産の大部分が相続人に残るべき，または遺産が

---

(31) 疑わしいのは，BFH NJW 2002, 239 である。そこでは，相続税率70%であっても没収とはならず法治国家原理における恣意と過剰の立法の禁止に違反することにはならないとされた。連邦財政裁判所（Bundesfinanzhof）〔山田 1993, 119〕は，旧東ドイツの相続税法が問題となった事件であったので，基本法14条の規定は不適用と判断したのであった。

(32) それについて Jülicher ZEV 2008, 64, Hannes/Onderka/von Oertzen ZEV 2008, 456.

(33) Bergstén/Hoppe ZEV 2005, 157.

(34) 相続税が緊急・危機の税から再配分税に変化していることについて，Leipold AcP 180 (1980), 160, 163ff. 相続税が，BVerfG NJW 2015, 303 (327) の少数意見が言ったように，「社会の機会均等の創出に貢献」しているかどうかは非常に怪しい。相続税に関する法政策的議論について詳しくは，MünchKomm/Leipold, Einl. Zum Erbrecht (Bd. 11), Rn.219ff.

(35) BVerfGE 93, 121 = NJW 1995, 2615 = JZ 1996, 31（Vogel の評釈有り）.

(36) BVerfGE 93, 165 = NJW 1995, 2624 = JZ 1996, 40（Vogel の評釈有り）. これについて Leisner NJW 1995, 2591; Limmer ZEV 1995, 345; Langenfeld ZEV 1995, 348; Leipold 1996, 287.

(37) BVerfGE 93, 165, 172 (Fn.36).

少額な場合にはそもそも非課税であるべき，と。連邦憲法裁判所が特に考慮していたのは，過大な相続税負担によって存続が脅かされかねない中小企業の利益であった。

3-78　それを受けて1996年に改正された相続税法も，長続きしなかった。連邦憲法裁判所は[38]2006年，区々な評価規定が平等規定（基本法3条1項）に反して違憲であると宣言し，相続税法19条の統一的な基準で課税すべきことを求めた。

3-79　2008年の相続税改正法は[39]，上記決定の帰結である。現在では，統一して通常価格を基準に評価され，評価方法が詳細に規定されている。新規定（相続税法13条aおよびb）は，雇用維持を租税上重視するという方針である。現在では，経営財産に対する課税は，特定の要件を満たせば，財産の85％が非課税となって15％に対してのみ課税される（相続税法13条b第4項）。事業存続の厳格な必要性を要件に，100％が非課税となる場合もある。

3-79a　同時に，「居住用建物」が導入され（相続税法13条1項4号bおよびc），被相続人自身が居住していた所有建物は，生存配偶者または子が相続し10年間自ら居住する限り非課税とされた。不動産価格が高騰した場合においても相続税支払のために「居住用建物」の売却を迫られることから近親者を保護するという目的は一目瞭然である。しかし，その要件が満たされるか否かはしばしば偶然に掛かるのであり（子が建物に居住できるか否か？），そのような財産を極端に優遇するのは，平等原則の観点から相当に問題がある。

3-79b　連邦憲法裁判所[40]は2014年，この形での営業財産優遇を違憲と判示した。企業存続の保障と雇用維持のために相続税・贈与税の枠内において営業財産を優遇するという基本的な考え方は認めたものの，様々な点で一般的な平等原則（基本法3条1項）に反するとしたのである。〔法律上原則として優遇されない〕経営財産（Verwaltungsvermögen）が5割に上るときでも（相続税を負担できるか否かという観点での）必要性の吟味無しに営業財産〔全体〕を優遇することは，連邦憲法裁判所の見解によれば，大企業を優遇するのと同様に憲法上の基準を満たさないのである。

3-79c　2016年，こうしてなされたのが次の改正であり，2016年11年4月BGBl. I S. 2464の連邦憲法裁判所判例への相続税・贈与税法の適合法である。新規定の目的は，営業財産非課税枠の改正，少数従業員企業の税優遇新規定および（2,600万ユーロ以上の優遇財産の）高額営業財産取得における優遇の必要性審査の導入であった。

---

[38]　BVerfGE 117, 1 = NJW 2007, 573.
[39]　Vom 24. 12. 2008, BGBl. I S. 3018.
[40]　BVerfGE 138, 136 = NJW 2015, 303.

第 1 部　入　門

3．課税の基本方針

3-80　相続税法1条から8条までの規定に従って，相続人の財産取得だけでなく，受遺者，遺留分権利者および死因処分の負担による受益者（Auflagebegünstigte）の財産取得もまた相続税の課税対象である。それに加えて贈与は，生存者間でも死因贈与でも相続税の課税対象になるので，贈与によって相続税を回避することはできない。

3-81　相続税法の規定は，取得者（法定相続か死因処分かを問わない）を3つの税区分（Steuerklasse）に分類する（相続税法15条）。

税区分Ⅰ：
1．配偶者[41]
2．子[42]および継子（Stiefkinder）
3．2．の卑属
4．死因取得（Erwerb von Todes wegen）における父母と祖父母

税区分Ⅱ：
1．父母と祖父母のうち，税区分Ⅰに属さない者
2．兄弟姉妹
3．兄弟姉妹の一親等の卑属
4．継親
5．婿または嫁
6．舅または姑
7．離婚した配偶者および関係を解消したパートナー

税区分Ⅲ：
　その他の取得者および寄付（Zweckzuwendungen）

3-82　税区分ごとに異なる非課税枠が設けられていて（相続税法16条1項。たとえば，配偶者と登録パートナーは50万ユーロ，子は40万ユーロ，税区分ⅡとⅢの者は2万

---

(41)　それに対して非婚の生活共同体のパートナーは，この税区分に属さず，配偶者の非課税枠を用いることができない。BVerfG NJW 1984, 114; BVerfG NJW 1990, 1593によるとこの規定は違憲ではない。

(42)　養子（Adoptivkinder）を含む。これに対し，BFH NJW 2020, 1165 = ZEV 2020, 307（Wachterの評釈有り）は，FG Hessen ZEV 2017, 288（V. Oertzenの賛成評釈有り）とは逆に，生物学上の父ではあるが法律上の父ではない父からの子の取得について，税区分Ⅰの適用を拒否した。Daragan ZEV 2020, 671は異論。

ユーロ），課税金額から控除される。相続税法 5 条の規定によれば，剰余共同制の法定夫婦財産制に従った生存配偶者またはパートナーに対する**剰余生産**（Zugewinnausgleich）は非課税であり，相続分の増加によって剰余が生じる場合には，課税目的の清算債権が擬制される。6-176 脚注 30 参照。

3-83 税率（相続税法 19 条）は，税区分Ⅰでは税区分Ⅱ・Ⅲより明白に低く，遺産の金額に応じて高くなるが，2 千 6 百万ユーロ以上の部分について最高税率となる。

課税取得の価額（相続税法 10 条）	百分率 税区分Ⅰ	税区分Ⅱ	税区分Ⅲ
75,000 ユーロ以下	7%	15%	30%
300,000 ユーロ以下	11%	20%	30%
600,000 ユーロ以下	15%	25%	30%
6,000,000 ユーロ以下	19%	30%	30%
13,000,000 ユーロ以下	23%	35%	50%
26,000,000 ユーロ以下	27%	40%	50%
26,000,000 ユーロを超える部分	30%	43%	50%

Ⅵ 相続法改正

1．実現した重要改正とさらなる改正議論

3-84 民法典は，施行後 100 年以上になるが，相続法は包括改正を受けたことはなく，幾つかの部分における重要改正があっただけである[43]。第二次世界大戦後には，(1958 年に施行された）**同権法**（Gleichberechtigungsgesetz）〔山田 1993, 288〕によって配偶者相続権について幾つかの改正を受けたが，特に法定夫婦財産制の剰余共同制が当時新たに導入されたことが重要である（1371 条）。さらに，**非婚姻法**（1969 年）による新規定は，とりわけ父死亡の際において非嫡出子に相続権や相続賠償請求権（Erbersatzanspruch）〔山田 1993, 197 には「相続代償」とあるが「相続賠償」が正確であろう〕（4-93 参照）が帰属することを認めたことは，影響が大きかった。しかし，非嫡出子を嫡出子が相続法上完全に平等になるのは**相続権平等化法**（1997）を待たなければならなかった（4-94 参照）。そして相続権平等化第 2 法（2011）によって 1949 年 7 月 1 日より前に出生した非嫡出子にも父および父方の血族を相続する権利が認められた（詳しくは，4-97 参照）。

---

(43) たとえば，1938 年の遺言法によって遺言作成および相続契約の新規定が設けられた（それらの規定はその後に民法典中に規定された）。

3-84a パートナー法（2001）によってパートナーに法定相続権と遺留分権が認められた（詳しくは，7-208以下参照）。高等裁判所代理改正法（2002）は，話すことも書くこともできない人も遺言作成を可能とした（詳しくは，11-299参照）。

3-85 相続法及び消滅時効の改正法（2009年9月24日 BGBl. I S. 3142）は，2010年1月1日に施行され，それ自体は根本的改正というわけではなかったが，遺留分権に関する連邦憲法裁判所決定との関連で（3-72以下参照）相続法の現代化と発展に寄与した。遺留分権において，とりわけ，遺留分権喪失原因が改正され，贈与による遺留分補充が新たに規定され，遺留分侵害額請求権の支払期限許与の制度ができた。相続法上の請求権の消滅時効も新たに規定された（18-641a）。

3-85a 改正論議は以上で終わりではない。2010年にドイツ法曹大会（Deutsche Juristentag）は「我等の相続法は時代に即しているか？」という実に広い題目で開催された[44]。そこでは，（卑属とともに共同相続人となる場合の1931条1項規定の相続分が1/2に加重されることを前提に）夫婦財産制に依存しない配偶者の相続権と夫婦財産制上の剰余の清算を死亡時にはしない，という提案が特に支持された。共同遺言についても，公正証書作成を要件とするとか相互に関係する処分の効力について厳格な要件を導入すべきという興味深い改正提案がなされた。遺留分権については，根本的な改正提案はなされていない[45]。困難な生活状況にある被相続人を遺言作成の際の不適切な圧力から保護するための法律上の新規定を設けることが議論されていて興味深い[46]。また，終意処分の形式（コンピュータ世代でも自筆が要件か）についてよく考えるべきであろう[47]。

2．相続法と欧州法

3-85b 欧州連合においては，EU相続規則（EuErbVO）公布によって抵触法つまり国際私法の規定が統一されている。詳しくは，1-10以下参照。

---

(44) Verhandlungen des 68. Deutschen Juristengages Belin 2010, Bd. I Teil A（Gutachten Röthel）, Bd. II 1 Teil L（Referate Beckert, Lange, Frieser, J. Mayer）, Bd. II 2 Teil L（Diskussion und Beschlüsse）参照。改正についての比較的新しい文献として，Klingenhöffer ZEV 2010, 385; Kroppenberg NJW 2010, 2609; Lange DNotZ 2010, 749; Leipold JZ 2010, 802; Röthel AcP 210（2010）, 32; dies. JZ 2011, 222.

(45) 私見によれば，現行遺留分権の改正による遺言の自由の拡大を示唆するものが多い。詳しくは，Leipold JZ 2010, 802, 803ff.

(46) 新しい取消要件に関して，たとえば，Frieser ErbR 2020, 309. これらの事案における良俗違反について 9-248a も参照。職業世話人に対する新たな受入れ禁止について 9-242b 参照。

(47) デジタル遺言について Scholz AcP 219（2019）, 100; Sanders/Göldner ErbR 2020, 335. 外国法に従って作成されたデジタル遺言の有効性の承認について，v. Oertzen/Blasweiler ErbR 2020, 696.

3-85c　欧州の**相続実体法の統一**[48]も長期的には検討するべきである[49]。しかし，EU の急速な拡大によって個々の加盟国法の伝統の相違が明らかであり，一つの欧州相続法というのは難しい。当面は，立法の権能が EU にはないであろうし，そのような権能を与えるとするならば，リスボン条約についての連邦憲法裁判所決定[50]が参照されるべきであろう。親族関係法は，連邦憲法裁判所の見解によれば憲法国家の民主的自己決定権との関係で特に微妙な問題であり（上記憲法裁判所判決 Rn.252 参照），一定程度特殊で歴史上の確信や価値観に依拠し（同 Rn.260 参照），そのために，国際事件の解決のために実際に必要とされない限りは EU がその権能を譲り受けることができないものである（同 Rn.251 参照）。相続法もここで言う親族法の 1 つとして数える（とは連邦憲法裁判所は明言していないけれども）のはもっともであり，欧州法による完全な調和というのは不可能であろう。しかし，モデルとしての法律を作成し，それを受け入れるか否かは加盟各国に委ねるというやり方はできるだろう。

---

(48)　EU 加盟国の相続法の良質の概観は右サイト。www.successions-europe.eu
(49)　これについて詳しくは Kuchinke, Festschr. Für Söllner（2000）; Leipold, Festschr. für Söllner（2000），647; Pintens FamRZ 2003, 329, 417, 499; ders. FamRZ 2005, 1597; Zimmermann JZ 2016, 321（相続法はその文化的な特性ゆえに本来的に統一できないものだという命題に反対するものである）。── 重大な比較法的基礎研究が，Henrich/ Schwab（Hrsg.）Familienerbrecht und Testierfreiheit im europäischen Vergleich（2001）; Reid/ de Waal/ Zimmermann（Hrsg.）, Comparative Succession Law, Vol. I, Testamentary Formalities（2011）, Vol. II, Intestate Succession（2015）.
(50)　BVerfG NJW 2009, 2267.

第 2 部
法 定 相 続

第 4 章　血族（特に卑属（第一順位相続人））の法定相続権

事案 3：2019 年春マックス・メラーは，遺言を残さずに死亡した。両親のエーリヒとエルナおよび兄のモーリツは生存している。マックスには一人娘のベルタがいて，その夫のブルーノ・バイルとの間に 2 人の子（ベルントとベアーテ）がいる。故マックスの妻マリーア・メラー（旧姓フォイリヒ，かつてシュヴァルツ氏と婚姻その後離婚）と息子アントーンは 2013 年に既に死亡している。逝去した息子アントーンの妻アンナと三人の子（アルフレート，アンゼルム，アルベルト）は生存している。妻マリーアの連れ子ゼバスティアン・シュヴァルツも同居していた。マックス・メラーを被相続人とする相続はどうなるか？

I　親族相続権の基礎

1．目　的

4-86　血族相続権と配偶者相続権は，親族相続権概念に包摂される。社会的事実としての家族との関係は後景に退くことになる。配偶者と血族の法定相続権は，人的な関係に基づくものであるけれども，経済的な結合にも基づいている。被相続人の財産形成に配偶者や血族，特に両親が間接にでも直接にでも寄与するのは珍しくない。親族の扶養機能もまた，親族相続権の根拠である。とりわけ卑属の法定相続権について当てはまることである。被相続人がその生存中に子に対して広範囲な扶養義務を負うように，被相続人の財産は死後も法定相続権の範囲で子に帰属するのである。

4-87　したがって，人的関係，経済的結合および相互扶養が血族相続権と配偶者相続権の内在的根拠だと言うことができる。法定相続は多くの場合に被相続人の意思でもある，と言うこともできる。しかし，この典型的な意思は，密接な生活上の結合の結果として現れるものであり，法定相続の第 1 の根拠として現れるわけではない。憲法保障については，3-71 参照。

2. 無限定の血族相続権

4-88 近親の血族が存在しないときでも、遠縁の血族が法定相続人になり血族が皆無であるときに初めて国が法定相続人となる、ということを民法典は前提としている。これは、法政策上の決断であり、親族相続権を原則肯定することから必然的に導かれるものではない。既に民法典制定時に、法定親族相続権の制限と遠縁の親族より国庫帰属を優先することについては議論されており[1]、その後も改正議論の対象とされてきた[2]。血族相続権を合憲的に制限する（3-68 参照）改正の影響は、もちろん過大評価するべきではない。たとえそのような規定を設けたとしても、重要な財政的影響（公共への財の再配分）を及ぼさないであろう。それは、論じるに値する境界（せいぜい第2順位群まで）が現実に意味を持つのは稀であり、しかもそのような事案においてこそ死因処分がなされることが多いからである。

II 血族関係（Verwandtschaft）と血統（Abstammung）

1. 血族関係

4-89 血族関係と ―― 血族関係の前提としての ―― 血統は、相続権に関してもまた、親族法の規定に従って判断されなければならない。血族関係の概念は、1589条の規定に従う。それによれば、血族関係のあるのは、一方が他方の祖先であるか（直系血族関係、たとえば、親―子―孫）、または同一の祖先を持つ人（傍系血族関係、たとえば、伯父伯母と甥姪）同士である。法的血統が常に基準となるが、それは必ずしも生物学的な血統と一致するわけではない。このことは、親族法と同様に相続法にも妥当する。

4-90 被相続人の血族だけが法定相続人となり、1590条の規定に従って被相続人の**姻族**となる者は、法定相続人とならない。

4-91 **配偶者**は、法律上の意味での血族ではない。したがって、配偶者の法定相続権は、血族の法定相続権とは体系上区別されるべきである（第6章参照）。（登録）パートナー（Lebenspartner）の法定相続権についても同様である（第7章参照）。

---

[1] 第一草案においては、血縁関係を根拠に基本原則として無限定の血族相続権が規定されていた。それに対し、第二草案では、4つの第1順位群とそこに含まれない祖先に限定されていた。が、この限定は帝国議会委員会の提案で再び削除された。これについて Mugdan, Materialien zum Bürgerlichen Gesetzbuch, Band V (1899), S. 194, 391f., 849, 878f 参照。

[2] Coing, Verhandlungen des 49. Deutschen Juristentags (1972), Bd. I, A 38f.; Dieckmann aaO Bd. II.; Strätz FamRZ 1998, 1553, 1559ff. 参照。

第4章　血族（特に卑属（第一順位相続人））の法定相続権

2．嫡出子と非嫡出子の平等化

a）法の発展

4-92　基本法6条5項が規定する嫡出子と非嫡出子の平等化は，段階を追って実現した。まず，1969年の**非婚姻法**（Nichtehelichengesetz）によって，母と夫婦でない父との子との（法律上の意味における）血族関係およびその子と父方の血族との血族関係が生じた。

4-93　こうして，子にはその父および父の血族に対する**法定相続権**と**遺留分権**が原則として認められることになった。しかし，非婚姻法によって相続賠償請求権（Erbersatzanspruch）（非嫡出子が被相続人の配偶者または嫡出子とともに共同相続人となる場合における遺産に対する物権的取り分に代わる金銭請求権）と**事前の相続の持戻請求権**（Anspruch auf vorzeitigen Erbausgleich）（非嫡出子は父の生前に相続権に代えて財産給付を請求することができた）の形で非嫡出子の相続権を保護する特別の法制度が導入された（旧1934条a以下）。

4-94　上述の相続法上の特別の制度は，**相続権平等化法**（1997）で1998年4月1日に廃止された。以来，非嫡出子が嫡出子と異なる相続法の規定に服することは無くなった[3]。

b）平等化の時的限界[4]

4-95　非嫡出子と父およびその血族との間の法定相続権と遺留分権については，時的限界に注意しなければならない。つまり，1949年7月1日より前に出生した子，つまり非婚姻法施行時に成年に達していた子は，当時の非婚姻法12章10条2項の規定に従って，将来も旧規定の適用を受け，父または父方の血族に対する法定相続権および遺留分権を取得しないからである。旧規定への信頼を保護し，父性確定の困難を避けることが目的であった。

4-96　その後は，欧州人権裁判所の裁判まで改正は無かった。2009年5月28日判決[5]において，1948年に出生した非嫡出子の1998年に死亡した父を被相続人とする法定相続権が否定されたことが，欧州人権条約14条（差別禁止）および8条（家庭生活保護）の規定に違反する，と判示したのである。それによって，欧州人権裁判所は，同事件で連邦憲法裁判所が不受理決定において旧非婚姻法12章10条2項の合

---

(3)　子に関する改正法（1997）以来，民法典は用語上も嫡出子と非嫡出子とを区別しない。
(4)　詳しくは，MünchKomm/ Leipold, Einl. Zum Erbrecht (Bd.11) Rn.94ff.
(5)　EGMR v. 28.5. 2009, Brauer v. Germany, Application no. 3545, 04. ドイツ語抄訳はZEV 2009, 510 = FamRZ 2009, 1293（Henrichの賛成評釈有り）= BWNotZ 2010, 203〔原典の2009, 203は誤記〕（Krugの評釈有り）；これについてLeipold ZEV 2009, 488.

憲性を肯定していたのに明示的に反対したのであった[6]。

4-97　人権裁判所判決の帰結として，ドイツは法改正をした。2011年4月12日の非嫡出子相続平等化及び民事訴訟法公課法改正のための第2法（BGBl. I 615）によって，1949年7月1日より前に出生した非嫡出子に，父および父方の血族に対する法定相続権および遺留分権[7]が認められた。この法律の規定は，（人権裁判所判決言渡し日の）2009年5月29日以降のすべての相続事件に適用される。つまり，遡及効を持つ。判決言渡し後には，旧法に対する保護すべき信頼は生じないということを前提としたのである。

4-97a　それに対し，2009年5月29日より前の相続事件では，「旧」非嫡出子の父および父方の血族に対する法定相続権および遺留分権を認めない。1936条の規定に従って，連邦共和国または連邦州が法定相続人となった事件においてのみ，非婚姻法12節10条2項の新規定に従って，逸失した相続法上の請求権[8]相当の価額賠償請求権を非嫡出子に認めるのである。その他の点では，立法者意思によれば，2009年5月29日より前の相続事件について，これ以上の変更はなされるべきではないとされた。

4-97b　しかし，これが2009年5月29日より前の相続事件についての最終的な判断とはならなかった[9]。つまり，連邦通常裁判所[10]（2006年の事件について）も連邦憲法裁判所[11]（2007年の事件について）も立法者が定めた基準日前の事件において非嫡出子の法定相続権および遺留分権を認めず，この規定の合憲性について疑義を呈さなかったのである。しかし，これに対して欧州人権裁判所[12]は，2009年5月29日前に生じた相続事件であっても，非嫡出子の父に対する法定相続権を否定することは欧州人権条約違反だと判断した。たしかに人権裁判所は，基準日を設けることを立法者に原則としては認めていたけれども，基準日の厳格な適用が具体的事案において相当であるか否か（当該事件においては否定された）を追加して判断することを求めていた。人権裁判所判決の影響の下で連邦通常裁判所[13]も学説[14]の提案に従って，新し

---

(6)　BVerfG ZEV 2004, 114.
(7)　2079条（遺留分権利者の侵害）の規定による取消権の不存在について，13-431脚注35参照。
(8)　BGH ZEV 2017, 705は，請求権の基礎が欠けることを理由に，節約したまたは取得した利息の形での利益相当額の賠償請求を認めなかった。これを批判するのが，MünchKomm/ Leipold, Einl. Zum Erbrecht (Bd. 11), Rn.108.
(9)　詳しくは，MünchKomm/ Leipold, Einl. Zum Erbrecht (Bd. 11), Rn.110 bis 113.
(10)　BGH 191, 229 = NJW 2012, 231.
(11)　BVerfG NJW 2013, 2103.
(12)　EGMR BeckRS 2017, 101431（英語原文）= FamRZ 2017, 656（独訳）は2009年の相続事件について；EGMR ZEV 2017, 507は2006年と2007年の事件について。
(13)　BGH ZEV 2017, 510（これについてLeipold, ZEV 2017, 489, 493 ff.）= FamRZ 2017, 1620

い判断を下した。つまり，仮に非嫡出子の父に対する法定相続権および遺留分権を否定することが不相当と評価されることから欧州人権条約違反になるであろうときは，2009年5月29日以後の相続事件に適用される法律上の規定の目的論的拡大解釈によって，それより前の相続事件においても非嫡出子それらの権利を承認することが許されると判示したのである。

3．母子関係

4-98　子の母は，1591条の規定に従って，常に子を分娩した女である。このことは，卵子提供や胚提供[15]の場合においても妥当し，母子関係が取り消される可能性もない。子の母と婚姻中[16]の女が1592条1号の規定の類推適用によって共同親（Mit-Elternteil）（共同母（Mitmutter））とみなされることはない[17]。（代理母を依頼した）「依頼母（Wunschmutter）」は，ドイツ法では，養子縁組（4-107参照）によってのみ母子関係を取得することができる。しかし，**外国法**によって取得した2人の女の共同母関係[18]や2人の男の「依頼親（Wunscheltern）」はドイツで認められ[19]，相続法に関しても妥当する。

4．父子関係

a）婚姻による父子関係

4-99　子の父は，1592条1号の規程に従って，出生時における**母と婚姻中の男**である。このことは相続法に関しても妥当し，夫の認知や母の夫の子であることの証明が必要なわけではない。取消しによって母の夫との父子関係の不存在が既判力をもって確定してはじめて（1599条1項），子は，母の夫の法定相続人ではなくなる。

　　（Lieder/Berneithの評釈有り）は1993年の相続事件について。
（14）　Leipold FPR 2011, 275 (279); ZEV 2014, 449, (455); Erman/Lieder § 1924 Rn.10; Lieder/Berneith FamRZ 2015, 1528.
（15）　ドイツにおいては胚保護法の規定に従ってそのような医学上の処置は禁止されている。1997年に追加された1591条の規定は，代理母防止に寄与するものである。——卵細胞提供者が分娩者のパートナーであったとしても，1592条の規定の類推によって，母と認められることはない。OLG Köln BeckRS 2015, 14263.
（16）　同性の婚姻について，6-154参照。
（17）　BGH NJW 2019, 153; Löhnig NJW 2019, 122は反対。
（18）　KG IPRax 2016, 160（南アフリカにおける同性婚について。それについてCoester/Waltjen IPRax 2016, 132）。BGH NJW 2016, 2322によって認められている（Rauscherの評釈有り）.
（19）　BGHZ 203, 350 = NJW 2015, 479（男同士の両親）。IPRax 2016, 167でスイス連邦裁判所は意見を異にする（承認すればスイスの公序に反すると言う。Thomale IPRax 2016, 177は賛成）。

b) 認知による父子関係

4-100 さらに，父子関係は，男の認知によって（母の同意を要件に，1595条1項），発生する（1592条2号）。認知と同意は，公正証書によらなければならない（1597条1項）。子の出生時に母が婚姻中でなかったときにこの方法が可能である。他の男が既に認知していたときは，認知によって父子関係を発生させるには，まず取消しによる確定した裁判で先行する認知を失効させなければならない（1594条2項，1599条1項）。

4-101 子の出生時に母が婚姻中であったときは，1594条2項，1599条1項の規定に従って母の夫との父子関係が取消しによって確定した裁判で否定されたときに限り，他の男との間に父子関係が発生する可能性がある。母の婚姻について裁判上の離婚の係属中に子が出生したときは，別である。この場合においては，1599条2項の規定に従って，離婚判決確定後1年以内に第三者が認知するときは，出生時の婚姻の効力に優先して，父子関係が発生する。

4-102 父子関係の認知の効力は，1594条1項の規定に従って，認知が効力を有する時点以降に主張することができる。しかし，父子関係の認知が相続開始後になされまたは効力が生じたときであっても，このことは相続法上の主張の妨げとはならない。

c) 裁判による父子関係[20]

4-103 裁判による父子関係の確定（1592条3号，1600条d）は，婚姻または認知による父子関係が存在しないことを前提としていて，それら〔父子関係発生の〕要件が当初より満たされないか，〔当初備わっていた〕要件が取消しによって確定した裁判で効力を失ったか（1599条1項，1600条以下）を問わない。2008年の家事事件及び非訟事件手続法制定以来，裁判上の父子関係確定は，訴えによらず，非訟手続における家庭裁判所〔山田 1993, 224〕への申立てでなされる（家事非訟法169条以下の規定による血統を定める手続）。その際，懐胎時に母と同居していた男に父性の推定がなされる（1600条d第2項）。父性の裁判上の確認は，相続証書手続においてすることはできない[21]。

4-104 裁判による父子関係の確定は，父または子の死亡後にもすることができる。たとえば，子の申立てによって父死亡後に父子関係が確定されると，父に対する法定

---

(20) 第三者の精子提供による出生においては，特別規定が適用される。1600条4項（母または法律上の父による父子関係取消権の不存在），1600条d第4項（特別の要件が備わるときは精子提供者との父子関係が生じないこと）参照。

(21) OLG Rostock ZEV 2020, 122 Ls. = BeckRS 2019, 33909.

相続権が子に帰属する。父の血族に対する法定相続権についても同様である。逆に子に対する法定相続権を子死亡後の父子関係確定によって父またはその血族が取得することもある。

4-105　父の死後に父子関係が確定することによって相続法上影響が生じることについて，期間制限はない。たとえば，父死亡時において出生時における母の夫の子となっていたところ父子関係取消しが確定し，被相続人との父子関係が裁判上確定したときにおいても，父に対する法定相続権を取得することができる。後に確定されることがあり得る父の遺産に関する子の権利を保障するため，これらの事案においては，遺産保護〔山田 1993, 434〕（1960 条，18-627 参照）を申し立てることができる[22]。

4-106　父子関係の効力は，1600 条 d 第 4 項の規定に従って，法令に別段の定めがある場合を除き，裁判確定時以降に主張することができる。しかし，この「権利行使停止」は，権利発生を妨げるものではなく，したがって，父子関係が相続開始後に確定した場合において子と父および父方の血族との関係における相続法上の効果発生を主張する妨げとなるものではない。

5．養子縁組

4-107　養子縁組もまた，養子は養親のこの地位を取得するため（1754 条），法定相続人の根拠となる。**未成年者の養子縁組**は，養親の血族との完全な血族関係を発生させるのに対し，実親族との血族関係を消滅させる（1755 条。1756 条における継親子養子縁組の例外がある[23]）——**完全養子の原則**。養子は，養親の法定相続人となり，養親は，養子の法定相続人となる。それに対し，実血族に対する養子の法定相続権は，縁組後は存続しない。

4-108　養親との関係における効力が制限され得るのは，**成年養子縁組**においてだけである。つまり，その場合においては，一方で養子と養親の血族の間に血族関係や法定相続権も発生せず（1770 条 1 項），他方で従来の血族との間に血族関係や相続上の関係が存続する（1770 条 2 項）。6-153 参照。

4-109　養子縁組は，予めなされた届出によって**養親の死後**もすることができ，相続上の効力もある（1753 条 2 項・3 項）[24]。

4-109a　外国法に準拠してなされる未成年養子縁組においては，民法施行法 22 条 2

---

(22)　BayObLG FamRZ 1998, 839.
(23)　第 5 章事案 4 を参照。
(24)　これについては，BayObLGZ 1995, 245 = FamRZ 1995, 1604（縁組の届出を撤回して相続人がこれを妨げることができず，むしろ養親の死亡によって撤回権が消滅する，とした）。

III 順位等による相続（同祖血族主義（Parentelsystem））

1．順位の区別

4-110 被相続人の近親の血族が遠縁の血族に優先するというのは，血族相続権の内在的根拠に応じているわけである。その線引きに関しては，色々な規定の仕方があり得る。親族法においては，1589条3項の規定に従って，**親等**による血族関係の近さが規定されている。血族関係の親等は，介在する出生の数に従って定まるので，たとえば，ある人の両親も子も（直系）1親等であり，それに対して孫は直系2親等であり，兄弟姉妹は傍系2親等である。しかし，相続権は，この親等の区別に直接に関係しているわけではない。立法者は，反親等主義〔山田 1993, 290〕の立場を採ったからである。

4-111 むしろ相続法においては，被相続人の血族は，異なる順位に区別されている。順位毎に被相続人またはある段階の祖先（Voreltern）（父母，祖父母，曾祖父母，高祖父母等）の系統を引く人がまとめられている。したがって，順位は，**同祖血族**（Parentelen）（ラテン語の parentes（両親）から）とも呼ばれる。それは，系統樹の様々な「段階」を出発点にしている。すなわち，被相続人の卑属（子およびその卑属，つまり孫，曾孫等）が第1順位である（1924条1項）。第2順位は，被相続人の父母およびその卑属であり（1925条1項），第3順位は，被相続人の祖父母およびその卑属である（1926条1項）。

4-112 この区別を図式化すると次の通りである（血族の名称は被相続人から見ている）。

---

(25) 詳しくは，MünchKomm/Leipold§1924 Rn.31.

第 4 章　血族（特に卑属（第一順位相続人））の法定相続権

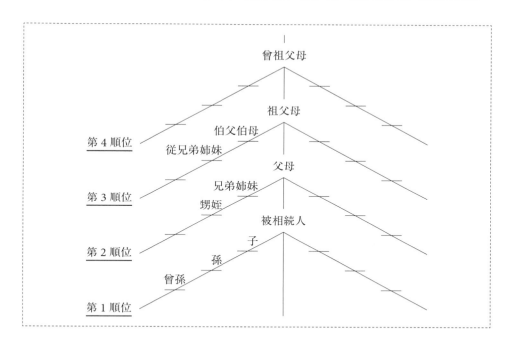

2．先順位の優先

4-113　相続開始時において先順位の血族が存在するときは，後順位の血族は，相続人とはならない（1930条）。この規定の目的は，若い世代を優先することにある。したがって，たとえば，被相続人の父母は，被相続人の孫が生存しているというだけで相続人となることができない。たしかに，1589条3項の規定によれば父母は1親等，孫は2親等の血族であるので，孫は，親等からすれば父母より遠い血族である。けれども，問題は，親等の近さではなく，どちらが先順位に属するか，なのである。孫は，被相続人の卑属として第1順位に属し，父母は第2順位の血族である。事案3においても，被相続人の卑属（子と孫）が生存している，つまり，第1順位の血族が存在する。したがって，被相続人の第2順位の血族たる父母および兄弟姉妹は，1930条の規定に従って相続人とはならないのである。

Ⅳ　家系（Stamm）による相続

1．家系概念

4-114　順位の区別と先順位の優先だけでは，誰が法定相続人かの問題は，解決しない。同一順位の中に被相続人と様々な血縁の人が存在し得るからである。したがっ

49

第2部　法定相続

て，具体的に相続人を決定し，相続分を定めるためには，同祖血族主義に家系による相続の原則を付け加えなければならない。1つの家系には，被相続人のある同一の卑属を通して血族であるところの卑属を包摂する（1924条3項）。したがって，被相続人の子はそれぞれがそれぞれの卑属とともに別個の家系を形成することになる。事案3においては，2つの異なる家系が区別されなければならず，つまり，アントーン・メラーの家系には，アルフレート，アンゼルムおよびアルベルト・メラーが属し，ベルタ・バイルの家系には，〔生存している〕ベルタ・バイル自身，ベルントおよびベアーテ・バイルが属する。

4-115　第1順位内の家系の区別は，系統樹として次のように示すことができる。

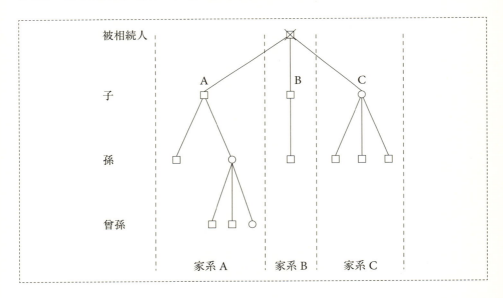

2．代表主義（Repräsentaitonsprinzip）と代襲主義（Eintrittsprinzip）

4-116　家系による相続が意味するのは，相続権が同一順位において異なる家系で分けられる，ということである。この目標は，代表主義と代襲主義によって到達される。代表主義とは，家系において被相続人と最近親者が家系内の他の者を相続から締め出す，つまり家系を代表する，という意味である（1924条2項）。したがって，事案3において娘のベルタがその2人の子のベルントとベアーテを相続から締め出す。

4-117　それに対し，被相続人の卑属が相続開始前に死亡していた場合においては，1924条3項の規定に従って，死亡した者を通じて被相続人と血族関係にある卑属（つまり，死亡した者の家系に属する者）が死亡した者の地位を取って代わる（代襲主義）。

事案 3 においては，アルフレート，アンゼルムおよびアルベルトが死亡した父に代わって相続人となる。

3．家系への等しい分配

4-118　被相続人の子は，相続人として等分の権利を有する（1924条4項）。したがって，各家系は等分に相続することになる。つまり，1人の子が死亡していたときは，その相続権は，その死者の子らが取得する。いわば，家系の数によって確定した相続権が家系毎に下へ降りてゆくのであり，その際には，各段階において，1924条4項の規定の原則（子の相続分の平等）が基準となる。したがって，取り分の分配は，たとえその一部または全部が死亡していたとしても，最上位（被相続人の子）から始めなければならない。さもなければ，存在する卑属の相続分が正しく計算されないからである。家系が全く存在しなくなった場合だけは，その家系は考慮されない。

4-119　つまり，事案3においては，ベルタ・バイルとアントーン・メラーが（彼が生存中であるとすれば）1924条4項の規定に従って1/2ずつの取り分となる，ということがまず確定されなければならない。アントーンの側では，1924条3項の規定に従ってその子，アルフレート，アンゼルムおよびアルベルトが等分の割合で，アントーン・メラーの家系全体の取り分が3人にそれぞれ1/6ずつ与えられる。もし，ベルタ，アルフレート，アンゼルムおよびアルベルトの4人を等置してそこで1924条4項の規定に従って1/4ずつに等しく分けるとすれば，それは誤りである。そのような頭割りは，家系による相続の原則を無視してしまうからである。

第 2 部　法 定 相 続

4-120

事案 3 の解答

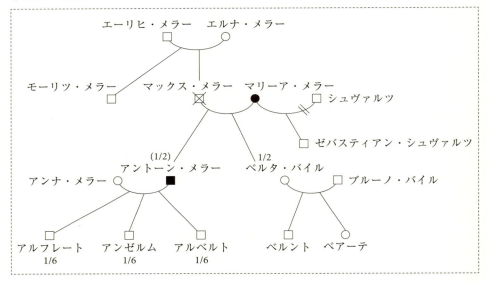

I　法定相続人

1．血族への限定

4-121　マックス・メラーは，死因処分を残さなかったので，法定相続が開始する。妻は死亡しているので，マックス・メラーの法定相続人は，その血族だけである。義理の娘アンナ・メラーと義理の息子ブルーノ・バイル，そして継子ゼバスティアン・シュヴァルツは，1589 条前段・中段の規定に従って，被相続人の血族ではなく，法定相続人ではない。姻族関係（1590 条 1 項前段）は，法定相続権の根拠とはならない。継子が継父（被相続人）と母の家計で養われていたことは，相続法上は重要ではない。

2．相 続 順 位

4-122　被相続人の娘，ベルタ・バイル，旧姓メラー，孫ベルント，ベアーテ，アルフレート，アンゼルムおよびアルベルトが 1924 条 1 項の規定に従って，法定相続人の第 1 順位である。被相続人の父母および被相続人の兄弟姉妹は，第 2 順位である（1925 条 1 項）。第 1 順位の者が存在するため，第 2 順位の者は相続することができない（1930 条）。

3．第1順位内の誰を相続人とするか

4-123　ベルタ・バイルは，1924条2項の規定に従って，その子ベルントおよびベアーテを相続から締め出すことになる。死亡したアントーン・メラーに代わってその卑属のアルフレート，アンゼルムおよびアルベルトは，1924条3項の規定に従って相続人となる。したがって，法定相続人は，ベアーテ・バイル，アルフレート，アンゼルムおよびアルベルト・メラー〔の4名〕である。

II　相　続　分

4-124　1924条4項の規定に従って，ベルタ・バイルとアントーン・メラーは，アントーンが生存中であったとすれば，各1/2の割合で相続する。家系に従って相続されるため，アントーン・メラーの持分は，1924条3項の規定に従って，その子らに，1924条4項の規定に従って等分に分割される。したがって，アルフレート，アンゼルムおよびアルベルトは，各1/6の持分の，ベルタ・バイルは1/2の持分の法定相続人となる。4人の共同相続人は，相続人共同体（2032条1項）を形成し，被相続人の財産はその相続人共同体が承継する（1922条1項）。

第4章の問題と事案

1．ドイツ民法典ではいかなる原則に基づいて被相続人の血族の範囲から法定相続人が定まるのか？

2．第1順位の法定相続人は誰か？　被相続人の配偶者は含まれるか？

3．寡夫のゼーヴェリン・シュタルクが死亡したとき，その財産で3人の子，8人の孫および4人の曾孫が生活していた。法定相続はどうなるだろうか？

4．寡夫のヴェルナー・ユーベラハが死亡したとき，その3人の子のうち，娘のクリスティーネだけが生存し，他に妻の子（ヴェルナーの子ではない）のフランツ・ユーベラハも居た。ヴェルナーの息子のベルンハルトは死んでいたが，子は居なかった。もう1人の娘アルマは死んでいたが，夫カール・マーラーと2人の嫡出子（ヨーゼフ・マーラーとヨゼフィーネ・マーラー），さらにはカール・マーラーの子ではない娘エルゼ・ユーベラハ〔ヴェルナーの孫に当たる〕が生きていた。マーラー家ではアルマ・マーラーが婚姻前に養子縁組したエルヴィン・ユーベラハも生活している。当時エルヴィンは2歳であった。ヴェルナー・ユーベラハを被相続人とする法定相続はどのようになるだろうか？

第 2 部　法定相続

解　答

4-125　1．被相続人の血族は，相続法によって，数個の順位に区別され，先順位の血族が後順位の血族を締め出す（同祖血族主義，1924 条から 1930 条まで）。同一順位内においては，**家系に従って分けられる**。その際，代表主義と代襲主義が妥当する（1924 条 2 項・3 項）。

4-126　2．第 1 順位の法定相続人は，1924 条 1 項の規定に従って，**被相続人の卑属**であり，つまり，子，孫，曾孫等である。他の順位は，被相続人の血族だけであり，被相続人の配偶者は（婚姻は血族関係を発生させないので），第 1 順位の法定相続人でもなく，他順位の法定相続人でもない。配偶者の法定相続権は，独自の規定によって定められる（1931 条以下。それについては，6-154 以下参照）。

4-127　3．本問は，引っ掛け問題である！　被相続人の子，孫および曾孫として第 1 順位の者（1924 条 1 項）が居るのだから，法定相続人としての出番は**第 1 順位の者だけ**，と確定できる。が，誰がどれだけの相続分を有するかは，3．の問題に挙げられている事柄だけでは答えることができない。**家系**による**相続の原則**（頭割りではなく！）に従って，孫や曾孫が被相続人とどう繋がっているか，つまり誰の生存中のまたは死亡した子の子孫であるかを正確に知らなければならないからである。

4-128
4．図

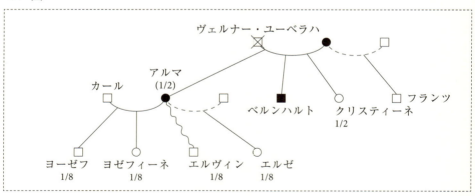

1．法定相続人

4-129　第 1 順位の法定相続人は，娘クリスティーネ，孫ヨーゼフ，ヨゼフィーネ，エルゼおよびエルヴィンである（1924 条 1 項）。エルゼは非嫡出子であるけれども，そのことは違いをもたらさない。エルヴィン・ユーベラハは，養子縁組によってアルマ・マーラーの子の地位を取得している（1754 条 2 項）。それによって，ヴェルナー・

ユーベラハとの血縁関係も生じ，エルヴィンは，ヴェルナーの第1順位の法定相続人となる。フランツ・ユーベラハは，被相続人の血族ではないので，法定相続人ではない。

2．相 続 分

4-130　クリスティーネ・ユーベラハとアルマ・マーラーは，それぞれ 1/2 を相続する（ベルンハルト・ユーベラハは，死亡していて卑属を残さず，その家系は相続に関して存在しないため，度外視される）。1924条3項・4項の規定に従い，アルマに代わってその子が等分に，つまり，1/8 ずつ相続する。したがって，クリスティーネ・ユーベラハ（相続分 1/2），ヨーゼフ・マーラー（相続分 1/8），ヨゼフィーネ・マーラー（相続分 1/8），エルヴィン・ユーベラハ（相続分 1/8）およびエルゼ・ユーベラハ（相続分 1/8）の相続人共同体が成立する。

第5章　後順位の法定相続人

I　第2順位の法定相続人

事案4：マルティーン・ミュラーは，生涯独身で子も無く死亡した。母のマリーア・ミュラー（旧姓バウアー）も既に死亡している。父のマックス・ミュラーは，そのため自分が唯一の相続人だ，と考えている。しかし，被相続人の唯一の兄弟のテオ・ミュラーは，自身は既に死亡しているが，4人の子ハンス，フリッツ，オットーおよびエルナを残し，4人とも生存している。4人は，自分たちにも相続権があると主張している。さらに，マリーア・ミュラーには，アンゲリカ・マイ（旧姓バウアー）というマックス・ミュラーの子ではない非嫡出子がいて，これも相続を主張している。アンゲリカ・マイとその夫アントーン・マイとの嫡出子のオーラフ・マイもまた，被相続人とはミュラー4兄弟と同様の関係〔甥〕なのであるから，遺産の一部を得られると考えている。法定相続はどうなるか？

1．人の範囲

5-131　第2順位の法定相続人は，被相続人の父母およびその卑属，たとえば被相続人の兄弟姉妹，甥・姪である（1925条1項）。

2．父母の相続権と卑属の代襲（系統（Linie）による相続権）

5-132　被相続人の父母がともに生存しているときは，父母が等分に，つまり1/2ずつ相続する（1925条2項）。一方が死亡していたときは，〔日本法とは異なり〕その相続分は，その卑属に帰属する（1925条3項）。父系の血族と母系の血族とを区別するので，**系統による相続権**，と言う。これは，半兄弟姉妹において意味を持つ。死亡した父母の卑属には，第1順位の相続人の規定が準用される（1925条1項）。つまり，死亡した父母の卑属は，等分に相続し，父系または母系の内部で家系による相続が生じる。これに対し，先に死亡した父母の一方に卑属がいないときは，残りの父母が単独で相続する（1925条3項後段）。

5-133　成年養子縁組においては，出生時の父母と血族であり続けるので（1770条2項），特殊性がある。成年養子については，養親と出生時の父母の双方が等分に（1/4ずつ）相続する。

5-134
事案 4 の解答：

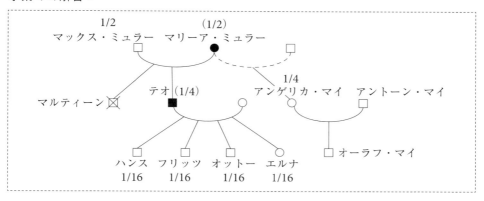

5-135　第 1 順位の相続人（被相続人の卑属）が存在しないので，**第 2 順位の者**が相続人となる。相続人の父母および相続人の父母の卑属で相続を求めるすべての者が第 2 順位となる。被相続人の母が生存していれば，父母それぞれに 1/2 が相続されるはずである。〔死亡した〕母マリーア・ミュラーの代わりに，その卑属が相続し（1925 条 3 項前段），第 1 順位に関する規定が準用される。子は等分に相続するので（1924 条 4 項），アンゲリカ・マイ[1]とテオ・ミュラーの家系がそれぞれ 1/4 を相続する。1924 条 2 項の規定に従って，その息子オーラフ・マイを相続から締め出す。死亡したテオ・ミュラーに代わって 1924 条 3 項・4 項の規定に従ってその子が等分に相続するので，それぞれ 1/16 相続する。遺産は，マックス・ミュラー（1/2），ハンス（1/16），フリッツ（1/16），オットー（1/16），エルナ（1/16），アンゲリカ・マイ（1/4）の相続人共同体に移る。

Ⅱ　第 3 順位の法定相続人

事案 5：生涯独身だったアンナ・アルベルスが死亡したとき，次の血族だけが生存していた：母方の祖父，母方の 2 人の従兄弟および父方の祖父。法定相続はどうなるか？

1．人 の 範 囲

5-136　第 3 順位の法定相続人は，被相続人の祖父母およびその卑属，たとえば被相続人の伯父・伯母である（1926 条 1 項）。

---

(1)　アンゲリカ・マイが非嫡出子であることは，影響を及ぼさない。

57

第2部　法定相続

2．祖父母の相続権と卑属の代襲（系統による相続権）

5-137　祖父母がすべて健在であれば，1926条2項の規定に従って，祖父母だけがそれぞれ1/4ずつ相続する。死亡した祖父母については，それぞれの卑属が代襲する（1926条3項前段）。死亡した祖父母に卑属がいなかったときは，その相続分は，死亡した祖父母の相手方に帰属し，その相手方も死亡していたときは，その卑属が死亡した祖父母双方に代襲して相続する（1926条3項）。これが意味を持つのは，祖父母に共通の卑属がいないときである。この規定によって，第2順位内においても，異なる家系間で差が生じる（父系の祖父母とその卑属――母系の祖父母とその卑属）。ある系統で祖父母もその卑属も生存していないときに限って，その系統に帰属すべきであった遺産の半分が他方の系統に移る。つまり，残りの系統の祖父母とその卑属が遺産を独占する（1926条4項）[(2)]。第3順位においても，**卑属の相続権**については，第1順位の相続の規定が準用される（1926条5項。つまり，代表と代襲，子の等分の相続分という家系による相続である）。

5-138

事案5の解答：

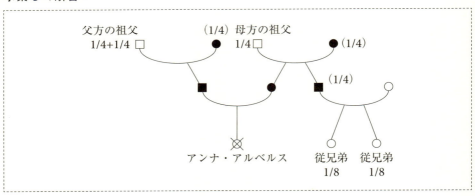

5-139　双方の祖父も（祖父母の卑属としての）2人の従兄弟も**第3順位の法定相続人**である（1926条1項）。第3順位の者が法定相続人となるのは，第1・第2順位の者が存在しないときである（1930条）。4人の祖父母がいずれも健在であれば，それぞれが1/4ずつ相続する（1926条2項）。1926条3項後段の規定に従って，父方の祖母の相続分は，父方の祖母が死亡していて卑属がいないので，父方の祖父に帰属する。

---

(2)　この遺産の半分についての国庫相続権（1936条）は存在しない，OLG Braunschweig ErbR 2022, 322.

第 5 章　後順位の法定相続人

母方の祖母が受けるはずであった相続分 1/4 は，その卑属，つまり 2 人の従兄弟が母方の系統として受ける。2 人は等分につまり 1/8 ずつ受ける（1926 条 3 項前段，5 項，1924 条 4 項）[3]。全体として遺産は，父方の祖父（相続分 1/2），母方の祖父（相続分 1/4）および 2 人の従兄弟（相続分各 1/8）の相続人共同体に移る。

III　第 4 順位，第 5 順位以下の法定相続人

事案 6：生涯独身だった E が死亡したとき，母方の曾祖父の孫（A，B）と父方の曾祖父の玄孫（C）だけが血族として生存していた。法定相続はどうなるか？

1．人の範囲

5-140　第 4 順位の法定相続人は，被相続人の曾祖父母およびその卑属である（1928 条 1 項）。第 5 順位の法定相続人は，高祖父およびその卑属，以下同様である（1929 条 1 項）。

2．これらの順位の特殊性

5-141　第 4 順以下は，── それぞれ相続人となる順位内で ── 親等の近さが優先され，その代わりに系統や家系に従った分配はされなくなる。したがって，たとえば，生存している曾祖父母がいれば，彼らだけが相続し，数人の曾祖父母が生存していれば等分に相続し，系統は問題にならない（1928 条 2 項）。曾祖父母が生存していなければ，被相続人と最も親等の近い曾祖父母の卑属が相続人となる（1928 条 3 項）。家系は問題とはならない。同一親等の血族は，等分に相続人となる。第 5 順位以下においては，これらの規定が準用される（1929 条 2 項）。つまり，第 4 順位以下においては，── 順位内において ── 親等主義（Gradualsystem）と相続人の頭割りが採られる。この規定は，憲法上も疑問があるように見えるが，これほど遠い血縁においては第 1～第 3 順位内とは法定相続権が異なっていても，それは立法者の裁量の範囲内である[4]。

---

(3) 2 人の従兄弟が母方の祖母とどのような血族関係であるかは，問題とならない。図に示してあるのとは異なって，従兄弟の親が異なっていても，それぞれ 1/8 ずつ相続する。

(4) OLG Frankfurt FamRZ 2017, 481 = BeckRS 2016, 18010. ── これと異なる見解が AG Starnberg FamRZ 2003, 1131（基本法 3 条および 14 条に反すると言う）。この裁判で主張された，1928 条・1929 条の規定は憲法を前提としない権利とみなされるべきであるので，違憲性を肯定するためには基本法 100 条 1 項前段の規定する連邦憲法裁判所への提示理由書〔山田 1993, 705〕も不要，という見解にも私は賛成できない。いずれにせよ，2001 年の債務法現代化による条文表題の公式の付加によって，私見によれば，民法典全体が憲法を前提とするものとみなされるべきである。詳しくは，Leipold NJW 2003, 2657 参照。

第 2 部　法 定 相 続

Ⅳ　数個の血族関係における相続権

5-142　血族同士が婚姻し（または親密な関係になり）そこから子が出生したり，血族が養子になったりすることによって（従前の血族関係が消滅しない限り，1756 条参照），被相続人と数個の血族関係がある場合が生じる[5]。第 1，第 2 または第 3 順位内で数個の家系に属する者は，それらを理由に受ける**相続分を重畳的に受ける**（1927 条前段）。それらの相続分は，——たとえば，相続放棄（1951 条）や遺産債務〔山田 1993, 434〕の責任（2007 条参照）との関係で——**特別相続分**となる（1927 条後段）。これについては，第 5 章事案 3 の問題と解答を参照。第 4 順位以上においては，数個の血族関係は相続分を増加させない。

5-143
事案 6 の解答：

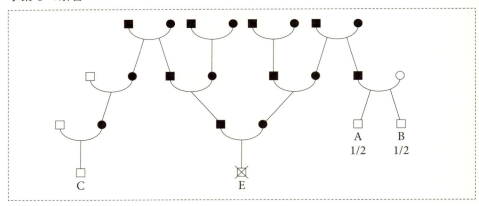

5-144　A，B および C は，**第 4 順位**であるが（1928 条 1 項），——それより近い血族が居ないので——相続人となる。1928 条 3 項の規定によると，被相続人との関係で親等の最も近い祖父母の卑属が相続人となる。**血族の親等**は，血族関係を介する出生の数によって定まる（1589 条後段〔従来の 1 項後段だが 2 項が削除されたため〕）。A と B は E と 5 親等であり[6]，C は E と 6 親等である。したがって，E の法定相続人は A

---

(5)　第 2 順位内の伯母による養子縁組された子が（伯母を相続する場合に），新しい血族関係と 1756 条 1 項の規定に従って維持された被相続人との血族関係による数個の相続権について，OLG Frankfurt FGPrax 2022, 40 = ZEV 2022, 212〔原典の BeckRS 2021, 41980 (Rechtsbeschwerde) は誤記〕。

(6)　この場合，AB が（図に示してあるように）兄弟であるか祖父母の異なる子の家系であるかは無関係である。

とBの2人であり，それぞれが等分に（1928条3項末尾）つまり1/2ずつ相続する。

第5章の問題と事案

1．相続法上系統（Linien）とは何か？　いつ問題になるのか？
2．第4順位以降の法定相続権の規定にはいかなる特殊性があるか？
3．エンゲルベルト・エングルは，生涯独身で子もなく死んだ。彼は一人っ子で，父母と祖父母はすべて死亡している。父方の祖父母にはもう1人エルヴィン・エングルという子が居て，彼には一人娘のエレンがいたが，いずれも死亡している。エレンは，生涯未婚であったが，エードゥアルト・エングルという息子がいた。エードゥアルトは，ザビーネ（旧姓ザルム）と結婚していた。エードゥアルトとザビーネの間にはエスター・エングルが生まれた。エードゥアルトとザビーネは数年後に離婚した。2人とも死亡している。ザビーネ・エングル（旧姓ザルム）は，エンゲルベルト・エングルから見ると母方の祖父母の曾孫である。彼女の2人の兄弟，ゼバスティアン・ザルムとゼーヴェリン・ザルムの他には，被相続人の母方の血族は生きていない。エンゲルベルト・エングルの法定相続人は誰か？
4．ゼップ・ブライとマックス・ブライは兄弟である。ゼップとその妻グンダ（旧姓シュヴェア）には2人の息子，フランツとグレーゴルがいる。マックスとその妻マルガ（旧姓ツィン）は，フランツが16歳のときに養子縁組をした。フランツが生涯独身で子もなく死んだ時点では，養父母は既に死亡していたが，実父母は生存している。グンダの父とゼップとマックスの父を除いて，グンダ，ゼップ，マックスおよびマルガの父母はすべて生存している。グレーゴル・ブライは，自分がフランツの唯一の相続人だと思っている。正しいか？（その他には血族は生存していない。）
5．オルガ・アドプは，両親（マックス・ナートとマリーア・ナート夫妻）の死亡直後に19歳で，フェーリックス・アドプとイーズィドーラ・アドプ夫妻と養子縁組した。オルガは30歳のときに交通事故死したが，生涯独身で子はいなかった。フェーリックスとイーズィドーラ夫妻は，オルガの実の妹であるエリー・ナートと遺産争いに陥った。オルガの法定相続人は誰か？

解　答

5-145　1．父母または祖父母とその卑属ごとに異なった系統が形成される。系統による相続権とは，遺産はまず系統で分けられ，相続分が系統内に留まる，ということである。たとえば，両親の一方が死亡しているときは，その代わりにその卑属が相続するのであって，生存しているもう1人の親がすべて相続するのではない。死亡し

第2部 法定相続

た者に卑属がいないときは，その相続分は，他の系統に帰属する。第2順位と第3順位においても，系統による相続がなされる。

5-146 2．第4順位以降は，同一順位において**同祖血族主義**が採られ，家系による相続や系統による相続は生じない。同一順位において最も近い親等の血族が相続人となり，同一親等の血族は等分で相続する（1928条2項・3項，1929条2項）。

5-147
3．図

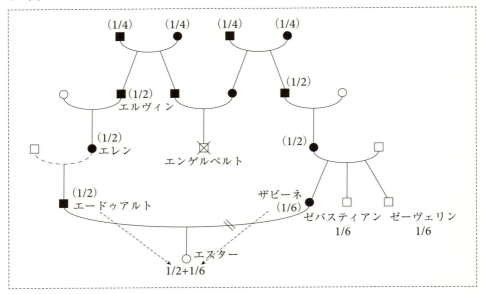

5-148 a）**相続人** —— この場合において，第3順位の者が法定相続人となる（祖父母の卑属。1926条1項）。父方の祖父母には唯一の卑属のエスターが代襲する（1926条3項）。母方の祖父母にはゼバスティアン，ゼーヴェリンおよび（ザビーネを代襲する）エスターが代襲する（1926条3項・5項，1924条3項）。

5-149 b）**相続分** —— エスターには，父方の祖父母の系統からの1/2がまず帰属する（1926条2項・3項）。母方の祖父母の系統の相続分（やはり1/2）は，ゼバスティアン，ゼーヴェリンおよびエスターに各1/6帰属する（1926条5項，1924条3項・4項）。エスター・エングルは，被相続人と二重の血族関係にある。エスターは，1927条1項の規定に従って，その双方を取得し，1927条2項の規定に従って，特別相続分となる[7]。したがって，共同相続人は，エスター・エングル（1/6と1/2，計2/3），ゼバスティアン・ザルム（1/6），ゼーヴェリン・ザルム（1/6）の3人である。

5-150
4. 図：

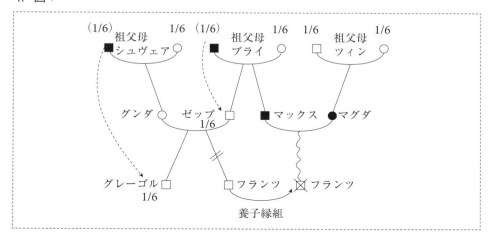

5-151　第1順位の法定相続人（フランツ・ブライの卑属。1924条1項）は存在しないので，第2順位の相続人が問題となるはずである（1925条）。しかしここで，**養子縁組**，しかも**3親等**の**血族**による縁組の効力を考慮しなければならない。1756条1項の規定によると，フランツの実親との血族関係は消滅し，実親が第2順位の法定相続人として登場することはない。〔1756条1項の規定の反対解釈によって〕実弟のグレーゴルは血族のままであるけれども，1925条4項の規定に従って，第2順位の相続権は取得しない。そうすると，1930条の規定の意味において第2順位の血族は存在しないことになるので，第3順位の相続権が問題になる（1926条）。フランツは，養子縁組によって3組の祖父母が居る。1926条2項の規定に従って，生存している祖父母は各1/6を取得する。グンダの父が死亡しているが，被相続人の血族ではないグンダは代襲せず，グレーゴルが代襲し，1926条3項の規定に従って1/6の共同相続人となる。養子縁組によってグレーゴルは第2順位としては相続できなくなったけれども，── 祖父母の「仲介」によって ── 第3順位の相続人となるのである。ゼップは，1926条3項の規定に従って死亡した父に代襲してやはり1/6の共同相続人となる。一見驚くべきこの結果は，ゼップが（グンダはそうではない）実子のフランツと，養子縁組によって1756条1項の規定に従って父子関係が消滅する一方で

---

(7)　たとえば，相続の放棄において意味を持つ。1951条1項の規定に従って，一方の相続分に限定することができるからである。重複する相続分は，それぞれ別個に ── とりわけ遺贈によって ── 負担を課することができる。

1754条1項の規定に従って再び血族（養子縁組による伯父！）となり，この血族関係は第3順位のものであることに基づいている[8]。

5-152

5. 図：

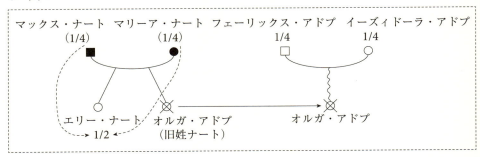

5-153 オルガは成年（2条）養子縁組であり，1772条の規定する後見裁判所の特別の定めが事案には含まれていないので，縁組みによって，オルガは，フェーリックスとイーズィドーラの子の地位を得るほか（1767条2項，1754条項），**実親および実兄弟姉妹との血族関係およびそこから生じる権利義務を喪失しない**（1770条2項）。相続権についても同様である。したがって，オルガの（第1順位の卑属は存在しないので）第2順位の法定相続人としては，1925条2項の規定に従って，養親と実親が等分に（1/4ずつ）その地位を取得するはずである。しかし，その4人の（！）親のうち1人以上が死亡している場合において相続がどうなるかは，1925条が明文では規定していないものの，やはり系統に従った相続権と死亡した実親[9]をその卑属が代襲することを認めるのが規定の目的に沿う[10]。したがって，死亡した実親を1925条3項の規定に従って，その実姉のエリー・ナートが代襲する。結局，法定相続人は，フェーリックス・アドプ（1/4），イーズィドーラ・アドプ（1/4）およびエリー・ナート（1/2）である。

---

(8) これについて詳しくは，Dieckmann FamRZ 1979, 389, 393ff., 395; Schmitt-Kammler FamRZ 1978, 570, 573; MünchKomm/Leipold §1925 Rn.13f., §1926 Rn.7f.
(9) これに対し，養親の卑属は，1770条1項前段の規定に従って，被相続人の血族とはならないので，代襲することができない。MünchKomm/Leipold §1925 Rn.9.
(10) OLG Zweibrücken FGPrax 1996, 189; MünchKomm/Leipold §1925 Rn.9.

第6章　配偶者の法定相続権

事案7：ルートヴィヒ・ザルヴァーモーザーは，子を儲けないまま死亡した。妻のマリーア・ザルヴァーモーザーとは，夫婦財産制については別産制を採っていた。ルートヴィヒの父母とその他の卑属は既に死亡している。しかし，父方の祖母，母方の祖父および母方の祖父母の娘（被相続人の伯母）が生存している。法定相続はどうなるか？

Ⅰ　一般的要件

6-154　2017年以来，婚姻は男女間だけでなく，同性の2人の間で成立し得ることになった（1353条1項前段）。同性婚にも，伝統的な婚姻と同様の相続法の規定が適用される。新しく〔旧制度の〕パートナーを法律上持つことはできなくなった。パートナーの婚姻への転換については，7-209参照。

6-154a　生存配偶者の相続権は，相続開始時まで被相続人との婚姻が継続していたことを前提とする。**事前に婚姻が取消し（1313条以下）や離婚（1564条以下）によって解消されていたときは，配偶者の法定[1]相続権（および遺留分権）は発生しない。**

6-155　これは原則として婚姻取消決定（1313条2項）や離婚決定（1564条2項）の効力として初めて生じる法律効果であるけれども，1933条の規定によって前倒しされている。つまり，死亡時において1564条から1568条までの規定に従って**離婚の要件が満たされていたことに加えて被相続人が離婚を申し立てて[2]いたまたは同意して[3]いたときは，〔離婚が成立していなくても配偶者の〕相続権が発生しない**。夫婦の一方がする離婚の申立てに理由があり，他方の同意があるときは，双方が相手方の法定相続権を喪失する。これは合憲である[4]。しかし，一方的な離婚請求においてな

---

(1)　配偶者のための遺言による（最終意思による）処分について，2077条が同旨を規定する，12-373参照。2279条1項・2項の規定に従って，相続契約中の契約上の処分にも適用される，15-506参照。

(2)　相続開始前に離婚訴訟が申立てによって係属している必要がある（民事訴訟法262条後段，家事非訟事件手続法124条前段・後段，民事訴訟法253条1項，261条1項）。申立ての遡及効（167条）は生じない，BGHZ 111, 329 = NJW 1990, 2382; MünchKomm/Leipold §1993 Rn.5. ── 申立てが家事非訟事件手続法133条1項2号に規定される申立てに含まれるかどうかは重要ではない，OLG Köln NJW 2013, 2831; 通説。

(3)　同意は訴訟行為として有効でなければならない。── 弁護士強制はないが（家事非訟事件手続法114条4項3号）── 裁判所に書面でまたは（家事非訟事件手続法134条1項）書記課の議事録にないし口頭弁論においてなされなければならない，OLG Köln NJW 2013, 2831 MünchKomm/Leipold §1993 Rn.9.

ぜ申立人ではなくその相手方が法定相続権を失うのかは法政策上分かりにくく(5)，合憲性が疑わしい(6)。死亡した夫婦の一方に婚姻取消原因（1314条）があり，それを既に申し立てていたときは，相続権を同様に取得されない(7)。

6-156 これらすべての事案においては，1933条後段，1569条から1586条までの規定に従って，生存配偶者が**扶養**についての権利を取得することによって**相続権喪失**がある程度緩和される（1586条ｂの規定による扶養義務の相続について，20-696参照）。また，剰余共同制の法定夫婦財産制を採る場合においては，相続人とならない生存配偶者は，死亡した夫婦の一方の相続人に対して**夫婦財産制上の剰余の清算**を請求することができる（1371条2項）(8)。

6-157 非婚パートナーの一方が死亡したときの生存パートナーには法定相続権は帰属しない。1931条の規定は，婚姻との根本的な相違を理由に類推適用することができない(9)。望まれていない法の欠缺自体が存在しないのである。たしかに，たとえば，1766a条2項の意味における「安定した（verfestigt）〔渡邉 2022, 132〕共同生活関係」の事案や少なくとも過酷な事案では非婚パートナーにも法律上遺産を分配するべきである，という意見が小さくはないけれども(10)，そう立法しなければならないのだろうか。現行法によれば，死因処分があって初めて非婚パートナーの相続権や遺贈請求権が発生する。

Ⅱ　配偶者の相続分一般

6-158 被相続人の卑属やその他の親族の相続権との関係で配偶者の相続分を決定することは，法定相続権の最も重要な課題の一つである。その発展の中においては，配偶者相続権を強化する傾向が明確である(11)。1931条1項・2項によれば，配偶者の

---

(4)　BVerfG NJW-RR 1995, 769〔原典の NJW 1995, 769 は誤記〕。
(5)　詳しくは，MünchKomm/Leipold § 1993 Rn.2.
(6)　違憲だとするのが Zopfs ZEV 1995, 309; Muscheler Rn.1440; 合憲だとするのが OLG Koblenz ZEV 2007, 378, 380; Staudinger/Werner（2017）§1933 Rn.3. それに対し BVerfG NJW-RR 1995, 769〔原典の NJW 1995, 769 は誤記〕; BGHZ 111, 329, 333 = NJW 1990, 2382, 2383; BGHZ 128, 125, 135 = NJW 1995, 1082, 1085 はこの問題について解釈を示さない。
(7)　取消しの申立てが係属していなくても，1318条5項の規定に従って特定の場合（重婚など）においては，婚姻成立の際に取消原因について悪意であった夫婦の一方は，法定相続権を取得しない。詳しくは，MünchKomm/Leipold § 1931 Rn.11f. 重婚における相続分については，6-160a 参照。
(8)　BGHZ 99, 304 = NJW 1987, 1764（剰余の計算に関して，離婚の申立てが係属した時点が基準になるとしたもの）。
(9)　OLG Saarbrücken NJW 1979, 2050; OLG Frankfurt NJW 1982, 1885. 通説。
(10)　比較法上の指摘を含めて MünchKomm/Leipold § 1931 Rn.8 参照。
(11)　詳しくは，Holler, Wandlungen des Ehegattenerbrechts（2021）．

相続人としての地位は，差し当たり，夫婦財産制とは無関係である。しかし，いかなる夫婦財産制を採るかによって，重要な違いが生じ得る（6-163 以下参照）。配偶者の**相続分**は，1931 条 1 項・2 項の規定に従って，配偶者に加えて血族のうち誰が法定相続人となるかで変わってくる。原則としては，配偶者の相続人は，共同相続人となるのが**遠い血族**であればあるほど，**多く**相続する。その限りにおいて，立法者は，婚姻による人的関係を血族関係より優先するのである。

6-159 配偶者の相続分は具体的には次のとおり：

—— 共同相続人の血族が第 1 順位（卑属）のとき：1/4
—— 共同相続人の血族が第 2 順位（父母およびその卑属[12]）：1/2
—— 共同相続人の血族が祖父母：1/2 および祖父母の卑属に与えられるであろう部分
—— 共同相続人の血族が祖父母より遠い：配偶者の単独相続

6-160 法定相続人としての配偶者の地位は，血族の相続権に対して特殊性があるわけではない。たとえば，（法政策上一部で提案されたことがあるように）（被相続人と共同の子を後位相続人とする）先位相続人（Vorerbe）になる，という制限があるわけではない。配偶者が血族とともに相続人になるときは**相続人共同体**を形成する。相続人が相続人となる血族にも当たるときは，双方の資格で相続することができる（1934 条）。

6-160a 被相続人が**多重に有効な**婚姻をしていたときは，—— この点に関して適用される外国法に従って，または取消しが申し立てられなかったために（6-155 脚注 7 参照）—— 被相続人のすべての配偶者が法定相続人となる。この場合において，生存中の各配偶者は，配偶者相続分を按分して相続する[13]。

（12） OLG Celle FamRZ 2003, 560（卑属が父母双方の子なのか一方の子なのかは無関係である —— 1931 条 1 項前段の規定に従っていずれの場合も配偶者の相続分は 1/2 となる）参照。
（13） 詳しくは，MünchKomm/Leipold § 1931 Rn.14. —— 異論は，Schäfer, Die Mehrehe im Erbrecht（2019）sowie ErbR 2019, 610 で，各配偶者には原則として 1931 条に規定する相続分が与えられると言う。

第 2 部　法定相続

6-161

事案 7 の解答：

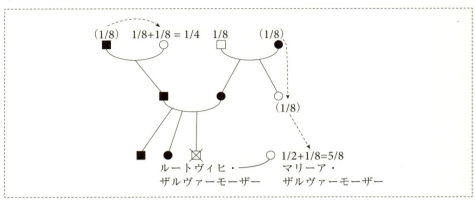

6-162　法定相続人となるのは[14]，配偶者（1931 条 1 項）および第 3 順位の血族（1926 条 1 項）である。共同相続人の祖父母ともに相続する配偶者の相続分は，1931 条 1 項前段の規定に従って 1/2 である。残りの 1/2 は，本来 1926 条 2 項の規定に従って祖父母が全員生存していれば，等分に 1/8 ずつ相続するはずである。しかし，父方の祖父が死亡していて，卑属を残していないので，父方の祖母が代襲し（1926 条 3 項後段），1/4 の共同相続人となる[15]。母方の祖母は，本来 1926 条 3 項前段の規定に従って，その娘（被相続人の伯母）が代襲するはずである。しかし，1931 条 1 項後段の規定によれば，その相続分は配偶者に帰属し，伯母は相続から締め出されるので，配偶者の相続分は 1/2 + 1/8 = 5/8 となる。夫婦財産制（別産制）は，本件では問題とはならない。結局，共同相続人は，マリーア・ザルヴァーモーザー 5/8，父方の祖母 1/4 および母方の祖父 1/8 となる。

---

(14)　〔答案上の〕吟味の順序は，法律上の規定の体系に従う。まず配偶者と共同相続人になる血族を確定させ，つぎに配偶者の相続分を確定させ，最後にその残りを血族の相続権の規定に従って血族に配分しなければならない。1931 条 1 項後段の特別規定が適用されるときは，最後にさらに配偶者の相続分が増えることになる（上記解答および 6-203, 204 参照）。

(15)　父方の祖父の卑属が生存していれば 1926 条 3 項後段の規定に従ってその卑属に移るはずの相続分 1/8 は，1931 条 1 項後段の規定に従って，配偶者に帰属する。しかし〔事案では〕，祖父母の卑属が既に死亡しているので，1/8 の相続分は，生存している祖父母に帰属し（1926 条 3 項後段），配偶者には帰属しない。この結論が一貫しているのか，疑うこともできる（Kipp/Coing §5 III 1 [Fn.14]; Staudinger/Werner [2017] §1931 Rn.26; Lange/Kuchinke § 12 III 4a）。というのは，その場合において配偶者は死亡している祖父母の卑属に優先するけれども，生存している祖父母とその卑属には劣後するからである。しかし，明文の規定はそう解釈せざるを得ない（Kipp/Coing u. Staudinger/Werner aaO も同旨）。

Ⅲ　夫婦財産契約の剰余共同制における配偶者の相続法上の地位

事案 8：マリーア・マイアーとゼバスティアン・シュルツェとの婚姻成立に際し，マリーア・マイアーは，銀行に 20,000 ユーロの預金を有していた。が，ゼバスティアン・シュルツェには，これと言った財産は無かった。ゼバスティアン・シュルツェは婚姻中に 7,000 ユーロの有価証券と 25,000 ユーロの不動産を取得した。マリーア・シュルツェは，預金残高を 25,000 ユーロに増加させたが，その他の財産は取得しなかった。嫡出子は 4 人（アンナ，アーミン，アルフォンス，アーダルベルト）で，いずれも生存している。

　ゼバスティアン・シュルツェが妻より先に死亡したときの相続はどうなるか？
　生存配偶者が相続を放棄するといかなる効果が生じるか，説明しなさい。

1．剰余共同制

6-163　剰余共同制は，**法定夫婦財産制**であるので，夫婦が婚姻契約によって別段の定めをしない限りこの財産制の規定が適用されることになる（1363 条 1 項）。その相続法上の帰結を正しく把握するためには，まず剰余共同性の性質を理解しなければならない。その規定は，夫婦の一方（たとえば，常勤の職に就いている方）が婚姻期間に成し遂げた財産増加（＝剰余）は，他方の帰せられるべきであるという考えを前提にしている。したがって，婚姻中に増加した財産について夫婦の双方が等しい権利を持つべきことになる。しかし，この基本思想にもかかわらず，また「共同」の言葉にもかかわらず，剰余共同性は，財産について共同の権利を与えるものではない。むしろ，別産のままである。婚姻成立時に存在していた財産にも，後で取得された財産についても，このことが妥当する（1363 条 2 項前段）。たとえば，事案 8 のマリーア・シュルツェは自身の銀行残高について婚姻前からずっと単独所有者であるし，ゼバスティアン・シュルツェは，自身の有価証券や不動産について単独所有者である。

6-164　婚姻の解消に際し初めて，剰余が共同に取得されたという考えから帰結が導かれる。双方が夫婦の剰余を清算しなければならないのである（1363 条 2 項後段）。

2．相続分の加重

6-165　婚姻の解消のもっとも多いものは（今日既に約 1/3 の婚姻が離婚に至っているとしても），夫婦の一方の死亡による解消である。しかし，まさにその場合について立法者は剰余共同制の基本原理を一貫させていない。つまり，剰余清算は，夫婦の一方の死亡において通常は，双方取得された剰余の算定と清算請求権の承認によってなさ

れるのではなく，非常に形式的になされる。つまり，1371条1項の規定に従って，生存配偶者の相続分が 1/4 だけ加重するのである（相続法上の解決）。この 1/4 というのは，配偶者が 1931 条 1 項の規定に従って取得する相続分に加えて与えられる（1931条3項）。つまり，被相続人の卑属とともに剰余共同制の配偶者が相続するときは，その相続分は合計 1/2 となる。配偶者とともに相続する血族の相続分は，それに応じて減少することになる[16]。たとえば，被相続人の子は，1931 条 1 項によれば遺産の 3/4 を受けるはずであるが，これによって 1/2 しか受けないことになる（配偶者と祖父母およびその卑属が共同相続人となる場合については，6 章の問題と事案，事案 3 を参照）。

6-166 この規定を剰余共同制が実現したものと（1371条1項の規定のように）言えるかどうかは疑わしい。剰余がそもそも婚姻中に得られたかどうかを考慮しないからである。このことは，1371 条 1 項自体が明文で要件では無いと宣言している。夫婦のどちらが多くの剰余を得たかも問題とされない。1931 条 1 項は，国際私法上は相続法の規定と位置付けられるべきであるが，〔ドイツ夫婦財産制だけでなく〕ドイツ相続法が準拠法となる場合に限って適用することができる。詳しくは，1-23f, g 参照。

6-167 法律上の規定が優先する趣旨は，相続法上の解決の簡明さと明快さにある。立法者は，清算請求権の実際の存否という部分的に困難な問題に取り組まなければならなくなることをこの方法で避けようとしたのであった[17]。しかも，夫婦財産制の如何および取得された剰余の如何を問わずに（特に子と共同相続人となる場合の）配偶者の相続分を改正によって増加させることが論じられていることに注意しなければならない[18]。この考えを正当と考えるのであれば，1371 条 1 項の規定は，剰余とは無関係に根拠付けられる。剰余共同制の考えからすると相続法上の解決は，我慢ならないほどではない，ということは，（従来は！）夫の剰余が妻のそれよりも多いことが

---

(16) （死亡によって解消された婚姻からの）夫婦双方の卑属は，その相続分がこれによって減少することになるが，彼には，生存配偶者の法定相続人として，その〔父母の一方の死においては与えられなかった〕財産を受ける，という望みがある。（このことは，生存配偶者が後に死亡した時になお残余財産が有り，生存配偶者が他に遺贈しなかったということを前提としている。）夫婦の一方が死亡する場合において，その死亡する者一方の卑属であって生存配偶者の卑属ではない子は，生存配偶者の法定相続人ではないので，この規定によって強い影響を受ける。そのため，1371 条 4 項の規定に従って，適切な教育に必要な資金を，生存配偶者が1371 条 1 項の規定に従って取得した 1/4 の追加の相続分から与えることを必要に応じて生存配偶者に対して請求することができる。

(17) この立法目的について，BGHZ 37, 58, 65; 42, 182, 187 参照。この目的は部分的には相続税法によっても担われている。2-30 参照。沿革について詳しくは，脚注 11 の Holler, S. 57ff.

(18) これについては，BGHZ 37, 58, 63; 42, 182, 188 参照。連邦通常裁判所は，そのような考慮が立法に作用したかも知れない，と言う。

ほとんどであり，しかも，夫が妻よりも先に死亡することがその逆よりも統計上は多い，ということと関係している(19)。そのため，たいていの場合においては，1371条1項の規定によって財産上優遇されることの正確な価値ではないとしても，少なくとも方向性は合っているのである。さらに，法律上の規定の欠点は，個別の修正によって緩和されることがある。つまり，被相続人は遺言によって配偶者を廃除することができるし，生存配偶者は相続放棄によって1371条1項の規定の適用を逃れ，その代わりに剰余清算の道を開くことができる（6-168から176まで参照）。また，夫婦は，夫婦財産契約で剰余共同制の枠組みでの相続分の増加を，より少ない割合に制限したり，完全に無くしてしまったりすることができる(20)。

3．廃除された配偶者の法律上の地位
a）剰余清算請求権

6-168 生存配偶者が遺言または相続契約によって相続から廃除され，遺贈もなされていなかったときは，剰余は，法定相続分を加重させるという相続法上の手段ではなく，清算することができる。1371条2項の規定に従って，生存配偶者は，この場合において，1373条以下の規定にしたがった剰余清算請求権を取得する（夫婦財産制上の解決）。つまり，ここでは，婚姻中に取得された剰余が実際に（tatsächlich）清算される，たとえば，離婚による婚姻の解消（1372条）におけるのと同様の方法で清算されるのである。その計算においては，まず，夫婦各々の終りの財産（Endvermögen）〔山田 1993, 192〕（夫婦財産制終了時の財産，詳しくは1375条参照）から初めの財産（Anfangsvermögen）〔山田 1993, 28〕（夫婦財産制開始時の財産，1374条）を控除することによって剰余が算定されなければならない。そのように算定された，被相続人の剰余が生存配偶者の剰余よりも多いときは，生存配偶者は，その差額の半分について清算請求権を取得する（1378条1項）。この請求権は，死亡した配偶者の相続人を相手方とするものであり，遺産債務（1967条）となる。

6-169 生存配偶者は，自身が多くの剰余を取得していたときは，清算請求権を取得しない。しかし，注目すべきことに，この場合における死亡した配偶者の相続人に対しては，法律は，生存配偶者(21)に対する清算請求権を与えないのである（1371条2

---

(19) Leipold AcP Bd.180 (1980), 160, 185ff. 参照。
(20) MünchKomm/Koch § 1371 Rn.20.
(21) BGH JZ 1982, 207, 208; Soergel/Lange §1371 Rn.9（1378条3項の指示の下に）。配偶者が同時に死亡するまたは失踪法11条の規定（同時死亡の推定，2-30参照）に従ってそう推定されるときであっても，通説によれば，相続人は剰余清算請求権を取得しない，BGHZ 72, 85; LG Augsburg FamRZ 1976, 523; Werner FamRZ 1976, 249. Gernhuber/Coester-Waltjen, Familien-

第 2 部　法 定 相 続

項，1372 条の反対解釈）。連邦通常裁判所[22]の見解によると，死亡した夫婦の一方が離婚訴訟を提起し剰余清算請求権が既に係属していたときであってもそうである。つまり，少ない剰余しかない夫婦の一方の潜在的な清算請求権は，その者が他方より先に死亡することによって無に帰するのである。それに対し，婚姻と家族（基本法 6 条 1 項）および所有権と相続権（基本法 14 条 1 項）の保護という観点からは，合憲性について重大な疑義が生じる[23]。

b）小さな遺留分

6-170　廃除された配偶者には，遺留分が認められる（2303 条 2 項），つまり法定相続分の半額について相続人に対する清算請求権を取得する。遺留分額侵害請求権は，剰余清算請求権に加えて発生する。1371 条 2 項が規定するとおり，遺留分の算定は，配偶者の加重後の相続分が基準となるのではなく，1931 条 1 項・2 項の規定に従った法定相続分が基準となる（いわゆる小さな遺留分）。たとえば，（死因処分によって廃除されてはいなかったとしたら）配偶者が〔被相続人の〕卑属とともに共同相続人になる場合においては，剰余清算の他に請求することができる小さな遺留分は，遺産の 1/8 となる（1931 条 1 項の規定に従って法定相続分は 1/4 だから）。具体的な（ユーロで示される）遺留分額侵害請求権の価額算定においては，遺産中の積極財産の価額から遺産債務がまず控除されなければならない（2311 条 1 項前段，1967 条参照）。したがって，遺産の負担となる剰余清算請求権が発生するときも，それがまず控除されなければならない。

6-171　生存配偶者は，剰余清算請求権に加えて小さな遺留分について請求することができるだけである，ということは，法律上明らかである。それに対して，争われているのは，生存配偶者は，剰余清算と小さな遺留分に代えて大きな遺留分，つまり 1371 条 1 項の規定に従って加重された法定相続分の半分の遺留分を請求することができるか，という問題である。この大きな遺留分は，たとえば，生存配偶者の他に被相続人の卑属がいるときは，遺産の 1/4 の価額となる（1931 条 1 項，1371 条 1 項の規定に従った法定相続分は 1/2）。しかし，連邦通常裁判所は，廃除された配偶者にその種の選択権（小さな遺留分と剰余清算か，大きな遺留分か）を与えることを，説得力をもって根拠付けられた決定で拒絶した[24]。連邦通常裁判所は，正当にも，1371 条 1 項の相続分加重の，包括的な剰余清算を，強制的に規定することなく，可能にすると

---

　recht, 7. Aufl.（2020），§36 Rn.26.
(22)　BGH NJW 1995, 1832. 第 6 章の設問および事案，事案 4 も参照。
(23)　詳しくは，Leipold NJW 2011, 1179; MünchKomm/Leipold § 1931 Rn.46ff.
(24)　BGHZ 42, 182 = NJW 1964, 2404; BGH NJW 1982, 2497 も同旨；通説。

いう目的にまず言及した。被相続人が生存配偶者を死因処分によって相続から廃除したときは，被相続人は，その包括的な剰余清算をさせたくない，という趣旨である。その場合，生存配偶者が（小さな遺留分の他に）実際の剰余の超過分について清算請求することができる，ということによって，剰余共同制の基本原則が考慮されているのである。したがって，相続人でもなく受遺者でもない生存配偶者の遺留分は[25]，常に加重される前の相続分を基準に計算される（小さな遺留分）。

4．遺言によって利益を受ける配偶者の法的地位

6-172 死因処分によって生存配偶者が相続人または受遺者に指定されたときは，剰余清算は，遺言による増加分に加えて 1/4 の相続分が与えられることによってなされるのではない。なぜならば，1371 条 1 項の規定は，法定相続分への加重を前提としているからである。また，相続分の指定または遺贈に加えて実際の剰余清算も請求することができない。なぜならば，1371 条 2 項の規定は，生存配偶者が相続人にも受遺者にもならないことを前提としているからである。これらの事案においては，生存配偶者は，放棄（6-174 参照）をして初めて夫婦財産制上の剰余清算の権利を取得する。

6-173 指定された相続分や遺贈が放棄されない限り，なおそれに加えて**補足遺留分**（Zusatzpflichtteil）（追加遺留分侵害額請求権とも呼ばれる）を請求することができるか否かは，指定された相続分や遺贈による受益額に掛かっている。（法定相続分の半額の）**遺留分額より受益額が少ないときは**，（相続分指定に関する）2305 条前段および（遺贈に関する）2307 条 1 項後段の規定に従って，請求することができる。これらの事案においては，遺留分に加えて夫婦財産制上の剰余清算を請求することができないので，加重された法定相続分つまり**大きな遺留分**を基準として用いることができるのである[26]。したがって，遺言によって受益者となる生存配偶者は，受益が大きな遺留分の限界を超えていない限り，そこまで（卑属が共同相続人になる場合は 1/4）その受益を補足遺留分によって増やすことができるよう，求めることができるのである。

5．相続または遺贈の放棄における法律関係

6-174 生存配偶者が法定相続分や指定相続分を放棄するときは（1942 条 1 項），それらは無かったものとして扱われる（1953 条 1 項）。遺贈が放棄される場合も同様の

---

(25) 相続人の指定や遺贈における追加的な遺留分の計算については，6-173 参照。
(26) 通説。たとえば，Reinicke NJW 1958, 121; Staudinger/Otte（2015）§2305 Rn.12; Grüneberg/Weidlich §2303 Rn.16; §2305 Rn.1; Lange/Kuchinke §37 Ⅴ B 4b.

効力である（2176条，2180条3項，1953条1項）。つまり，有効に放棄がなされるときは，生存配偶者は，相続人にも受遺者にもならない。したがって，そのときは，生存配偶者は1371条2項の規定に従って，**夫婦財産制上の剰余清算**を請求することができる。

6-175 その他，生存配偶者は，（小さな）**遺留分侵害額請求権**を有している。遺贈の放棄の事案では，遺留分権は，2307条1項前段の規定に従って生じる。それに対し，法定相続分または指定相続分の放棄は，遺留分権の一般規定に従って，通常は[27]遺留分侵害額請求権を発生させない。というのは，2303条2項の規定は，配偶者が死因処分によって相続から締め出されたことを前提としているからである。しかし，ここで剰余共同制の場合においては，1371条3項の特則が適用され，放棄した配偶者に対して剰余清算に加えて（小さな）遺留分を与えるのである[28]。（剰余清算と小さな遺留分に代わる）大きな遺留分についての権利は，排除において大きな遺留分侵害額請求権を否定するのであるから（6-171参照），放棄においても配偶者には認められない。

6-176 放棄は，夫婦財産制上の剰余清算の道を開くので，相続人または受遺者として指定された配偶者は，常に**選択をする状況**（Wahlsituation）にある。経済的に有利な解決をしようというのであれば，双方の剰余と清算請求権を算定しなければならない。このことは，法定相続人となる配偶者にも妥当する。夫婦財産制上の剰余清算と小さな遺留分は，合計で加重された遺留分を超える可能性があるからである。（配偶者が卑属と共に相続するときは）清算請求権が遺産の半分近くになると，この場合になる[29]。さらに，夫婦財産制上の剰余清算と小さな遺留分の選択は，剰余清算の計算において1375条2項の規定に従った（たとえば贈与の）加算がなされるときは，有利である。被相続人のだけの卑属が存在する場合に，その教育費請求権（1371条4項）の規定が存在しないことについても，夫婦財産制上の解決が有利である。他方，配偶者は，法定相続権を放棄するときは，先取分〔山田1993, 701〕の権利（1932条）も喪失する。また，夫婦財産制上の清算請求権と小さな遺留分権は金銭請求権であり，加重された相続分は遺産の物権的な持分であることも選択に関して重要であろう。この

---

(27) （後位相続人の指定などの）制限や（遺贈による）負担がある相続分については例外がある。その場合においては，2306条1項の規定に従って放棄によって遺留分権を取得することができる。24-824参照。

(28) 生存配偶者が法定相続分（2346条1項）または遺留分権（2346条2項）を契約上放棄したときは，別である（1371条3項末尾）。

(29) 正確には，3/7が限界であり，すなわち，清算請求権が遺産の3/7を超える場合においては計算上夫婦財産法上の解決が有利である。

第 6 章　配偶者の法定相続権

ことは，具体的な状況においては夫婦財産制上の解決の短所（遺産に含まれる財産についての権利なし）または長所（紛争になりやすい遺産の管理と分割への関与なし）として重要かも知れない。それに対し，税法上の観点は，重要ではない[30]。

6-177
事案8の解答：

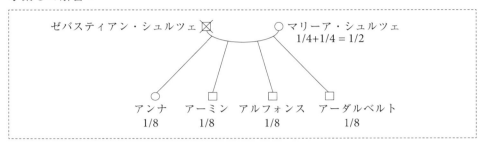

I．放棄のない場合の法律関係

6-178　1．相続人 —— 相続人は，ゼバスティアン・シュルツェの相続人は，第1順位の法定相続人としてその子らアンナ，アーミン，アルフォンス，アーダルベルト（1924条1項）およびその妻マリーア・シュルツェである（1931条1項前段）。

6-179　2．相続分 —— 妻マリーア・シュルツェは，1931条1項前段の規定に従って，子とともに1/4を相続する。婚姻契約による別段の定め（1408条）については，事案中に言及がないので，剰余共同性の法定夫婦財産制（1363条1項）を前提とすることになる。そうすると，1371条1項の規定に従って，マリーア・シュルツェの相続分は1/4だけ加重され，計1/2の相続分となる。残りの1/2を4人の子が等分で相続するので（1924条4項），アンナ，アーミン，アルフォンスおよびアーダルベルトは各1/8を相続する。

6-180　3．先取分の権利[31] —— 1932条1項後段の規定に従って，マリーア・シュルツェは，相続分の他に，婚姻中の家政（Haushalt）〔山田 1993, 311〕に要したものおよび結婚祝い（Hochzeitsgeschenke）〔太田 1989, 60〕を，それらが相当な家政の遂

---

(30)　1371条2項の規定に従って剰余が清算されるときは（夫婦財産法上の解決），清算債権は相続税が課されない（相続税法5条2項）。さもなくば（相続法上の解決では），生存配偶者は，清算債権の金額には課税されない（相続税法5条1項）。しかし，このことは，（擬制された）清算債権の金額が相続税上の解決が選択される際にも，（配偶者が取得するものの全体が非課税枠を超える場合においては）当局によって計算されなければならない，ということを意味する。詳しくは，MünchKomm/Leipold, Einl. Zum Erbrecht (Bd.11), Rn.372ff.
(31)　6-194 参照。

75

第2部　法定相続

行に必要な限り，請求することができる。

Ⅱ．マリーア・シュルツェの相続放棄における法律関係

6-181　　1．**相続権**――マリーア・シュルツェは，相続を放棄するときは，相続人とはならない（1953条1項）。遺産は，子のアンナ，アーミン，アルフォンスおよびアーダルベルトが各1/4を承継する（1924条4項）。

6-182　　2．**剰余清算請求権**――マリーア・シュルツェは，1371条2項の規定に従って相続放棄後に1373条以下の規定に従った剰余清算を請求することができる。ゼバスティアン・シュルツェの剰余がマリーアの剰余を超えるときに，マリーアは清算債権を取得する（1378条1項）。剰余は，夫婦各々の終りの財産と初めの財産との差額である（1373条）。ゼバスティアン・シュルツェについては，終りの財産（1375条）が320,000ユーロで初めの財産（1374条）が無いので，剰余は320,000ユーロである。マリーア・シュルツェについては，5,000ユーロ（終りの財産が25,000ユーロで初めの財産（1374条）が20,000ユーロ）だけである。ゼバスティアンの剰余が妻マリーアの剰余を315,000ユーロだけ超過するので，妻マリーアは1378条1項の規定に従ってその超過の半額の157,500ユーロの清算債権を取得する。

6-183　　3．**小さな遺留分**――剰余清算の他にマリーア・シュルツェは，遺留分侵害額請求権を取得する（1371条3項）。遺留分は，加重前の相続分を基礎に算出される（1371条2項，小さな遺留分）。加重前の法定相続分は1/4であるので（1931条1項前段），遺留分は，遺産の1/8である（2303条）。相続を放棄することが放棄しないことと比較して経済的に魅力があるのかを確定するためには，遺留分額を算定する必要がある。その際，この場合における遺産は，遺産債務（2311条1項前段，1967条）であるところの剰余清算債権の負担付であることを考慮しなければならない。したがって，遺産の価額は（320,000ユーロから157,500ユーロを控除した）162,500ユーロに縮減されるので，遺留分侵害額請求権の価額は，20,312.5ユーロとなる。つまり放棄をするとマリーアは，遺産について（剰余清算157,500ユーロより小さな遺留分20,312.5ユーロの）計177,812.5ユーロを請求することができる。それに対し，相続分は，160,000ユーロ（320,000ユーロの半額）である。したがって，計算上は，相続を放棄して剰余清算と小さな遺留分を受ける方がマリーアにとって有利である。そのときは，マリーアは，金銭請求権だけを取得するのであって，遺産に属するものについて物権的権利を取得することはない。また，マリーア・シュルツェは，1932条1項が前提とする法定相続人ではなくなるので（1953条1項），先取りの権利も取得しない。

6-184　　4．**大きな遺留分を選択する権利？**――マリーア・シュルツェは，剰余清算

と小さな遺留分に代えて，加重された相続分を基礎に算定された遺留分（つまりここでは遺産の 1/4 ——いわゆる大きな遺留分）についての権利を通説によれば取得しない[32]。しかしいずれにせよ，大きな遺留分は 80,000 ユーロに過ぎず，剰余清算と小さな遺留分との合計をはるかに下回るので，マリーア・シュルツェにとっては，大きな遺留分は魅力が無いはずである。

6-185

概　観
剰余共同制における生存配偶者の相続法上の地位＊

死因処分の存在	（放棄なく）当然に生じる関係	放棄の場合の関係
死因処分なし	1931 条および 1371 条 1 項： 法定相続分 1/4 加重 （1/4 + 1/4 = 1/2）	1371 条②③： 小さな遺留分（1/8） ＋夫婦財産制上の剰余清算
指定相続分または遺贈：加重相続分の半分超（>1/4）	相続分の指定または遺贈	1371 条②③または 1371 条②，2307 条①前： 小さな遺留分（1/8） ＋夫婦財産制上の剰余清算
指定相続分または遺贈：加重相続分の半分未満（<1/4）	2305 条前または 2307 条①後段： 加重相続分または遺贈 ＋大きな遺留分（1/4）までの補足遺留分	1371 条②③または 1371 条②，2307 条①前： 小さな遺留分（1/8） ＋夫婦財産制上の剰余清算
廃除	1371 条②，2303 条： 小さな遺留分（1/8） ＋夫婦財産制上の剰余清算	——

＊括弧内の分数は生存嫡出子とともに共同相続する場合

Ⅳ　別産制における相続法上の特殊性

事案 9：ヘルタ・アルとクルト・アルは，婚姻契約で別産制の合意をしていて，フランツとフリーダという 2 人の子を儲けた。ヘルタが死亡したとき既にフリーダも死亡していた。しかし，フリーダは，ヴェルナー・ノイと結婚し，3 人の子を儲けてい

---

(32)　その根拠については，6-171, 175 参照。

た。ヘルタ・アルの法定相続人は誰か？

6-186 別産制という約定夫婦財産制（1414条）においては，1371条の規定は，適用されない。したがって，原則上は，1931条1・2項の生存配偶者の**相続分は加重**されない。しかし，生存配偶者が被相続人の1人または2人の子とともに共同相続する場合には特殊性がある。つまり，生存配偶者と子は1931条4項の規定に従って**等分**に相続するので，子が1人であれば1/2ずつ，子が2人であれば1/3ずつ相続する。この規定は，1人または2人の子とともに共同相続する配偶者の相続分を1/4と規定する1931条1項前段より配偶者を有利に扱うものである。

6-187 1931条4項の規定は，非婚姻法（1970）によって追加されたものである。相続上の有利な取扱いは，被相続人の財産取得に寄与したかも知れない配偶者の無償の協働を別産制の夫婦財産制においても考慮するものである[33]。この観点からすると，被相続人の子には被相続人に対する特別の寄与があった場合の清算請求権が与えられるのでなおさら（2057条a），子より配偶者に少ない相続分を割り当てるのが不当と立法者には思われたのである。とりわけ，妻の他に被相続人の非嫡出子が共同相続人となり，――一般的な規定に従って――妻より多い相続分を主張することができるようになる，という事案が考慮された。

6-188 しかし，それによって，**剰余共同制との違いは部分的に消え去っている**。というのは，1人の子とともに相続する配偶者は，1931条4項の規定に従って，剰余共同制下で相続分が加重される場合（1931条1項前段の規定に従って1/4, 1371条1項の規定に従って1/4）[34]と全く同じだけ（相続分1/2）を受けるからである。遺留分権の効力も平仄が合っていないように見える。つまり，生存配偶者が廃除される場合においては，被相続人の1人の卑属がいるときは，別産制においては1/4の遺留分であるのに対して剰余共同制においては1/8の遺留分（とゼロであるかも知れないが夫婦財産制上の剰余清算請求権），となるからである。

---

(33) 根拠について，Bericht des Rechtsausschusses zu Bundestagsdrucksache V/4179, S. 5f. 参照。Muscheler Rn.1426 は批判的。
(34) 6-165 参照。

6-189
事案9の解答：

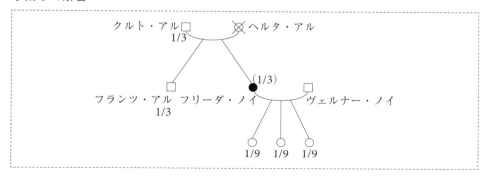

6-190　ヘルタ・アルの法定相続人は，その卑属（第1順位の相続人，1924条1項）と配偶者（1931条）である。別産制であったので，2人の子のフランツ・アルとフリーダ・ノイおよび夫クルト・アルが1931条4項の規定に従って等分で，つまり1/3ずつ相続するところである。しかし，死亡しているフリーダ・ノイについては，3人の子が代襲する（1931条4項末尾，1924条）。3人の子は，フリーダ・ノイの家系に帰属する1/3を等分に受けるので（1924条4項），各1/9を受けることになる。したがって，ヘルタ・アルを被相続人とする共同相続人は，クルト・アルとフランツ・アルが各1/3，フリーダ・ノイの3人の子が各1/9ということになる。

V　財産共同制の法律関係

1．継続の合意のない財産共同制

6-191　財産共同制の約定夫婦財産制の特徴は，夫婦の財産が共同の財産（合有財産）となることである（1416条1項）。ただし，特有財産（1417条）と留保財産（1418条）は除かれる。夫婦の一方の死亡においては，財産共同制は，原則として終了し，夫婦のうち死亡した者の合有財産の持分は（特有財産と留保財産に加えて），その遺産となる（1482条前段）。相続と相続分は，一般規定がそのまま適用される（1482条後段）。このことは，生存配偶者の法定相続分についても妥当するので，それが1931条1・2項の規定に従って定められることになる。

6-192　合有財産は，相続開始後は，（従来の合有持分を有する）生存配偶者と死亡した配偶者の相続人（したがって場合によっては相続人共同体）との合有となる（1471条2項，1419条参照）。生存配偶者は，相続人でもあるときは，二重の資格で合有財産に持分を有することになる。合有財産を分割するためには，債務控除後も残存する剰余

の半額が生存配偶者に，残りの半額が死亡した配偶者の相続人（場合によっては生存配偶者も含まれる）に帰属する（1471条1項，1476条1項）。

2．財産共同制の継続

6-193　1483条1項の規定に従って，夫婦は，婚姻契約によって，夫婦の一方の死亡後も生存配偶者と共通の卑属との間で財産共同制が継続することを合意することができる。そうすると，合有財産は，生存配偶者の死亡まで一体のままで置かれることになる。財産共同制は，生存配偶者と，法定相続人となる共通の卑属との間で存続する（1483条1項中段）。しかし，（配偶者相続権を含めた）相続は，ここでも一般規定に従う。しかし，本質的なことは，この場合には死亡した配偶者の合有財産持分が遺産には含まれないということである（1483条1項後段）。つまり，死亡した配偶者の遺産は，特有財産と留保財産だけということになる。〔生存〕配偶者は，財産共同制の継続を拒むことができる（1484条）。そのときは，継続の合意が無かったのと同様の法律関係になる。しかし，財産共同制が当初継続されたとしても，生存配偶者はそれをいつでも終了させることができ，しかも遺産裁判所に対する意思表示または公正証書をもってした生存配偶者と持分のある卑属との間の契約によってすることができる（1492条1項・2項）。また，継続された財産共同制は，生存配偶者の再婚もしくはパートナーシップ成立（1493条）または死亡（1494条）によって法律上当然に終了する。その場合になすべき分割では，先に死亡した配偶者に帰属する合有財産の半額は共通の卑属にだけ帰属する（残る半額は生存配偶者とその相続人に帰属する）。卑属の間では（先に死亡した配偶者の）法定相続の規定に従って分割される（1503条1項）。

Ⅵ　独仏の選択剰余共同制の夫婦財産制

6-193a　選択剰余共同制の夫婦財産制に関するドイツ連邦共和国とフランス共和国との2010年2月4日付の協定のための法律[35]によって挿入され，内容としてその協定を参照している1519条はさらなる選択の可能性を提供している。選択剰余共同制の夫婦財産制は，夫婦財産制がドイツまたはフランス法による限りにおいて，ドイツまたはフランスの夫婦が合意することができる。この夫婦財産制は，ドイツ人とフランス人の夫婦を念頭に置いているものであるけれども，そのような国際結婚であることが要件ではない。夫婦双方がドイツ人であっても婚姻契約でこの夫婦財産制を選択

---

(35)　BGBl. 2012 II, 178. 協定はこの法律に含まれている。2013年5月1日に発効している，BGBl. 2013 II. 431.

第 6 章　配偶者の法定相続権

することができる。

6-193b　相続法の観点からは，選択剰余共同制は，（ドイツの）剰余共同制とは著しく異なっている。そこでは剰余は，常に夫婦財産制上の定めに従って清算されなければならない。配偶者の法定相続分の加重による剰余〔清算〕の包括的実現方法（6-165以下参照）は，選択剰余共同制においては存在しない。選択剰余共同制において配偶者相続分は，常に 1931 条の一般規定に従って判断され，被相続人の卑属と共にする相続においては常に 1/4 である（1931 条 1 項）。生存配偶者の剰余が〔死亡した配偶者の剰余より〕少なかったときは，剰余清算請求権が発生する。それに対し，生存配偶者の剰余が多かったときは，協定 12 条 3 項の規定は清算請求権の相続性の意味において解すべきであるから[36]，死亡した配偶者の清算請求権は消滅せず，遺産に留まるのである[37]。その結果は，通説がドイツの剰余共同制の枠組で考えるものとは逆のものである。このことについて，そして憲法上の疑義について，6-169 参照。

6-193c　ドイツ法による配偶者の高い法定相続分を回避するためであったり，── 剰余清算請求権が高額な場合に ── 生存配偶者に特別に強い地位を与えるためであったり，具体的な状況や何を求めるかによっては，選択剰余共同制は，ドイツ人同士の夫婦にとっても魅力的な選択肢となり得る[38]。

VII　先取分（Voraus）

6-194　生存配偶者の先取分とは，被相続人に属した，（97 条・98 条の規定に従って不動産の従物である場合は除いて）家政に要したもの（Haushaltsgegenstäde）および結婚祝い（Hochzeitsgeschenke）を目的とする請求権である[39]。それによって，生存配偶者が従来の生活環境を維持することができるようになる。婚姻中の家政に要するものとしては，夫婦共同の家庭生活に用いた総てのもの（たとえば，家具，台所道具，食器

---

(36) 詳しくは，MünchKomm/Leipold § 1931 Rn.61ff.
(37) 同旨が Süß ZErb 2010, 281, 285; Dutta FamRZ 2011, 1829, 1838; Holler（脚注 11）S. 106; offen lassend Jünemann ZEV 2013, 353, 359; Becker ErbR 2018, 686, 691.
(38) これについて，Süß ZErb 2010, 281, 285f.; Jäger DNotZ 2010, 804, 824f., M. Stürner JZ 2011, 545, 550. ── これに対し，Amann DNotZ 2013, 252, 279 は，相続分加重はドイツの剰余共同制においても婚姻契約で回避することができる，と指摘する。
(39) それらのものが配偶者の共有または合有であるときは，被相続人の持分に対する先取りとなる。家財道具の権利について，Bauer/Stürner, Sachenrecht, 18. Aufl., §51 Rn.26f. 参照。「日常家事処理権」〔山田　1993, 556〕（1357 条 1 項）の枠内における取得に際しては，BGHZ 114, 74 = NJW 1991, 2283 によると，法律上当然に共有になるわけではないけれども（1357 条には物権的効力はない），夫婦の双方が家財道具の共有者となる，という趣旨に〔家財道具を〕取得する配偶者の意思表示は解釈されるべきである。それについて，Leipold, FS Gernhuber (1993), 695, 696ff.

など）が含まれる。その際，生活に必要だったことは要件とされないので，贅沢品（たとえば，高価な絵画や絨毯）も含まれる。今日では，自家用車も家政に要したものに含まれる[40]。それに対し，夫婦の一方が職業上またはもっぱら個人的に使用するものは，家政に要したものではない。

6-195 先取権の要件は，**生存配偶者が法定相続人となる**ことである。それに対し，法定相続を放棄した（1953条1項），または死因処分によって相続から締め出された配偶者には，先取権はない。被相続人は，先取権自体を（生存配偶者を廃除することなしに）死因処分によって発生させないこともできる[41]。配偶者は，遺言または**相続契約による相続人**であるときは，1932条の規定に従って，先取権を取得しない。そのときには，相続分は，被相続人の意思に従って割り当てられた相続割合によって包括的に定められているからである。しかし，遺言または相続契約による相続分に加えて法定相当の先取権も〔生存配偶者に対して〕与えることができる。そう解釈されるのは，法定相続人であればそうであろう地位を配偶者に対し与える意思が死因処分から看取できる場合においてである。したがって，2066条の場合においては，配偶者に先取権が認められるべきである[42]。

6-196 配偶者が先取分を求めることができる範囲は，いかなる血族とともに相続するかによって違ってくる。第2順位の相続人または祖父母とともに相続するときは，配偶者がすべてを求めることができる（1932条1項前段）。それに対し，被相続人の卑属とともに相続するときは，家政に要したものおよび結婚祝いが相当な家政の遂行に必要な限り，請求することができる（1932条1項後段）。

6-197 配偶者には，相続分に加えて先取分が帰属する。つまり，上述のものを目的とする請求権を取得し，それに加えて通常の持分を（その分減少した遺産について）取得する。先取分については，遺贈の規定が準用される（1932条2項）。つまり，**法定先取遺贈**（〔山田 1993, 701〕）だということになる。

Ⅷ 30日間扶養を受ける者〔山田 1993, 163〕

6-198 1969条の規定に従って，被相続人の世帯に属し，被相続人から扶養を受けていた**親族**は，相続開始から30日間，従来と同様に扶養を受け住居と家政に要した

---

(40) AG Erfurt FamRZ 2002, 849; MünchKomm/Leipold §1932 Rn.10.
(41) Staudinger/Werner（2017）§1932 Rn.30; Erman/Lieder §1932 Rn.15.
(42) MünchKomm/Leipold §1932 Rn.5; Soergel/Fischinger §1932 Rn.6; Staudinger/Otte（2019）§2066 Rn.6; Erle FamRZ 2018, 1885, 1890. ―― 反対は，Staudinger/Werner（2017）§1932 Rn.11; Grüneberg/Weidlich §1932 Rn.2（黙示の承認を留保しつつ）; Engel MittRhNotK 1983, 1, 4.

ものを使用することができる。親族とは，配偶者，子およびその他の血族であり，里子（Pflegekind）や非婚の生活共同体のパートナーは含まれない[43]。このいわゆる第30日の者も，一種の法定遺贈である（1969条2項）。

IX 相続人の母になる者の扶養請求権

6-199 相続開始時において，相続人が胎児である場合には ── 相続能力は，1923条2項の規定に従って認められる，2-28参照 ──，母は，1963条の規定に従って，自ら生計を立てられないときは，分娩までに相当な扶養を遺産または子の相続分から受ける請求権を取得する。その請求権は，母の相続人としての地位を要件とするものではなく，母が被相続人と婚姻中であったかどうかも無関係である。

第6章の問題と事案

1．剰余共同制の下において「相続法上の解決」や「夫婦財産制上の解決」とはどのような意味か？

2．「大きな遺留分」「小さな遺留分」とはどのような意味の概念か？ どのような場合にそれぞれの遺留分が生存配偶者に与えられるのか？

3．歯科医のウルリヒ・ウーリはその妻マーゴットと法定夫婦財産制の下で暮らしている。2人に子はいなかった。ウルリヒが死亡したとき，父方の祖父母と母方の伯父が健在であった。

a）法定相続はどうなるか？

b）ウルリッヒ・ウーリの膨大な蔵書（古典・現代文学）は誰に帰属するか？

4．Fは夫のMに対して離婚を申し立て，同時に450,000ユーロの剰余清算の訴えを提起した。夫婦は，4年来別居している。離婚と剰余清算の訴えの係属中にFが死亡した。Mの他，Fの前婚の夫との2人の子が相続を主張している。それに加えて，2人の子は，Mに対する剰余清算を求めている。権利関係はどうなるか？

解 答

6-200 1．相続法上の解決，夫婦財産制上の解決という概念は，剰余共同制の法定夫婦財産制において婚姻が夫婦の一方の死亡によって解消されるときに剰余がいかに清算されるべきか，という問題のためのものである。**相続法上の解決**によれば，生存配偶者の相続分が1/4だけ加重される（1371条1項）ことによって剰余清算がなされ

---

[43] OLG Düsseldorf NJW 1983, 1566.

第2部　法定相続

る。この規定が適用されるのは，生存配偶者が法定相続人でありかつ相続を放棄しないときである。それに対し，**夫婦財産制上の解決**によれば，生存配偶者は，死亡した配偶者の剰余が生存配偶者のそれより多い場合において，剰余の差額の1/2の清算請求権を取得する。この夫婦財産制上の解決がなされるのは，生存配偶者が相続人でも受遺者でもないときである（1371条2項）。その場合においては，生存配偶者は，夫婦財産制上の清算請求権に加えて遺留分侵害額請求権も行使することができる。

6-201　2．生存配偶者の大きな遺留分と小さな遺留分は，剰余共同制において区別されるべきである。**大きな**遺留分は，1371条1項の規定に従って加重された法定相続分の1/2であるのに対し，**小さな**遺留分は，1931条1・2項の規定に従った加重されない相続分の1/2である。通説によれば，生存配偶者が相続人でも受遺者でもないときは，小さな遺留分だけを主張することができる。それに対し，生存配偶者が相続人または受遺者であるときは，大きな遺留分を主張することができる。

6-202
3．図

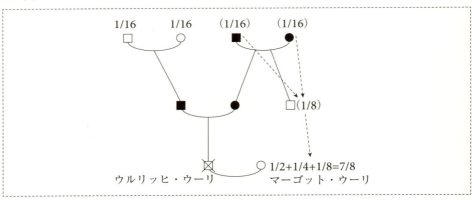

6-203　a）法定相続人は，マーゴット・ウーリ（1931条1項）ならびに被相続人の祖父母および本来は伯父（第3順位の法定相続人，1926条1項）である。1931条1項の規定に従って，祖父母と共に相続するマーゴット・ウーリの相続分は，1/2である。しかし，夫婦は，剰余共同制の法定夫婦財産制を採っていたので（1363条1項），1/2の相続分は，1371条1項の規定に従って，1/4加重されて3/4となる。残りの1/4は，1926条2項の規定に従って等分に，つまり1/16ずつ4人の祖父母に，いずれも健在であれば，帰属するはずである。しかし，母方の祖父母は死亡しているので，1926条3項前段の規定に従って被相続人の伯父が祖父母の卑属として代襲し，1/8

第 6 章　配偶者の法定相続権

の相続人となるはずである。ところが，1931 条 1 項後段の規定に従って，その 1/8 の相続分は〔伯父によって代襲されず〕**生存配偶者**に帰属する。結局，妻マーゴット・ウーリ 7/8，父方の祖父母各 1/16 の共同相続となる。

6-204　これに対し，最初に配偶者相続分の加重をせずに全体を算定すると，**異なる結果になる**[44]。つまり，1931 条 1 項前段，1926 条 2・3 項前段，1931 条 1 項後段の規定に従って，マーゴット・ウーリの相続分が 3/4，生存している祖父母の相続分が 1/8 になる，というものである。そうして，妻マーゴットの相続分は，さらに 1371 条 1 項の規定に従って，1/4 だけ加重され，つまりマーゴットが単独相続人になる，と言う。1/1 以上には分割できないので，祖父母の相続権はなくなる，と言う。しかし，その見解には**法律上の根拠が無い**。むしろ，1371 条 1 項の加重がなされてもなお，相続権のある血族に幾らかは残っている，ということを法律は前提としている。したがって，まず配偶者相続分が加重されてそれから血族相続分が算定される，という順序でなければならない[45]。1931 条 1 項後段の規定に従った加重は，血族相続分の大きさとは無関係であり，それだからこそ，最後になされなければならない。したがって，結局，別産制におけるよりも 1/8 だけ多く生存配偶者が受けることになる，というのは，配偶者に固定した割合を示さずに単に祖父母の卑属の地位を与えることだけを規定する 1931 条 1 項後段の構造の帰結である。

6-205　b）蔵書は，被相続人の職業上のものではなく私的なものであったので，婚姻中の家政に要したものに含まれ，マーゴット・ウーリは蔵書を相続分に加えて**先取り**として請求することができる（1932 条 1 項――法定遺贈，1932 条 2 項参照）。

6-206　4．a）**相続**　被相続人は離婚を申し立てていてかつ（1565 条 1 項前段，1566 条 2 項の規定に従った）離婚の要件が充たされていたので，M の**法定相続権**（1931 条 1・3 項，1371 条 1 項）**は発生しない**（1933 条前段）。F の法定相続人は，その 2 人の子が各 1/2 の割合でなる（1924 条 1・4 項）。

6-207　b）**剰余清算請求権**　M が婚姻中に F より多くの剰余を得ていたときは，F の訴えは，1372 条，1378 条 1 項の規定に従って認められていたはずである。しかし，離婚を理由とする剰余清算請求権は，既判力のある離婚決定（1564 条中段）による夫婦財産制の終了によって発生し，通説によれば，その時点から相続可能となる（1378 条 3 項前段）。したがって，F の子はこの請求権を相続では取得することができない。

---

[44]　Röthel §9 Rn.13; Brox/Walker §5 Rn.11; Jauernig/Stürner §1931 Rn.4.
[45]　v.Olshausen FamRZ 1981, 633; Lange Kap.5 Rn.77; Muscheler Rn.1480; Erman/Lieder §1931 Rn.25; MünchKomm/Leipold §1931 Rn.43; Grüneberg/Weidlich §1931 Rn.7; Staudinger/Werner (2017) §1931 Rn.37.

第 2 部　法 定 相 続

死亡による婚姻の解消は，相続法上のものであれ夫婦財産制上のものであれ，生存配偶者に剰余清算請求権を取得させるだけである（1371 条 1 項から 3 項まで）。したがって，通説によれば，F の子は M に対して**剰余清算を請求することができない**[46]。もっとも，このような場合に先に死亡した配偶者の剰余清算請求権がいわば雲散霧消してしまうことは，基本法 6 条（婚姻と家族の保護）および 14 条 1 項（所有権と相続権の保障）と結果において不整合である。6-169 参照。

---

(46)　BGH NJW 1995, 1832 = ZEV 1995, 262（Klumpp の批判的評釈有り）。

第 7 章　パートナーの法定相続権

7-208　2001 年に施行されたパートナー法は，同性 2 名が登録パートナーとなることを可能にした。相続法上の法律効果は同法 10 条の規定が定める。つまり，夫婦の相続権と内容的には（特に 2004 年改正後は）違いがない。

7-209　2017 年以降は，同性の者は，婚姻をすることもできるようになったため（1353 条 1 項前段），パートナーとなることはできなくなった。双方の生存中であれば，パートナーは，戸籍役場（Standesamt）〔山田 1993, 597〕における合意によってパートナーシップを婚姻に変更することができる（同法 20 条 a）。パートナーがそうしなければ，パートナー法の相続権に関する規定が適用される。現在ではその内容を叙述することは不要であろう（詳しくは，21. Aufl., Rn.208 から 228 まで）。

　〔7-210 から 7-228 までは削除〕

第8章　法定相続人としての国

I　前提と目的

8-229　被相続人が死因贈与によって相続人を指名せず，配偶者も（登録）パートナーも（遠縁でない）血族も存在しないときは[1]，1936条の規定に従って，国[2]が法定相続人となる。そうすることで，相続人のいない財産は，社会一般のものとなるのである。1936条前段の規定に従って，被相続人が相続開始時に住所を有していたまたは住所が知れないときは，その常居所を有していた州が相続権を取得する。（たとえば，被相続人が外国に最後の住所を有していたため）これらの要件が満たされないときは，1936条後段の規定に従って連邦が相続する。被相続人の国籍が問題とされず，外国人の相続に関しても，ドイツ相続法が適用される限りにおいて（これについて1-14参照），この規定が適用される。

8-230　国は，積極的な遺言，つまり相続人の指定によってのみ，法定相続から締め出されることが可能である（反対解釈1938条の反対解釈）。（他の相続人とは異なり）国は法定相続を放棄することができず（1942条2項），法定相続権を放棄する契約を結ぶことができない（2346条1項の反対解釈）。——国は，**法定強制相続人**である。それによって，相続人の無い遺産があり得ず，（相続債権者の利益のためにも）遺産の清算がなされること（国庫帰属の秩序維持機能）が保障される[3]。

II　手　続

8-231　遺産裁判所（区裁判所，裁判所構成法23条a第1項2号，2項2号）が相続人の不存在を確定したときは（1966条），国は，法定相続人として登場することまたは請求を受けることができる。**相続権主張の公告を要件とする**（1965条）相続人不存在の確定は，国の相続権を推定するが（1964条2項），相続証書手続において異なる判断を下し，他の相続人に相続証書を交付することを妨げるものではない[4]。

---

[1]　相続権を前提とするので，たとえば，ある血族が遺言によって廃除されていたまたは相続を放棄していたときは，その血族は「存在」しない。
[2]　私法上の主体としての性格においては，国は，伝統的には国庫と表現される。現在でも，1942条2項，1964条以下，2011条にそのように規定される。
[3]　BGH NJW 2016, 156 Rn.9（国が相続人として遺産を占有した後に相続権のある血族が現れたときの2018条，2021条の規定に従った責任について）；BGH NJW 2019, 988 Rn.11.
[4]　BGH NJW 2012, 453 Rn.8; MünchKomm/Leipold§1964 Rn.10.

Ⅲ　法定相続人として国が取得する法律上の地位

8-232　国は，法定相続権によって，他の相続人と同様の私法上の地位を取得する。たとえば，国は，**遺産債務**について（1967条）他の相続人と同様に制限された**責任**を，たとえば遺産管理や相続財産破産手続を通して（1975条）負う（20-706以下参照）[5]。国に相続権を与える目的は，たとえば，他の相続人が遺産の債務超過を理由に相続を放棄した場合において，相続債権者に支払能力のある債務者をもたらすことではない。（遵守しないことが1994条の規定に従って無限責任をもたらすことになる，20-698参照）財産目録の期限は国庫に対しては設定することができない（2011条）[6]。

Ⅳ　ドイツ国の先占権

8-232a　1936条の規定は，相続がドイツ相続法の適用を受けるときに限って，適用される。それに対し，EU相続規則（1-13以下参照）の規定に従って**外国相続法**が適用されるときは，相続人の不存在の取扱は，原則としてその外国相続法に従う。しかし，EU相続規則33条の規定に従って，加盟国法は，統治下にある遺産に関して国の先占権を規定することができる。ドイツは，それを利用して，国際相続手続法32条（1-12参照）に（被相続人の常居所のある）州または連邦の先占権を規定している[7]。遺産裁判所によって相続人の不存在が確定されると（詳しくは，国際相続手続法32条1項参照），州または連邦は，被相続人のドイツ国内にある財産の全部または一部を当局の判断によって先占することができる。もっとも，その遺産から満足を受けたい遺産債権者の権利は，それによって影響を受けない（国際相続手続法32条7項）。

---

(5)　それに対し，たとえば，下水料金や土地税（Grundsteuer）〔山田 1993, 295〕債権のように相続開始後に国の自己債務が発生したときの責任は無制限である，VGH Baden-Württemberg BeckRS 2017, 117504 Rn.44. それに対し，相続開始後に，住居所有権に関して発生した遺産に属する住居補助金（Wohngeld）〔山田 1993, 740〕債務は，通常は国庫の自己債務とはならない，BGH NJW 2019, 988.

(6)　BGH NJW 2019, 988 Rn.11.

(7)　詳しくは，MünchKomm/Leipold § 1936 Rn.32ff.

第3部
相続に関する死因処分およびその他の法律行為

第9章　遺言の自由とその限界（法律上の禁止および良俗違反）

I　遺言の自由

1．概念と内容

9-233　遺言の自由は，自らの判断で死因処分をする，つまり財産に関して行為者の死亡によって初めて効力を有する法律行為によって指示をすることができる自然人の権利を遺言の自由と言う。遺言の自由は，相続権に関する憲法上の保障の中心的構成部分である，3-69参照。遺言の自由の原則は，私的自治の相続法上の最重要の部分である[1]。ドイツ民法典中に明文の規定は置かれていないけれども，1937条から1941条までの規定に現れている。そこでは，死因処分の異なる形式が挙げられていて，単独行為としての遺言（＝終意処分）と契約としての相続契約である。その中間の形式として，共同遺言がある（2265条）。遺言の自由によって可能なもっとも重要な死因処分の内容も，1937条から1941条までに規定されている。つまり，相続人の指定，廃除，遺贈および負担の指示である。

9-234　遺言の自由は，相続の領域では，法定相続権の基礎となる親族相続の原則に対して**優先する**。双方の原則の調整（憲法上の判断について3-72参照）に働くのは，被相続人の近親の親族に対して金銭請求権（相続分ではなく）を認める，**遺留分権**であり（2303条以下），死因処分によっても原則として[2]奪われることがない。これは，法定相続人になるはずの被相続人の配偶者，卑属および父母に認められる。その他の点では，遺言の自由については，私的自治の一般の限界が妥当し，とりわけ，違法な法律行為の無効（134条，9-241以下参照）と公序良俗違反の法律行為の禁止（138条，9-243以下参照）が妥当する。

---

(1)　私的自治は，それ以外にも，たとえば，相続放棄の自由（18-602参照）や相続放棄契約の自由（16-545参照）において現れている。
(2)　遺留分の剥奪が法律上規定されている場合を除く。これについて，2333条参照。

2．遺言の自由の保障

9-235 被相続人の最終意思に多かれ少なかれ露骨に影響を与えようという試みがなされるのは日常稀なことではない。実際に遺言の自由を保障して死因処分と被相続人の最終意思が一致することをできる限り担保する様々な仕組みが法律上設けられている。そこでは，一般民事法上の私的自治よりも**強く遺言の自由**が保護されているということが多くの点で明らかになる。

9-236 a) 死因処分をする，しない，破棄する，破棄しないという契約上義務付けることは，2302 条の規定に従って，**無効**である。遺言の自由は放棄できないものとなっている。それによって，死因処分が被相続人の処分時の真の意思に一致するよう配慮されているのである。相続契約（15-491 以下参照）を認めていることとは矛盾しない。というのは，2302 条の規定は，契約で義務付けることを禁じているのに対し，相続契約は処分自体をするものだからである。

9-237 b) **本人作成の原則**（2064 条，2274 条。10-277 以下参照）もまた，遺言の自由に資する。死因処分が全部または一部他人に委ねられるとすれば，その限りで被相続人は遺言の自由を放棄することになるだろうからである。

9-238 c) 単独の死因処分（遺言による処分）は，いつでも**撤回**することができる（2253 条）（11-329 以下参照）。（たとえば，錯誤，詐欺，強迫などを理由に）自由な意思形成ができなかった遺言による処分からは，被相続人は，取消権を行使することなく，たやすく〔撤回によって〕解放されることができる。相続開始後には，錯誤または強迫を理由に，処分によって不利益を受ける者の取消権することがある（2078 条）[3]。これもまた間接的に遺言の自由に資する。

9-239 d) 契約上の死因処分は被相続人を拘束する。つまり，相続契約成立以降，契約が及ぶ範囲において，遺言の自由は制限される。しかし，錯誤や詐欺による場合には，被相続人は，相続契約を取り消すことができる（2281 条）（15-515, 516 参照）。

9-240 e) 遺言の自由に対する攻撃（強制，詐欺など）は，相続欠格となる（2339 条 1 項 1 号から 4 号まで）（18-628 参照）。

II 法律上の禁止，特に老人ホーム法（Heimgesetz）において

1．老人ホーム法上の禁止規定

9-241 法律上の禁止に違反する内容の死因処分は，134 条の規定に従って無効である。

9-242 従来連邦法の老人ホーム法 14 条 1 項に規定され，現在では州の老人ホーム

---

[3] 13-418 以下参照。

法[(4)]に規定されている制限は，実務上相当に重要である。それによれば，老人ホームや介護施設の運営者には，合意された対価を超える金銭給付や金銭価値のある給付を入居者または入居希望者に約束または担保させることが禁じられている。このことは，入居者または入居希望者からの第三者に対する給付についても同様である。通説[(5)]によれば，この規定によって，**施設運営者に有利な入居者の相続契約や遺言による処分も禁じられ**，入居者の生存中に[(6)]運営者がそれを知ったにもかかわらず老人ホーム法14条6項の規定および州法の後継規定に従った例外許可を当局から得なかったときは，134条の規定に従って無効となる[(7)]。老人ホーム法14条5項および州法の後継規定に従って，老人ホームの責任者や従業員についても同様である[(8)]。これらの規定は，入居者が食い物にされないよう保護して老人ホームの平穏を守る趣旨である。連邦憲法裁判所および通説によれば，憲法上は，遺言に対するこれらの制限は肯定されるべきものである[(9)]。しかし，相当性の観点からは，穏当な手段，たとえば，入居者への不当な影響における特別な無効事由を設けることが容易に考えることができるだろうから，合憲性について相当な疑義がある[(10)]。

9-242a 老人ホーム法上の利益供与禁止規定は，対比可能な利益状況が欠けていることから，**自宅介護**（häusliche Pflege）には類推適用することは正当化されないだろう[(11)]。しかし，個々の州法では，外来の世話制度や介護制度を明文の規定で利益供与禁止規定の適用範囲とするものがある[(12)]。

---

(4) 住居権に関する立法権限は，2006年の連邦制改革によって州に委譲されたので，現在では，それで公布された（名称も内容も様々な）州の住居法が適用される。それについて，Burandt/Rojahn/Müller-Engels unter Nr.92 HeimG; MünchKomm/Leipold vor §2064 Rn.32f.

(5) 問題はあるけれども，州の住居法によって正当化される遺言の禁止について，Leipold, Hereditare〔ラテン語で「相続する」〕- Jahrbuch für Erbrecht und Schenkungsrecht, Bd.3 (2013), 1ff.

(6) （たとえば，入居者の家族といった）第三者への給付がなされるときは，（被相続人の）第三者の生存中の善意悪意が問題となり，入居者が施設に入居し続けているとしても，相続開始後の悪意は問題とはならない。OLG Karlsruhe BeckRS 2011, 10418 の先決決定申立てを受けて，BGH NJW 2012, 155. OLG München NJW 2006, 2642 は異なる見解である。

(7) BayObLG NJW 1992, 55; 1993, 1143; NJW-RR 1999, 1454; KG ZEV 1998, 437（遺言が入居前に既に作成されたときであっても）。── 施設運営者が有限会社であるときは，業務を執行する一人会社の単独社員〔山田 1993, 17〕または ── 脱法行為が存するときは ── その家族のための処分に関してその禁止が類推適用される，BayObLG NJW 2000, 1875; ZEV 2001, 121.

(8) これについて OLG Frankfrut NJW 2001, 1504（老人ホーム法14条5項の脱法行為が存する限り，禁止は，従業員の家族のためになされることにも及ぶ）。

(9) BverfG NJW 1998, 2964（不受理決定）；Staudinger/Otte (2013) vor §§2064-2086 Rn.136. 禁止の趣旨について，BGH NJW 2012, 155 参照。

(10) 詳しくは，Brox/Walker Rn.261 (24. Aufl. まで); Muscheler Rn.1925; MünchKomm/Leipold vor §2064 Rn.45ff.; Leipold（脚注5）, 12ff 参照。

(11) OLG Düsseldorf NJW 2001, 2338. -Niemann ZEV 1998, 419 は異論。しかし，これらの場合においては 138 条または 2078 条 2 項（13-429 参照）が適用されることがある。

2．職業世話人の受領禁止規定

9-242b 被世話人者と世話人（Betreuer）の関係には（法律上の世話について，10-270参照），老人ホーム法 14 条および関連州法の規定の類推適用は，当然のことながら否定されている[13]。しかし，世話法改正の一環として[14]，世話組織法（Betreuungsorganisationsgesetz, BtOG）30 条の形式，金儲けに走る職業世話人から被世話人を保護するための規定が設けられた[15]。老人ホーム法の規定とは対照的に，これは遺言や相続契約における職業世話人への出捐を法律上禁止するのではなく，**職務上の受領禁止**（berufliches Annahmeverbot）規定である。それでも職業世話人が出捐を受けたとき（拒否しなければ足りる，18-611 参照），その処分は有効である。ただし，業法上の制裁（登録抹消）はあり得る。この禁止は（老人ホーム法の規定とは異なり），世話人が相続開始前に被世話人の処分について悪意であったか否かにかかわらず適用されるのが特徴である。官庁による許可は，相続開始前にのみ可能である。その結果，被世話人の遺言の自由はかなり制限されることになる。この規定が合憲かどうかは疑わしい。

Ⅲ　死因処分における良俗違反

事案 10：未亡人の被相続人 E は，48 歳の息子と 52 歳の娘を残して死んだ。娘は，不治の精神病に罹っていて療養施設に入所していた。E は，生前，娘を扶養していた。E の遺言には，相続人の息子に財産（総額約 450,000 ユーロ）の 3/4 を指定していた。1/4 については，娘が先位相続人に指定され，娘の死亡に備えて息子が後位相続人に指定されていた。それに加えて，娘の相続分については，娘の死亡前の遺言執行が指示され，D が遺言執行者に任命されていた。遺言執行者は，遺言に詳細に規定されていたとおり，病気の娘に対して相続分からとりわけ月々の小遣いと毎年の休暇費用を支払う必要はあったけれども，娘が社会扶助を受けるときには何かをする義務は負っていなかった。S 市は，E の死後，娘に社会扶助を与えているところ，その遺言を無効と考え，娘には法定相続分が帰属するため，社会扶助受給の要件を満たさない，と考えている。娘のために指名された世話人は，世話裁判所の許可を持って遺留分侵害額請求権を行使することを拒絶している。権利関係はどうなるか？

---

(12)　ヘッセン州がそうである。それについて，OLG Frankfurt NJW 2015, 2351.
(13)　BayObLGZ 1997, 374 = NJW 1998, 2369; BayObLG FamRZ 2003, 713, 715 も参照（包括的な代理権を与えられている人が指名される場合にも類推適用することはできない）。
(14)　Gesetz zur Reform des Vormundschafts- und Betreuungsrechts vom 4.5.2021, BGBl. I 882. 新法と世話組織法 30 条の規定は，2023 年 1 月 1 日施行。
(15)　この点について詳しくは，Leipold ZEV 2021, 485, 486 ff. このような場合の 138 条 1 項の規定の適用については，9-248a 参照。〔詳しくは，田中 2023a, 229 参照。〕

1．出発点としての遺言の自由

9-243　死因処分は，遺言であれ相続契約であれ，良俗違反であれば，無効である（138 条 1 項）[16]。判例[17]においては，長い間，いわゆる愛人遺言とか妾遺言であるところの，第三者のために配偶者を相続から締め出す遺言が注目を浴びている。現在では，たとえば，いわゆる障害者遺言（事案 10 参照）のような他の事案が問題とされる。良俗違反の判断の尺度は，まさに相続法において寛大に考えるように変化してきた。そこでは，従来ほどは遺族が遺産に依存することはなくなった，という事実が一定の役割を果たしているかも知れない。被相続人が遺産を思いどおりに分けて法定相続とは全部または一部が異なるようにすることを原則としては許すという，**遺言の自由**が判断の出発点である[18]。遺留分は，近親の家族の最低持分を保障する金銭請求権の形で保障するものであり（24-821 以下参照），不可侵の絶対相続権を形成するものではない[19]。したがって，近親の家族の法定相続権がその一部の人や第三者のために奪われたり制限されたりするだけで死因処分の良俗違反が肯定されるわけではない[20]。

2．判断基準

9-244　良俗という基準は，従来，本質的には法学外在的な評価として，一般の道徳観念や風俗上の秩序，不変のものとされていた「風俗法」にあると考えられてきた。それに対し，近年においては，138 条 1 項の規定の適用においては，価値秩序としての基本権（9-251 参照）を含む**法的評価**が重視されている。このことは，相続法の領域においても同様である。いわゆる障害者遺言（詳しくは，9-258 以下参照）についての重要な裁判において，連邦通常裁判所は[21]，基本法上保障されている遺言の自由

---

(16) 良俗違反は，死因処分においてだけでなく，相続の放棄（18-602 参照）や相続分・遺留分の放棄（16-545c 参照）においても問題となる。

(17) たとえば，BGHZ 52, 17; 53, 369, BGH NJW 1983, 674. それについて，Simshäuser, Zur Sittenwidrigkeit der Geliebten-Testamente (1971). 連邦通常裁判所判例の発展について詳しくは，Leipold, in: 50 Jahre Bundesgerichtshof, Festgabe aus der Wissenschaft (2000), Bd.I, 1011. 一般的には，Karow, Die Sittenwidrigkeit von Verfügungen von Todes wegen in historischer Sicht (1997); Falk, Zur Sittenwidrigkeit von Testamenten, Grundlinien der Rechtsprechung im 19. und 20. Jahrhundert, in: Falk/Mohnhaupt (Hrsg.), Das Bürgerliche Gesetzbuch und seine Richter (2000), S. 451 参照。

(18) BGH NJW 1983, 674, 675; BGHZ 111, 36, 39 参照。

(19) フランスやスイスのような遺産に対する物権上の不可侵の権利ではない。Lange/Kuchinke §37 I 1d 参照。

(20) BGHZ 52, 17, 19f; 53, 369, 374.

(21) BGHZ 123, 368, 378. ここでの定式化は，バイエルン高裁に踏襲された。BayObLGZ 1997, 374, 377; BayObLG FamRZ 2003, 713, 715.

と良俗違反の法律行為の禁止との関係について，138条1項の規定を適用することによって遺言の自由を制限するのは，「立法者のはっきりした明確な評価または一般の法解釈に良俗違反の判断が依拠しているといえるとき」だけだと判示した。この基準においては，法律行為の内容が決定的に重要であり，被相続人の非難されるべき動機は表舞台から退くのである[22]。

3．法律行為の全体評価

9-245　特にいわゆる愛人遺言の事案の判例に見られるように，138条1項の規定の死因処分への適用においては，被相続人と名宛人との関係または関係者の生活を評価してはならない[23]。むしろ，**法律行為それ自体が評価されなければならない**。通説によれば，その全体評価の枠内において，その効力および動機と目的が考慮されるべきである[24]。

a) 被相続人の動機

9-246　いわゆる愛人遺言においては，もっぱら反婚姻関係を継続させるようにしたり，性的関係の謝礼や報酬を支払ったりする目的で死因処分がなされるときは，良俗違反である，ということを最近の判例は前提とする[25]。しかし，もっぱらそのような動機でなされることは実際には稀であることから（実際の事件では証明責任の一般原則に従って処分の良俗違反を主張した当事者が証明責任を負った[26]），遺言が良俗違反と判断されることは当初から極めて稀でしかなかったのである ―― それは一般には，長期間にわたってパートナーであったことに基づき，友誼への謝意や将来の扶助でもある利益供与である。売春法1条の規定[27]によって職業上なされた性的サービスの約定報酬を目的とする請求権にも法律上の貫徹性が認められて以来[28]，死因贈与に

---

(22)　詳しくは，脚注17 Leipold, 1035ff.
(23)　BGHZ 53, 369, 375f. OLG Frankfurt NJW-RR 1995, 265, 266 がまとめている（特殊な状況下で既婚の被相続人が同性愛パートナーを相続人に指定することについて）。
(24)　BGHZ 52, 17, 20; 53, 369, 375. – BGH NJW 1983, 674, 675 は，死因処分自体に不誠実な（非難すべき）考えが現れてその実現が企図されているか否か，で決するとこの問題を定式化した。これが，この間に観察されることができる判断基準の法化・客観化（9-244参照）になお沿っているかどうかは，疑問である。
(25)　BGHZ 53, 369, 376; OLG Frankfurt NJW-RR 1995, 265, 266.
(26)　BGHZ 53, 369, 379; 良俗違反の要件に関する証明責任については，Stein/Jonas/Leipold, ZPO, 22. Aufl., §286 Rn.91.
(27)　売春関係の規定の為の法律，2001年12月20日，BGBl.I 3983.
(28)　このことはもちろん，売春婦のサービスがなされた後の話であり，契約が性的サービスを法律上の貫徹性を伴って義務づけることはない。しかし，遺言による利益供与においては，義務づけではなく，まさに売春婦の請求権が問題であるので，売春法1条の規定で示されている評価がここで考慮されなければならない。

第9章　遺言の自由とその限界（法律上の禁止および良俗違反）

よる財産供与自体が，もっぱら性的サービスの対価を与える目的であったとしても，良俗違反を理由に無効となることはない。連邦通常裁判所がテレフォンセックス契約について論じたように(29)，法律（売春法1条）を基礎とする評価と国民の価値観の変遷が，倫理・道徳上は恥ずかしいことであるとしても，報酬請求権に関する限りこの種の法律行為は138条1項の規定によって無効とはされない，という帰結をもたらしているのである。そのことは，死因処分の評価においても考慮されなければならない(30)。——いわゆる**障害者遺言**においては，障害のある子に対して，社会扶助給付を失わせることなく遺産からの利益を保障しようという被相続人のしばしば見られる動機は原則として容認されるべきであるし，社会扶助の担い手の負担を軽くするよりは他の卑属に配慮するという考え方も原則としては被相続人の決定の自由の範囲内にある。詳しくは，事案10の解答，9-258以下参照。

b）死因処分の効力

9-247　良俗違反の判断の枠内で問題になる法律行為の内容には，とりわけ**法律行為の効力**が含まれる。したがって，誰が不利になったか，そしてそのことが具体的にどのような影響を及ぼすかが考慮されなければならない(31)。相続権を喪失させること自体ではなく，そこから生じる具体的な結果から良俗違反が生じるのである。相続権を喪失した配偶者が陥った生活状況（たとえば，従来の住居から「追放」されることになったことや経済的な逼迫）だけでなく財産がどのように形成されたのか(32)もまた個別事案において良俗違反となることがある。元来遺言によって相続人に指定されていた遠縁の血族の廃除は，その血族が被相続人を長年にわたって献身的に介護し，他方で遺産を受けることになったのが道徳的にその財産を受ける資格のない者であった場合においては，——連邦通常裁判所によれば(33)——良俗違反となることがある。

9-248　**障害者遺言**においては(34)，その結果として社会扶助の費用が社会一般の負担になることを理由に良俗違反を肯定できるという考えもあるかも知れない。しかし，社会扶助の「補充性」（後順位性）は，社会扶助を求める者の財産に対してのもので

---

(29) BGH NJW 2008, 140, 141; NJW 2006, 3490, 3491. 評価の変遷については，次も参照：Leipold, BGB I: Einführung und Allgemeiner Teil, 10. Aufl., §20 Rn.23f.
(30) Armbrüster NJW 2002, 2763, 2765; ders. JZ 2007, 479, 480; Staudinger/Otte (2013) vor §§2064ff. Rn.147. OLG Düsseldorf FGPrax 2009, 25, 26 は，未解決としたが，具体的な事件ではいずれにしろ良俗違反とした。
(31) BGHZ 53, 369, 377; OLG Düsseldorf FamRZ 1997, 1506.
(32) BayObLG NJW 1987, 910 は，遺言の有効性を非常に広くみとめた：遺産の大部分が妻に由来するものであったとしても，妻と一人息子を廃除して友人を単独相続人に指定してもよい。
(33) BGHZ 53, 369, 377f.
(34) 根拠として事案10の解答9-258以下参照。

あり，それによって，貧困者に対して（扶養請求権や遺留分侵害額請求権を超えて）まず財産を与える義務を他の者に負わせることはできない。——障害者の世話人による相続放棄の判断については，18-602脚注1，遺留分放棄については，16-545c参照。

c）被相続人に対して不当な影響を及ぼすことによる良俗違反

9-248a 被相続人の生活上の困難な状況（疾病，無力感，孤独感）を他人が故意に利用し，本来しないはずの遺言による出捐を被相続人にさせた場合においても，良俗違反による無効（138条1項）がもちろん肯定される[35]。たしかに，ここで良俗違反をするのは被相続人ではなく，法律行為の評価の問題であり，被相続人の動機を含めた総合的な評価が必要であることから，処分成立の経緯，特に第三者からの影響も考慮することができる[36]。多くの場合，処分の取消原因の要件としての違法な脅迫（2078条2項，13-429参照）とはならない（または少なくとも証明することができない）けれども，取消しに関する規定は，138条1項の規定の適用を排除しない。老人ホーム法上の禁止（9-242参照）および職業世話人に対する新しい受領禁止（9-242b参照）による不当な影響からの被相続人の保護は，課題のうちで限られた領域にしか関係しないのである。

4．判断の基準時

9-249 死因処分作成と相続開始との時間的間隔が，138条の規定の枠内における判断に関して重要な事情が変更するかも知れないが，法的・非法的な評価基準もまたすっかり変わってしまうかも知れない。死因処分は，その作成時に良俗違反であるときは，このような場合においても，無効であろうか，それとも，相続開始時や評価基準としては裁判官の評価時[37]に照準を定めるべきであろうか，たとえば，売春法1条の規定（9-246参照）の施行前に利益供与がなされ，施行後に相続開始する場合である。逆に，作成時には有効であった死因処分が相続開始時の事情によって良俗違反

---

(35) OLG Braunschweig FamRZ 2000, 1189; OLG Celle ZEV 2021, 386（ツェントナーの評釈有り）。Leipold ZEV 2021, 485 参照。その際被相続人の遺言能力が欠けていることが多いが（上記2事件におけるように），被相続人の遺言能力の欠缺を証明することは（証明責任については，10-269b），実務上は非常に困難であるため，138条1項の規定も意義を有している。ツェレの事件では，職業世話人だけでなく，職業世話人と結託した第三者への出捐の問題であったため，世話組織法30条の規定する（将来の）受領禁止は，せいぜい限られた範囲でしか有用ではなかっただろう。詳細は，Leipold ZEV 2021, 485.

(36) この限りにおいて，情緒的な依存関係から引き受けた親族保証の事案における138条1項の規定の適用と一定の類似性がある。Leipold, BGB I - Einführung und Allgemeiner Teil, 10. Aufl., §20 Rn.32 f.

(37) OLG Hamm MDR 1980, 53; Lange/Kuchinke §35 V 9b（S.836）.

と評価されるべきであることもあるのだろうか？

9-250　これらの問題について，判例は明らかではない。プロイセン家の遺産争い（9-253以下参照）において連邦通常裁判所は（2-40参照），良俗違反についてどの時点を基準にするかは未解決の問題であることを明示し，他方で連邦憲法裁判所の裁判においては（2-41参照），死因贈与作成の時点だけが問題になるのではないことが示唆されていた（9-257b参照）。事情変更の事案に関して連邦通常裁判所は[38]，古い裁判で，原則として作成時が基準になるという考え方を示していた。つまり，事情変更によって良俗違反と扱われない行為が可能になったときは，被相続人は新たに遺言を作成しなければならないのであった。この判断は，良俗違反の判断においては，死因処分に現れ，実現されようとした，被相続人の卑しい動機が当時非常に重要であったことと密接に結びついていた[39]。しかし，そのように動機を重視せず[40]，終意処分の内容と効力（たとえば，誰が相続するのかという問題）を最重要視するのであれば，処分が効力を生じるのは相続開始時であるから，適用される価値基準としても事情としても相続開始時を基準とするのが正しいように見える[41]。この考え方は，逆の事案においても納得のいく帰結をもたらす。つまり，当初問題の無かった死因処分が事情変更によって良俗違反の効力を生じることになったときは（たとえば，遠縁の血族のために別居していた妻を廃除した後に，妻が同居して被相続人の扶助と介護を長年続けた場合），その死因処分は良俗違反と判断されるべきである[42]。

5．良俗違反と基本法

9-251　今日何が法律行為の良俗違反という名の下に含まれるのかを具体化する際には，**客観的価値秩序の憲法上の表明としての基本権**が本質的に重要である。とりわけ

---

(38)　BGHZ 20, 71. – OLG Köln OLGZ 1968, 490; Palandt/Ellenberger §138 Rn.9; Jauernig/Stürner §2077 Rn.6 も同旨。BGH NJW 1983, 2692 によれば（相続法上の法律行為に関してではないけれども），法律行為の良俗違反は，原則として行為の状況や価値観に従って判断される。同旨は，Schmoeckel AcP Bd.197（1997），1. 55f., 78．

(39)　BGHZ 20, 71, 73．

(40)　この関係で詳しくは，Leipold，脚注17, 1025．

(41)　同旨は，Brox/Walker §18 Rn.18; Ebenroth Rn.292; Eidenmüller/Freis, Fälle zum Erbrecht, 6. Aufl., S.37; Flume, Allgemeiner Teil des Bürgerlichen Rechts, 2.Bd., Das Rechtsgeschäft, 4. Aufl., §18, 6（S.378f.）（相続契約に関してとは別）; Simshäuser,（脚注17）S.40; Eckert AcP Bd.199（1999），337, 357f.; Paal JZ 2005, 436, 441; Staudinger/Otte（2019）vor §§ 2064-2086 Rn.177, 181 は異なり，事情については相続開始時を，価値判断については遺言作成時を基準としつつ，価値判断の変化が処分を有効としてしまうときはこの限りでない，とする。OLG Frankfurt NJW-RR 1995, 265, 266 は，遺言作成時と相続開始時双方の状況を全体として考慮する。

(42)　BGHZ 20, 71, 75 は，このような場合において許されない権利行使だという抗弁を認めた。

債権契約においては、契約内容と契約締結を規制することに繋がっている。連邦憲法裁判所[43]の親族の保証についての判例が一例であろう。このような基本権に沿った内容規制は、遺言の自由を考慮すると、死因処分に当てはめるのは非常に慎重にしなければならないだろう。一般平等取扱法（2006）も死因贈与と相続法上の債務関係を含んでいない（同法19条4項参照）。

9-252 被相続人は、遺言の自由があるので、その裁量と個人的な価値観でその遺産を自由に処分することができる。被相続人は死因処分によって第三者に対して負担を課するのではなく、何かを与えたり与えなかったりすることができるだけであるから、その際に他人の保護のために基本権上の価値判断をする契機は、原則としては存在しない。したがって、債権法上の契約とは異なり、ほとんどの死因処分においては、第三者の自由とは関係がない。また、推定相続人も、遺産に対する権利を有するわけではないので、遺産を死因処分に反して分配することは、その侵害に他ならない。それに対し、被相続人が死因処分によって他人に負担を課したり、家柄対等条項（9-256参照）や随意条件（13-448参照）のように他の方法で他人の基本法上保護される自由を制約しようとするときは、基本法上の価値判断が問題となる。また、死因処分が良俗違反となるのも、基本法上の価値基準を被相続人が無思慮に逸脱し、あるいは特定の人を貶めるために死因処分をする場合に限られる。

9-253 遺言の自由と基本権との関係について考える素材として、プロイセン王家（ホーエンツォレルン家[44]）の相続についての連邦通常裁判所[45]と連邦憲法裁判所[46]の判決が特に重要である。この事件でもまた同種の事件でも、君主の「家督（Hausgut）」がそのときどきの長男にだけ継承され、しかもそれが、相続人（または後位相続人）が（「家訓」に背いて）格下の家との婚姻をしたとか、格下の家との婚姻から出生したのではない、という前提の下でのみなされる、という相続契約上の条項の有効性が問題であった。

9-254 バイエルン高等裁判所が（1925年の）処分時には良俗違反ではなかったと言って（他の事件で）同種の規定の有効性を肯定したのに対し[47]、連邦通常裁判所は、良俗違反の判断基準時の問題には答えず、今日の価値基準に照らして相続契約上

---

(43) 基本的には、BVerfGE 89, 214 = NJW 1994, 36; 詳しくは、Leipold, BGB I: Einführung und Allgemeiner Teil, 10. Aufl., §20 Rn.32f.
(44) 1951年に死亡した王位継承者のヴィルヘルム・フォン・プロイセン、すなわち前ドイツ皇帝ヴィルヘルム二世の息子の相続（後位相続）が争われた。
(45) BGHZ 140, 118 = NJW 1999, 566.
(46) BVerfG NJW 2004, 2008〔原典の BVerfGE 110, 141 = NJW 2004, 2008 は誤記〕。
(47) BayObLGZ 1996, 204, 227 = ZEV 1997, 119.

の定めは良俗違反ではない，と判示した[48]。すなわち，今日でも，その処分は有効だ，と言うのである。連邦通常裁判所は，たしかに，良俗違反の判断には基本法の価値秩序が重要であることを強調したけれども，死因処分の良俗違反は，極めて重大な例外事案においてのみ認められることも強調し，結論においては基本法14条1項の規定に従ってやはり基本法上認められる遺言の自由を優先したのである。

9-255　一般平等原則（基本法3条1項）被相続人がその数人の子を平等に扱わなければならないという義務を導くことはできない，と連邦通常裁判所は言うが，これは正当である[49]。連邦憲法裁判所も同意見である[50]。男女平等原則（基本法3条2項前段）も具体的事件において息子を娘にまたは娘を息子に優先することを禁じていない。しかし，基本法3条2項前段に明らかに反して女子の卑属が常に相続できないよう被相続人が命じてもよい，ということには，性差別が明示されている以上，ならないであろう[51]。

9-256　しかし，ホーエンツォレルン事件で問題なのは，対等な家柄の相手と婚姻をした男子卑属だけが家督相続人となることができることであった。連邦通常裁判所の判断は，たしかに基本法6条1項の規定によって保護される婚姻の自由に影響を及ぼすものであるけれども，良俗違反となるほどの重大な侵害ではない，というものであった[52]。これに対し，連邦憲法裁判所は，憲法上の観点から，その検討では不十分であるとし，連邦通常裁判所の判決を破棄して事件を地方裁判所に差し戻した[53]。連邦憲法裁判所によれば，──遺言の自由と婚姻の自由という──矛盾する基本法上の立場を衡量する必要がある。つまり，連邦通常裁判所は，異議申立人が不当な圧力を受けるかもしれない事情，たとえば遺産の額や異議申立人の人生にとっての遺産の重要性，さらには（旧支配層に限定する）対等家柄条項のために実質的に結婚相手がいなくなってしまうかもしれないことを十分には考慮していないのであった。

---

(48)　BGHZ 140, 118, 128.
(49)　BGHZ 140, 118, 130.
(50)　BVerfG NJW 2000, 2495（不受理決定）; BVerfG 2004, 2008, 2010〔原典のBVerfG NJW 2004, 2008, 2010（Fn. 41）は誤記〕。
(51)　Volhard, FS Sigle（2000），439, 446ff. は同旨。一般の差別を含むものであれば，会社定款中の女性差別の相続条項は無効であると言う。性と出自による差別的な抽象的・一般的区別の良俗違反について詳しくは，Foerster AcP Bd.213（2013），179ff.（特に団体の相続についての定めに関して）。性別によって全面的に差別する定款中の後継者規定の良俗違反について，OGH Wien ZEV 2019, 663 Ls. = NZG 2019, 904（カルスの評釈有り）。
(52)　BGHZ 140, 118, 130f.
(53)　事件（相続はなお争われている）は数件の裁判を経ている。遺言執行の継続について，BGHZ 174, 346（dazu s.Rn.794）．遺言執行のやり直しについて，BGHZ 189, 20 = NJW 2011, 1733（dazu s.Rn.505a）．遺言執行者の返還請求権について，KG ZEV 2013, 442．

9-257　対等家柄条項が婚姻の自由に影響を与え，したがって138条1項の規定の適用においては〔遺言の自由と婚姻の自由〕双方の基本権上の立場が考慮され，具体的な事情の下で相互に衡量されなければならない，という点については，連邦通常裁判所と連邦憲法裁判所は一致している。それに対して，いかなる婚姻をし，そして相続法上の利益についての資格を失うかは当事者の自由であるのだから，婚姻の自由を全く侵害していない，という反論がたびたびなされている(54)。しかし，その反論は，私法上の客観的価値秩序としての基本権の意義に反している。関係者の判断に対する不当な事実上の圧力による間接的な侵害からも基本権は保護されなければならないからである(55)。

9-257a　憲法異議は，婚姻の自由を不十分にしか考慮していないことから，理由のないものとされたため，連邦憲法裁判所は，相続人自身が家柄の対等な婚姻から出生したものでなければならないというさらなる要件について検討することはなかった。これについて，連邦通常裁判所は，この死因処分は（基本法3条3項の規定に反して）出自を理由に誰かを差別することを意図しているのではなく，被相続人はむしろ，家柄の伝統や貴族の価値観に忠実であろうとしているのだと言った(56)。それについても賛成してよいだろう(57)。

9-257b　連邦憲法裁判所によれば，家柄対等条項が，本来の国家法的機能つまり世襲君主制における王位継承の定めとしての機能を失った今日においては，相続人の婚姻の自由の侵害に当たる可能性があるか否かの検討をするべきであった。死因処分時の法的・社会的事情を考慮して判断するのでは足りない，ということを，明示的にではないけれども，判示したのである(58)。貴族制の廃止から100年以上が経過してもなお，婚姻や出自が「対等な家柄であること」について国家機関の裁判所が断を下す義務があるのかどうか，ということもまた疑問である(59)。

6．死因処分の基本権・人権適合的解釈

9-257c　このように，作成してから年月の経ったもので，当時の事情でこその死因

---

(54)　たとえば，Gutmann NJW 2004, 2347, 2348; Isensee DNotZ 2004, 754, 762.
(55)　Gaier ZEV 2006, 2, 4; Karczewski, Hereditare‐Jahrbuch für Erbrecht und Schenkungsrecht, Bd.3（2013），20, 25f. Otte ZEV 2004, 393, 397; Staudinger/Otte（2017）Einl.zum ErbR Rn.77 も同旨。
(56)　BGHZ 140, 118, 131ff.
(57)　脚注15のLeipold, 1042f. 参照。
(58)　Staudinger FamRZ 2004, 768, 770; Otte ZEV 2004, 393, 395 参照。
(59)　OLG Stuttgart FGPrax 1997, 230 は，連邦通常裁判所への先決定申立てにおいて，ホーエンツォレルン事件についてこのように考察している。

第9章　遺言の自由とその限界（法律上の禁止および良俗違反）

処分の解釈においてもまた法的評価が根本的に変化したことは考慮されるべきではないのか，というのは別の問題である。今日の憲法上・人権上の差別禁止に違反する内容の処分を維持することは，被相続人の仮定的意思に沿うのだろうか？　この点について，欧州人権裁判所の裁判が参考になる[60]。

9-257d　欧州人権条約は，その違反が人権裁判所への異議申立ての理由となるものであ生活の権利を保護していて，親と子および祖父母と孫の相続権は家族生活の権利と結びついていて同条約8条の規定の適用範囲にある，ということが人権裁判所の古い裁判で判示されている[61]。人権裁判所は，同条約8条の規定と，性別，人種，出生などによる差別なく，同条約中の権利と自由が保障されなければならないとする同条約14条の差別禁止規定を結びつける。したがって，婚外子に法定相続権がないとする法律上の規定が条約違反であることは明らかである。しかし，その事件では条約違反の法律が問題ではなく，アンドラでの具体的な相続権紛争における遺言解釈が問題になった。1939年に作成された遺言で，被相続人は，その財産を引き継ぐ息子が，さらにその法律婚かつ教会婚から出生した息子または孫に引き継がせなければならず，さもなければ，その財産は息子ではなく被相続人の他の子たちの子孫に引き継がれる，という処分を行った。アンドラの最高裁判所は，その息子とその妻と縁組をした養子は，被相続人の言う息子または孫には当たらない，と遺言を解釈した。この解釈には（遺言条項自体にではないという点に注意）条約14条・8条違反がある，と人権裁判所は判断したのである。人権裁判所によれば，遺言条項は文言上実子と養子とを区別していないのであるから，そのような区別は不要で，アンドラの裁判所が養子を不当に相続から締め出してしまったのである。解釈が必要であったとしても，遺言作成時の被相続人の意思だけが基準となるのではない。むしろ，遺言条項は，できる限り今日の法状況に適合的に意味が与えられなければならなかったのである。

9-257e　人権裁判所が遺言の文言に焦点を絞り，遺言に表れている被相続人の意思を探究しないのであれば，その解釈方法は批判されるであろう[62]。が，他方でこの裁判は，相続法の領域でも差別に敏感になっていることを明白に示している。内容の解釈基準としては，はるか昔に作成されたものだとしても疑わしい場合には被相続人の意思に焦点を当てなければならず，その意思は，今日の社会事情や今日の基本権・人権に現れている価値観に一致しなければならないのである。このような解釈を，死因処分の基本権・人権適合的解釈と呼ぶことができる[63]。

---

(60)　EGMR NJW 2005, 875.
(61)　EGMR NJW 1979, 2449, 2453.
(62)　Staudinger ZEV 2005, 140, 141. Staudinger/Otte（2017）Einl. zum ErbR Rn.108 も同旨。

事案 10 の解答

9-258 前置き：遺言によって被相続人が明らかに意図していたのは，娘に社会扶助を確保し，遺産の娘の取り分については，扶助当局に手を出させず，娘の生活の質を向上させるために使わせたい，というものである。これとの関係では，遺留分権（24章），先位相続・後位相続（19章）および遺言執行（23章）が問題となる。しかし，読者は差し当たりその詳細については知らなくてよい。

9-259 1．娘の法定相続分は，1924条1項・4項の規定に従って，1/2である。仮に娘が全く相続しないという遺言であったとすれば，遺産の1/4の額について金銭請求権の形で遺留分侵害額請求権を取得するところである（2303条1項）。遺言で指定された1/4の相続分は，法定相続分に沿ったものであるけれども，遺言執行の指示と後位相続人の指名によって制限を受けている。この状況下において娘（または娘の名における世話人）が**遺留分侵害額請求権**を行使することができるのは，相続分を**放棄**するときに限られる（2306条1項）。指定された相続分は遺留分より多く，その制限については遺産の価額の算定においては考慮されないので，放棄なくしては請求権を行使することができない（2305条前段・後段）。扶助当局の市は，その放棄をする権利を自ら行使することができない[64]。また，世話人に放棄を強制することもできない。

9-260 2．指定された**遺言執行**（2210条中段の規定に従って相続人生存中と指定できる2209条の継続執行）によって，相続人の債権者（扶助当局を含む[65]）は，相続人の生存中に遺産に掛かって行くことができない（2214条）。たしかに障害者の死後に社会保障法12章102条1項の規定に従って扶助当局の受給者の相続人に対する償還請求権が発生する。この請求権は，障害者の遺産に関して遺産債務に属する（社会保障法12章102条2項前段）。しかし，Eの遺産の障害者である妹との取り分は，（障害者である妹の相続人ではなく）Eの相続人として**後位相続人**に指定された兄のものにな

---

(63) 法律の解釈における定式化と同様であるが，それとの差異には要注意。

(64) H.M., BGHZ 188, 96, 106（zu Nr.30）= NJW 2011, 1586, 1589; OLG Frankfurt ZEV 2004, 24, 25. それに対し，社会保障法12編93条1項の規定に従って扶助当局は，受給者の（放棄には依存しないで）存在する遺留分侵害額請求権を，遺留分権利者（ないしその法定代理人，たとえば世話人）の意思に反しても，裁判上代位行使することができる（BGH ZEV 2005, 117）。障害者の両親の共同遺言における，両親の一方の死亡に際して遺留分侵害額請求権を行使すると他方の死亡に際して相続権を失う，という遺留分罰条項（14-465参照）を，前掲連邦通常裁判所は，原審のOLG Karlsruhe ZEV 2004, 26と同様，扶助当局の行為によっては請求権を行使したことにはならない，と解釈した。

(65) 扶助当局の請求権は，たとえば，扶助が消費貸借としてなされたときに社会保障法12章91条を根拠に発生する。

る[66]。扶助当局の償還請求権は，Eの遺産に関しては，遺産債務ではないので，この財産に関して扶助当局はやはり関係が無い。

9-261　遺言によれば，社会扶助が遺言によって減額されないときに限って，遺言執行者は障害者への給付をしなければならないのであるから[67]，結果として遺言によって，**扶助当局**は，障害者の生存中も死後もその相続分に掛かって行けないことになる。

9-262　3．このような遺言が**良俗違反**（138条1項）であるか否かが吟味されるべきである。その際，── 憲法上（14条1項，3-69参照）も ── 被相続人には，法定相続とは異なる遺産分配をする遺言の自由が原則として認められているのであるから，息子への3/4の指定（つまり娘の相続分よりはるかに大きい）や娘を後位相続人とする指定だけでは，良俗違反とはならないであろう。

9-263　しかし，法定相続であれば扶養費用が相続分から全部または一部支払われるはずであるにもかかわらず，このような「障害者遺言」によって遺産に扶助当局が掛かって行けないために，社会保障法の規定の範囲で娘の扶養の費用を社会一般が負担しなければならない，ということが良俗違反となることはあり得るだろう。社会扶助法の**補充性原則**（後順位であること）（他の手段が無いときに限って社会扶助がなされること）は，良俗違反判断の法的基準の基本と言ってよいだろう。それに対し，社会扶助法内部において既に例外が予定されている[68]，と反論できるか否かは，疑わしい。というのは，そうであっても原則が原則であることに変わりはないし，それが他の例外を正当化するわけではないからである。決定的なのは，その後順位性が社会扶助受給者の（ここでは障害者の）財産に関係しているということであり，そこから他者（ここでは母親）が，その遺産の娘の取り分に扶助当局が掛かって行けるようにしなければならないという法倫理上の義務を導くことはできない，ということである。しかも，最低限度の社会扶助に加えて追加の給付を障害者の娘に受けさせたいという被相続人の動機は尊重されるべきものである。

---

(66)　先位相続と後位相続との関係について重要な点については，19-670参照。

(67)　BGHZ 123, 368, 371によれば，これは，旧連邦社会扶助法88条2項（現行社会保障法12章90条2項）の規定によって扶助当局が掛かって行けない「虎の子の財産」である。遺言には，障害者に提供されるべき給付に関する具体的な指示が含まれていなければならないけれども，それが欠けていてることが直ちに良俗違反となるわけではない。BGH NJW 2020, 58. ── 被相続人の指示またはその解釈に従って世話人の報酬は一般には遺産からは支払われないので，障害者が無資力であれば，世話人は，国庫に対して請求権を行使することになる。詳しくは，BGH ZEV 2017, 267; 2017, 407.

(68)　BGHZ 123, 368, 376は，これを詳述し，立法者は「原則としての補充性の働きをかなり失わせている」と言う。

9-264　主として上述の理由から，連邦通常裁判所は，障害者遺言が良俗違反にはならないことを確定判例としている[69]。遺産が高額に上る場合にも同様である[70]。

事案 10 の結論：遺言は全部有効である。

---

(69)　BGHZ 111, 36 = NJW 1990, 2055; BGHZ 123, 368 = NJW 1994, 248; BGHZ 188, 96 = NJW 2011, 1586.
(70)　OLG Hamm ZEV 2017, 158.

第 10 章　遺言能力と自筆死因処分

I　遺言能力と相続契約締結能力

事案 11：危険なスポーツをしていて，祖母から相続をして財産を有している 17 歳のアーレクス〔初宿 2021，11〕は，同年齢のガールフレンドであるペートラを単独相続人として指定したい。共同世話人である彼の両親は，それに同意していない。
a) アーレクスは，自らのもくろみを実現できるだろうか？
b) アーレクスとペートラは，共同遺言を作成して互いを単独相続人に指名することができるだろうか？

1．総　説

10-265　遺言は，たしかに民法総則に言う単独行為であり，相続契約は，契約であるけれども，民法総則の行為能力（104 条以下）の規定に代わって**相続法の特則**が適用されることがある。そこでは，**遺言作成能力としての遺言能力**と**相続契約成立の能力**とを区別しなければならない。

2．遺言能力

a) 年齢要件

10-266　ここでは，3 つの段階に注意しなければならない：aa) 16 歳未満の未成年者は，遺言無能力である。（2229 条 1 項）。その者に代わって法定相続人（親または後見人（Vormund））が遺言をすることもできない。遺言は被相続人自ら作成しなければならないからである（2064 条，10-277 参照）。

10-267　bb) 16 歳以上の未成年者には，遺言能力があり（2229 条 1 項），法定代理人の同意も不要である（2229 条 2 項）。もっとも，**遺言形式には要件が課されている点**が重要である：未成年者は，自筆遺言をすることができない（2247 条 4 項）。公正証書遺言は，2233 条 1 項の規定に従って，公証人に対する口頭の意思表示または開封した文書の提出によってすることができる。未成年者は，封緘した文書（2232 条後段）の提出による遺言作成をすることができない。未成年者が軽率な終意処分をすることを防ぐ目的で公証人による法的助言を有効なものとするためである。

10-268　cc) 成年（2 条，18 歳）に達すれば，すべての方式の遺言を作成することができる。

b）精神病による遺言無能力

10-269 被相続人が，疾病による精神作用障害，精神衰弱または意識障害によって意思表示の意味を弁識しその弁識に基づいて行為することができないときは，2229条4項の規定に従って遺言を作成することができない。遺言無能力のこの定めは，104条2号・105条2項の規定の内容に対応している。**遺言作成時の被相続人の状態が基準となる**。被相続人は，その遺言の効力を理解していなければならないし，その遺言の根拠について自分なりの明確な意見を持ち，利害関係有る第三者の影響から自由でなければならない[1]。

10-269a 被相続人の精神能力が単純な遺言による処分を理解できるけれども複雑なものは無理であったときは**相対的な遺言能力**が肯定されるのか，は問題である。処分の難易度毎に相対的な遺言能力を認めることは判例上一般に否定されているけれども[2]，学説においては肯定説が有力である[3]。これに関して注意するべきは，被相続人が疾病によって知覚や認識が妨げられて終意処分に関して有利または不利な事情について明確な判断を下すことができなくなるために遺言無能力となることもある，ということである。判例で強調されているように，処分が内容としてどこまでの射程を持つのかについて被相続人が明確に理解している必要はない[4]。動機が疾病によって，たとえば妄想によって[5]，妨げられるときは，相対的な遺言能力が認められる余地はない。しかし，認知症などの精神上の障害によって被相続人が終意処分の効力を理解することができなかったことが遺言能力の決め手になるのであれば，処分の具体的な内容や困難の度合いが考慮されるべきであり，その意味で相対的な遺言能力を肯定することができる。

10-269b 被相続人は精神上（疾病によったり年齢による制約によったり）有効な遺言を作成することができなかったという抗弁が実務上なされることは，少なくない。遺言能力の要件について**証明責任を負うのは，遺言の無効を主張する者である**[6]。事実

---

(1) BGH FamRZ 1958, 127, 128; OLG Celle ZEV 2007, 127.
(2) OLG München ZEV 2008, 37; OLG Hamm BeckRS 2016, 115426 Rn.174; BeckRS 2017, 140093 Rn.54; OLG Frankfurt BeckRS 2017, 126066 Rn.25.
(3) 詳しくは，MünchKomm/Sticherling § 2229 Rn.22ff.; Staudinger/Baumann（2018）§ 2229 Rn.19ff.－異論として，Muscheler Rn.1671; Lange Kap.3 Rn.31.
(4) BayObLG NJW-RR 2000, 6, 8; OLG München ZEV 2008, 37, 39; ZEV 2017, 148, 149; OLG Frankfurt BeckRS 2017, 126066 Rn.26.
(5) これについて，BayObLG NJW-RR 2000, 6.－しかし，BayObLG NJW 1992, 248 は，疾病による妄想にもかかわらず遺言能力は喪失しないと判断した。
(6) BGH FamRZ 1958, 127; BayObLG NJW NJW 2000, 1959, 1961; KG NJW 2001, 903. 遺言無能力を証明することができないときは，遺言能力が存在するものと扱われる。しかし，遺言作成の前後に遺言無能力であったことが明らかにされるときは，遺言作成時においても遺言無能力

第 10 章　遺言能力と自筆死因処分

としての状況を明らかにすることは困難なことが多く，この定めは実務上重要である[7]。

10-270　法律上の世話人制度（1896 条以下，2023 年 1 月 1 日以降は 1814 条以下）は，1992 年に廃止にされている旧禁治産制度とは異なり，遺言能力を要件とはせず，もっぱら 2229 条 4 項の規定に従って判断される。（特定の意思表示について被世話人が世話人の同意を要するところの）法律上の世話人の同意留保もまた，死因処分には及ばない（1903 条 2 項，2023 年 1 月 1 日以降は 1825 条 2 項 2 号）。

3．相続契約締結能力

10-271　2229 条の規定は，遺言（共同遺言を含む）についてだけ適用され，相続契約締結には適用されない。相続契約においては，（死因処分の）被相続人と（単なる）契約の相手方は，区別される（15-493 以下参照）。

10-272　2275 条の規定に従って，被相続人は，完全な行為能力を備えていなければならない[8]，つまり，行為無能力（104 条以下[9]）または制限行為能力（106 条）であってはならない。したがって，未成年者は，被相続人として相続契約を締結することができず，本人作成原則（2274 条）のため，その法定代理人による締結もできない[10]。

10-273　これに対し，契約の相手方に関しては，行為能力に関する通則の規定が適用されるので，たとえば，未成年者も，契約が成年者に単に法律上有利なものであれば（107 条），（成年の）被相続人を相手方として相続契約を締結することができる。しかし，それは，契約の相手方自身が相続契約において死因処分を行わない限りにおいてである。さもなければ，2275 条の規定に従って，完全な行為能力が必要となる——契約の相手方も被相続人となるからである（15-494 参照）。

であったという一応の証明〔山田 1993, 101〕がなされたことになる。それに対し，「まだらボケで意識がはっきりしている時期」に遺言が作成されたと主張する者は，一応の証明を揺るがす事情を主張立証しなければならない（BGH, ZEV 2012, 100）。慢性・進行性の認知症においてそのような時期があることについて否定的なのが，OLG München ZEV 2013, 504.

(7)　精神異常の存在または認知症が遺言能力を喪失させること確定が困難であることの例として，OLG München ZEV 2017, 148（グーリット事件）。裁判所は，遺言無能力の結論に至ることができなかった。

(8)　やはり，行為無能力が証明されない限り，行為能力の存在が前提とされる。BayObLG Rpfleger 1982, 286.

(9)　104 条 2 号の規定の要件について，BGH FamRZ 1984, 1003.

(10)　婚姻者および配偶者が制限行為能力者である場合における古い例外規定（旧 2275 条 2・3 項）は，子の婚姻を改革するための法律（2017 年）によって廃止された。

109

第 3 部　相続に関する死因処分およびその他の法律行為

事案 11 の解答：

10-274　a）単独遺言の作成。アーレクスは，16 歳以上であるので，2229 条 1・2 項の規定に従って，法定代理人の両親の同意なく，遺言を作成し，ペートラを相続人と指定することができる（1937 条）。しかし，その遺言は，公正証書遺言（2231 条 1 号）として公証人に対する意思表示または封じていない文書の引渡しによってのみ（2233 条 1 号）することができる。

10-275　b）共同遺言の作成。共同遺言は，夫婦のみがすることができるものであるので，認められない（2265 条）。アーレクスとペートラは，1303 条前段の規定に従って，双方が成年に達している，つまり 18 歳（2 条）以上であるときにのみ，婚姻をすることができる(11)。

10-276　アーレクスとペートラが互いを相続人に指定することは，2 つの単独の公正証書遺言によってのみ可能である（10-274 参照）。

Ⅱ　死因処分の本人作成

事案 12：子のいない独身のクリュソフは，有効な遺言で姪の息子のうち，今日の困難な状況において農場を経営し社会的責任感を持って働くのに姪がもっとも相応しいとする一人を相続人に指定した。相続開始後，姪は，息子のうちマルティーン・フォンメルヴィッツを適任者として指名した。法定相続であれば共同相続人になったはずである被相続人の血族の一人が，2065 条違反を理由にその遺言の無効を主張している。権利関係はどうなるか？

1．代理ではないこと

10-277　遺言は，被相続人が自ら作成しなければならない（2064 条）。相続契約も，被相続人(12)自らが締結しなければならない（2274 条）。いずれの規定も，代理形式を許していない：任意代理も法定代理も被相続人は用いることができない。代理人による死因処分は，確定的に無効である（本人による追認の余地はない）。代理の禁止の趣旨は，死因処分の重要性とその個人的な性格にある。被相続人は，その責任を他人に負わせてはならないのである。また，代理形式を許してしまうと，具体的な死因処分

---

(11)　一方が満 16 歳以上の場合においてその者に関する年齢要件の免除を定めた古い例外規定（旧 1303 条 2 項から 4 項まで）は，子の婚姻を改革するための法律（2017 年）によって廃止された。

(12)　それに対し，相続契約の相手方は，死因処分を自らすることができないときは，代理を用いることができる。

が被相続人の意思によることが担保されなくなってしまうであろう。

2．他人による死因処分の補充
a）原則としての禁止と法律上の例外
10-278　終意処分の一部を第三者の手に委ねることは明文で禁じられている。被相続人は，終意処分の有効性を第三者に決定させることができないので（2065条1項），たとえば，配偶者が処分に同意するという留保を付けることができない。また，**受益者の決定および受益の目的物の決定を他人に委ねることができない**（2065条2項）。2279条1項の規定によって相続契約に準用されるこれらの規定により，死因処分は，被相続人個人の意思に完全に対応するようになっている。この趣旨に鑑みると，受益者の決定および受益の目的物の決定をくじ引きにすることも許されないであろう[13]。

10-278a　終意処分の確定性に関しては，2065条の規定に加えて，一般の要件にも留意しなければならない[14]。つまり，好意的解釈や補充的解釈を含め，解釈に関する法律上の定めや一般の解釈原則に従ってでは十分に明らかにすることができない処分は，無効である。この問題は，被相続人を介護し援助した（が名前は挙げられていない）者を受益者とする遺言において，しばしば生じる[15]。

10-279　2065条の規定に抵触する処分は，無効である。もっとも，**遺言解釈**によって十分に確定した処分を導くことができるか注意深く吟味しなければならない。たとえば，文言上選択的相続人指定（「相続人はAまたはBである」）であっても第一の人物が相続人で第二の人物が予備相続人（Ersatzerbe）〔山田 1993, 205〕と解釈されることがある[16]。

10-280　相続人指定を含まない死因贈与に関しては，2065条2項が重要な例外を設けている。被相続人は，遺贈であれば数人の人を挙げてそのうち誰が受益者となるかを義務者または第三者に決めさせることができる（2151条）。また，被相続人がその目的を定めた遺贈（いわゆる**目的遺贈**）では，何を給付するかの決定を義務者または第三者（受益者は除く[17]）に委ねることができる（2156条）。被相続人が目的を明ら

---
(13)　MünchKomm/Leipold § 2065 Rn.28; Grüneberg/Weidlich § 2065 Rn.7; Staudinger/Otte (2013) §2065 Rn.7. - 反対は，RG SeuffArch Bd.91 (1937) Nr.106; Lange/Kuchinke §27 I 6d.
(14)　BGH NJW 2022, 474 Rn.15（Krätzschelの評釈有り）。
(15)　このような受益について，MünchKomm/Leipold §2065 Rn.33f; Keim ZEV 2014, 72. 説得力に欠けるものとして OLG München ZEV 2013, 617（Otte の反対評釈有り）= NJW 2013, 2977（Horn/Kroißの反対評釈有り）。「私の死亡まで世話をしてくれた」者を相続人に指定したが一般の解釈原則ではそれ以上明らかにできないものを2065条2項の規定に従って無効としたものである。
(16)　BayObLGZ 1998, 167, 169 = FamRZ 1999, 331; BayObLGZ 1998, 160, 165f.

かにしている**負担**についても，義務者または第三者に給付の受領者を定めさせることができる（2193条）。**遺言執行者の選任**（遺言執行者を用いるか否かではない）については，第三者（2198条）または遺産裁判所（2200条）に委ねることができる。さらに，被相続人は，共同相続人間の遺産分割を第三者の公正な判断に委ねることができる（2048条中段）。── 先位相続人の処分がなかったことを条件とする後位相続人選任について，19-671 参照。

　b）**第三者による相続人指定**（事案 12 の解答）

10-281　事案 12 では被相続人は，名前を挙げて相続人の指定をせず，他人（姪）に相続人指定を委ねている。このような処分は，一見 2065 条 2 項の規定に違反している。他方，このような定め方は実際に，特に企業や農園等の後継者に関し，必要であることがあることは明らかである[18]。そのような場合，相続において（卑属や血族中の）誰が後継者に相応しいか被相続人の処分作成段階では未だ見通せないことが多いからである。そこで，判例では，第三者による相続人指定が特定の要件の下においては許されている。（他に，最終的な決定について緩い要件しか法律上課されていない遺贈による利益供与という回避策はある。10-280 参照。）

10-282　ライヒ裁判所によれば，被相続人は，名前を挙げて相続人指定をすることを 2065 条の規定によっては強制されることはなく，一定の人々を挙げてそこから相続人が第三者によって特定の実質的な視点から最終的に選ばれることを指示することで足りる[19]。しかし，その候補者の範囲は狭く限定されていなければならず，第三者の恣意が入り込む余地のないほど精密に**選択基準**が定まっていなければならない。選択は，被相続人が挙げた要件に関する第三者の判断でなければならないけれども，その判断は，純粋な価値判断であってもよい。ライヒ裁判所は，事案 12 の元になった事件において，遺言を有効と判断した[20]。

10-283　そこで，2065 条 2 項の規定は，**縮小解釈**されている。被相続人は，その判断全部を第三者に委ねてはならないけれども，相続人選択の基準の適用を委ねること

---

(17)　BGH NJW 1991, 1885（2065条2項の禁止規定に抵触する限り）。
(18)　世襲農場法の規定（1-5 脚注 5 参照）が適用される範囲においては，被相続人は生存配偶者に死因処分によって，被相続人の卑属のうちから農場相続人を決定する権限を与えることができる（同法 14 条 3 項）。
(19)　RGZ 159, 296. Brox/Walker §9 Rn.9; Lange Kap.6 Rn.20; Staudinger/Otte（2013）§2065 Rn.31; Grüneberg/Weidlich §2065 Rn.10 はいずれも賛成。OLG Köln OLGZ 1984, 299〔原典の 229 は誤記〕もこれを踏襲（第三者が将来縁組をする養子を相続人と指定することは，養子の選択も委ねられ，養子が特定の企業の経営をする能力がなければならないという条件と相続人指定が結びついている場合にでも許される，とした）。
(20)　RGZ 159, 296.

第 10 章　遺言能力と自筆死因処分

はできるのである。被相続人が受益者の第三者に委ねられるのは，その決定（Bestimmung）ではなく指示（Bezeichnung）である，と定式化すれば[21]，2065 条 2 項の文言とやや技巧的な整合性が保たれるであろう。候補者の範囲を限定して実質的な選択基準を挙げていても，一般に，第三者にある程度の裁量の余地が残らざるを得ない。

10-284　被相続人の意思は，正確であって専門家の目で客観的に確定している必要がある，という連邦通常裁判所の判断[22]は異なっているように見える。その言葉どおりに解すると，第三者に（たとえば，事業後継者の適性について）価値判断を委ねることができないからである。すると，これらの遺言の背景にある上述の根本にある事柄はもはや考慮できなくなるであろう。しかし，連邦通常裁判所の見解を，被相続人が立てた基準の適用においてある程度の価値判断の裁量を認める，と解釈することができるであろう[23]。

第 10 章の問題と事案

1．ヴェルナー・グートは，16 歳の息子マックスと相続契約を締結し，マックスを単独相続人に指定した。相続契約では他の処分はなされていない。この指定はそのまま実現されるだろうか，それとも母の同意または補充保護人〔山田 1993, 201〕の選任が必要だろうか？

2．カール・クプファーは，金属工場の所有者であるが，方式に従って次の遺言を作成した：「3 人の息子のうち，会社の承継に最も相応しい年齢で職業訓練を積んだ者を私の単独相続人とする。私の家内と他の息子たちはそれぞれ 850,000 ユーロの遺贈を受ける。」カール・クプファーが死亡したとき，息子のクリストフはまだギムナジウムに通っていて，アントーンは司法修習生であり，バスティアンは経営学専攻の大学 2 年生である。相続はどうなるか？

---

[21]　BGHZ 15, 199, 202 参照。
[22]　BGHZ 15, 199, 203; BayObLG FamRZ 1991, 610, LG München I FamRZ 1999, 1261 が踏襲。Schlüter/Röthel §16 Rn.16; Muscheler Rn.1706 は連邦通常裁判所に賛成。RGZ 159, 296 の判断を踏襲するか否かは，連邦通常裁判所は触れていない。
[23]　これを前提にするのが KG ZEV 1998, 182, 184（Wagner の賛成評釈有り）= DNotZ 1999, 679, 683（Zawar の賛成評釈有り）。これに対し BayObLG FamRZ 2005, 65, 68 は選択に参加する第三者の裁量の余地はないと狭く解する。そして，「土地の維持経営に最適な」被相続人の卑属を選ぶべきである，という条項は 2065 条 2 項の規定に抵触して無効，と判断した。

第3部　相続に関する死因処分およびその他の法律行為

解　答

10-285

1．息子マックス自身は，死因処分をする意思を持たないので，2275条の被相続人には当たらず，完全な行為能力を備えている必要はない。むしろ，マックスには，一般の行為能力の規定が適用される。（遺言にのみ適用される2229条1項の規定を適用するのは誤りである。）マックスは，制限行為能力者であるが（106条），単に法律上の利益を得る法律行為であるので，107条の規定に従って，相続契約を締結するには法定代理人の同意を要しない。つまり，母の同意も補充保護人の選任も要しない。

2．I.　遺言の法律効果

10-286　息子の指定。——　どの息子が相続人となるのか遺言からだけでは明らかではないので，相続人指定が2065条2項の規定と抵触するかが問題となる。被相続人は，相続人の候補者の範囲を限定し，選択の実質的な基準を定めている。ライヒ裁判所がその種の遺言について挙げた要件（10-282参照）は満たしている。選択の際には適合性についての価値判断が必要であることは，——　ライヒ裁判所の見解によると ——　処分の効力を妨げない。

10-287　しかし，誰が相続人を決めるかを被相続人が定めていなければ，遺言は無効である。その欠缺は，遺言の解釈によっても補充することができない。被相続人の意思によれば，たとえばその妻が指名をするべきである，ということであっても不十分である。遺産裁判所にその選択を委ねるという被相続人の意思も遺言から解釈することはできない。それに，そのような決定はそもそも有効なのか疑わしい。その種の事案において相続人を決定する権限が遺産裁判所には欠けているからである。また，そのような遺産裁判所の権限を終意処分によって発生させる法律上の根拠も存在しない。したがって，2065条2項の規定する要件を欠いているため，そのような相続人指定は無効である[24]。

10-288　遺贈。——　相続人指定の無効が他の処分にどのような影響を及ぼすのかは，2085条の規定に従って判断するべきである。被相続人が妻と相続人以外の子に対する遺贈をしたのは，息子の一人が単独相続人に指定されるからである。相続人指定が無ければ，被相続人は遺贈をしていない。したがって，2085条2項の規定に従って，相続人指定の無効によって，遺贈もまた無効となる。

---

[24]　BGH NJW 1965, 2201; Grossfeld JZ 1968, 113, 120（脚注99）は賛成。

II. 法定相続

10-289　遺言が無効のときは，法定相続が開始する。したがって，妻が 1/2（1931 条 1 項前段，3 項，1371 条 1 項），3 人の息子が各 1/6（1324 条 1 項，4 項）の割合でカール・クプファーを相続する。

第 11 章　遺言の作成と撤回

Ⅰ　遺言方式の目的と種類

11-290　遺言が効力を生じるときには，その作成者は死亡してそれ以上の説明をすることができないので，遺言の有効性や内容について疑義や争いがしばしば生じるのはもっともである。遺言は，相手方のない意思表示であり，他人に対する表示が不要である。したがって，被相続人は，最近親者に対してもその最終意思を秘密にしておくことができる。しかし，できる限り明確な法律関係を形成するために，遺言作成には特定の方式が規定されている。法定の方式によって，遺言が真に被相続人によって作成され偽造ではない，という証明が容易になるのである。特定の方式で最終意思が定められていれば，処分の内容を知ることが容易であり，単なる草稿や予告から遺言を区別することも容易になる。**証拠機能**に加え，方式の規定は，被相続人に対して軽率に（たとえば口頭の意思表示で）表明した処分をさせず慎重な熟慮をさせることを目的としている（**警告機能**）。

11-291　遺言には，いつでも用いることができる**普通方式**と特別の状況下で利用することができる**特別方式**が法定されている（11-324 以下参照）。2231 条の規定に従って，普通方式は，公正証書遺言と自筆証書遺言に分かれる。双方とも総ての死因処分をすることができるという意味で同等の遺言方式である。一方の方式による遺言（たとえば公正証書遺言）は他方の方式による遺言（たとえば自筆証書遺言）によって補充または撤回することができる，という意味でも同等である。

11-292　方式の規定は，**強行規定**である。方式に従っていない遺言は，125 条前段の規定に従って**無効**である。方式を欠く遺言は，信義則によって補われることもなく，遺言は，自由に撤回可能であるため，保護に値する信頼の根拠とはならないのでなおさらである[1]。

Ⅱ　公正証書遺言（公的遺言）[2]

1．公正証書方式の目的

11-293　被相続人が法律関係について公証人に相談を受けることは，法的安定性と

---

(1)　相続契約においては異なるが，やはり例外的にのみである。15-501 参照。相続法で原則として方式が優先することについて，OLG Köln NJW-RR 2006, 225 = JuS 2006, 655（Hohloch の評釈有り）。

第 11 章　遺言の作成と撤回

法的明確性に資する。被相続人がその意思を死因処分に認めることが容易になり，その処分の帰結を明確に知ることができるからである。これが，証拠機能・警告機能に次ぐ公正証書遺言の助言機能である。相続開始後にも，公正証書遺言の利点がある：つまり，そもそも遺言が存在しているか否か，遺言が真正であるか否か，遺言をどう解釈すべきか，という疑問を通常は避けることができるからである。また，公的保管によって遺言の偽造が予防される。

11-294　自筆証書遺言と比較して，公正証書遺言を選択しないとすれば，その理由は費用にある[3]。しかし，公正証書遺言は，特定の点において，遺産裁判所が申立てに応じて交付する相続証書（2353 条）の代用となる。その場合は，相続人にとっては公正証書で相続証書の費用を節約することになる。たとえば土地登記簿についてそうである。つまり，法務局に対する相続の証明は，相続証書だけではなく，公正証書遺言（または —— 公証証書によるべき —— 相続契約）によっても可能である（土地登記法（GBO）35 条 1 項）。相続権の証明については，18-642 も参照。

2．被相続人の意思表示

2232 条の規定に従って，被相続人は，終意処分をいくつかの方法で公証人に伝えることができる。

a）最終意思の表示

11-295　高等裁判所代理改正法（2002 年 7 月 23 日，BGBl. I S. 2850, 2858）以来，最終意思は口頭ではすることができない。このことは，言葉の不自由な人だけでなくすべての人に妥当する[4]。公証人の読み聞かせた処分に「はい」と口頭で答えれば足りるとしていた古い判例は改められたことになる。被相続人は，処分の全体を口頭で表示することができる。（被相続人との相談後に）公証人が草稿を読み聞かせてこれが意思に対応することを被相続人が承認することでもよい。被相続人の意思が認識できさえすれば，この部分は口頭でよいし，単に頷くことや手話でもよい。「はい」という書面でもよい。

b）最終意思を含むという意思表示を伴う書面の交付

11-296　被相続人が公証人に交付する書面がその最終意思を含んでいるという被相

---

[2]　公正証書遺言は，自筆証書遺言とは対照的に，公的機関（公証人）がその作成に関与することから，（法文の一部であるところの 2232 条の見出しにもあるように）公的遺言と呼ばれる。もちろん，一般の閲覧に供されるという意味での公ではない。

[3]　費用の額は，処分される財産の価額による。裁判所公証人費用法 102 条参照。

[4]　根拠について，Bundestagsdrucks. 14/9266, S. 49 参照。Dickhuth-Harrach FamRZ 2003, 493, 497; Reimann FamRZ 2002, 1383, 1384 は批判的。

続人の意思表示は、口頭で、書面でまたは手話ですることができる。

11-297 交付された書面に署名があるか、それが誰のものか、は問題にならない。たとえば、公証人や弁護士が作成した書面であってもよい。書面は、封をしていてもいなくてもよい（2232 条後段）。封じられていればそのままにする。公証人は、その内容を尋ねてよいけれども、たとえ被相続人がそれに答えなかったとしても、公正証書を作成しなければならない。しかし、その場合には、具体的な死因処分のために公証人が助言をすることは不可能であるので、公正証書遺言の方式に従うという目的は、一部しか達成されないことになる〔公正証書遺言としては有効である〕。

c）公正証書遺言の方式選択の制限

11-298 未成年者は、2233 条 1 項の規定に従って、公証人に対する意思表示または封をしていない書面の交付によってのみ遺言を作成することができる。未成年者に対して公証人が具体的に助言する機会を保障するためである。

11-299 読むことができないことを自ら申述しまたは公証人が確信するときは[5]、遺言は、最終意思の公証人に対する表示によってのみ作成することができ、書面の交付によることができない（2233 条 2 項）。この場合においては、その規定の趣旨に従って、公証人に対する表示は書面によることができない。

d）文盲の人でも遺言作成をすることができること

11-299a 高等裁判所代理改正法（11-295 参照）以来、話すことも書くこともできない人でも、何らかの方法で意思を表示すれば、遺言を作成することが可能となった（「瞼の動きによる遺言」という標語[6]）。話すことも書くこともできない人は、最終意思の表示によっても最終意思を含むという表示を伴う書面交付によっても遺言を作成することができる。というのは、いずれの場合においても身振り手振りによって表示をすることができるからである。それによって、話すことも書くこともできない人に遺言作成を認めなかったことが遺言の自由の憲法上の保障（相続権の保障の一部として、基本法 14 条 1 項前段、3-69 参照）、一般平等原則（基本法 3 条 1 項）および障害者差別の禁止（基本法 3 条 3 項後段）に反すると判示した連邦憲法裁判所の基本的判断に沿うことになった[7]。しかし、被相続人が十分に聞いたり話したりすることができず、書面でも意思疎通ができないときは、被相続人との意思疎通を可能にするため、障害のある被相続人と、その身振りを理解することで意思疎通することのできる人を

---

[5] 文字を理解できないときも、視力が欠けるときも同様である。その証明責任は、遺言無効を主張する者が負う。BGH ZEV 2022, 19.

[6] Dickhuth-Harrach FamRZ 2003, 493.

[7] BVerfGE 99, 341 = NJW 1999, 1853.

公正証書作成のために用いなければならない（公証法24条1項2段）。また，同法22条1項前段の規定に従って，被相続人が聞くことも話すことも見ることも十分にできないときは，証人またはもう1人公証人を加えて用いるべきである（〔24条と22条の〕「～なければならない」と「～べきである」との違いについては，11-300参照）。

3．公証人の手続

11-300 公証人が留意すべき手続の詳細については，公証法に規定されている。方式の有効性に関し，そこでの「～なければならない」という規定（Muss-Vorschrift）と「～べきである」という規定（Soll-Vorschrift）を区別しなければならない。前者に違反した遺言は無効となり，後者に違反しても無効とはならない。

11-301 公証法に規定されている詳細のうち，若干のものを紹介しよう。公証人がそもそも具体的な公正証書遺言を作成することができるか否かについて，公証法に規定されている。個人的な関係を理由に作成できないことがあるが，たとえば，公証人の配偶者の遺言である。それにもかかわらず作成された遺言は，全部無効である（公証法6条1項）。自身，配偶者または近親の血族に利益を与えまたはそれらを遺言執行者に指名する処分は，公証人は作成することができない[8]。それにもかかわらず処分がなされたときは，（遺言全体ではなく）当該処分が無効となる（公証法7・27条）。特別の場合においては公正証書遺言作成の際に証人またはもう1人公証人が加えられるべきであり，それは，被相続人が聴覚障害者，発話障害者または視覚障害者であるときであり（公証法22条1項前段），これが強制されるのは，被相続人がその氏名を筆記することができないときである（同法25条）。聞くことや話すことが十分にできず，筆記による意思疎通もできない人の手続については，11-299a参照。

11-302 公証人は，被相続人の人物を確認し，文書記載の人物の真正さに対する疑念があればそれを申述することを求められる（同法10条）。公証人は，被相続人が遺言能力を欠いていると思量するときは，公正証書作成を断るべきであり（同法11条），被相続人に必要な遺言能力についての認識を文書に記載するべきである（同法28条）。被相続人の意思を明らかにしてこれに助言する公証人の義務が特に重要である（同法17条，30条4段参照）。

11-303 いずれにせよ，口頭の申述による遺言または書面交付の確認を含む文書が

---

[8] 公証人が遺言執行者を指名するという定めも，公証人が法律上の利益を受けるので，公証法7条1号の規定に従って無効である（BGH NJW 2013, 52）。しかし，面白い抜け道がある：公証人を遺言執行者に指名する自筆の処分を同時に作成すればよいのである（BGH FGPrax 2022, 72 = BeckRS 2022, 4553）。

作成されなければならない（同法 8 条）。文書は，公証人の面前で被相続人に読み聞かせ，被相続人が同意の上自筆で署名し（署名することができないときは証人または第二の公証人が署名し(9)（同法 25 条後段））公証人も（同法 13 条）署名しなければならない。そして遺言（公証人の文書および場合によって被相続人から交付された書面）は封入して封印の上で封じなければならない。公証人は，封筒に被相続人の氏名と遺言作成の日時を記す。

4．特別公的保管，登録，開封

11-304　公証法 34 条 1 項 4 段の規定に従って，公証人は，遺言が遅滞なく管轄区裁判所（家事非訟事件手続法 344 条，346 条以下）の**特別公的保管**（besondere amtliche Verwahrung）に置かれるよう取り計らう。遺言の紛失損傷を防止するためである。

11-304a　相続開始に際して遺言に確実に注目してもらえるよう，公正証書遺言（正確には，公証法 34 条 a の規定に従った公証人による保管申立）は，連邦公証人連合会（Bundesnotarkammer）〔山田 1993，123〕の**中央遺言登録簿**（zentrales Testamentsregister)(10)に記録される（連邦公証人法（Bundesnotarordnung）〔山田 1993，123〕78 条 b 第 1 項前段）。被相続人が死亡したときは，——戸籍役場から死亡通知を受けた——連邦公証人局は，遺言の保管当局と管轄遺産裁判所に通知する。

　被相続人の死後に遺産裁判所は遺言を**開封**する（家事非訟事件手続法 348 条以下）。

Ⅲ　自筆証書遺言

事案 13：レークス・ゼンメルロートは，旅行中にフレンスブルクで重病に陥った。彼は妻のピーア・ゼンメルロートに対し以下の内容の葉書を書いた（しかも，ボールペンがダメになっていたため，カーボン紙を利用して）。

2019 年 1 月 1 日
親愛なるピーアへ，
　私の病気は深刻なようである。そのため，念のための指示をしておきたい。私の身に不幸が襲えば，君が総てを受ける。では近いうちに！

---

(9)　署名は，文書を完成させる位置になければならず，文書との関係が不明な別紙になされた署名では，要件を満たさない。OLG Hamm ZEV 2001, 21. 自筆証書遺言とは異なり，識別機能を有しないので，署名が明確に読み取れる必要はない，OLG Köln NJW 2020, 2120〔原典の 2121 は誤記〕。

(10)　連邦公証人法 78 条 2 項，78 条 b 以下および 11.7.2011, BGBl I, S.1386 の遺言登録法が根拠である。詳しくは，Diehn DnotZ 2011, 676; Bormann ZEV 2011, 628.

第 11 章　遺言の作成と撤回

君のレークス

追伸　2019 年 1 月 2 日　私の死後，姪のクラウディアは 6,500 ユーロを受ける。

　数日後，レークス・ゼンメルロートは死んだ。妻ピーアは，自分が単独相続人となった，と考えている。しかし，息子ユストゥス（被相続人の唯一の卑属）も相続権を主張している。夫妻は，夫婦財産制について別産制を採っていた。権利関係はどうなるか？

1．自筆証書遺言の長所と危険

11-305　2231 条 2 号および 2247 条 1 項の規定に従って，自筆し署名した意思表示でも遺言を作成することができ，その場合，公証人が不要となる。自筆証書遺言（公的遺言に対して私的遺言とも呼ばれる）が許容されるため，被相続人は，遺言の自由を容易に享受することができる。自筆証書遺言は，いつでも作成することができ，特段の費用を要しない。一方，それゆえにこそこの遺言方式では偽造，破棄または相続開始時の隠匿の可能性が高い。これらの場合についての証明責任については，11-337 参照。法律家による助言が欠け，処分内容やそもそもその文書が遺言なのか否かの問題が明らかではないことも多い。被相続人の意思をできるだけ実現するためには，法は，形式的要件については非常に謙抑的でなければならない。しかし，それゆえに偽造または変造された遺言が真正のものと扱われる危険が高い。

11-306　遺言能力（2229 条 1 項）のある未成年者，つまり 16-18 歳の者は，自筆証書遺言を作成することができず（2247 条 4 項），2233 条 1 項の規定に従って，公証人に対する意思表示または封をしていない書面の交付によってのみ遺言を作成することができる，11-298 参照。2247 条 4 項の規定に従って，読むことができない者も自筆証書遺言を作成することができない。さもなければ，被相続人が，他人の文字を意味も分からずに書き写して遺言を作成する危険が生じるからである。その場合においては，被相続人保護のために，公証人に対する意思表示によってのみ遺言を作成することができる（2233 条 2 項），11-299 参照。

2．自　筆

11-307　2247 条 1 項の規定に従って，署名だけでなく，遺言文書全体が被相続人の自筆でなければならない。この形式的要件は，自筆の署名を要件とする 126 条の文書性の規定より厳格なものである。〔遺言のための〕自筆文書は，電子方式（126 条 a）やテキスト方式（126 条 b）で代替することができない。自筆することによって，個々

人の筆跡には特徴があるため、遺言の真贋の吟味（筆跡比較）が可能になるのである[11]。したがって、**文字**[12]自体を手で完成させなければならず、機械的・電子的な手段——タイプライター、パソコン、プリンタ、スタンプ等——で作成するのでは足りない。なお、文字が判読可能である限り、筆記具（鉛筆や白墨も可）[13]、文書の素材、書体[14]、言語は問わない[15]。2247条1項の方式に違背する文書に記されている処分を引用するのでは不十分である[16]。

11-307a 自筆証書遺言は、方式要件を満たす遺言を後からすることによって追完することができる。当初の不完全な意思表示のコピーに後から書き加えたときは、当初の意思表示の原本がその時点でまだ存在している場合にのみ有効、とされた[17]。しかしこれは、遺言の有効性が、それが撤回されない限り、文書の存続には依存しないということと矛盾する（11-337参照）。このことは、不完全な意思表示の効力も妥当するはずだからである。

11-308 個人の筆跡が重要であるので、第三者が被相続人の手を動かして筆跡が影響を受けたときは、遺言は無効である[18]。それほどではない介添え（腕を支える等[19]）は、許されている。他人が予め書いた文字をトレース紙で透写したときは、筆跡の個性が欠けるために遺言は無効となる。

---

(11) 自筆の目的と個々の問題について、BGHZ47, 68, 70ff. 遺言から生じる法律効果を主張する者が署名の真正さの証明責任を負う。たとえば、BayObLGZ 1998, 167, 170 = FamRZ 1999, 331, 332 参照。11-337 も参照。民事訴訟法286条の規定で認められている証明でよいため、真正さの絶対的な確実性までは要求されない。OLG Rostock ErbR 2021, 433.

(12) 矢印による図では不十分である。OLG Frankfurt ZEV 2013, 334.

(13) 〔カーボン紙の〕「青写真」でもよい。BGHZ 47, 68; BayObLG Rpfleger 1993, 405.

(14) 点字も手書きであれば要件を満たすようである。たとえば、Neuner, NJW 2000, 1822, 1826; MünchKomm/Sticherling §2247 Rn.14, 55; Grüneberg/Weidlich §2247 Rn.7 は反対。

(15) 判読可能性要件については、OLG Hamm Fam RZ 1992, 356; KG FamRZ 1998, 1396（文書から文言自体を読み取ることができなければならない）。OLG Schleswig FamRZ 2016, 583 も同旨。

(16) BGH NJW 2022〔原典の2021は誤記〕, 474（Krätzschel の評釈あり）：いわゆる秘名遺言（testamentum mysticum）〔柴田1985, 348〕の無効。——方式要件を満たす遺言として処分がなされ、他の文書の引用が解釈に資するだけのときは（たとえば、BGH MDR 1980, 831 = JR 1981, 23, Schubert の反対評釈あり）、引用される文書自体が方式要件を満たす必要はない。解釈のためには遺言以外の諸事情も考慮されるからである。12-364 参照。

(17) OLG Nürnberg ZEV 2021, 96.

(18) BGH NJW 1981, 1900; OLG Hamm NJW-RR 2002, 222 参照。このような場合において部分的に遺言が無効になるときは、2085条の規定（13-411 参照）に従って残部は通常有効である（BayObLG FamRZ 1986, 726, 727）。

(19) BayObLG FamRZ 1985, 1286 参照（公正証書遺言の自署に関して）。

3．内容に関する要件

11-309　a）遺言という語を遺言書に記さなくてもよい。遺言の文言から —— その解釈によって —— 終意処分であることが読み取れれば十分である。しかし，死因処分の予告または下書きでは足りない。遺言が他のものとどのような関係にあるかは影響しない。特別の証書であってもよいし，他の記録（たとえば，被相続人の日記）の一部や手紙[20]であってもよい。もちろん，これらの場合においては，被相続人の意思が終意処分作成を目的としていて，単に下書きや他の終意処分[21]ではないことを特に注意して吟味しなければならない。遺言は，**相手方のない意思表示**であるので，被相続人が他人に対して遺言の存在や内容を伝えなくても，有効である。しかし，被相続人は，死後に遺言が発見されるよう配慮するべきである。公的保管について，11-316 参照。

11-310　b）被相続人の署名は，氏と名双方である（2247 条 3 項前段）。もっとも，そうではない署名であっても，意思表示が本人の真意であることが十分に確認できる限り，それで遺言が無効になるわけではない（2247 条 3 項後段）。氏だけまたは名だけあるいは血族関係を示す署名（「お前たちの父」等）であっても足りることがあるのである[22]。頭文字だけの署名（たとえば，Oskar Knapp に代えて O.K.）でも，（下書きではなく）遺言を作成することが被相続人本人の真意であることを確認できるときは，十分である[23]。

11-311　署名は，遺言が偽造ではなく完全なものであることを確認し，遺言とその下書きとを区別するためのものであるから，**終意処分を締めくくる**，つまり一般には[24]遺言の末尾になければならない。文書の冒頭，本文中に名前を挙げる（自称）だけ（「私，カール・エルルは，……」）では足りない[25]。遺言は数枚に分かれていてもよいし，一つのものであることが認識できれば纏めてある必要もない。この場合にお

---

[20]　たとえば，BayObLG FamRZ 2001, 944 参照。
[21]　OLG Köln FamRZ 1995, 1301（裁判所宛の書面中の —— あり得る —— 遺言について）; BayObLG FamRZ 1999, 534（委任状中の相続人指定の単なる予告）; FamRZ 2001, 1101〔原典の 1161 は誤記〕（遺言としては解されない委任状）。
[22]　BayObLG MDR 1980, 403.
[23]　争いがある。肯定するのは，OLG Celle OLGZ 1978, 59; Soergel/J. Mayer §2247 Rn.22; 否定するのは，Staudinger/Baumann（2018）§2247 Rn.92: Kipp/Coing §2612a. —— 民法 126 条および民事訴訟法 130 条 6 号の解釈においては，確定判例は頭文字では不十分とする（BGH NJW 1997, 3380, 3381）。しかし，2247 条 3 項後段の規定は，そこまで規定していない。
[24]　（紙幅不足のために）横にはみ出した署名でもよい。BayObLG FamRZ 1986, 728. —— OLG Celle NJW 1996, 2938 によると，（紙面に余地のない）特殊な事情があるときは「署名（gezeichnet）」の文言とともに本文に重ねて書かれた署名でもよい。
[25]　BayObLG FamRZ 1988, 1211; OLG Hamm FamRZ 1986, 728.

いて署名は最後の頁に一つあればよい[26]。遺言を封入する封筒への名前の上書きは，差出人の記載や内容の記載とみなされるもの（特徴づけ機能）にすぎないのであれば不十分であるけれども，被相続人の意思（と取引通念）に鑑みて，封筒の上書きが封入された文書の完成，つまり遺言の最後であることを表していれば十分である（完成機能）[27]。

11-312 c) 問題となるのは，被相続人が後から付け加えた**補足**についても署名しなければならないか否かである。通説によれば，古い署名が補足を**空間的に含む**のであれば新たな署名は不要である[28]。日常の慣行によると一般に遺言の改訂・追加の際に新たな署名はしないので，賛成すべきである。しかし，それによって改訂の真実性を証明することは困難となる。

11-313 しかし，古い署名に空間的に含まれない追加であっても，追加がなければ追加前の遺言が不備，不完全または実現不能であるときは，有効である[29]。署名の目的からすると，当たり前のことであろう。いずれにしろ，**独立した処分を含んでいる**[30]または署名した相続人指定に条件を加える[31]ものであるときは，署名後の追加は**無効**である。したがって，署名後に追加された共同遺言中の〔再婚すると単独相続権を喪失するという〕再婚条項（14-478 参照）は，無効である[32]。

11-314 d) **作成行為の単一性**は不要であるので[33]，署名を含めた遺言の構成部分が作成された時間的な順序はどうでもよく，遺言の各構成部分の作成に時間的間隔があってもよい[34]。被相続人は，過去に作成された自筆証書遺言の一部を新たに作成し署名した部分と合わせ，新たな署名が全体をカバーしている限り，新たな遺言としてもよい[35]。（古い署名を残して）古い文言がすべて削除されて（署名を除いて）新し

---

(26) OLG Karlsruhe FamRZ 2003, 1507.
(27) BayObLG ZEV 2003, 26. 個別事案における判断は難しい。BayObLG FamRZ 1988, 1211; ZEV 1994, 40; Palandt/Weidlich §2247 Rn.12 など参照。
(28) BayObLGZ 1965, 258, 262; BayObLGZ 2002, 359 = FamRZ 2003, 1590（受遺者の名を削除したり変更したりしたときであっても古い署名のままでよい）；Palandt/Weidlich §2247 Rn.14f. 別紙に補足をするときは新たな署名が必要である．OLG Hamm MDR 1983, 131（ルーズリーフの場合）: OLG Hamm FamRZ 2013, 907.
(29) BayObLGZ 2003, 352, 355 = DNotZ 2004, 801; BayObLGZ 2004, 215〔原典の 2005, 57, 58 は誤記〕．
(30) OLG Köln FamRZ 1994, 330（遺言執行者の指定）．
(31) OLG München BWNotZ 2011, 200 = MDR 2011, 1298.
(32) BayObLG FamRZ 2004, 1141（Leipold の評釈有り）。再婚条項無くしては遺言中の相互の単独相続人指定は，夫婦の意思に反するので，無効である，ということまで再婚条項から解釈することは，バイエルン高裁の判断に反し，不可能である．詳しくは，Leiopold 評釈参照．
(33) BayObLG FamRZ 1991, 370, 371.
(34) BayObLG FamRZ 1999, 1392.

い文言に書き換えられたときであっても，古い署名が空間的に新しい文言をカバーしている限り，遺言は有効である[36]。

11-315　e）2247条2項の規定に従って，意思表示がいつ（年月日）どこでなされたかを記す[37]。これは「～べきである」という規定であるので，規定違反の遺言の無効とはならない。しかし，規定違反が問題になることもある。遺言作成の時と場所の記載が欠けていれば，**遺言有効性への疑義**が生じ得るからである。たとえば，日時が欠けていれば，その被相続人の他の遺言より新しいのか古いのかが問題となる――両立しない処分であれば，新しいものが優先するからである，2258条1項。このような場合において日時が欠けている遺言が有効となるのは，作成時が他の手段によって確定することができるときに限られる，2247条5項前段[38]。同一日時の遺言については，11-335参照。作成場所は，国際私法の関係で決定的に重要になる（土地方式の遵守で足りる。1-23参照）。やはり遺言が有効となるのは，作成場所が他の手段によって確定することができるときに限られる，2247条5項後段。

4．保管，提出，開封

11-316　被相続人が請求するときは，自筆証書遺言は，区裁判所において特別公的保管に置かれる（2248条）[39]。遺言の偽造や紛失を防止するためである。ただし，自筆証書遺言は，公的保管によって公文書になるわけではなく，土地登記のための相続開始の証拠とはならない（11-294参照）[40]。公的に保管された自筆証書遺言についての申立は，連邦公証人連合会の**中央遺言登録簿**（11-304a参照）にも記録される。しかし，自筆証書遺言についての公的保管の規定は無く，被相続人の机の引出しに保管されていた自筆証書遺言も有効である。被相続人の死後，遺言の占有者は，それを遅滞なく**遺産裁判所に提出**（abliefern）しなければならない（2259条）。区裁判所は，決定によって提出を命じることもでき（家事非訟事件手続法358条），同法35条の規定に従って，それを強制執行することができる。開封については，同法348条参照。

---

(35)　OLG Zweibrücken FamRZ 1998, 581.
(36)　BayObLGZ 1984, 194 = FamRZ 1984, 1268.
(37)　作成の時と場所についての被相続人自筆の記述は，反対の証明のない限り，真と推定される，OLG München ZEV 2010, 50.
(38)　OLG Scheswig FamRZ 2016, 585.
(39)　公的保管は，代理人が請求することもでき，被相続人の事前代理権（Vorsorgevollmacht）に基づくものであってもよい，OLG München ZEV 2012, 482.
(40)　OLG Schleswig ErbR 2021, 1069.

第3部　相続に関する死因処分およびその他の法律行為

事案 13 の解答
1．終 意 処 分

11-317　**a）遺言の存在と内容**──外形についての要件は法定されてないので，レークス・ゼンメルロートの葉書は，2231条2号・2247条1項の規定する自筆証書遺言に当たり得る。レークス・ゼンメルロートは，その指示を遺言または終意処分として書いた訳ではないけれども，死因処分がなされたと解釈（133条）されれば足りる。2084条の規定は，この解釈問題とは無関係である（12-386 脚注 50 参照）。葉書の文言によれば，被相続人は，葉書でその死に備えただけで，遺言をしたわけではない。妻が総てを受ける，という文言は，その全財産の出捐を意味している。相続人指定を明示しているわけではないけれども，妻を単独相続人と指定していることになる（2087条1項）。姪のクラウディに対する金銭の出捐は，遺贈として扱われるべきである（1939条，2087条2項）。

11-318　**b）自筆性**──自筆証書遺言では，署名も本文も被相続人が自筆しなければならない（2247条1項）。被相続人が直接文字を書いてさえいれば，文書作成に用いる筆記具のいかんにかかわらず，2247条の規定する方式要件を満たす。レークス・ゼンメルロートが，ボールペンのインクが出ないためにカーボン紙を利用したのであれば，カーボン紙がボールペンの芯の役割を果たしたことになる。そのことは，（他人の文字をなぞった場合とは異なり）被相続人自身が文字を書いたことに影響を及ぼさない。自筆性の要件は，遺言の本文についても署名についても満たされている[41]。

11-319　**c）署名**──〔事案13の〕被相続人の署名は，下の名前だけで，姓を含まず，2247条3項前段の規定に反している。しかし，姓は，葉書の宛先として妻の名に書かれていて，宛名遺言がレークス・ゼンメルロートのものであることは，葉書の本文と下の名前から確認することができる。その意思表示が真意であることも，遺言の文言から明らかである。したがって，署名は不完全であるけれども，遺言は有効である（2247条3項後段）。

11-320　さらに，**署名後に遺贈が付け加えられた**，ということも問題となる。署名は，死因処分が完全で真意に出たものであることをできる限り明らかにするために法定されている。この目的からすると，署名は空間的に遺言の末尾になければならないことになる。本件では，相続人指定については，この点適切であるが，遺贈については，そうではない。日付から明らかなように，追伸は，後から付け加えられている。追記が空間的に古い署名にカバーされていれば，新しい署名は不要，というのが通説

---

(41)　BGHZ 47, 68; BayObLG Rpfleger 1993, 405.

である。しかし，本件では，追記は署名の下にあるので，署名は不要とはならない。したがって，遺贈は，署名を欠き，2247 条 1 項の規定する方式違背を理由に無効である（125 条前段）。

11-321　d）場所 —— 2247 条 2 項の規定に反し，本件の遺言は，作成場所が記されていない。その規定は，「〜べきである」という規定なので，場所が記されていなくても，遺言は無効とはならない。それが記されていないことが遺言の有効性に疑義を生じさせることもない。したがって，2247 条 5 項後段の規定する無効要件も存在しない。

11-322　e）一部無効の影響 —— 数個の終意処分の一つ（ここでは遺贈）が無効になることによって，原則として他の処分（ここでは相続人指定）の有効性に影響は無い（2085 条）。しかし，無効となった部分なしには被相続人は他の部分の遺言をしなかったであろうときは，その限りではない。本件では，レークス・ゼンメルロートが遺贈なしには妻を相続人指定しなかったという根拠は無い。したがって，相続人指定は有効であり，ピーア・ゼンメルロートが夫の単独相続人である。

2．息子の遺留分

11-323　息子ユストゥスは，遺言によって法定相続から除かれたため，その法定相続分の 1/2 の遺留分侵害額を請求することができる（2301 条 1 項）。息子の法定相続分（1924 条 1 項）は，被相続人の妻も相続人であるときは，1931 条 4 項（別産制）の規定に従って 1/2 であるので，遺留分額は，遺産の価額の 1/4 となる。

Ⅳ　特別方式遺言（緊急遺言〔山田 1993, 453〕）

1．目的と有効期間

11-324　たとえば，事故や疾病で書くことができない，またはその他の理由から自筆証書遺言を作成するつもりはないが公正証書遺言のための時間的余裕が無いときのように，特別な遺言の必要な**例外的状況**においては，要件が緩和された緊急遺言を残すことができる。

11-325　この緊急遺言の効力には，重要な制限が掛かっている（2252 条 1 項）。効力が 3 箇月間しかないのである。つまり，被相続人が作成後 3 箇月以上生存しているときは，遺言は作成されなかったものとみなされる。3 箇月の期間は，被相続人が公正証書遺言を作成することができるようになったときから起算される（2252 条 2 項）。被相続人は，緊急遺言の効力を維持したいのであれば，〔同内容の〕普通方式遺言を作成しなければならない。緊急に作成された緊急遺言の内容が真に被相続人の意思に

2．特別方式遺言の種類
a) 市町村長の面前における遺言〔山田 1993, 131〕(2249条)

11-326 公正証書遺言作成が可能となる前に被相続人が死亡する危険の存するときは，市町村長の面前で2人の証人の立会いをもって遺言を作成することができる (2249条1項)。「交通を断たれた」場所にいる場合についても同様である（詳しくは，2250条1項参照）。詳細は，2249条および公証法が規定するが，そこでは，2249条6項の規定に従って，文書作成の際における方式違背の影響が特に緩和されている。

b) 3人の証人の面前における遺言〔山田 1993, 163〕(2250条)

11-327 被相続人が「交通を断たれた」場所にいる（2250条1項）または死亡の危険が迫っているために公証人や市町村長の下に赴けない（2250条2項）ときは[42]，（私人）3人の証人の面前において口頭の意思表示をして書面を作成することで遺言を作成することができる[43]。

c) 海上遺言〔山田 1993, 569〕(2251条)

11-328 航海中ドイツ籍の船中で2250条3項の方式（3人の証人の面前における口頭の意思表示）に従って，特に危険な状況の発生を要件とすることなく，遺言を作成することができる。

V 遺言の撤回

事案14：寡夫のフレート・ヴァンケルには，2人の息子マルティーンとフランツ，一人娘のオルガがいて，今はオルガと同居している。2021年6月1日，フレート・ヴァンケルは，自筆証書遺言を有効に作成し，オルガを単独相続人に指定した。彼はこの遺言をオルガにも見せた。クリスマスのお祝いに，フレート・ヴァンケルは，2人の息子から最高級のフランス製赤ワインを一箱贈ってもらったが，オルガからは老人の信仰についての薄い本を贈られただけだった。フレート・ヴァンケルは，クリス

---

[42] 判例上この要件が厳格に解されることが目に付く。OLG Düsseldorf NJW-RR 2017, 905; OLG Hamm BeckRS 2017, 103966. また，新型コロナウイルス感染症による接触制限がこれに当たることがある，OLG Düsseldorf ZEV 2022, 151（ただし，3人の証人の面前におけるという要件は備えなければならない）。

[43] 書面性の要件は非常に緩和されていて，たとえば，書面の冒頭に証人が署名したもの（署名（Unterschrift）ならぬ上に書かれた名（Oberschrift））でもよい，BayObLG NJW 1991, 928. 方式要件の強行規定については，BGHZ 115, 169 = NJW 1991, 3210 参照。(2250条3項2段，公証法7条1号，27条の規定に従って証人となることができない）指定相続人が追加して署名しても，遺言が無効になるわけではない。

マスプレゼントの違いのため，2021年12月26日，新しい遺言を有効に作成し，2人の息子マルティーンとフランツを各1/2の相続分の共同相続人と指定した。オルガは，それを知ると，父を激しく詰った。そこで，2022年2月15日，フレート・ヴァンケルは，自筆し署名をした書面で，2021年12月26日の遺言を破棄すると意思表示した。2022年4月，フレート・ヴァンケルは，死亡した。遺品の捜索によって，くず籠の中に5つに破られた2022年2月15日付の紙片が発見された。フレート・ヴァンケルの相続はどう判断されるべきか？

1．撤回の自由

11-329 被相続人は，遺言全体または遺言中の個々の終意処分をいつでも特に理由を挙げずに**撤回**することができる（2253条）。これは，遺言の自由の一部である。遺言による処分が有効なのは，それが被相続人の意思に支えられている限りであるべきだからである。遺言撤回の自由は，被相続人が第三者（たとえば，事案14のように指定された〔推定〕相続人に対して）に対して遺言の内容を伝えまたは相続人指定を約束した（そのような契約による義務付けが無効であることについて，2302条参照，9-236）としても影響を受けない。この点を確定させたいのであれば，相続契約を締結するしかない。

11-330 遺言の撤回は，既に生じている期待を裏切ることがある。相続人に指定してもらうために被相続人に給付をすることも多い。その給付が相続人指定のためであることについて給付者と被相続人が少なくとも目次の合意をしていたのであれば，給付者が相続人に指定されず〔給付が〕目的とした結果が実現しなければ，812条1項後段の規定に従って，給付者は**不当利得返還請求権**を取得する[(44)]。この請求権は，まず，被相続人に対して発生するが，その死後は，遺産債務（1967条）として相続人が相手方となる。2316条の規定に従った**遺留分の増加**と法定相続人（2057条a，21-754参照）の**卑属間の清算義務**もまた，裏切られた期待のある程度の埋め合わせとなることがある。

11-331 遺言の撤回はそれ自体が**終意処分**であるので，2229条の規定に従って被相続人の遺言能力が**要件**となる。撤回が遺言証書の破棄または変造（2255条）または公的保管からの返還（2256条）[(45)]による場合も同様である。

---

(44) BGHZ 44, 321.
(45) BGHZ 23, 207, 211.

2．撤回の方式

11-332 撤回にはいくつかの方法があり，被相続人が選択することができる。

a）撤回遺言（2254条）

11-333 遺言を撤回するという，明示であれ黙示であれ，意思表示が遺言によってなされる場合である。撤回するという以上に何らの新しい処分（たとえば，新たな相続人指定）を含んでいる必要はない。撤回遺言の方式は，遺言の方式一般の要件が妥当する。撤回される遺言と同一の方式である必要はない（遺言方式の同等性）。

b）遺言と抵触する〔遺言後の生前〕処分（2258条）

11-334 処分の内容の抵触が決め手となる。したがって，後の遺言が前の遺言に言及しているか否かを問わない。被相続人が前の遺言を忘却していたときも，2258条の規定を適用することができる[46]。後の遺言（たとえば，Bを1/4の相続分の相続人と指定する）が前の遺言（たとえば，Aを単独相続人と指定する）と一部抵触するときは，前の遺言の残部（Aを3/4の相続分の相続人と指定する部分）は，2258条1項の規定に従って有効である（2258条1項の「限り（insoweit）」の文言参照）。前後の遺言でなされた処分が矛盾しない場合において，2258条1項の規定する後の遺言の抵触が生じるのは，後の遺言から，相続がもっぱら後の遺言に従うべき意思が明らかなときに限られる[47]。特定の部分（たとえば，特定の人のための遺贈）が後の遺言では前の遺言と異なっていて，後の遺言がその部分を包括的に定めることが明らかであるときも，2258条1項の規定が適用される[48]。

11-335 同一日付の数個の遺言があり，時間的な先後が確定できないときは，同時に作成されたものと扱わなければならない。互いに抵触する限り，無効となる[49]。

c）前の遺言を無効とする目的の破棄または変造（2255条）

11-336 被相続人は，遺言の撤回を，たとえば，遺言書を焼却し，破損し，くしゃくしゃに丸め[50]，あるいは，一つ一つの文や単語を消しゴムで消し，線を引いて消し[51]，切り取ってすることができる。遺言書に無効である，廃棄した等を書いても

---

(46) BGH LM §2258 Nr.1.
(47) BGH NJW 1981, 2745; BayObLG FamRZ 1989, 441.
(48) BGH FamRZ 1985, 175.
(49) BayObLG FamRZ 2003, 711; KG FamRZ 1991, 486. たとえば，2通の遺言に異なる単独相続人が指定されているときは，〔その部分は無効で〕法定相続が生じる。E.Schneider MDR 1990, 1086 は異論（1/2の相続分で指定されると言う）。Notariat Gernsbach でも同様（単なる下書きとみなされない限り）BWNotZ 1993, 61. 相関的処分を伴う共同遺言と抵触する単独遺言との先後が明らかでないときは，2271条1項後段の規定に従って，共同遺言に抵触する単独遺言を後からすることができないため，共同遺言が優先する．Notariat Gernsbach BWNotZ 2010, 210.
(50) BayObLGZ 1980, 95.

第 11 章　遺言の作成と撤回

よい。2255 条の規定に従った撤回については，**遺言の方式を遵守すべきことが規定されていないので**，無効である等を書く際に署名は不要である[52]。遺言書を破棄または変造するのは，**被相続人**〔自身〕でなくてはならいが，その際に他人を道具として利用することはできる[53]。この場合を別として，第三者による遺言の破棄・変造は，終意処分の無効をもたらさない。遺言の破損・紛失が被相続人による破棄だという推定は働かないし[54]，切り取られた部分のある遺言書について，それが被相続人によるものであるという推定も働かない[55]。

11-337　遺言証書原本を提出できなくなっても，それだけで遺言が無効になるわけではない。しかし，遺言の方式遵守とその内容は，争いのあるときは，他の証拠方法（たとえば，謄本[56]，証人[57]）によって証明されなければならず，その際には，厳格な証明が必要である[58]。遺言の方式遵守[59]および内容[60]についての証明責任は，遺言による権利を主張する者が負担し，撤回の要件が満たされることについての証明責任は，遺言の無効による権利を主張する者が負担する[61]。

11-338　遺言書の破棄・変造〔の事実〕に加えて**被相続人の意思**が**遺言を撤回する要件**である。2255 条後段の規定に従って撤回意思の証明は相当に軽減される。つまり，被相続人が遺言書[62]を破棄・変造したときは，**撤回意思が推定される**のである。しかし，その推定は，反対の証明を許すものであり（ドイツ民事訴訟法 292 条），たとえば，被相続人が過失によって遺言書を破棄したという証明や，ある処分を削除してもそれについて同一内容の遺言を作成するまでその処分を保持する意思があったという

---

(51)　先例として，OLG Stuttgart ErbR 2021, 64（単独相続人の指定を取消線で取り消し，無署名で「なお指定される」と書かれたものが有効な撤回とされた）。
(52)　RG JW 1991, 545; KG NJW 1957, 1364; Grüneberg/Weidlich §2255 Rn.4.
(53)　OLG Hamm NJW-RR 2002, 222, 223. 被相続人はその際に第三者に対して何らかの行為の余地を与えてはならず，破棄は相続開始前でなければならない，OLG München ZEV 2011, 652. ―― 第三者の破棄・変造を被相続人が（遺言の方式によらずに）追認するのでは足りない，11-350 参照。
(54)　BayObLG FamRZ 1985, 839, 841; 1989, 1234; OLG Düsseldorf FamRY 1994, 1283; OLG Zweibrücken FamRZ 2001, 1313.
(55)　OLG Hamm NJW-RR 2008, 21.
(56)　BayObLG FamRZ 2002, 1327; OLG Köln FamRZ 1993, 1253.
(57)　OLG Stuttgart BWNotZ 2002, 157（Fröschlin の評釈有り）。
(58)　OLG München ZEV 2010, 572; OLG Frankfurt ErbR 2019, 505（Baumann の評釈有り）（遺言の存在を主張する相続人が相続開始後に遺言書を破棄したと主張するときはなおさらである）。
(59)　BayObLG FamRZ 1986, 1043, 1045.
(60)　BayObLG FamRZ 1985, 839, 840; FamRZ 2005, 1866.
(61)　OLG Düsseldorf FamRZ 1994, 1283 参照。
(62)　遺言書の複写に過ぎないものを変造しても，撤回意思は推定されない。撤回意思は〔別途〕証明されなければならない，KG ZEV 1995, 107.

証明[63]によって推定は覆される。これらの場合において終意処分は有効である。

11-338a 被相続人が同一内容の遺言を2通（またはそれ以上）作成したときは，その判断が困難である。被相続人が，そのうちの1通を原本とし，他の1通を謄本（写し）とすることを意図していたことが認識できる場合において，被相続人が原本を破棄したときに限って有効な撤回となることがある[64]。他方，数通の遺言書の原本が存在する場合における被相続人による一部の破棄は，被相続人の撤回意思が具体的に確認できる場合にのみ撤回とみなされ，撤回意思の推定は働かない[65]。

11-339 破棄等による撤回もまた**終意処分**（法律行為であり，事実行為ではない）の一つであるので，場合によっては2078条の規定に従って取り消すことができるが[66]，たとえば，被相続人が強迫によって違法に遺言書を破棄させられたときである（2078条2項）。

d) 公的保管からの返還（2256条）

11-340 公正証書遺言は，公的保管から被相続人に返還されるときは，返還を被相続人が請求したのであるから，撤回されたものとみなされる[67]。しかし，過失による返還は，死因処分の有効性に影響を及ぼさない。被相続人は，返還の効力[68]について特に注意を促されなければならない（2256条1項後段）。もっとも，これは「〜べきである」という規定のため，そのような注意が促されなかったとしても，返還の効力に影響はない[69]。自筆証書遺言も，公的保管をさせることができるのだが（2248条），返還が遺言の撤回とみなされることはない（2256条3項）。

3．撤回の撤回

11-341 遺言による撤回は，撤回することができない。その場合には，2257条の規定に従って，**再び元々の処分が効力を生じる**。前の遺言と抵触する後の遺言が撤回されたときも同様である，2258条2項。たとえば，被相続人が前の遺言で妻を，後の

---

(63) BayObLG ZEV 1997, 453.
(64) OLG München ZEV 2020, 694 Rn.16.
(65) OLG Köln ZEV 2020, 695 ――それに対し，OLG München ZEV 2020, 694 Rn.21 は，被相続人が原本の1つを破棄しても，他の原本の有効性は影響されないとする。
(66) RGZ 102, 69.
(67) 被相続人は，いつでも返還を請求することができる（2256条2項前段）。被相続人は，直に（代理人を用いず）請求しなければならない，LG Augsburg Rpfleger 1998, 344; 争いがある。
(68) 返還は〔それ自体が〕死因処分であるので（BGHZ 23, 211），返還時における遺言能力を要件とする，BayObLG ZEV 2005, 480. 同じ理由から，返還について2078条の規定に従った取消権が発生することがある，BayObLG aaO; OLG München ZEV 2005, 482 = Rpfleger 2005, 606（取り消すことができる期間の始期についても）。
(69) KG NJW 1970, 612.

遺言で子を単独相続人に指定し，その後に後の遺言を撤回したときは，妻が指定される。しかし，前の遺言が復活するのはあくまでも疑わしい場合においてであり，被相続人の異なる意思が明らかではないときに限られる。

11-342 遺言書の破棄または変造（2255条）や公的保管からの返還（2256条）による遺言の撤回は，撤回することができない[70]。つまり，破棄された遺言を再び有効とするというだけの後の遺言では不十分である。被相続人が当初の処分内容を用いたくても，新規に遺言を作成しなければならない。2255条の場合においては，遺言書を元の状態に復活させる（たとえば，遺言の削除線を消したり，破損を貼付したり[71]，「無効」という記入を削除したりする）だけでは足りない。しかし，被相続人が（自筆証書）遺言[72]に自筆で署名[73]もして「この遺言は有効とする」と書き加えたときは，方式を備えた新しい遺言となる。

事案14の解答[74]

11-343 2021年6月1日付の遺言によって，オルガ・ヴァンケルは単独相続人に指定されている。2021年12月26日付の，マルティーンとフランツを各1/2の相続分の共同相続人と指定した，後の遺言は，前の遺言と抵触するので，2258条1項の規定に従って，前の遺言は，撤回したものとみなされる。2022年2月15日付の意思表示は，自筆証書遺言による撤回であり（2254条），2021年12月26日付の終意処分は無効となった。そして被相続人の異なる意思が明らかではないので，2258条2項の規定に従って，当初の遺言，つまりオルガを単独相続人と指定した遺言が復活した。

11-344 しかし，2022年2月15日付の撤回を目的とする遺言は，被相続人が撤回目的で証書を破損したのであれば，無効である（2255条1項）。しかし，この事案で

---

(70) BayObLGZ 1973, 35 = DNotZ 1973, 630; BayObLG FamRZ 1990, 1404. KG NJW 1970, 612 はこれを疑問視。
(71) BayObLG ZEV 1996, 271.
(72) これに対し，公的保管から返還された（タイプされ，被相続人の署名の無い）公正証書遺言にそのように書き加えたのであれば，方式要件を満たさない，BayObLGZ 1973, 35, 39 = DNotZ 1973, 630.
(73) 一旦撤回した遺言に場所と日付を書き加えるだけでは不十分である，BayObLGZ 1992, 181 = MDR 1992, 1156.
(74) 数個の終意処分が前後して作成されたときは，混乱しないよう，その順序を下書きに整理しておくのが望ましい。
2021年6月1日付遺言：オルガが単独相続人。
2021年12月26日付遺言：マルティーンとフランツが各1/2の相続分で共同相続人。
2022年2月15日に2021年12月26日付遺言の撤回。
2022年4月，破棄された2022年2月15日付遺言の発見。

は，誰が証書を破損したのかは明らかではない。たしかに，おそらくそれは被相続人であろうけれども，被相続人の死亡前または死亡後に彼の部屋に立ち入った他人がいるかどうか，明らかにされなければならない。したがって，次の場合分けが必要である。

11-345 a) 被相続人自身が遺言書を破損したことが明らかであるときは，2255条後段の推定規定に従って，遺言撤回の意思が推定されなければならない。したがって，2022年2月15日付の撤回を目的とする遺言は，無効となる。2257条の規定に従って，2021年12月26日の処分が復活し，マルティーンとフランツが各1/2の相続分で共同相続人となる。

11-346 b) 2022年2月15日付の遺言書を破損したのが被相続人であると証明することができないときは，遺言書は有効である。（2255条後段の推定規定は適用されない。）この場合においては，2021年6月1日付の遺言によってオルガ・ヴァンケルが単独相続権を取得する。

第11章の問題と事案

1．遺言にはどのような方式があるか？
2．普通方式の遺言のうち，有利なのは何か？
3．カール・フーバーは，その弟エードゥアルトを自筆証書遺言で有効に単独相続人に指定した。遺言には，「相続人指定は，最終的なものであり，総ての撤回権を放棄することを明らかにする。」と書かれていた。カールは，そのことを弟に知らせた。数年後，カールは，弁護士に対して，遺言を撤回することができるか尋ねた。答えはどうなるであろうか？
4．寡夫ヴァレンティーン・ホルツは，自筆証書遺言で有効に娘が1/2，3人の息子が各1/6の相続分で相続人になることを指定した。その遺言は，火災で焼失した。数日後，ヴァレンティーン・ホルツは，その子らに対し，遺言が焼失して良かった，法定相続分に従って相続せよ，と話した。彼はいずれにしろ遺言を破棄するつもりだったのである。ヴァレンティーン・ホルツの死亡によって相続はどうなるであろうか？

解　答

11-347　1．Ⅰ．普通方式の遺言
a) 公正証書遺言（公的遺言）
b) 自筆証書遺言（私的遺言）

Ⅱ　特別方式の遺言（緊急遺言）
a) 市町村長の面前における遺言
b) 3人の証人の面前における遺言
c) 海上遺言

11-348　2．2つの普通方式の遺言はそれぞれ長所と短所があり，それらの重要性は具体的事案によって異なるため，この問題は，一般論として答えることはできない。公的遺言は，専門的助言を確かなものとし，複雑な終意処分の際にとりわけ有利である。この方式の短所は，費用にある。遺産中に不動産が含まれるときは，公的遺言は，法務局との関係では，相続証書の代用となるので，相続人は相続証書の費用を節約できることがある。自筆証書遺言は，迅速に無料で作成することができるけれども，無効になる危険や，変造されまたは隠匿される危険が非常に大きい。

11-349　3．遺言は，2253条1項の規定に従って，自由に撤回することができる。被相続人は，撤回権を有効に放棄することができず，終意処分によっても同様である[75]。遺言を弟に伝えて弟が同意することで，遺言を撤回しないという，カール・フーバーの契約上の義務が生じているようにも見えるであろう。しかし，そのような合意は，2302条の規定に従って無効である。（弟を被相続人に指定してそれに弟が同意することを，140条の規定に従って被相続人の負担を生じさせる相続契約に転換することは，それが公正証書を要件とすることから（2276条1項），不可能である。）結局，カール・フーバーは，その遺言をいつでも撤回することができ，撤回を目的とする遺言によっても（2254条），撤回目的での遺言の破棄によっても（2255条），前の遺言と定植する後の遺言を作成することによっても（2258条）よい。

11-350　4．ヴァレンティーン・ホルツがその遺言を有効に撤回したときに限って，法定相続が開始する。2255条の規定に従った撤回だけがここでは問題になるところ，それは被相続人が遺言書を撤回の意思で破棄したことが要件である。しかし，本件では，遺言書は，被相続人によってではなく，その意思とは無関係に滅失している。それだけであったのであれば，遺言書の有効性は決して影響を受けない。しかし，被相続人が後から遺言書の滅失を肯定したときは，どうであろうか。2255条の規定に従った撤回を肯定するのであれば，その証明は相当に困難であろう。むしろ，2254条の規定との比較からすると，2255条の規定の適用には反対するべきである：つまり，ここでの後からの肯定は，被相続人の撤回の意思は，方式によらない意思表示にすぎない。それに対し，2254条は，撤回の意思表示として遺言の方式を規定しているか

---

[75]　BayObLG FamRZ 2001, 771, 773（2302条類推）参照。

らである。遺言の滅失を後から方式によらずに肯定することは，有効な撤回とみなされるべきではない[76]。ヴァレンティーン・ホルツは，遺言に従って，娘1/2，3人の息子各1/6の相続分で相続される。

---

(76) BGH NJW 1951, 559; = JZ 1951, 591（Coingの賛成評釈有り）。Grüneberg/Weidlich §2255 Rn.8; Staudinger/Baumann（2018）§2255 Rn.24.

第 12 章　遺言の内容と解釈

事案 15：生涯独身であったヴィクトーア・ケルンが 2019 年に死亡したとき，生存していた血族は，兄のヴァルター・ケルンとその息子のエーリヒとゼーヴェリンだけであった。2004 年にヴィクトーアは次の遺言を有効に作成していた。「甥エーリヒは，私の財産の一部，家屋を受ける。現金と有価証券のうち，バイエルン赤十字が 4,000 ユーロ，ゼーヴェリンが 12,000 ユーロを受ける。兄ヴァルターは，万端を配慮する。」遺産は，時価 480,000 ユーロの家屋の他に，40,000 ユーロの現金と 200,000 ユーロの有価証券があった。〔遺言が作成された〕2004 年当時は，家屋の価値は 240,000 ユーロであり，有価証券の価値は 60,000 ユーロであった。当時の現金は，20,000 ユーロであった。権利関係はどうなるか？

I　遺言することができる内容

1．種類の強制と選択の自由

12-351　1937 条から 1940 条までとその他の多くの規定において，特定の種類の終意処分のみが認められている。被相続人の処分をこのように個別に列挙して，終意処分の内容が一定の種類のものであることを強制（Typenzwang）しているのである[1]。被相続人は，終意処分の種類を全く自由に決めることはできない。種類ごとに法定されているまたは法律上の規定の解釈と類推から導き出される範囲の処分をすることができるだけである。たとえば，被相続人は，個別の財産を物権的効力とともに他人に与えることはできない。むしろ，被相続人はその者を単独相続人や共同相続人として遺産を受けるよう配慮しなければならない，というのは，ドイツ相続法は原則として[2]包括承継だけを規定しているからである。

12-352　被相続人は，その裁量の範囲で，許される処分のうち何をどれだけ遺言においてなすかを決めることができる。遺言は，相続人指定を含む必要はない。たとえば，唯一の終意処分として負担（1940 条）を課すこともできるし，多くの終意処分をすることもできる。ローマ法[3]におけるのとは異なり，被相続人が遺産の一部につい

---

(1) Lange Kap.4 Rn.9; Muscheler Rn.331; MünchKomm/Leipold §1937 Rn.10; Staudinger/Otte (2013) vor §§ 1937-1941 Rn.14.
(2) 例外として，世襲農場法の分野（1-5 参照）や，人的会社の持分相続の場合（17-590 以下参照）がある。
(3) Vgl. Lange Kap.9 Rn.60; Muscheler Rn.825.

てのみ死因処分をしていたときは，**遺言相続と法定相続とが重複して開始する**ことになる，2088条参照（12-374参照）。

2．概　観

12-353　終意処分をすることができる内容は，実に多い。ここでは，もっとも重要な種類のものだけを列挙しよう。

12-354　a）**相続人指定**：被相続人は，相続人とその相続分を指定することができ（1937条），配偶者，パートナーまたは特定の血族を法定相続から締め出すこともできる（1938条）。後者の場合，遺言によって相続から締め出された者はあたかも存在しないものとして法定相続が開始されることになる。たとえば，被相続人がその遺族，両親，妻および2人の子のうち妻を相続から締め出したときは，2人の子が各1/2の相続分で相続する（1924条1項・4項）。妻は，その遺留分侵害額請求権を行使することができるだけである（2303条2項）。妻に加えて2人の子も相続から締め出されていたならば，子は1930条の規定の意味において存在しないことになり，両親が相続人となる（1925条1項）。相続から締め出された相続人（たとえば，被相続人の息子の1人）に卑属（被相続人の孫）がいれば，遺言からこれに反すること（孫を締め出すこと）が（明示または黙示に）解釈されない限り，その卑属が法定相続の枠組において代襲する（1924条3項）[4]。相続人指定の特別方式としては，**予備相続人**（2096条）や**後位相続人**（2100条）がある。

12-355　b）**その他の利益供与**：**遺贈**（1939条）または**負担**（1940条）によって被相続人は，利益供与を受ける者が相続人となることなく，遺産中の財産価値が他のないし特定の目的に益させることができる。

12-356　c）**遺産分割方法の指定**：共同相続人間の遺産分割を**一部指示**（Teilanordnungen）（2048条）によって指定することができる。**遺言執行者**（2197条）を被相続人が指定したときは，終意処分の執行の権限は，遺言執行者に帰することになる（2203条）。

12-356a　d）**仲裁裁判所条項**：被相続人は，権利関係が自らに帰する限り，遺言において，相続法上の争い[5]についての決定についての管轄を**仲裁裁判所**と指定するこ

---

[4]　BGH FamRZ 1959, 149, 150; BayObLG FamRZ 1989, 1006 u.1232.
[5]　相続法上の争いについての仲裁条項は，許されるが，〔それがあると〕相続証書手続はできなくなる，KG ErbR 2016, 337, 339. OLG Celle NJW-RR 2016, 331 = ErbR 2016, 268 は異論。仲裁手続が係属中になって初めて，相続証書手続の停止が問題となる，Wendt ErbR 2016, 248, 249.

とができる（1066条）[6]。遺言中の仲裁裁判所条項は，遺産分割に関する争いも遺言の有効性，解釈または取消しに関する争いも含ませることができるけれども，遺留分侵害額請求権に関する争いを含めることはできない。被相続人の権限に属するものではないからである[7]。同様に，被相続人は，遺言執行者の解任の決定を仲裁裁判所に委ねることもできない[8]。被相続人は，遺言執行者を，遺言執行者自身と相続人との争いの決定に関しては，仲裁人に指名することができない。それを認めると，自らの事件を裁判することになってしまうからである[9]。

12-357 e）**遺留分剥奪**：相続から締め出された者の遺留分侵害額請求権は，原則として「遺言で確定」するけれども（2303条），被相続人は，2333条の規定に従って遺留分権利者の非行（Verfehlung）〔山田 1993, 663〕を理由として終意処分によってその遺留分（2336条）を剥奪することができる（24-854以下参照）。

12-358 f）**親族法上の意思表示**：相続法のみならず親族法においても様々な箇所で，終意処分が法律関係に影響を及ぼし得ることが規定されている。たとえば，相続人が財産共同制にあるときは，被相続人は，終意処分によって相続される財産が留保財産となるよう指示することができる（1418条2項2号）。相続人が未成年者であるときは，遺言によってその両親を遺産の管理から締め出すことができる（1638条1項）[10]。未成年者の両親は，その死亡に備えて，遺言で後見人を指名することができる（1777条）。

12-359 g）**終意処分の撤回**：撤回は，（その他の方式によるものに加えて）遺言によってもすることができる（2254条）（11-333参照）。

12-360 h）**法選択**：EU相続規則22条の規定に従って，死因処分によって，被相続人の最後の常居所があった国以外の国の法を適用することを選択することができる。詳しくは，1-18から20まで参照。

i）財団の設立（83条，2-29参照）。

3．遺言中の生存者間の意思表示

12-360a 遺言には，相続法上のものでない意思表示を入れることができる。たとえ

---

(6) 詳しくは，MünchKomm/Leipold §1937 Rn.30ff.
(7) BGH NJW 2017, 2115; MünchKomm/Leipold §1937 Rn.35.
(8) BGH NJW 215, 109 = NJW 2017, 2112.
(9) BGH NJW 2019, 857 Rn.25.
(10) 未成年子には，1909条1項後段の規定に従って，その財産を管理するための保護人（Pfleger）〔山田 1993, 483〕を選任することができる。この場合には，両親が子の相続を放棄することができない，BGH BeckRS 2016, 13607.

ば，代理権授与権者の死後の期間における代理権授与や贈与の申込みといった相手方のある意思表示は，130条2項の規定に従って，表意者の死後も相手方に到達し，有効である。しかし，それは，被相続人が相手方に到達するようにしなければならず，そうでなければ，意思表示が発信されなかったことになる。連邦通常裁判所[11]の見解によると，公的保管のなされていた遺言中の意思表示は，相手方に対して発信したものとみなされるが，その見解は疑わしい。

Ⅱ　遺言解釈一般

1．法的基礎

12-361　遺言は，様々な理由から解釈を要することが多い。自筆証書遺言では，専門的な助言なしには作成できず，不明確なものが出来上がってしまうことが多い。相続開始のはるか昔に遺言が作成されたために相続開始時には事情が大きく変更されていた可能性がある，ということから解釈問題が生じることも珍しくない。

　遺言による処分の解釈には，133条の一般規定が適用される。それに対し，157条の規定（契約の解釈）は，単独行為としての遺言には適用することができない[12]。しかも，相続法は，特別の解釈規定を用意している。2084条は，**遺言を無効としない解釈**という重要な原則を規定している（12-385参照）。2066条以下には，典型的な問題となる諸事案についての**解釈規定**が置かれている（12-366以下参照）。その他に，補充的解釈（12-391以下参照）に特別の注意を払うべきである。**基本権・人権適合的な解釈**についての提案については，9-257c以下参照。

2．解釈および解釈方法の目的

12-362　解釈の目的は，具体的事案における被相続人の遺言による処分の内容を法的に確定することにある。解釈するのは，被相続人の意思表示であって，その単なる内心の意思ではない。連邦通常裁判所の判示[13]によれば，遺言解釈においては，「表示行為によって発せられた意思を探るのではなく，被相続人がその文言によって何を

---

(11)　BGH ZEV 2018, 278. 連邦通常裁判所は，全財産に関する遺言中の処分を，第三者のためにする契約の中でなされた贈与の申込みを黙示の撤回とし，相手方が相続開始後に遺言の存在を知ることで到達したことになる，とする。これを批判するのが，Strobel WM 2019, 1477; MünchKomm/Leipold§1937 Rn.43.

(12)　しかし，相続契約の解釈には157条の規定は適用することができる。BGH NJW 1993, 256は，共同遺言についても同様であるという。

(13)　BGH NJW 1993, 256; これと内容上一致するのがBGH FamRZ 1987, 475, 476; ZEV 2001, 20〔原典の 2002, 20 は誤記〕.

第 12 章　遺言の内容と解釈

欲したかを解明する」のである。表示の文言の意味に拘泥するのではなく，現実の（表示された）意思を探究するべきという 133 条の規定，遺言解釈においてこそ特に重要である。相手方のある意思表示においては，意思表示の相手方の立場（受領者の視点）からの解釈がなされるべきであるのに対し，相手方のない意思表示としての遺言解釈においては異なるのである。遺言はいつでも撤回することができ，保護すべき信頼というのは生じる余地がないので，他人の信頼保護は，遺言解釈では一般に問題とならない。結局，遺言解釈においては，被相続人の意思が重要であり，他の法律行為よりも自由に解釈されることになる。

3．文言の意味

12-363　表示された意思の探究なのであるから，解釈の出発点は，遺言の文言である[14]。他に解釈のしようがなければ，遺言による意思表示も通常の語義に従って解釈されなければならない。しかし，一見すると明白で一義の文言にも解釈の幅があるのである[15]。したがって，裁判官は，文言を分析するだけでよいわけではない[16]。被相続人は文言をその通常の意味以外で用いていた，ということが諸事情から判明するならば，被相続人の解釈が基準となる。「誤表は害さず（falsa demostratio non nocet）」の原則は相続法でも妥当するのである。たとえば，被相続人がワイン貯蔵室を「図書室」と呼んでいたとすると（学説において好個の設例），図書室を与えるという表示は，貯蔵されていたワインを与える趣旨に解釈されなければならない。解釈においては，遺言における個別の処分をばらばらに見るのではなく，内容全体を考慮することが実務上は重要である。つまり，ある特定の処分が一見したところ一義的に見える文言とは異なって解釈される，ということも生じるのである。しかし，解釈によって被相続人の意思を歪曲してしまうおそれがあるので，通常の意味以外に文言を解釈することは，一般には注意するべきである[17]。文理に反し，かつ遺言に表された被相続人の意思として他の根拠も欠く内容の遺言の解釈は，法的に誤りである[18]。

---

(14)　BayObLGZ 1997, 59, 65 = FamRZ 1997, 1365, 1367; BayObLGZ 2001, 127, 130 = FamRZ 2002, 775, 776.
(15)　BGHZ 86, 41 = JZ 1983, 709（Leipold の評釈有り）= NJW 1983, 672.「一見すると」という副詞はこの裁判の主文に含まれているわけではないけれども，46 頁の判時からはそう解するより他にない。一見すると明白で一義的な文言については，特に，BayObLG FamRZ 2002, 1745, 1747; OLG Hamm FamRZ 2011, 1172, 1174; KG ZEV 2019, 108 Ls. = BeckRS 2018, 32120.
(16)　BGH NJW 2019, 2317 Rn.15.
(17)　言い換えれば，文言は被相続人の欲した意味も反映しているという事実上の推定が働くということである（OLG München ErbR 2021, 225, 226）。
(18)　BGHZ 121, 357, 363 = NJW 1993, 2168, 2170; BayObLG FamRZ 2002, 1745, 1746.

141

第3部　相続に関する死因処分およびその他の法律行為

12-363a　不明確な文言による解釈困難の実例としてしばしば挙げられるのが，配偶者の「共同死亡」または「同時死亡」の場合における処分，とりわけ，共同遺言中の相続人指定である[19]。そのような処分は，しばしば解釈によって，時間的に近接した死亡も含むことがある一方，相当な時間的間隔のある死亡の場合においては，「同時死亡」は，それも含ませる解釈について遺言に根拠のあるときに限って，肯定することができる[20]。

4．遺言外の事情の考慮と解釈の限界（暗示理論（Andeutungstheorie））

12-364　遺言そのもの以外の事情もまた[21]，そこから遺言作成時における被相続人の意思を推測することができるときは[22]，遺言解釈において考慮することができ，そうしなければならない。たとえば，被相続人がその遺言を作成する時，またはその前後に何と言っていたか[23]，あるいは遺言書以外の文書がそれに当たる。しかし，解釈の対象となるのは，あくまで何が遺言書に表示されているか，だけである。したがって，少なくとも遺言書に拠り所があるあるいは暗示されている処分でなければ，それを解釈によって導き出すことができない。さもなければ，法律上の方式規定が潜脱されてしまうからである——いわゆる暗示理論（Andeutungstheorie）または拠り所理論（Anhaltstheorie）である[24]。このことは，法的安定性の観点から，絶対視されるべきである。したがって，被相続人が意図したことが明らかな処分をうっかり遺言に書き忘れたときは，暗示されていなければ解釈によって導き出すことはできない[25]。共同遺言における忘れられた処分については，14-465a参照。遺言以外の文書を参照することで初めて被相続人の意思を確定することができるときも，有効な処分とはならない，11-307末尾も参照。

---

(19) 多様な表現や広範囲な判例について詳しくは，MünchKomm/Leipold §2084 Rn.48ff.
(20) BGH NJW 2019, 2317.
(21) BGHZ 86, 41, 45 (Fn.15), BGHZ 94, 36, 38 = NJW 1985, 1554; BGH ZEV 2009, 459, 461; BayObLG NJW 1988, 2742, 2743; MünchKomm/Leipold §2084 Rn.30ff.
(22) BayObLG FamRZ 1993, 1250.
(23) 証拠評価における要件については，BayObLG FamRZ 1989, 1118, 1119参照。
(24) BGH NJW 2019, 2317 Rn.17; NJW 2022, 474（Krätzschelの評釈有り）; BayObLG FamRZ 1988, 986も同旨。通説も暗示理論を支持，Staudinger/Otte (2013) vor §§2064-2086 Rn.28ff.; MünchKomm/Leipold §2084 Rn.16ff.; Soergel/Loritz/Uffmann §2084 Rn.11f.; Lange Kap.9 Rn.16; Schlüter/Rötel §19 Rn.6; Michalski/J.Schmidt Rn.327, 338; その長短について詳しくはMuscheler Rn.1838ff.——これに対し，異論は，Brox/Walker §16 Rn.4; Harder/Kroppenberg Rn.195; Foerst DNotZ 1993, 84; Berneith, Die Konversion (2016), 64ff; Beck, Erblasserwille und Testamentswortlaut (2020), 219 ff.——補充的解釈における暗示理論については，12-396参照。
(25) BGHZ 80, 242, 245 = NJW 1981, 1737（OLG Frankfurt Rpfleger 1980, 87 - 先決決定に反対）; MünchKomm/Leipold §2084, Rn.17.

5．解 釈 契 約

12-365　内容の不明確な死因処分の解釈について相続開始後に関係者が法律上拘束力のある合意をすることができるのか，については必ずしも明らかではない。しかしいずれにせよ，債権的効力しかない合意であればすることができる。合意した解釈に従う義務を負い，それに応じた履行，たとえば相続分の移転（2033条1項）をしなければならない[26]。それに対し，関係者は，死因処分の内容を変えることはできない。また，民事訴訟における実体法・訴訟法上の効果を生じさせる裁判上の和解は，相続証書手続ではすることができない[27]。しかし，仮に全関係者が，あり得る解釈の余地の中で，特定の解釈で合意するのであれば，裁判所，とりわけ相続証書手続における裁判所は，その合意に拘束されると言ってよいであろう[28]。

Ⅲ　重要な解釈・補充規則[29]

1．不明確な相続人指定

12-366　「相続人指定によって相続させる」とか「遺産として残す」といった表現は，遺言状においてしばしば日常用語として用いられ，相続人指定や遺贈のことなのか，という疑念を生じさせる。2087条の規定によれば，その場合にも文言そのものには拘泥しない。被相続人がある者に対してその**全財産**（金銭価値のある権利の総体）またはその**一部**を与えることが表示されていれば，相続人指定である。この場合においては（他の解釈が明らかでなければ），2087条1項の規定に従って，「相続人」という表現がされていなくても，相続人指定として扱われなければならない。個別財産の集合を与える場合（たとえば，特定の国に存在する財産）においても，2087条1項の規定に従って，相続人指定と解さなければならない。その場合において相続分は，全財産に対する与えられた集合財産の価値割合によって定められなければならない[30]。

---

(26) BGH NJW 1986, 1812 は，2371条・2385条・2033条の規定に従って公正証書が必要であると言う．OLG Düsseldorf ErbR 2019, 438 も同旨．
(27) OLG München ErbR 2021, 153.
(28) 詳しくは，Derssler ZEV 1999, 289, 293; MünchKomm/Keipold §2084 Rn.160ff. 通説は異なっていて，OLG München NJW RR- 2011, 12; Storz ZEV 2008, 308, 311f.; Baumann RNotZ 2011, 33; Horn ZEV 2016, 565, 567; Grüneberg/Weidlich §2353 Rn.47; BeckOK BGB/Litzenburger §2084 Rn.61.
(29) 解釈規則と補充規則とは，概念上区別される．解釈規則とは，意思表示の意味が通常（つまり，意思が確定できないとき）どのように定められなければならないか，を定めるものである．補充規則は，法律行為としての意思表示において特定の事柄が定まらない場合における法律効果を定めるものである．しかし，現実には，不明確な意思表示と不完全な意思表示とは，明白に区別できない（Kipp/Coing §22 vor I が適切である）．そのため本書では，解釈規則と補充規則をひとまとまりのものとして扱っている．

12-367　それに対し，個別財産を与えることは，2087条2項の規定に従って，たとえ受益者が相続人と表記されていても，通例は相続人指定ではない。その場合には，一般に遺贈（1939条）となる。しかし，その者に（またはその者ら）を包括承継人，つまり遺産の主としようという被相続人の意思を認めることができるのであれば，相続人指定だという，2087条2項の規定とは異なる解釈も許される[31]。このような場合は実に多い。与えられた個別財産（たとえば，住宅用地，分譲マンション）の価値が遺産の大部分を占めるまたは遺産の本質的な部分であるときは，通例は相続人指定と扱われるべきである[32]。宅地を一人に与え，（僅かの）金銭を他の者たちに与えるときは，単独相続人の指定と他の者たちへの遺贈と解釈することができる[33]。被相続人が，その全財産の中の重要な個別財産を数人に対して与えることを書き残していたときは，**分割方法の指定（2048条）**を含む相続人指定と扱うことができ，その相続分（持分額）は，与えられた個別財産の価値に従って定められるべきである[34]（ここでの基準時について12-380参照）。遺産の主たる個別財産を与えられたがその他の財産については与えられなかった場合には，単独相続人指定と扱うのか，それとも他の部分については法定相続が生じるのかについても（2088条2項），解釈によって明らかにされなければならない[35]。

2．誰に与えられるのかが不明確な場合

12-368　2066条以下の規定は，誰に与えられるのかが疑わしい場合のうち，実務上頻繁に生じる様々な場合についての解釈規定である。そこでは，通常であれば（つまり生活経験からして）被相続人の意思に適うであろう解決が規定されている。それらの規定は，「明らかではない」ときに限って適用され，それと異なる被相続人の意思が明らかであるときは，それが優先する。具体的事案で解釈問題が生じるときは，これら諸規定に一つ一つ目を通さなければならない。が，以下では**最重要な定めにのみ**

---

(30)　これについて，BGH NJW 1997, 392. 価値割合の基準時は遺言書作成時か相続開始時か，という解釈問題も残る，BGH aaO.
(31)　その際，その者が被相続人の意思に従って遺産を管理し遺産債務を返済する義務を負うか，ということも重要である，BayObLG FamRZ 2001, 1174, 1176.
(32)　BGH FamRZ 1972, 561; BayObLG FamRZ 1993, 854, 855; OLG Köln DNotZ 1993, 133.
(33)　たとえば，BayObLG FamRZ 1997, 641; FamRZ 1997, 1177. それに対し，宅地を一人に与えて多額の金銭を他の者たちにあたえるときは，全員の共同相続人指定と解されるべきことについて，OLG München NJW-RR 2007, 1162.
(34)　Vgl. BGH LM §2084 Nr.12 = MDR 1960, 484; BazObLGZ 1963, 319, 323f; BayObLG FamRZ 1992, 862.
(35)　Vgl. BayObLG FamRZ 1999, 62〔原典の 1995, 62 は誤記〕; FamRZ 2005, 1202.

12-369　a）「法定相続人」という指定：2066条前段の規定に従って，（遺産が他の定めをしていなければ）相続開始時において法定相続人であるべき者にその法定相続分に応じて与えられる。

12-370　b）「血族」または「最も近い血族」という指定：2067条前段の規定に従って，相続開始時において法定相続人であるべき血族（つまり配偶者は当たらない）にその法定相続分に応じて与えられる。

12-371　c）「子」という指定：相続人に指定された子が遺言作成前に死亡していたときは，2068条の規定に従って，法定相続の場合に代襲したであろう範囲で，子の卑属に与えられる。この場合においては，一般に「子」という語は孫などの意味だということになる。

12-372　d）卑属の指定：相続人に指定された卑属[36]が遺言作成後に（特に死亡によって）相続することができなくなったときは，2069条の規定に従って，法定相続の場合に代襲したであろうその卑属（予備相続人〔山田 1993, 205〕として）に与えられる。遺言中に他の者が予備相続人（2096条，19-666）として明示的に指定されているときは，同条の規定は，2069条の規定に対して優先する[37]。被相続人の卑属でない者が相続人に指定された後に死亡したときは，2069条の規定は適用されないけれども，**補充的解釈**（12-393参照）によって，具体的事案の諸事情を考慮し，死亡した者の卑属を相続人に指定する，という同一の結論を導くことは可能である。傍系血族（12-398以下および脚注68参照）が相続人に指定された場合も同様であり，被相続人の血族ではない者が相続人に指定された場合も同様である[38]。「ベルリン遺言」（14-463）の終りの相続人が夫婦のうち先に死亡した方の唯一の卑属であるときは，先に死亡した者について2069条の規定が類推適用される[39]。2069条の規定と共同遺言における処分の交互性との関係については，14-467, 489a, 490参照。

12-373　e）配偶者または婚約者の指定：遺言によって配偶者に出捐した，たとえ

---

[36]　「実子」の指定の場合も同様である，OLG Köln FamRZ 1993, 856.
[37]　Musielak ZEV 1995, 5, 6f. - しかし，BayObLG ZEV 1995, 25 によると，（解釈規定の問題ではなく）個々の事案の解釈による。
[38]　相続人として指定されていたけれども相続開始前に死亡した被相続人のパートナーの連れ子は，具体的事案においては補充的解釈によって予備相続人となることがある。これについて，BayObLG FamRZ 1993, 1496; FamRZ 2001, 516. 被相続人の（先に死亡した）夫の連れ子を相続人として指定していた場合においては，その連れ子の卑属が予備相続人になると解釈することができることについて，BayObLG ZEV 2005, 528. これを批判するのが Petersen ZEV 2005, 510.
[39]　BGH ZEV 2001, 237（もっとも，類推には言及無し）；LG Berlin FamRZ 1994, 785; MünchKomm/Leipold §2069 Rn.5.

ば，相続人に指定した場合において，相続開始前に婚姻が解消された（特に離婚した）ときは，通常その出捐は無効となる（2077条1項前段）。2077条2項の規定に従って，**婚約者**に対する出捐においても，相続開始前に婚約が解消されたときは同様である[40]。ただし，その処分が離婚または婚約解消後も有効であるという（遺言作成時点の[41]）被相続人の現実のまたは仮定的意思が明らかではない限りにおいてである（2077条3項）。2077条1項中段・後段の規定に従って，相続開始時において**離婚または婚姻取消しの訴えが継続**していたとき（要件は1933条のそれと同様，6-155参照）も処分は無効である。

12-373a 非婚のパートナーに出捐され，かつそのパートナー関係が相続開始前に解消されたときは，2077条の規定は類推適用されない，というのが通説である[42]。通説によれば，れによって出捐が無効となるかどうかは，遺言の解釈と取消しに関する一般則に従って判断される（動機の錯誤による取消しも可能，2078条2項）。実際のところ，非婚の生活共同体の存続の見込みについての考え方や相続法上の出捐の動機は多様であり，婚姻または婚約における状況とは明らかに区別することができる。しかし，1766a条2項の規定する**安定した共同生活関係**が成立している場合には事情が異なる。というのは，この場合においては，パートナーに有利な終意処分が，関係の永続的存続という考えに基づくものであるという前提が，少なくとも婚約者への出捐の場合と同程度に明白だからである。したがって，2077条の規定は，安定した共同生活関係のパートナーに有利な遺言による処分にも類推適用されるべきである。連邦通常裁判所の判例[43]によれば，被相続人が息子の妻を息子に加えて共同相続人に指定し，相続開始前に息子夫婦が離婚した場合においても，2077条の規定の類推適用は否定される。その際，連邦通常裁判所は，2077条が明文で規定している場合とは異なり，**義理の子**に対する出捐においては，離婚によって義理の子ではなくなれば出捐を欲しないということが経験則からは明らかではない，と理由付けた。しかし，これには説得力がない[44]。被相続人の目から見て，息子や娘とその配偶者との離婚によっ

---

(40) 証明責任は，処分の無効を主張する者が負う，というのがOLG Stuttgart FGPrax 1997, 110.

(41) BayObLG FamRZ 1993, 362. 当該夫婦の再婚について，14-458参照。

(42) OLG Cell ZEV 2003, 328; BayObLG FamRZ 1983, 1226（真意による婚姻約束も無かった場合）; Staudinger/Otte（2019）§ 2077 Rn.28. —— 異論は，Röthel § 19 Rn.27.

(43) BGHZ 154, 336 = NJW 2003, 2095. OLG Saarbrücken FamRZ 1994, 1205は異論。

(44) 詳しくは，Leipold ZEV 2003, 285; Keim NJW 2004, 3248; 類推適用について，Reimann ZEV 2011, 636, 638. Grüneberg/Weidlich § 2077 Rn.2 は，離婚が成立したときにおける義理の子への出捐の返還について，連邦通常裁判所の新判例（BGHZ 184, 190〔原典の290は誤記〕= BGH ZEV 2010, 371（Langenfeldの評釈有り）; BGH NJW 2015, 690）を参照させる。Lit-

第 12 章　遺言の内容と解釈

て親族への帰属は終了し，一般には，出捐は被相続人の意思に適うものではない，となるのが通常であろう。

12-373b　共同遺言においては，2268 条の規定に従って，2077 条の規定が遺言全体について適用され（14-458 参照），同条の規定は，第三者が出捐を受ける場合であっても夫婦，婚約者またはパートナー間の**相続契約**にも適用される（2279 条 2 項）。配偶者を生命保険金の受取人とすることに離婚が影響を与えるかについては，17-579（その脚注 31）参照。

3．相続分の不明確な場合
a）法定相続による補充

12-374　被相続人は，その遺言において全財産を処分する必要はない。被相続人が遺産の一部を処分しないときは，その部分については**法定相続が開始される**（2088 条）。遺産の一部に相続人 1 人を指定した場合も（2088 条 1 項），遺産の一部に数人の相続人を指定したけれども遺産に残余の部分がある場合も（2088 条 2 項）そうである。指定相続人と法定相続人は，相続人共同体を形成する（2032 条 1 項）。しかし，終意処分の（2089 条など法定の解釈規定を考慮した）解釈によって，文言にかかわらず，指定相続によって全財産が分配されるべきことが導かれるときは，法定相続が遺言相続を補充することはない。遺言の解釈は，2088 条の規定の適用に優先する。さらに，指定された共同相続人間の増加（2094 条，12-377 参照）も，法定相続による補充に優先する。

b）相続分の増加または減少

12-375　出捐が遺産全部ではないにもかかわらず，指定相続人だけが相続人であるときは（計算間違い！），残額は**相続分に従って按分される**（2089 条）。逆に，出捐が遺産を超過するときは，**相続分に従って減額される**（2090 条）。

c）相続分の不特定

12-376　被相続人が相続人を指定したがその相続分を指定せず，相続分が解釈によっても明らかにならないときは[45]，指定された者が残存分を（2092 条 1 項）等分に（2091 条）相続する。

---

　　zenburger ZEV 2003, 385, 386ff. は，補充的解釈の方法で経験則により解除条件（婚姻継続）を導き出す。連邦通常裁判所に従うならば，2078 条 2 項の規定に従って，処分は，取り消すことができることがある。
（45）　OLG Frankfurt FamRZ 1994, 327 = OLGZ 1994, 324 参照（具体的事件では頭割りではなく家系に従って（2066 条の規定に従って）相続された）。

d) 相続分増加

12-377 被相続人が〔遺産全部について〕数人の相続人を指定し、法定相続が開始しないようにした場合において、指定相続人が（たとえば、死亡や相続放棄によって）欠けたときは、その部分に法定相続を開始させるのは、被相続人の意思に通常は反するであろう。まず問題にするべきは、被相続人が予備相続人を指定していたか否か（2096条、19-666参照）、〔明示的に指定されていないとしても〕予備相続人の指定が解釈によって（とりわけ2069条の規定を考慮して、12-372参照）可能か否か、である[46]。つまり、予備相続人の権利が相続分増加に優先する（2099条）。予備相続人が指定されていなければ、2094条の規定に従って、相続分増加が優先し、つまり、他の相続人の相続分がその割合に応じて増加する。たとえば、被相続人が遺言によって法定相続人に代えてAを1/2、Bを1/4、Cを1/4の割合で相続人に指定し、Cが相続開始前に死亡したときは、相続分はAが2/3、Bが1/3に増加する[47]。しかし、被相続人はそのような増加を遺言によって避けることもできる（2094条3項）。

事案15の解答：

a) 相続人指定と遺贈

12-378 甥のエーリヒが相続人や受遺者となるか否かは遺言に明示されていない。2087条の解釈規定も一見して役に立たなさそうである。が、「私の財産の一部」という言い回しからすると、2087条1項の規定を適用し、エーリヒを相続人と扱うことになりそうである。他方で、個別財産、つまり家屋が出捐されている。このことからすると、2087条2項の規定が適用され、相続人指定が否定されることになりそうである。しかし、決定的に重要なのは、家屋が全財産のうち大部分を占める（遺言作成時において3/4、相続開始時において2/3）、ということである。そのように重要な出捐においては通常、出捐の実現を目的とする請求権だけでなく（遺贈）、遺産への直接の関与を受益者に対して認める、というのが被相続人の意思に適うであろう。〔これを否定する〕他の事実の無い本件においては、エーリヒへの出捐は相続人指定と理解されるべきである。

12-379 バイエルン赤十字と甥のゼーヴェリンは、遺言の文言に従って、遺産から金銭を「相続する」。しかし、双方とも、個別財産の出捐を受けているだけであるので、その処分は、2087条2項の規定に従って、相続人指定と解することができない。

---

[46] OLG Karlsruhe FamRZ 1993, 363.
[47] 計算：〔Cの死亡によって〕浮いた1/4はAB相続分率（2:1）に従って配分されるので、相続分はAが2/12、Bが1/12だけ増加する。つまり、A:1/2 + 2/12=2/3, B:1/4 + 1/12=1/3となる。

法定の解釈規定に反する被相続人の意思を推測する特段の事情は存在せず，金額も遺産全学において僅少に過ぎないからなおさらである。バイエルン赤十字およびゼーヴェリンは，受遺者であり（1939条），それぞれ 4,000 ユーロ，12,000 ユーロの金銭請求権を相続人に対して取得するだけである（2174条）（12-383 参照）。

b）出捐された相続分額と法定相続による補充

12-380　エーリヒは，明示的に遺産の「一部」（家屋）を得るだけであり，被相続人の他の財産は，いずれにせよ無意味なわけではないので，その相続人指定は，単独相続人の指定ではなく，一部の出捐に過ぎないと解することができる。エーリヒの相続分（率）がどれだけであるかは，その家屋が遺産全体に占める割合から導き出されなければならない。その際，遺言作成時（エーリヒは 3/4 の相続人となる）と相続開始時（エーリヒは 2/3 の相続人となる）のどちらを基準とするべきか，問題となる。これもまた解釈問題である[48]。結論的にはエーリヒは家屋のみを受けて有価証券や現金を受けないというのが被相続人の意思だということが遺言から明らかである。この被相続人の意思を尊重するのであれば，相続開始時を基準に相続分を計算しなければならない，というのは，そうでなければ，エーリヒが（価格変動によって）現金や有価証券を受けることになってしまうからである。つまり，エーリヒの相続分は，2/3 である。

12-381　遺産の 1/3 は遺言で処分されていないので，その部分については法定相続が開始する（2088条1項）。（第2順位の）法定相続人として，被相続人の兄であるヴァルター・ケルン 1/3 の相続人となる（1925条3項前段）。

c）分割方法の指定

12-382　エーリヒが家屋を取得する，という被相続人の指定は，包括承継の原則（1922条1項）ゆえに，直接的な物権的効力を有さない。遺産全部がエーリヒとヴァルター・ケルンから成る相続人共同体に帰属する（2032条1項）。しかし，家屋については，被相続人の処分は分割方法の指定と解釈されるべきである（2048条前段）。遺産分割（2042条）においてエーリヒは家屋の所有権移転を求める請求権を有することになる。エーリヒがその家屋を相続分に加えて（先に）取得する趣旨ではないので，先取遺贈（2150条）であるとは解釈することができない[49]。

d）遺贈の負担

12-383　遺贈の履行は，通常は，相続人の負担となる（2147条後段）。2148条から明らかなように，共同相続人は，全員でまたはその一部でそれを負担する。終意処分の

---

(48) BGH NJW 1997, 392, 393; MünchKomm /Rudy §2087 Rn.11.
(49) 相続分指定と先取遺贈の区別について，22-777 参照。

解釈次第である。共同相続人のエーリヒは最終的には（遺産分割後には）有価証券や現金の取り分が無く，遺言によれば遺贈は「現金と有価証券」から支払われるべきであるので，共同相続人ヴァルター・ケルンのみが遺贈を負担することが被相続人の意思に沿うことになる。

e）遺言執行者の指名

12-384 ヴァルター・ケルンは，遺言で終意処分の履行を委託された。これは，遺言執行者の任務である（2203条）。したがって，終意処分には，ヴァルター・ケルンを遺言執行者に指名することが含まれている，と解釈されなければならない（2197条1項）。被相続人の意思は解釈によって（133条）明らかにされるのであるから，「遺言執行者」の文言を被相続人が用いなかったことは，その解釈の妨げとならない。ヴァルター・ケルンが共同相続人であることも，遺言執行者に指名されることの妨げとはならない（23-791参照）。

Ⅳ　好意的解釈，補充的解釈，無効行為の転換

事案16：資産家の出版者であるベッティーナ・ベストが死亡したとき，未婚であり，子を産んだこともなかった。彼女は，有効な遺言で，「私の財産の半分については，フライブルク大学法学部を相続人とする。残りの半分は，公益団体が相続し，その約款に従って援助を必要とする子供たちの世話をする。公益団体の選定と出捐の額については，遺言執行者に指定する弁護士フランツ・フリートがその役を担う。」被相続人の最近親者であるのは，姪と甥それぞれ1人であったが，彼らは，学部には権利能力が無いこと（これを正しいものと仮定する）と他に必要な指示が欠けていることを理由にその終意処分を無効と主張している。彼らは，法定相続人として各1/2の相続分を主張している。権利関係はどうなるか？

1．好意的解釈の原則

12-385 終意処分の文言について数個の解釈が可能であるときは，2084条の規定に従って，その処分が効果を有する解釈が優先する。この**好意的解釈**（ラテン語でbenigna interpretatio（ベニーグナ　インテルプレターティオー））の原則は，一般に被相続人にとってその終意処分が意図したとおりの**経済上の効果**を有していることが重要であり，法技術的方法は重要ではない，という考慮に依拠している。したがって通常は，終意処分をできるだけ有効に解釈することが被相続人の意思に適うことになる。

12-386 2084条の規定は，終意処分が存在してその解釈が明らかではないことを前提としている。しかし，同条は，被相続人の意思ができる限り考慮されるべきという

第 12 章　遺言の内容と解釈

考え方を前提にしている。したがって，同条の規定は，たとえば，ある特定の意思表示が生存中の通常のものかそれとも終意処分かという問題にも適用されるべきである[50]。好意的解釈と補充的解釈・無効行為の転換との区別は曖昧である。原則として，（個別の具体的な解釈規定とは区別される）2084 条の規定は，補充的遺言解釈が一般に許容されるための法律上の根拠として理解されるべきである。

事案 16 の解答：
1．法学部に対する終意処分
12-387　遺言書の文言に従って，フライブルク大学法学部が 1/2 の相続人と指定された。しかし，権利能力のある者だけが相続人となることができるので，遺言書を文理解釈する限り，法学部に権利能力が欠けていることを理由に[51]，終意処分は無効となる。しかし，好意的解釈の原則（2084 条）に従って，終意処分を有効とする解釈があるのならば，それが優先される。被相続人の意思は，財産の半分を法学部に対して出捐することにあったのであり，正しい法的な方法はここでそうであるように二次的なものでしかないのであるから，フライブルク大学が 1/2 の相続人に指定されたと終意処分を解釈し，遺産が法学部のために用いる，つまり大学の管理において法学部のものとするとの負担付（1940 条，2192 条）であると解釈することができる[52]。

2．公益団体のための処分
12-388　遺言の文言上は，相続人が指定されている。遺産の半分を出捐するということは，2087 条 1 項の規定に従うと，相続人指定と解すべきであろう。しかし，遺言書には，相手方の人物が特定されていない。2065 条 2 項の規定に従って，相手方の特定を第三者に委ねることはできない。第三者は，遺言執行者を含んでいる。しかし，ここでも，2084 条の規定に従って終意処分を有効にすることができ，その時点の被相続人の意思に適う他の解釈が可能か否かを問題とするべきである。それは，その終意処分を，目的を定めた負担（Zweckauflage）と解することによって可能となる。

---

(50)　BGH FamRZ 1985, 693, 695; NJW 1984, 46, 47. それに対し，2084 条の規定は，終意処分か単なる願望（予告や下書き）かという問題には適用されない（BGH LM §2084 NR. 13 = JZ 1965, 618; MünchKomm/Leipold § 2084 Rn.76）。2084 条の規定は，被相続人がある意思表示をしようとしたことを前提としているのである。
(51)　こう解するのが通説であり，参照すべきは，Bethge, in Achterberg/Püttner/Würtenberger (Hrsg.), Besonderes Verwarltungsrecht, Bd.1, 2.Aufl.（2000），§13 Wissenschaftsrecht, S.1093 mwN.
(52)　OLG Köln NJW 1986, 2199, 2200 参照。

2193条1項の規定に従って，このような場合における給付の相手方の特定は，第三者，ここでは遺言執行者に委ねることができる。2192条の準用する2156条前段の規定に従って，給付の特定を第三者の裁量に委ねることもできる。被相続人が追求した目的がこうして達成されるのであるから，この解釈が必要なのである[53]。

12-389　問題は，その1/2の遺産について誰が相続人となるべきか，である。2088条1項の規定によると，法定相続人が相続するので，姪と甥が第2順位の相続人（1925条1・3項）として各1/4の相続人となりそうである。しかし，この1/2の遺産はすべて公益団体に帰するべきであり，判断は遺言執行者に委ねられているのであるから，法定相続を締め出すことを遺言書から，被相続人の意思解釈として読み取るべきである。結局，フライブルク大学が（〔1/2は法学部のものとするという，そして1/2は援助を必要とする子供たちの世話をするという〕双方の負担の付いた）遺産全部の相続人となる，ということになる。

3. 遺言執行

12-390　指示された遺言執行（2197条1項）の有効性については，疑義は無い。遺言執行者は，終意処分，ここでは特に解釈によって導かれる負担を実現し（2203条），負担が履行されるまで遺産を管理しなければならない（2205条前段）。

2. 補充的遺言解釈

事案17：ヴェローニカ・シュミートは77歳で重病であったが，遺言を作成し，その甥カール・ミュラーと姪エルナ・ブラウンを等しい権利の（各1/2の）相続人に指定した。その2人は，最近親者であり，さらに2人の甥がいた。その2人の甥が遺言書では触れられていなかったのは，長い間ヴェローニカと音信が途絶えていたからであり，それに対し，カールとエルナとはその家族も含めて親しく親戚付き合いをしていたからであった。ヴェローニカがカールに対して口頭で伝えたところによると，彼女は，相続人指定がカールの子らの教育資金になることを望んでいた。しかし，ヴェローニカが重病を抱えて生き延びている間に，カールの方がその2年後に57歳で死亡してしまった。カールには，妻と9人の子がいた。その1年後，ヴェローニカが死亡したが，その遺言書に変更は無かった。ヴェローニカ・シュミートの相続はどのように判断されるべきか？

12-391　遺言作成後相続開始に被相続人が予見していなかった変化が生じ得るので，

---

[53]　BGH NJW-RR 1987, 1090 参照。

相続開始時の状況に適合した定めが遺言に欠けていることが珍しくない[54]。たとえば，事案17において指定相続人が被相続人より先に死亡したときにどうすべきか遺言から直接に読み取ることはできない。このような事案で終意処分を無効として法定相続を開始させる前に，補充的遺言解釈によって被相続人の意思に適合的な定めを読み取ることができないか，吟味するべきである。補充的遺言解釈は，変化した事情に適合的な方法で，被相続人がその遺言で追及した目的を考慮するものである。補充的遺言解釈の要件は，被相続人の知らない規定の欠缺が存在することである[55]。補充的遺言解釈の可能性は，一般に認められている[56]。法律上の根拠としては，一つには133条の規定であり，もう一つには2084条およびその特別規定の背後にある最終意思をできる限り実現させるという法思想である。それに対し，行為基礎の欠缺または喪失は，債務法上の契約における不履行には適用されるが，相続法上の出捐には適用することができない[57]。

12-392 補充的遺言解釈における問題は，遺言作成時の被相続人の意思に照らして，仮に事後の事情を事前に考慮するとすれば，何を欲したであろうか，ということである[58]。つまり，補充的遺言解釈とは，被相続人の現実の（実際に存在した）意思の探究ではなく，仮に相続人が事情変更を知っていれば形成したであろう**仮定的意思**を規範的に考慮するものなのである[59]。

12-393 たとえば，相続開始前に指定相続人が死亡したときに，その者に代えて他の者（たとえば，その者の卑属や配偶者[60]）を指定相続人と扱うことによって，**名宛人の人物**を補充的遺言解釈で考慮することができる。

12-394 何を出捐するか，についても補充的遺言解釈で修正することがある。たとえば，相続開始時には既に被相続人が有していなかった物が遺贈されて，被相続人の

---

(54) 遺言作成時に存在していたが被相続人が知らなかった事情であることを理由に，補充的遺言解釈がなされる場合が，稀であるが，存在する。BayObLGZ 1997, 197 = FamRZ 1997, 1509; MünchKomm/Leipold §2084, Rn.91 参照。
(55) BGH ZEV 2017, 629 Rn.13 bis 15; MünchKomm/Leipold §2084, Rn.86.
(56) RGZ 99, 82（一般論), 134, 277.
(57) したがって，行為基礎の喪失を理由に遺贈の減額を請求することはできない。BGH NJW 1993, 850; OLG Düsseldorf ZEV 1996, 466（Medicus の賛成評釈有り）= FamRZ 1996, 1302. これらの事件においては事案次第で補充的解釈や動機の錯誤を理由とする取消しが問題となる（13-423 参照)。
(58) RGZ 99, 82, 85 による。
(59) RGZ 134, 277, 280.
(60) BayObLGZ 1982, 159, 165; OLG Hamm NJW-RR 1991, 1349. BayObLGZ 1988, 165 も参照（被相続人の配偶者が相続人指定された場合に，配偶者の近親血族の相続人指定と解釈した）。脚注68 も参照。

仮定的意思に適うときは，その物を譲渡した際の対価が出捐の目的となる[61]。（相続人指定と解されるべき，12-367 参照）遺言作成時に存在していた遺産中の主要財産の出捐が，その後に被相続人が取得した主要財産にも及ぶのか，ということも補充的遺言解釈の問題である[62]。

12-395 貨幣価値減少に際しても，補充的遺言解釈によって，遺言の文言の変更が正当化されることがある（たとえば，出捐金額の増加）[63]。

12-396 補充的解釈の限界については，以下の2点を考慮するべきである：
a）仮定的意思の確定は，「遺言に依拠して」[64]しなければならない，つまり，現実の遺言上の定めに何からかの根拠がなければならない。被相続人の遺言目的という意味において終意処分を**発展させる**補充的解釈は許される。しかし，遺言書の中に，対応する被相続人の意思の方向すら示唆されていないような終意処分を読み込むことは，許されない（いわゆる**暗示理論**（Andeutungstheorie）または**拠り所理論**（Anhaltstheorie）[65]）。遺言にそのような拠り所があるときは，仮定的意思の判断のために，遺言書以外の諸事情や経験則を用いることができる。

12-397 b）探究されるべき被相続人の仮定的意思は，**遺言作成時**のものである[66]。遺言作成の際に有していた意思を後に改めた，と被相続人が表明していたときでも，それを考慮することはできない。さもなければ，方式違背の遺言変更を許すことになってしまうであろう。遺言作成後の被相続人の表明が考慮されるとすれば，仮に後の事情変更を予見していたとすれば遺言作成時に既に被相続人が欲したであろうことに限られる。

12-397a 相続開始後，被相続人が予見しなかった**変更**があるときに補充的解釈をしなければならないかどうかは疑わしい（遺言の取消しにおける同一の問題について，13-428 参照）。一般的には，被相続人は規定の欠缺を知らなかったわけではない，という理由から，この問いは否定的に答えられなければならない（12-391 参照）。すべての

---

(61) BGHZ 22, 357（2169条3項の規定の類推適用はないが，場合によっては補充的遺言解釈が可能とした）参照。
(62) BGH ZEV 2017, 629（Leipold の評釈有り）。
(63) BGH LM §242（A）Nr.7 = JZ 1953, 122.
(64) RGZ 134, 277, 280; 142, 171, 175.
(65) BayObLGZ 1988, 165, 169; Kipp/Coing §21 III 5 b; Michalski/J. Schmidt Rn.338; MünchKomm/Leipold § 2084 Rn.96ff.; Staudinger/Otte（2013）vor §§2064-2086 Rn.28ff., 83ff.; Soergel/Loritz §2084 Rn.10, 36. - 暗示理論に反対なのが，Brox/Walker §16 Rn.8; von Lübtow S.299; Harder/Kroppenberg Rn.195; Foerste DNotZ 1993, 84; Gerhards JuS 1995, 642; 補充的解釈に関して Muscheler Rn.1871ff. も同旨。
(66) RGZ 142, 171, 175; BayObLGZ 1988, 165, 167; BayObLG FamRZ 1991, 865; MünchKomm/Leipold §2084 Rn.93, 102ff.

被相続人は，相続開始によって自己の財産の支配を失うことを知っている。限られた範囲ではあるが，停止条件や解除条件によってまたは後位相続人を指定することによって，相続開始後の事情変更に対応することもできるが，それらは被相続人自身が定めなければならない。従って，遺言の補足的解釈は，相続開始後の根本的かつ全く予見できない変更であって，遺言から読み取れる一定の方向でなされた処分について，被相続人に必ず再考させるようなものであった場合にのみ考慮される。

12-397b 〔補充的契約解釈が許された〕その一例が，ナチズムによるユダヤ人迫害の時代にユダヤ人の被相続人が作成した遺言の補足解釈である[67]。この遺言は，被相続人は，相続人に指定していた甥が海外に移住し，当時の状況下では相続することができなかったため，甥の相続人指定を他の処分に置き換えるものであった。相続開始後，ナチズムの支配が崩壊したことで，状況は，根本的かつ被相続人に予見不可能な形で変化した。この相続を担当した裁判所は，具体的事件の状況を詳しく評価し，被相続人が後の展開を予見して考慮することができたならば，第 2 の遺言でも甥を相続人としていたであろうという結論に達したのである。

事案 17 の解答：[68]

12-398 カール・ミュラーとエルナ・ブラウンは，「等しい権利の」相続人という文言どおりに各 1/2 の相続人に指定されている。カール・ミュラーが相続開始前に死亡したことによって本来彼が受けるべき 1/2 の相続分がどうなるかは，遺言書には明記されていない。選択肢としては，その部分について，法定相続が開始するか（2088 条 1 項。他の 2 人の甥も相続することになる，1925 条 1・3 項，1924 条 3・4 項），エルナ・ブランの相続分が増加するか（2094 条 1 項。単独相続人となる），カール・ミュラーの代わりにその 9 人の子が指定相続人となるか，である。父の死亡の場合においては 9 人の子が相続人となる，と遺言を解すると，予備相続人（2096 条）に指定されたことになる。その場合には，予備相続人の権利が優先するので（2099 条），〔エルナ・ブラウンの〕相続分の増加は生じなし，遺産全部が遺言によって処分されたことになるので，法定相続開始の余地もない。

12-399 カール・ミュラーは被相続人の卑属ではないので，2069 条の解釈規定は，

---

[67] OLG Karlsruhe ErbR 2020, 50.
[68] RGZ 99, 82 参照。これに基づいて事案 17 を作成したけれども，重要な変更点がある。傍系血族（とりわけ，被相続人の兄弟姉妹，甥姪）は，その人自身だけでなく，その家系の第 1 順位であり，したがって，先に死亡していたときはその卑属によって代襲される，という意味での補足的解釈がしばしば問題になる。たとえば，BayObLG NJW-RR 2004, 158; OLG München ZEV 2007, 93; KG ZEV 2020, 485 参照。

ここでは適用の余地は無い。しかし，補充的遺言解釈は可能である。年齢の関係から，〔伯母の〕ヴェローニカ・シュミートは，〔甥の〕カール・ミュラーが先に死ぬとは，遺言作成時には考えていなかったはずである。しかし，仮にカール・ミュラーが先に死亡する可能性を考慮していたとすれば，ヴェローニカは，カールの子を予備相続人に指定していたであろう，と補充的解釈で導き出すことができる（被相続人の仮定的意思）。遺言中の拠り所としては，カール・ミュラーとエルナ・ブラウンだけが相続人に指定されていた，ということである。と言うのは，ヴェローニカは，この2人の血族だけをそして間接的にはそれぞれの親族だけに遺産を与えることを欲していた，ということが表れているからである。このような場合においてある者の相続人指定をその家系の第1順位の者を指定したと解することで，経験則上通常は，被相続人の意思に沿うことになる。

12-400 被相続人の動機が確定できるときは，それを補充的遺言解釈として用いることができる。2人の甥は，被相続人と消息を絶っていたため，相続から締め出されたことは，カール・ミュラーが相続開始前に死亡した場合においても，変わらない，と解すべきである。他方で，被相続人は，カール・ミュラー本人だけでなくその親族と良好な関係を保ち，被相続人が口頭で述べていたことからすると，カールの子らに有利になることを望んでいたのであるから，カールが相続開始善意死亡したときには，その子らを等しい割合で（2091条参照）カールの地位に就かせたであろう，と推測することができる。結局，エルナ・ブラウンが1/2の相続人は，，カール・ミュラーの9人の子が各1/18の相続人に指定されたことになる。

3．無効行為の転換

12-401 死因処分においても140条の規定が適用されるので，他の行為の有効要件が満たされて被相続人が行為の無効を知っていれば他の行為をしたであろうときは，無効行為が他の行為に転換されることがある[69]。とりわけ，方式規定違反を理由に終意処分が無効になる場合に転換されることがある。たとえば，相続契約としてなされた合意が2276条の規定の方式に反するときは，場合によっては自筆証書遺言や夫婦の自筆証書共同遺言に転換される。双務的な相続契約が，当事者の一方の行為能力が制限されるために無効となるときは，遺言に変換されることがある[70]。無効な共

---

(69) Berneith, Die Konversion（2016）; MünchKomm/Musielak §2084 Rn.135ff.
(70) BayObLG ZEV 1995, 413. 共同遺言においてもまた，夫婦の一方に遺言能力が欠けていたときは，他の一方の単独遺言に転換されることがある，OLG München NJW-RR 2010, 1382〔原典の 2011, 1382 は誤記〕。

同遺言（たとえば，夫婦ではない者による遺言，2265条）が単独遺言に変換されることも（方式要件を満たす限り）原則として可能である[71]。被相続人が配偶者を単独相続人に指定し，同時に，その配偶者が共通の子に有利な処分を遺言によってしかできない，と定めたときは，この債務負担（1940条，2192条）は，2302条の規定に従って無効であり，その定めは，先位相続および後位相続に転換されることがある[72]。しかし，そのような被相続人の仮定的意思が解釈可能かどうかは，具体的事件の転換ごとに吟味されなければならない。

12-402 無効な死因処分が通常の法律行為に転換されることもある[73]。逆に，無効な通常の法律行為を死因処分に転換することも可能である。たとえば，夫婦の一方がその全財産を移転する契約を締結したところ，他の一方の同意が欠けるために（1365条）無効であるときは，その契約が相続契約に転換されることがある[74]。離婚の際の和解に含まれていた，ある特定の遺言を変更しないという債務負担は，相続契約上の相続人指定に転換されることがある[75]。

第12章の問題と事案

1．遺言の好意的解釈とは何か？

2．次の文章は正しいか？

a）遺言は，通常の法律行為より厳格に解釈されなければならない。なぜならば，さもなければ法律上の方式規定が脱法されてしまうからである。

b）遺言解釈においては，遺言外の事情を考慮することはできない。

c）遺言の補充的解釈においては，仮に被相続人が遺言に関する事情変更を知っていれば遺言を変更したであろうか，ということが問題となる。

3．フランツ・クラーは，2007年にヒルダ・クラー，旧姓クルツと結婚していたところ，2008年に方式を有効に備えた遺言を遺した。すなわち，「私に子がいなけれ

---

[71] OLG Zweibrücken FamRZ 1989, 790; MünchKomm/Musielak § 2265 Rn.4ff.; BGH DNotZ 1988, 178（配偶者ではない者の共同遺言の下書きの転換について）．14-457 脚注5および14-459 脚注9参照．

[72] OLG Hamm NJW 1974, 60. BayObLG FamRZ 1986, 608（2084条の規定に従った解釈）参照．

[73] 例：BGH NJW 1978, 423（無効な相続契約による遺贈 —— 貸付金免除のための義務 —— の，死亡までを期限とする贈与による貸付金免除への転換）．それに対し，Tiedke NJW 1978, 2572; Berneith, Die Konversion（2016），155ff.

[74] BGHZ 40, 218; しかしその際には当事者の仮定的意思が認められるか慎重に吟味しなければならない．BGHZ 125, 355, 363ff. = NJW 1994, 1785; BGHZ 77, 293（1365条の規定に従って無効な土地売買契約を相続契約へ転換）も参照．Tiedke FamRZ 1981, 1 はこれに反対．

[75] OLG Stuttgart NJW 1989, 2700.

ば，私の死後，私の妻が私の全財産を受ける。」2011 年に 2 人は離婚した。その 2 年後にフランツ・クラーは，ズザンネ・クラー，旧姓トロイと再婚した。ズザンネはフランツに何かあれば不安だと漏らすことが時々あった。フランツは，ズザンネに対し，遺言で全財産を妻に遺し，ズザンネが妻であるのであるのだから，ズザンネに全財産が渡る，と言っていた。2019 年にフランツが死亡したとき，子を残さなかった。フランツの両親，ヒルダおよびズザンネは，遺産を求めている。権利関係はどうなるか？

解　答

13-403　1．好意的解釈の原則（2084 条）とは，数個の解釈可能性が存在するときは，終意処分の法律効果を生じさせるものが選択されなければならない，というものである。

13-404　2．a）その文章は誤っている。たしかに，遺言は，第三者の信頼保護が必要ではないので，通常の法律行為よりも自由に解釈される。しかし，そのことで方式要件を潜脱することになってはならない。遺言において少なくとも拠り所のある（暗示された）ものだけを解釈によって導くことができる。

b）この文章も誤りである。遺言外の事情は，遺言書中の意思を確定するために，十分考慮されなければならない。

c）この定式化も不適切である。補充的遺言解釈においては，遺言作成時における被相続人の仮定的意思が問題とされなければならない。つまり，仮に遺言作成時に事後の事情変更を知っていたとすれば被相続人はどうしたであろうか，である。それに対し，事後の遺言の変更は，補充的遺言解釈においては考慮することができない。その場合は，被相続人は新たに遺言を作成しなければならない。

12-405　3．a）**遺言による相続人指定**　妻に対する全財産の出捐は，相続人と明示されていなくても，単独相続人指定である，2087 条 1 項。「私の妻」という文言は，遺言作成時の妻であるヒルダ・クラーを指す。しかし，その相続人指定は，相続開始前に離婚によって婚姻が解消されているので，2077 条 1 項前段の規定に従って，無効である。離婚した場合においてもなおヒルダを相続人に指定したであろうということについての拠り所は存在しない（2077 条 3 項）。

12-406　第 2 の妻ズザンネ・クラーは，遺言に名前を挙げられてはいないけれども，補充的遺言解釈によって相続人に指定されたとすることもできるかも知れない。が，通説によれば，そのような第 2 の妻に有利な補充的解釈は原則としてなされない[76]。したがって，ここでは法定相続が開始することになる。

しかし，このような場合における補充的解釈を一般に否定することには説得力はない。相続開始時における妻が相続すべきことを十分明示して処分することがあるのではなかろうか。ここではそうではないけれども，そのような意思を補充的解釈によって認めることが全く不可能ということでもないであろう[77]。（その時点の）配偶者の相続人指定は，このような補充的解釈の拠り所（12-396 参照）としては十分である。その基準となるのは，仮に相続人が離婚と再婚の可能性を考慮していたとすれば，遺言作成時にこのような場合に第2の妻を相続人に指定していたか否かである。しかし，妻が相続人に指定されるか否か，されるとすればどれだけの相続分か，という問題においては，一般に，婚姻の存在だけでなく，他の要素（たとえば，夫婦の財産関係）や他の卑属に対する被相続人の態度が重要である。したがって，被相続人の意思は，そのときどきの妻を相続人指定することに向けられている，という経験則は存在しない。ここで遺言から明らかなのは，いずれにせよ卑属が存在しないことが妻を単独相続人に指定する理由の一つだったのであり，その動機は再婚後にも持ち越される，ということである。しかも，解釈においては被相続人の第2の妻に対する表明が，たとえそれが方式を満たさない相続人指定であるとしても，考慮されなければならない。たしかに，補充的遺言解釈においては，事後の意思ではなく遺言作成時の仮定的意思が問題であるけれども，その意思表明からは，他の諸事情と相まって，子がいなければ相続開始時の配偶者を相続人に指定するという元々の意思を導くことができる。したがって，遺言によってズザンネが単独相続人である。

b）遺留分侵害額請求権

13-407 法定相続であれば，妻のズザンネが3/4（1931条1項前段・3項，1371条1項）被相続人の両親が各1/8（1925条1・2項）の相続人となるはずである。妻が単独相続権を取得するという本書の見解では，両親には遺留分侵害額請求権（金銭請求権）が遺産の各1/16の相当額について帰属する（2303条2項前段）。

---

(76) 第2の妻に有利な補充的遺言解釈に反対するのが，RGZ 134, 277 だが，そこでは遺言書に第1の妻の名前が記されていた。同様に反対するのが，Schlüter, ErbR, 16.Aufl., Rn.193; Lange/Kuchinke §34 VI 3f (S.808 Fn.202); Staudinger/Otte（2013）vor §§ 2064-2086 Rn.96; Palandt/Weidlich §2077 Rn.7.
(77) Brox/Walker §16 Rn.23; MünchKomm/Leipold § 2084 Rn.117; NK-BGB/Selbherr §2077 Rn.21; Soergel/Loritz/Uffmann § 2084 Rn.49.

第 13 章 無効な，取り消すことのできるおよび無条件の遺言

事案 18：夫を亡くしたクラーラ・ヘルは，有効な遺言によって 3 人の娘を各 1/3 の相続人に指定した。ところが，息子には，遺産の 1/8 の遺留分侵害額請求権を認めるだけであった。それは，クラーラが息子の結婚に不満だったからであり，また滅多に息子と会うこともなかったからである。クラーラの娘の一人が卑属なく死亡した。その後に死亡したクラーラの相続はどう判断されるべきか？

I 無効と効力不発生

1．概念と適用事例

13-408　遺言は，相続開始後に効力を生じない，つまりいかなる法律効果も発生させないときは，効力不発生（wirkungslos）である。2 種類の法律行為の効力不発生（Wirkunguslosigkeit）（または広義の無効（Unwirksamkeit im *weiteren* Sinne））が区別されなければならない。つまり，絶対的無効（Nichtigkeit）と相対的無効（Unwirksamkeit）（狭義の無効）である。

a）絶対的無効

13-409　絶対的無効概念は，全く効力の無いことを示し，つまり，法律行為が当初より全く効力を生じず，その瑕疵の治癒が不可能な場合である。絶対的無効は，法律行為が法律上不存在なことだ，と言い換えることができる。たとえば，方式違背の遺言（125 条前段），遺言能力を欠いた遺言作成（2229 条），良俗違反の遺言（138 条 1 項），（実務上稀な）諧謔行為（Scherzgeschäft）〔山田 1993, 551〕の遺言（118 条）である。それに対し，117 条 1 項（無効な虚偽表示）や 116 条後段（無効な心裡留保）の規定は，遺言には適用されない[1]。遺言は，相手方のない意思表示だからである。

b）相対的無効

13-410　（狭義の）相対的無効とは，瑕疵の治癒が可能であるまたは後発的な事情によって結局は発生しない効力を法律行為が目的としたときである。その場合に死因処分は，存在するけれども，効力を発生させることができない。たとえば，相続開始時に相続人に指定された者が被相続人の死亡前に死亡していたときは，指定は相対的無効である。配偶者，婚約者またはパートナーに対する出捐は，婚姻等が相続開始前に

---

[1] OLG Frankfurt FamRZ 1993, 858（東ドイツの事件に関係する 116 条 2 項について）；MünchKomm/Leipold vor §2064 Rn.8.

解消されれば，通常無効である（2077条（12-373参照））。遺言の撤回によって，遺言は相対的無効となるのであり，絶対的無効になるのではない。撤回された遺言は，当初有効であり，後に再び有効になるかも知れないからである（撤回の撤回，2257条）。それに対し，取り消した場合は，142条1項の規定に従って当初から絶対的無効であったことになる。

2．一部相対的無効

13-411 遺言[2]に数個の終意処分が含まれているときは，絶対的無効や相対的無効の原因がすべての終意処分にあることもあるし，その中の1つにだけあることもある。たとえば，2247条1項の規定に従って，自筆証書遺言でなされた数個の処分の一部がタイプライターで書かれていたために125条前段の規定に従って方式違背を理由に無効となり，その他の処分が自筆されていて有効である，ということがある。遺言でなされた数個の処分のうち1つだけが良俗違反，2065条の規定する効力決定委託の禁止違反または受益者の撤回もしくはまたは死亡によって無効となることがある。2085条の規定は，このような場合においてその他の終意処分は，被相続人が無効な処分なしにはそれらをしなかったであろうときにのみ無効，と規定している。通常は，**遺言の一部無効が全部無効をもたらさないこと**がそこから明らかである。2085条の規定は，2084条の規定と同様，できるだけ最終意思を尊重する趣旨の規定である。遺言が少なくとも一部有効であれば〔全部無効となり〕法定相続が開始するよりも（他に明らかなことがなければ）一般に被相続人の意思に従うことになるということを法律は前提としている。

13-412 2085条の規定は，**139条の一般則に対する特則**である。つまり，139条は，残部の法律行為が無効な部分なしにでもなされたであろうということが認められない限り，一部無効が法律行為を全部無効とする，と規定している。139条でも2085条でも**表意者の仮定的意思**が基準であるが，原則と例外が逆になっているのである。

13-413 2085条は，終意処分の全種類の効力不発生，（狭義の）相対的無効にも絶対的無効にも適用される。したがって，たとえば，**取消し**（13-437）によって遺言中の終意処分が無効になるときも適用可能である。

13-414 それに対し，数個の独立した処分の1つではなく，本来分割可能であるが統一された処分の一部が無効である場合にも2085条の規定が適用されるか否かについては争いがある[3]。問題となるのは，たとえば，出捐が特定の金額を超える限りで

---

[2] 数個の遺言の処分には2085条の規定は適用されない，BayObLG NJW 2000, 1959.

第 3 部　相続に関する死因処分およびその他の法律行為

相続人指定や遺贈が良俗違反となる場合である[4]。文言上は，2085 条の規定はこの場合には適用されないが，この場合にも類推適用するべきである。なぜならば，できるだけ被相続人の意思を生かすという相続法一般の考え方に基づく規定だからである。統一的な死因処分においても，被相続には通常は全部無効よりも処分の一部でも有効とする方を選ぶだろうということを前提とすることができる。

事案 18 の解答：
a) 相 続 権
13-415　娘たちだけが相続人に指定され，息子は遺留分の出捐に甘んじるという内容なので，相続人指定と解釈する拠り所は無く (2304 条)，法定の遺留分権が指示されているだけと解すべきである。相続開始前に死亡した娘の相続人指定は無効となる。しかし，他の 2 人の娘の相続人指定と息子の不指定は，2085 条の規定に従って影響を受けない。死亡によって無効となった相続人指定が有効でなければ，他の 2 人の娘を被相続人のクラーラが相続人に指定しなかったであろうという解釈の拠り所はない。息子が相続しない，ということも同様である。

13-416　2 人の娘に各 1/3 の相続分の相続人指定では，余りが出る。しかし，残余の 1/3 について法定相続 (2088 条 2 項) が開始するわけではない。というのは，被相続人のクラーラは，娘たちを相続人に指定することで法定相続を開始させないことを意図していたからである。したがって，生存している 2 人の娘たちの相続分は，1/2 に増加する (2094 条 1 項前段)。

b) 遺留分侵害額請求権
13-417　息子の遺留分侵害額請求権は，2303 条 1 項，1924 条 1 項・4 項の規定に従って遺産の 1/6 の金額である。遺留分侵害額請求権は，遺言作成時には〔娘 1 人の死亡前であったため〕1/8 であったことは，法定のものであるため，影響しない。遺言には，遺留分を一部剥奪 (2336 条) するとはされていない。また，そのような事由 (2333 条) は存在しない。

II　取 消 し

事案 19：2019 年に子のいないまま死亡した，フリーダ・ハーン，旧姓ベーアは，以

---
(3)　これを肯定するのが Lange/Kuchinke §34 V 2b; Lange Kap.3 Rn.67; Erman/M. Schmidt §2085 Rn.3f; Grüneberg/Weidlich §2085 Rn.5; ブランクとしているのが BGH NJW 1959, 2113, 2114; BGHZ 52, 17, 25. 異論を唱えるのは，Hermann, Pro no scripta habere und §2085 BGB (2001).
(4)　BGHZ 52, 17, 22ff. 参照。

下の遺言を有効に作成していた。「ここに2つの遺贈をする：姪のヴェーラは，その困窮から逃れるために15,000ユーロを受ける。その他の全財産は，愛する夫フェーリックスが受ける。」フリーダの死後，姪のヴェーラは過去2年において職業上の成功で非常に多くの財産を得ていたが，そのことをフリーダは知らされていなかったことが判明した。フェーリックスは，2012年以降，アウグスティーネ・フクスと関係を持っていて，1人の娘を儲けていた。しかし，彼はその関係を，潔癖な思想のフリーダには隠していた。フリーダの他の最近親者は，兄のトーニ・ベーアとゼップ・ベーアであった。ゼップは，遺言のままでよいと行っているが，トーニの方は，遺言にかかわらず妹の遺産（150,000ユーロの価値）から幾らかを受けることができるか，弁護士に相談している。その答えはどうなるであろうか？

1．取消しの概念と解釈の優越

13-418 法律行為を取り消すことができる，ということは，法律の規定によって意思の欠缺が意思表示の無効をもたらす，ということではなく，取消権者が**取消権**（形成権）を行使することによって意思表示が無効となる，ということである。このことは，死因処分の取消しについても妥当する。相続法においては，取消権には一連の**特則**があり，相続の規定を総続に修正している。しかし，特則がないときは，総則の規定が相続法でも適用される。

13-419 取消しによって —— 相続開始後に，13-433参照 —— 被相続人の真意ではない死因処分は効力を失う。取消しは，**表示行為と効果意思**（または動機）**の不一致**が要件である。したがって，表示行為の法的に重要な意味が確定されて初めて問題となる。それが不明瞭であれば，まずは終意処分の解釈の問題となる。処分の被相続人の意思が解釈（場合によっては補充的解釈）によって明らかとなるときは，取消しの可能性が残る（**解釈の優越**）[5]。事案19においては，遺言中には遺贈と書かれているけれども，夫に対する出捐が相続人指定と解釈されるべきである（2087条1項）。したがって，被相続人が相続人指定を欲していたけれども遺贈と書いたことによる処分の取消しは，問題とはならない。解釈によって被相続人の真意が考慮されるために，取消しに対して解釈が優先することが正当化されるのである。取消しは，単に真意ではない処分の効力を生じさせないだけで（消極的効力），そうすることによってでは，被相続人が欲していたであろう処分を実現することはできないのである（取消しには積極的

---

(5) BGH MDR 1951, 474（これについては，19章の事案25参照）; BayObLG FamRZ 1991, 982; Lange Kap.9 Rn.8.

効力が無い)⁽⁶⁾。（処分の一部有効とは別問題である。13-437 参照。）

2．取消原因

13-420 終意処分の取消原因は，2078 条以下に限定列挙されている。119 条，120 条および 123 条の規定は不適用である。相続法上の取消原因は，相続の規定によって一部はカバーされるけれども，── **動機の錯誤**が重視されるため ── それ以上のものとなっている。

a）表示上の錯誤と内容の錯誤

13-421 2078 条 1 項は，被相続人が表示の内容について錯誤に陥っていたとき（**内容の錯誤**）またはその表示を全く欲していなかったとき（**表示上の錯誤**，正確には**表示行為の錯誤**）は表示を取り消すことができる，と規定し，その点では，119 条 1 項の規定と同様である。たとえば，被相続人が自筆証書遺言で 10,000 ユーロの遺贈の金額を 10,000 ユーロと書き間違えたときが表示上の錯誤である（取り消すことによって 10,000 ユーロの遺贈が効力を生じる，13-437 参照）。被相続人が，契約上の相続人指定はいつでも撤回して遺産を他に処分することができる，と信じ込んでいたときは，相続契約における内容の錯誤が存在する（2281 条 1 項，2078 条 1 項，13-437 参照）⁽⁷⁾。

13-422 表示上の錯誤または内容の錯誤が存在しさえすれば取消権が発生するわけではない。それに加えて，仮に被相続人が錯誤について悪意であれば意思表示しなかったであろうという要件（**錯誤の因果関係**）が満たされなければならない。その点で，119 条 1 項の規定と比較すると，相続法の規定が明らかに異なっている。119 条 1 項の規定に従うと，被相続人の悪意「および事件の合理的な判断」において意思表示しなかったであろうことが要件だからである。2078 条 1 項においては，客観的に判断される意思が意図的に要件に含まれていない。問題となるのは**被相続人の主観的な思考・意見**だけである⁽⁸⁾。このことは，遺言の自由に高い価値が置かれていることと関係している。被相続人の主観的意思に合致しない処分は，客観的に完全に合理的とみなされ得る場合であっても取り消すことができるのである。したがって，因果関係の確定は，具体的な事件の状況に応じて判断されなければならない。仮に被相続人が事後に錯誤を知ったにもかかわらず，遺言を変更しなかったときは，なされた処分

---

(6) Staudinger/Otte（2013）§2078 Rn.36; MünchKomm/Leipold §2078 Rn.4.
(7) 意思表示の法律効果に関する錯誤は常に内容の錯誤となる訳ではないけれども，ここでは，重要な法律効果に関する錯誤が存在するので，法律行為の法的性質に関する錯誤が存在する。それが内容の錯誤となる。OLG Hamm OLGZ 1966, 497; BayObLG ZEV 1997, 377, 379; OLG Frankfurt ZEV 1997, 422, 423. Musielak ZEV 2016, 353, 359 は反対。
(8) BGHZ 4, 91, 95.

に関する錯誤には因果関係は欠けていた，と言うことができる[9]。

b) **動機の錯誤**

13-423 2078条2項は，終意処分において**動機の錯誤**による取消しを認めている。ある事情の発生や不発生の認識や期待の誤りによってなされた処分を取り消すことができる。たとえば，事案19においては，姪のヴェーラに対する遺贈は，被相続人がもっぱらヴェーラの現在および将来の困窮を考慮してのものであり，それが相続開始時にはなくなっていたのであれば，取り消すことができる。2078条と総則の規定との最大の相違点は，動機の錯誤による取消しが容易に認められる点に存する。119条の規定に従うと，動機の錯誤は原則としては取消権を発生させない[10]。相続法において動機の錯誤が取消原因であるは，当事者の利益の評価が異なるからである。総則の取消規定の背後には，表意者の利益と，その意思表示の有効性を信頼した他人（意思表示の相手方，契約の相手方）の利益との衡量が存在する。相続法以外では動機の錯誤が原則として取消原因とならないのは，さもなければ，意思表示の相手方の利益および一般に取引の安全が余りにも害されるであろうからである。それに対し，遺言においては，（たとえば，出捐の相手方といった）**保護すべき他人の信頼**というのが存在しない。しかも，当事者は，いずれにせよ終意処分の撤回を常に考慮しておかなければならない。それに，相続法において立法者は，法律行為による処分が，被相続人の自由で，適切な想定に基づいた意思に対応していることに特に大きな価値を見出したのである[11]。そのため，取消原因が拡張されているのである。また，動機の錯誤を理由として**相続契約**も，契約の相手方の信頼保護を考慮しなければならないにもかかわらず，被相続人が取り消すことができるのである（2281条1項，2078条2項，15-515参照）。

13-424 2078条2項の規定から明らかなように，**過去**の事情も，**現在・将来**の事情も動機の錯誤の理由とすることができる。その事情に被相続人または他人の意思が影響し得るか否かは，無関係である。被相続人の財産高についての誤った考えが（因果関係が存する限り，13-425参照）取消原因となることもあるし，再婚をしないであろうという想定の誤りでもよいし[12]，2人の受益者が夫婦であるという判断の誤りで

---

[9] BayObLGZ 1971, 150. —— 144条の規定に従った被相続人の（方式を問わない）追認も可能であろう．MünchKomm/Leipold §2078 Rn.63f.; Soergel/Loritz/Uffmann §2080 Rn.23; Staudinger/Otte（2013）§2080 Rn.24; 争われている．

[10] 性状の錯誤（119条2項）は例外であるところ，動機の錯誤の事案が問題であるのかどうか，争いがある．詳しくは，Leipold, BGB I: Einführung und Allgemeiner Teil, 10 Aufl. §18 Rn.31ff. 参照．

[11] 9-235（遺言の自由の保障），10-277（本人作成の原則）参照．

もよいし[13], 婚約したカップルが婚姻するであろうという期待の誤りでもよい。たとえば, 受益者が被相続人を引き続き介護するであろうという期待が裏切られたときや, 指定相続人が技術者としての学位を取得し機械製造業で採用されるに相応しい人物になるであろうという判断が誤りであったときも, 2078条2項の規定の要件は満足される。それに対し, 被相続人自身が将来の状況を不確実なものと判断し, 数個の可能性を考慮する内容の遺言を作成していたときは, 判断や期待の誤りとはならない[14]。

13-425　2078条2項の規定に従って, 錯誤自体に加えて, (被相続人の主観的評価による[15], 13-422参照) 錯誤の因果関係も取消権発生の要件となる。2078条2項の場合においても因果関係が遺言の内容となっている (動機が表示されている) 必要はない[16]。むしろ, 被相続人の意思を形成した総ての事情が参考にされるべきである。しかし, 動機の錯誤は, 被相続人を最終的に決断させた出捐の原因に関係していなければならず, 被相続人はきっと他の遺言をしたであろうという特に重要な事情についての錯誤のみが問題となる[17]。錯誤の因果関係についてのこの厳格な要件によって, 動機の錯誤による取消しの要件が拡大し過ぎないのである。

13-426　2078条2項の規定に従って被相続人の積極的に存在する, 想定の誤りが取消しの要件か, あるいは, 被相続人が, 仮に悪意であれば処分をしなかったであろう事情について善意であったことで十分か, は問題である。たとえば, 事案19では, 仮に夫の将来の不倫について被相続人が全く考えもしなかったのであれば, 積極的な想定は無かったことになる。ライヒ裁判所[18]は, その種の事案で取消しを認め, 将来の可能性について全く考えなかったときでも「不発生という判断の誤り」と言うことができ, 発生した事情について考慮しなかったことが被相続人を錯誤に陥らせことになる, と確認した。この解釈は, 普通法の見地とも一致するものであったが[19], ライヒ裁判所[20]は, 後にこれを変更し, ── 立法資料[21]を根拠に ── 被相続人の積

---

(12)　RGZ 148, 218.
(13)　BayObLG FamRZ 1984, 422.
(14)　BayObLG FamRZ 2001, 873, 875.
(15)　BayObLG ZEV 1994, 369 (被相続人がその事実について悪意であり, その思考・意見に従って評価していたときは, 取り消すことができない)。
(16)　BGH NJW 1965, 584; 遺言に動機が表示されていても, 実際にはそれ以外の動機が重要であるかもしれない。
(17)　BGH ZEV 2008, 237, 240.
(18)　RGZ 77, 165, 174.
(19)　普通法において錯誤と不知が等置されていたことについて, Kipp/Coing §24II 2b.
(20)　RGZ 86, 206, 208.
(21)　被相続人が特定の積極的な想定をしていたときに限って, 将来の事情についての錯誤取消

極的な想定の誤りが要件である，と判示した。連邦通常裁判所は，中庸を行くことに努めている。連邦通常裁判所[22]によれば，たしかに被相続人の現実の想定・期待だけが取消原因となるけれども，被相続人が意識してなしたわけではないが当たり前のこととして処分の基礎とした想定，いわゆる無意識の想定もまたこれに含まれる，と判示している。このように矛盾を含む概念[23]を避けるため，連邦通常裁判所[24]は，後に，被相続人が具体的には意識しなかったけれども常に意識することができるものを当たり前の想定，と言うようになった。このような当たり前の期待や想定とは，たとえば，被相続人と受益者との間にはさほど深刻ではない不和が将来も発生するであろうということや[25]，指定相続人が被相続人に対する重大な非行を白日の下に行わないこと（良い態度の期待）[26]，当事者間相互で一定程度の敬意と配慮が保たれること[27]，である。

13-427 積極的な誤った想定の要件を不要とするのが正しいようである。2078条2項の規定においては，被相続人が事案を正確に知っていたとしても処分したであろうか否か，という仮定的意思が常に問題となる。それは，被相続人が事案を正確には知らなかったからである。しかし，この不知は，被相続人が誤った想定をしていたときだけではなく，特定の事柄について全く考えもしなかったときにも，存在するのである。したがって，処分が不知によるものである以上，双方の場合において取消しを認めるべきであろう[28]。しかし，仮定的意思を確定できないときは，取消しは認めら

しが可能である，と審議過程において実際に論じられていた。Mugdan, Materialien zum BGB, Bd.V, 541.
(22) BGH NJW 1963, 246, 247 Rn.4.
(23) Kipp/Coing §24II2b（そこの脚注21）; MünchKomm/Leipold §2078 Rn.35 参照。Pohl, „Unbewusste Vorstellungen" als erbrechtlicher Anfechtungsgrund?（1976), S.66ff. は，「共（mit）意識的想定」という概念を提唱。無意識の想定という概念に対する批判に対しては，Staudinger/Otte（2013）§2078 Rn.24.
(24) BGH WM 1987, 1019 = NJW-RR 1987, 1412.
(25) BGH NJW 1963, 246, 248; FamRZ 1983, 898（相続契約について）; ZEV 2008, 237, 239f.（因果関係の証明の必要性を強調）.
(26) BGH FamRZ 1971, 638. 交通事故で相続人が過失で被相続人を死に至らしめたことが問題となった。連邦通常裁判所は，取消原因となることを否定しなかった。これに批判的なのが，Müller-Freienfels, FS Schiedermair（1976), S.409ff. ── あるセクトに入り，被相続人の期待に反して遺産を処分することを意図したことも，── 被相続人の「当たり前の想定」を裏切るものとして ── 取消原因となり得る，OLG München NJW 1983, 2577.
(27) OLG Hamm FamRZ 1994, 849（無意識の想定という概念を引き続き用いる）.
(28) この解釈について，とりわけ Kipp/Coing §24II 2b; von Lübtow S.321; Lange/Kuchinke §36III2c; Ebenroth Rn.304ff.; BGB/RGRK（Johannsen）§2078 Rn.49; Schubert/Czub JA 1980, 257, 260f.; MünchKomm/Leipold § 2078 Rn.36; 本質的には，Sieker AcP Bd.201（2001), 697, 710f.-Muscheler Rn.1971ff. は異論。被相続人の積極的想定が常に必要と言う。

れない。しかし，その証明が困難かも知れないからといって，想定が欠けている事件に 2078 条 2 項の規定の適用が全くない，と解釈する必要はない。

13-428 相続開始後の事情についての被相続人の錯誤が 2078 条 2 項の規定する取消原因になるのか，は疑わしい。ドイツ統一（1900 年）後に生じた（たとえば，旧東ドイツの不動産の処分可能性や価値についての）根本的な変更との関係で，判例は，これを肯定する傾向にある[29]。この特殊な状況を度外視すれば，処分の効力発生後の事柄についての被相続人の一般的な（特にいわゆる当たり前の）誤った想定（たとえば相続人が得た財産の使途）は，法的安定性の観点から取消原因とはならない，と解すべきである[30]。被相続人の意思からすると処分の正当性を失わせるような，完全に予想外の事情変更のみ，例外扱いできるだろう[31]。しかし，被相続人は，その処分に，相続開始後に発生する特定の事実によって成就する解除条件を付けることができ，被相続人にとって特定の事情の存続が決定的に重要であることが遺言から明らかであるときは，このような解除条件が解釈によって導かれるべきである[32]。

c) 不法な強迫

13-429 強迫によってなされた終意処分は，やはり 2078 条 2 項の規定に従って取り消すことができる。強迫とは，たとえば，被相続人が直ちに相当の遺贈をしない限り医師を呼ばない，と介護人が病気の被相続人に対して告げるときがそうである。強迫の要件[33]（害悪を示してする強迫もしくはその目的の不法性または手段と目的との関係の不法性）は，123 条のそれと同様である。

13-430 2078 条 2 項が 123 条とは異なり，詐欺を取消原因とは規定していないことが目を引く。しかし，詐欺は被相続人の動機を誤らせるものである。2078 条 2 項においては，動機の錯誤が一般に取消原因と認められているのであるから，詐欺をことさらに挙げる必要がなかったのである。

d) 遺留分権利者の看過

13-431 2079 条前段の規定に従って，相続開始時に存在した[34]遺留分権利者が遺言

---

[29] たとえば，OLG Frankfurt FamRZ 1993, 613; LG Gießen DtZ 1993, 217, 218; BGHZ 124, 270, 281 はブランクとする。Sieker AcP Bd.201 (2001), 697, 711ff. は肯定；Grunewald NJW 1991, 1208, 1211f. は否定。詳しくは，MünchKomm/Leipold (4.Aufl.) §2078 Rn.35f.

[30] 反対が，OLG Köln ZEV 2004, 329, 331（借金のために相続から締め出された卑属が，相続開始後に期せずして財産を回復したときは，取消原因となる）。

[31] OLG Köln BeckRS 2016, 04571 Rn.45〔原典の 43 は誤記〕は同旨。

[32] OLG Köln の事件もこのように解決され得るかも知れない。

[33] LG Köln DtZ 1993, 215 によると，旧東ドイツの立法による強制というだけでは不十分である。

[34] 相続開始時に遺留分権利者が胎児であり，後に生きて産まれれば，1923 条 2 項の規定が適

第13章　無効な，取り消すことのできるおよび無条件の遺言

においては看過されていたとき，つまり，考慮も意識もされず相続から締め出されたときは，遺言を取り消すことができる。被相続人が遺留分権利者の存在について遺言作成時に善意であったこと（たとえば，息子が探検で死亡したと被相続人が誤解していたため，その息子を相続から締め出したとき）またはその者が遺言作成後に出生したもしくは遺留分権を取得したこと（たとえば，被相続人の婚姻や法改正[35]によって）も要件である。遺留分権発生前に遺言が作成されたときは（たとえば，婚姻や養子縁組前に），遺留分権利者は，無視できない出捐を受けたときは，判例によると，看過されなかったことになる[36]。しかし，有力説によれば[37]，その出捐は，受益者の遺留分権利者たる性質を考慮してなされたものではないので，出捐が遺留分を下回るときは，看過されたことになる，と解される。それに対し，判例は，2078条2項の規定を根拠とする取消しをすることはでき，因果関係に関する不利な証明責任は仕方がない，としている。

13-432　2079条の要件は，動機の錯誤による取消しの特則である[38]。そこにおいては，文理どおり善意で足りる。遺留分権利者の範囲について被相続人が積極的に知っていたことは必要ではない。2078条2項の規定との決定的な違いは，2079条の規定では因果関係の証明が不要である点に存する。むしろ，遺留分権について被相続人が仮に悪意であれば異なる遺言をしたであろうということが推定されるのである[39]。仮に悪意であったとしても同様に遺言をしたであろうということが明らかになるのであれば[40]，取り消すことができない（2079条後段）。この規定は，たとえば，被相続人が婚姻後に配偶者を受益者としない遺言を「故意に」作成したとき[41]に適用される（たとえば，忘れていたとか無効になることを知っていたのではないとき）。

　　用される，OLG Stuttgart BeckRS 2018, 10903 Rn.24.
(35)　非嫡出子相続平等化及び民事訴訟法公課法改正のための第2法（2011，4-97参照）における非婚姻法12章10条3項の規定は，において注目すべき規定を含んでいる。つまり，1949年7月1日より前に出生した非嫡出子の2009年5月29日以後に開始する相続に関する遺留分権の法律上の保障が2079条の規定の取消原因とはならない。詳しくは，Leipold FPR 2011, 275, 277; MünchKomm/Leipold §2079 Rn.16ff 参照。
(36)　BayObLG ZEV 1994, 107; OLG Karlsruhe ZEV 1995, 454.
(37)　Langa/Kuchinke §36 III 4b; MünchKomm/Leipold §2079 Rn.6ff.; Michalski/J. Schmidt Rn.406; Jung AcP Bd.194（1994），42, 70ff.; Graf ZEV 1994, 109; Ebenroth/Koos ZEV 1995, 457.
(38)　OLG Frankfurt ZEV 2021, 515 Rn.81.
(39)　BayObLG ZEV 2001, 314, 315.
(40)　その際，遺言作成時が基準となる，たとえばBayObLG ZEV 2001, 314, 315参照。
(41)　OLG Frankfurt FamRZ 1995, 1522参照。

3．取消権者

13-433　総則の規定（119条，120条，123条）によると，表意者が取消権者であるけれども，遺言において被相続人は取消権を取得しない。被相続人はいつでも遺言を撤回することができるのであるから，取消権を必要としない[42]。遺言による処分の取消しは，相続開始後に可能となる。**取消権者**は，仮に遺言がなされなければ直接に利益を受けるであろう者である（2080条1項）。したがって，相続人指定を内容とする遺言の取消権者は，仮に遺言が無ければ（法律の規定によってまたは撤回前の遺言によって）相続人となるであろう者である。遺贈の取消権者は，それによって債務を負う相続人であり，遺言撤回の取消権者は，撤回された遺言によって受益したであろう者である。取消権者が数人あるときは，各人が取消権を行使することができる[43]。この例外を2080条2項が規定する：同項によると，特定人に関する錯誤（たとえば，被相続人の息子が被相続人を警察に刑事告発したという錯誤）においては，その人だけが取消権者となる。2079条の規定の場合（遺留分権利者の看過）においては，看過された遺留分権利者だけが取消権を取得する（2080条3項）。

4．取消権行使

a）取消しの意思表示

13-434　143条の規定に従って，取消権は，**意思表示**によって行使される。2081条に規定されている処分については，意思表示は，**遺産裁判所を相手方**としてなされる（区裁判所に対して，である。裁判所構成法23a条1項2号，2項2号。土地管轄に関しては，被相続人の最後の住所が基準となる，家事非訟事件手続法343条1項）。相続人指定，法定相続人の廃除，遺言執行者の選任およびその種の処分の取消し（2081条1項），ならびに，他人に権利を取得させない処分の取消し，たとえば，負担の取消しがそうである（2081条3項）。これらの場合においては，いわゆる官庁に対する意思表示で取消しがなされるのであり（効力発生については，130条3項参照），特別の方式が規定されているわけではない。いずれにしろ，意思の瑕疵が主張されているということが意思表示によって明らかでなければならない[44]。取り消された処分によって有利に

---

(42)　相続契約とは異なる。相続契約では，契約上の処分に拘束されるので，取消権は被相続人に帰属する（2281条，15-516参照）。共同遺言において夫婦の一方が死亡した後の相関的処分に関しても同様である，14-475参照。

(43)　通説によれば，取消しによって遺言は絶対的無効となる（142条1項）。つまり，取消しは，取消権者全員のために効力を生じる。BGH NJW 1985, 2025, 2026. 遺言が過分であれば，取消権を行使した者に有利である限りで無効となる，と解すべきであろう。MünchKomm/Leipold §2080 Rn.13f. 参照；ただし，上記BGHは反対。

扱われていた者に対しては，遺産裁判所は取消しを通知しなければならない。遺産裁判所の職務は，取消しの意思表示の受領に限定され，取消しに理由があるか否かは審査しない(45)。この問題は，場合によっては，相続証書手続または民事訴訟で判断されることがある（たとえば，相続権の確認を求めて遺言による指定相続人に対する法定相続人の訴えの枠内で）。

13-435 2081条が取消しの相手方を規定していない限り，一般規定が適用される。とりわけ遺贈については，143条4項前段の規定に従って，受益者，つまり受遺者に対して取消権が行使されるべきことになる。

b）取消権の期間制限

13-436 遺言の取消権は，相続開始によって発生する。明文で規定されてはいないけれども，2080条1項の規定などから明らかである。というのは，取消しが他人に直接に効力を生じるのは相続開始後だからである。取消権者は，（相続開始後に）取消原因を知ってから1年以内に取り消さなければならない（2082条1項・2項）。相続開始から30年を経過したときも，取消権は消滅する（2082条3項）。取消しの期間経過後でも，取消権を理由に給付拒絶権を行使することができる（たとえば，受遺者に対する相続人の給付拒絶権，2083条）。

5．取消しの効力と証明責任

a）遡及的無効

13-437 取り消された遺言は，遡及的に無効である（142条1項）。取消しの効力が及ぶのは，取消原因（錯誤など）のある遺言中の個別の処分に限定される(46)。その他の処分は，2085条の規定に従って有効である。統一されてなされた処分ではあるが，可分の処分の一部が被相続人の錯誤によるものであったときは，その他の処分は有効である(47)。たとえば，被相続人がAを動機の錯誤によって単独相続人に指定したが，さもなければ1/2の相続人に指定していたであろうときは，Aは，取消しによって1/2の相続人になる。

---

(44) BayObLGZ 1989, 327, 330 = FamRZ 1989, 1346, 1347; OLG München Rpfleger 2005, 606. これらは，通説に従って，取消原因の主張は不要と判示した。しかし，少なくとも，大まかには主張させるべきであろう，MünchKomm/Leipold §2081 Rn.18 参照。
(45) OLG〔原典のLGは誤記〕Köln FamRZ 1993, 1124.
(46) BGH NJW 1985, 2025.
(47) たしかに被相続人がその他の出捐を明示しなくても，被相続人の意思ができる限り考慮されるべきという一般論に従う。RGRK/Johannsen §2078 Anm69ff., 71（「取消しによって意思表示の大部分が無効となる限りで表示が意思と一致することがある」）；Lange/Kuchinke §36II 1 b; Kipp/Coing §24 III 1 b.

13-438　2079条の取消しは，遺留分権利者の相続権に不利な終意処分を無効とする。それ以上に，遺言全体を無効とするのが原則かどうかは，争われている。多数説によれば，取り消された処分の残部およびその遺言に含まれているその他の処分が有効であるのは，遺留分権利者について悪意であったとしてもそれをしたであろうということが明らかであるときに限られる[48]，2079条2項参照。しかし，2079条の規定する遺言取消しの趣旨が，被相続人が望まなかった廃除から遺留分権利者の相続権を保護することにある，と解釈するのであれば，反対説に与することになる。そうであれば，看過された者の相続権が不利に扱われる範囲でのみ，遺言は無効となる[49]。

b) 信頼利益の賠償請求権の不存在

13-439　2078条3項が122条の規定の不適用を明文で定めているので，信頼利益の賠償請求権は発生しない。遺言の存在に対する存在は法律上保護されるべきものではない，ということにもこの規定の趣旨がある。

c) 証明責任

13-440　取消しの有効性が依存する事実（とりわけ取消原因）の証明責任は，原則として，取消しから生じる権利を主張する者[50]，たとえば，遺言による廃除の取消しを主張する法定相続人が負担する。取消原因の存在が明らかでないときは，終意処分は有効と扱われるべきである。

事案19の解答

1. 相続権

a) 遺言による相続人指定

13-441　夫に対しては全財産が出捐されているので，「遺贈」という文言にもかかわらず，その遺言は，単独相続人を指定したものと解釈される（2087条1項）。その相続人指定が取消しによって無効となって初めて法定相続人が登場することができる。

b) 遺言の取消し

13-442　単独相続人に指定された夫が不倫関係を持ち，非嫡出子の娘を儲けていた

---

(48)　OLG Schleswig ZEV 2016, 263（Leipoldの反対評釈有り）；OLG Stuttgart BeckRS 2018, 10903 Rn.23; Palandt/Weidlich §2079 Rn.6.

(49)　OLG Köln NJW 1956, 1522; Jung AcP Bd.194（1994）42, 77ff.; Lange Kap.9 Rn.106; LG Darmstadt JZ 1988, 671 も本質的にはそうである（Tiedtke JZ 1988, 649 は結論賛成）。――被相続人による相続契約（または共同遺言における相関的処分）の取消しにおいては，被相続人に決定の自由を与えることに取消しの目的が存するため，事情が異なる。詳しくは，MünchKomm/Leipold §2079 Rn.29.

(50)　OLG Hamm OLGZ 1966, 497; Grüneberg/Weidlich §2078 Rn.11.

ことについて遺言作成時（およびその後）被相続人は善意であったのであるから，取消原因としては，動機の錯誤（2078条2項）が問題となる。夫の将来の行動について被相続人が遺言作成時に積極的に考えを巡らせていた，という事実は無い。2078条2項の規定が積極的な誤った想定（狭義の錯誤）を要件とするか，単なる善意で足りるか，については争われている（13-426以下参照）。連邦通常裁判所の判例によれば，いわゆる**無意識の想定**ないし当たり前の想定で足りる，つまり被相続人が当たり前のこととして基礎にした事情で足りる。単独相続人に指定された配偶者が将来にわたって不倫をしないことや配偶者には非嫡出子がいないことは，それに当たるであろう。しかし，仮に被相続人が真実を知っていればしなかったであろう処分をなかったものとする，ということにこそ2078条2項の規定の趣旨が存すると考えるべきである。積極的な錯誤においても無意識の想定が誤っている場合にもこのことは妥当するのであるから，それらを等しく扱うべきである。つまり，仮に将来の事情を知っていれば夫を単独相続人に指定しなかったであろうときは，被相続人の**善意**が取消権を発生させる。遺言作成時の被相続人の仮定的意思について判断するに際しては，具体的事件の事情の他に一般的な経験則も考慮されるべきである。被相続人がそのような遺言をしなかったであろうということが確実である，という特に重大な事情についての錯誤においてのみ，取消権は発生する。ここでは（他の具体的事情にもよるが），仮に被相続人が夫の行動を知っていたとすれば，彼女は厳格な倫理観を理由に夫を単独相続人に指定しないであろう，と言うことができる。仮に夫を単独相続人に指定すればその彼の非嫡出子が（夫の法定相続人として）間接的に受益することになる，ということもその理由である。

13-443 ゼップ・ベーアとトーニ・ベーアは，終意処分の無効によって夫と並んで法定相続人になるので（1925条1・3項），2080条1項の規定に従って取消権者となる。トーニは，ゼップが取り消すつもりがなくても，**取消権を単独**で行使することができる。相続人指定の取消しは，遺産裁判所に対する意思表示をもってしなければならない（2081条1項）。それによって，夫を単独相続人と指定したことは遡及的に無効となる，142条1項。相続人指定は，全体として動機の錯誤によるものであるので，相続人指定全体が無効となる。

  c）**法 定 相 続**

13-444 法定相続人は，夫フェーリックスが3/4（1931条1項前段，3項，1371条1項），ゼップとトーニが各1/8（1925条1項・3項前段，1924条4項）である。通説によれば（脚注43参照）取消しによって相続人指定は絶対的無効となるので，ゼップ自身が取消権を行使していないときでも，取消しはゼップにも有利に働くのである。

2．遺贈

13-445 相続人指定が無効となっても，2085条の規定に従って**遺贈**が無効になるわけではない。相続人指定の無効を知っていたとすれば被相続人は遺贈をしなかったであろうという拠り所は存在しないからである。しかし，姪のヴェーラについては，—— 遺言の文言から明らかなように —— 特に困窮していると被相続人が考えていたからこそ受遺者となったということを考慮するべきである。遺贈は相続が開始されて初めて効力を生じるのであるから，その時点で受遺者がなお困窮している，と被相続人が考えていたに違いない。しかし，この考えは誤りであったことになる。この遺贈については他の動機が明らかではないので，仮に被相続人が姪の将来の財産状態を知っていれば遺贈をしなかったであろう，と言うことができる。したがって，遺贈は，2078条2項の規定に従って取り消すことができる。

13-446 遺贈は，それによって債務を負うことになる3人の共同相続人にとって，その取消しが直接に利益をもたらすことになる（2147条2項）。したがって，3人の共同相続人各人が**取消権を取得**する（2080条1項）。取消権は，受遺者の姪ヴェーラに対する意思表示によって行使することができる（143条4項前段）。トーニがそれによって取消権を行使すると，遺贈は全体として無効になる（142条1項）。

Ⅲ　条件付終意処分

13-447 相続の規定（158条以下）から明らかなように，そして2074条以下の規定で確認されているように，終意処分には**停止条件**または**解除条件**を付けることができる。条件を付けることによって，被相続人は，終意処分の効力を，—— 条件の内容によって —— 相続開始の前または後に発生するかも知れない将来の不確実な事実に掛からせることができる。条件付行為から発生する法律効果は，158条以下に規定され，2074条以下の解釈規定も考慮される。被相続人が，相続人を解除条件付行為で指定し，相続開始後に条件が成就したときは，後位相続が開始し，遺言が他の定めを置いていなければ，2014条の規定に従って後位相続人が定められることになる。同様に，相続人を停止条件付行為で指定し，相続開始時には未だ条件が未成就であるときは，先位相続人が相続する（2105条）。これを**積極的後位相続**（konstruktive Nachfolge）と呼ぶ。

13-448 条件を付けることで受益者の行動を考慮し，場合によっては影響力を行使しようと被相続人が試みることは多い。その種の受益者の意思に依存した条件（**随意条件**）も，2065条の規定に反しない限り[51]，原則として有効であるが，良俗違反であってはならない（138条1項）。「極めて公正公平に考える者の礼儀」に従って（正

確には，多数の法倫理観念に従って）まったく当事者の自由になされるべき決定に財産の出捐で被相続人が影響力を行使しようというときは，良俗違反が認められる。その際には，基本権に具現化されている価値も考慮するべきである[52]。したがって，背後に受益者の行為を「買う」意図がある限り，受益者が改宗することを条件とする相続人指定は，通説によれば良俗違反であるし，受益者が特定の人物と婚姻すること，婚姻しないことまたは離婚することを条件とするのも良俗違反である[53]。年間に一定の回数祖父を訪問することを条件とした孫の相続人指定は，そのような訪問は内心の自由な確信に反することがあるので，無効，と判断することには[54]，（具体的諸事情の評価次第であるが）賛成しかねる。条件付の出捐が条件にされた行動に照らして客観的に正当な帰結である限り，その効力に疑いはないであろう[55]。受益者が婚姻しないという出捐の条件も良俗違反であることがあるけれども，やはり具体的事情次第である。たとえば，妻と2人の子を遺して死亡した被相続人が，妻が再婚しないことを条件に妻を単独相続人に指定し，もし再婚すれば法定相続が開始すると遺言をしていたときは，良俗違反ではない。それは，妻が新たな家族を作る以上，妻を単独相続人とせず法定相続分に従って相続人となることが被相続人の子の利益に客観的に正当だからである。そのような**再婚条項**（14-478 参照）は，一般的には，生存配偶者に対して（再婚をしないという）圧力を掛けるためのものではなく，相続人指定を事情変更に適合させるという正当な意図によるものである。仮に生存配偶者が再婚すると遺留分すら失うというものであれば，判断は異なるかも知れない[56]。

---

(51) 処分の有効性について（自由な）決定を受益者または第三者に委ねるためだけに被相続人がこのような随意条件を付けることはできない。BGHZ 15, 199, 201; MünchKomm/Leipold §2065 Rn.12. しかし，10-281 以下で詳述したとおり，客観的判断基準があり裁量の余地のない条件成就の判断を第三者に委ねることは可能である。KG 1998, 182。

(52) 9-251 以下参照。Karczewski, Hereditare - Jahrbuch für Erbrecht und Schenkungsrecht, Bd.3（2013), 19, 21ff. - Gutmann, Freiwilligkeit als Rechtsbegriff（2001), S.206ff. は異論。条件付受益者の自由は害されないので，基本権の問題ではない，と言う。しかし，民事法は，事実上の圧力の行使を考慮しなければならず，基本権に含まれる価値判断を私人間において実現しなければならないのである。

(53) 具体的事件では，離婚条項は有効とされた。BGH FamRZ 1956, 130. これを批判するのが，Meincke, FS Kaser（1976), S.437, 440ff.; Leipold, in:50 Jahre Bundesgerichtshof, Festgabe aus der Wissenschaft（2000), Bd.I, 1011, 1019f. ── 相続人が「家訓に適合する婚姻」から出生した者でなければならないとする条項については，9-253 参照。

(54) OLG Frankfurt ZEV 2019, 212（Bary の評釈有り）。しかし，裁判所は，条件が無効な場合の被相続人の仮定的意思を理由に，孫の相続人指定を有効とした。結局，良俗違反の条件の効果についての本書の見解と一致する（13-449 参照）。

(55) したがって（事案によるけれども）娘の婚約者に対する父親の出捐が婚姻を条件にしていても完全に有効であってよい。Otte JA 1985, 192, 199 参照。

(56) 良俗違反になると判示するのが，OLG Saarbrücken DNotZ 2015, 691（Weber の賛成評釈

13-449　条件が138条1項の規定に違反するときは，それによって処分が全部無効になるのか，無条件の出捐は有効なのか，という問題が生じる。条件と処分とは一体を成すものではないので，139条や2085条の規定は適用されない。処分全体が無効となるのが原則だと考えるのであれば，被相続人が無条件の遺言を作成したであろうと言える具体的事件であれば，無条件の遺言への転換（140条）はいずれにしろ可能である(57)。さらに，受益者の自由の余地を残すために良俗違反の判断を下すのであれば，受益者の利益のために遺言を無条件として有効にするべきであろう(58)。そうでなければ，被相続人が望んだとおりに受益者が自発的に行動したときであっても受益できないことになってしまうであろう。被相続人は，条件を付けるのではなく，単に希望するだけにしておけばよかった，ということになってしまう。無条件の処分として有効とすることで，遺言は適法な内容に縮減されることになる。

13-450　受益者が一定期間ある行為をしないまたは継続する，という条件であるときはそれで十分か否か，受益者の死亡に際して確認しなければならない。たとえば，再婚条項の場合においてそうである。そのような停止条件であるとすると，生存配偶者は事実上相続権を享受することができないであろう。したがって，2075条の解釈規定は，このような場合にその不作為または作為が単に受益者の意思に掛かるときは，解除条件とみなすことを規定している。受益者が被相続人の最終意思に反したときは（たとえば，遺言の取消しによって）(59)，出捐はなされない，という条件の失権条項も解除条件とみなされる。共同遺言中の再婚条項における法律関係については，14-478ff. 参照。共同遺言によく見られる遺留分条項（14-465参照）もまた解除条件である。

　　有り）= ErbR 2015, 567（Otteの基本賛成の評釈有り）。Karczewski（脚注52）29頁参照。再婚条項は生存配偶者が再婚しても遺留分は保持できる限り有効，と言う。Staudinger/Otte (2013) §2074 Rn.60 は厳格であり，通説に反対し，生存配偶者が再婚の際に返還義務を負うときは，再婚条項は常に良俗違反である，と言う。

(57)　Staudinger/Otte (2013) §2074 Rn.77; von Lübtow S.352; Thielmann, Sittenwidrige Verfügungen von Todes wegen (1973), S.194; Otte JA 1985, 192, 200.

(58)　Flume, Allgemeiner Teil des Bürgerlichen Rechts, 2.Bd. Das Rechtsgeschäft, 4.Aufl., §38, 4d (S.695f.); Keuk FamRZ 1972, 9, 15; Lindacher AcP Bd.175 (1975), 257, 259; Meincke (Fn.52) S.437, 458ff.; MünchKomm/Leipold §2074 Rn.28f. —— 反対は，Otte JA 1985, 192, 200; Muscheler Rn.1957; Staudinger/Otte (2019) §2074 Rn.76; Soergel/Loritz/Uffmann §2074 Rn.33; Breustedt ZEV 2021, 670, 675 f.（処分が有効であるためには法律上の根拠規定が必要と考える）。

(59)　いつこのような失権条項または処罰条項が効力を生じるか，は少なからぬ観点から疑わしい，詳しくはMünchKomm/Leipold §2074 Rn.30ff.

第13章の問題と事案

1．139条と2085条の規定を適用領域と内容について比較しなさい！
2．終意処分の取消しは，民法総則の取消しといかなる点で異なるか？
3．遺言の取消しと解釈は相互にいかなる関係に立っていて，いかなる法律効果をもたらすか？
4．ツェツィーリエ・ラングは，寡婦であり子も居なかったが，2019年に死亡したが，1977年にノイベルク市を単独相続人に指定していた。その際，遺産はノイベルクの盲人施設のために利用されることを定めていた。その後，彼女はこの遺言を忘れていた。彼女は，その最近親者に対し，その死後は法定相続が開始する，と何度も話していた。法定相続人の1人になるはずであった甥は，仮に被相続人が遺言を思い出していれば撤回していたであろうという理由で遺言を取り消した。権利関係はどうなるか？

解　答

13-451　1．a）適用領域：139条の規定は，法律行為の無効に関する一般則である。2085条の規定は，遺言の一部無効に関する特則である。後者は前者に優先する。1つの遺言中における数個の処分が無効であるときは，2085条の規定が適用される。しかし，1つの可分の処分が一部無効であるときは，この規定が類推適用されるべきである（争いがある）。

13-452　b）内容：139条の規定に従って，一部無効は通常は法律行為の全部無効をもたらす。ただし，無効な部分なしに法律行為がなされていたであろうときはこの限りではない。それに対し，2085条の規定に従って，遺言の残部は原則として有効である。ただし，被相続人の意思が異なるときはこの限りではない。

13-453　2．終意処分の取消しには，以下の特徴がある。

a）動機の錯誤が取消原因となる（2078条2項）。
b）錯誤の因果関係においては被相続人の主観的意思のみが問題となり，事案の客観的な評価は問題とならない（119条1項と異なる2078条1項）。
c）取消権者は，表意者としての被相続人ではなく，処分が無ければ直接に利益を受けるだろう者である（2080条1項）。
d）取消しの意思表示は重要な処分については（2081条），遺産裁判所を相手方としてなされる。
e）取消しの期間制限は1年間である（2082条）。
f）信頼利益の賠償請求権は生じない（2078条3項）。

13-454　3．補充的解釈を含めて遺言解釈は，遺言取消しに優先する。解釈によって被相続人の意思を考慮することができるときは，表示と意思（および動機）の齟齬は生じず，取消権は生じない。被相続人の（表示された）意思が優先するときは，遺言は取消しによって遡及的に無効となる（142条）。

13-455　4．法定相続が開始するという被相続人の口頭の説明は，撤回の形式要件を満たしていない（2254条以下）ので，（ノイベルク市を負担付で単独相続人に指定する）遺言は有効のままである。取消原因が存在するときに限り，甥の取消しの意思表示によって相続人指定は無効となる（142条1項）。被相続人が処分時に過去，現在または将来の事情について誤って考えていた，つまり**遺言作成時に誤った想定をしていた**ときは，2078条2項の規定に従って遺言を取り消すことができる。しかし，本件では，遺言作成時に錯誤が存在していた訳ではなく，遺言作成後に遺言を忘れていても，2078条2項の規定は適用されない。錯誤による遺言作成と錯誤によって撤回しなかったことは類似しないので，同項の類推適用もすることができない。取消しは，被相続人がしなかったけれども事案について悪意であればしたはずの処分をしたとみなすものではないからである。つまり，遺言は有効のままである[60]。

---

(60)　BGHZ 42, 327, 332f.

第14章　共同遺言

事案20：ペーター・シュルツは，自筆証書遺言を以下のとおり作成した。「妻と私は互いを単独相続人に指定する。双方の死後は，われわれの子，オスヴァルトとオッティーリエが相続人となる。生存配偶者は，子がこれに背いたときは，子の相続権を制限または剥奪することができる。」この文面に，ペーター・シュルツと妻フランツィスカが自筆で署名した。ペーター・シュルツの死後，フランツィスカは新たな遺言を作成し，オッティーリエの相続人指定を止め，その子のマックスとモーリツを各1/4の相続人に指定した。フランツィスカの死後，オスヴァルト，オッティーリエ，マックスおよびモーリツは遺産争いをしている。オッティーリエは，父ペーターはその自筆証書遺言の有効性を母フランツィスカに委ねたわけがない，と主張している。フランツィスカ・シュルツの死後，相続はどうなるか？

I　共同遺言の本質と要件

14-456　婚姻による共同生活関係の枠組においては，夫婦の一方と他方の死後の法律関係を共同の，互いを相手方とする死因処分で定めたいという希望が生じることが稀ではない。法律上は，その形式も考慮され，夫婦は，**共同遺言**，つまり**双方の死亡後のこと**（つまり2つの相続[1]）を定める統一した遺言を作成することができる。共同遺言は，相続契約とは異なるものである。共同遺言は，本質において遺言であるので，2265条以下に特別が置かれていない限り，遺言による（終意）処分に関する全規定が適用される。しかし，**相関的処分に生存配偶者が拘束される**ことから，相続契約にも類似している，14-471, 475参照。解釈においては，夫婦双方の意思が考慮されなければならない[2]。

14-457　2265条の規定に従って，共同遺言を作成することができるのは，**夫婦**（つまり，**登録済みパートナー**，パートナー法10条4項）だけであり，その他たとえば，婚約者[3]，非婚のカップル[4]，親族は作成することができない。そのような**夫婦以外の**

---

(1) 第1の相続開始後の共同遺言の開封に際しては，生存配偶者またはパートナーの処分は，離婚しない限り，明らかにされない（家事事件及び非訟事件手続法349条1項）。
(2) BGH NJW 1993, 256; ZEV 2015, 343, Rn.12.
(3) 婚約者の作成した共同遺言は，当事者が後に夫婦となっても治癒されない（通説），Kanzleiter FamRZ 2001, 1198; MünchKomm/Musielak §2265 Rn.2.
(4) 本規定は，基本法6条1項の規定によって特に保護される婚姻共同体の本質を考慮したものであり，基本法3条1項の規定に違反しない，BVerfG NJW 1989, 1986（不受理決定）。

共同遺言は，無効である[5]。

14-458　共同遺言の有効性は通常，2268条1項，2077条1項の規定に従って，夫婦の一方が死亡した際に婚姻が継続していたか否かに掛かっている。仮に離婚していれば，共同遺言全体は（子の相続族人指定も），通常無効である。しかし，離婚していても共同遺言を残したであろうと解されるときは，遺言は有効である（2268条2項[6]）。離婚した夫婦が再婚した場合において，相続開始時に婚姻中であるときは，2077条1項の規定する無効原因がその趣旨に照らして適用可能かどうか疑わしい。他方で，再婚は再婚であって当初の婚姻とは異なるのであるから，相続に関して当初の婚姻と同じ考えで遺言をしているとは限らない。つまり，2268条2項の規定の適用においては，被相続人が離婚と再婚があったとしてもその遺言を作成したであろうと言えるか否かで，旧遺言の効力を判断するべきである[7]。

Ⅱ　遺言の方式と共同遺言性

14-459　方式については，まず，遺言作成の一般規定が適用される（11-290以下参照）。相続契約（2276条）とは異なり，公証人による公証は要件ではない。**自筆証書遺言**の共同遺言の作成には，2267条の**負担軽減**規定がある。それによれば，夫婦の一方が2247条の規定する形式で相関的処分を書き（つまり自筆で書いて署名をし），他方が**署名**をすれば足りる[8]。夫婦の他方が署名をしない限り，共同遺言の案は，その意思が解釈されて確定される限りにおいて，それを自筆で作成・署名した者の単独遺言となる可能性が残るだけである[9]。

---

(5)　非婚のカップルが共同遺言を作成したときは，方式要件が満たされ，〔共同遺言が無効であれば個別遺言を作成したであろうという〕仮定的意思が確定される限り，個別遺言に転換することができるかどうか問題になる，12-401参照。そうでなく，2267条の規定する方式が選択されたにもかかわらず，2つの個別遺言を作成したつもりであったときは，方式要件を満足している者の遺言として有効である，BayObLG FamRZ 2001, 1563.

(6)　そのような処分が相関的性質を維持するか否かは疑わしいので，元配偶者の生存中には2271条1項後段，2296条の方式でのみ，つまり遺言によらずに撤回可能であり，撤回によって元配偶者の相関的処分もまた無効になる（2270条1項）。BGHZ 160, 33 = NJW 2004, 3113は，これを肯定し，処分が有効のままである場合でも相関的効力を生じるのは夫婦の意思に沿うものではない，と強調した。

(7)　BayObLGZ 1995, 197 = NJW 1996, 133; OLG Düsseldorf ZEV 2017, 354 Ls. = BeckRS 2017, 108468 Rn.20ff.; MünchKomm/Leipold §2077 Rn.29f.

(8)　夫婦の他方は後から署名をするのであって，予め署名だけをすることはできない，OLG Hamm FamRZ 1993, 606. それでよいとする旨の自筆に署名をしていれば別紙でもよい，BayObLGZ 1993, 240 = FamRZ 1994, 193，（旧2267条の規定に対応している。形式は厳格になったのではなく，むしろ緩和されたはずだからである）。

(9)　意図して作成された「ベルリン遺言」（14-463参照）が夫婦の他方の署名が欠けるために成立しなかったときは，単独遺言として認めるべきではない，BayObLGZ 2000, 194 = ZEV 2000,

14-460　共同遺言は，一般には，外観上統一された[10]証書で作成されるけれども，それは要件ではない。重要なのは，共同遺言を作成するという夫婦の意思表示である。証書に統一性が欠けているときは，意思表示が共同になされたものであることが証書から明らかでなければならない。つまり，2つの単独遺言ではなく，互いに申し合わせて相手の処分を知って作成された1つの共同遺言である，ということが意思表示から明らかでなければならない[11]。1つの共同遺言か2つの単独遺言かの問題は，共同遺言においてのみ相関的処分に関する規定が適用可能であるので，重要である。

III　終りの相続人（Schlusserbe）〔山田　1993, 556〕の指定

14-461　共同遺言において夫婦が互いに単独相続人と指定し，生存配偶者の死亡後は1人または数人の第三者（たとえば卑属）（終りの相続人）が遺産を受ける，とするときは，これは2つの異なる意味で解釈することができる。

14-462　a）まず，生存配偶者は，先に死亡した配偶者の遺産に関し，先位相続人であり，第三者が後位相続人となるものである[12]。第三者は，生存配偶者の相続人となる。先に死亡した配偶者の遺産と生存配偶者のそれとが分けて相続されるので，この方法は分離主義と呼ばれる。第三者は，先に死亡した配偶者と生存配偶者の双方を相続する（2段階相続）。

---

448 は，この可能性を全く排除しているわけではないけれども。OLG Frankfurt FamRZ 1998, 1394 参照。
（10）　つまり，一枚の紙または綴じられた数枚の紙で，その内容について夫婦双方が署名しているもの。
（11）　KG FamRZ 2001, 794; OLG Braunschweig ZEV 2007, 178; OLG München ZEV 2008, 485（遺言の共同の補足によって内容的に整合していることで足りるとした）。
（12）　先位相続財産，後位相続財産については，19-668 参照。

第 3 部　相続に関する死因処分およびその他の法律行為

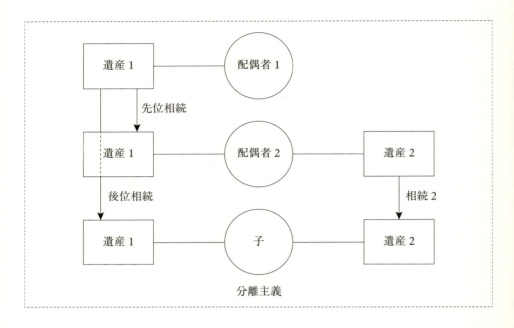

14-463　b）つぎに，生存配偶者が先に死亡した配偶者の**無制限**の相続人となるものがある。第三者は，生存配偶者だけの相続人である。生存配偶者の下で夫婦の財産はいわば単一体に合併する。その全体が最終的には一度に第三者に移転するのである（単一主義（Einheitsprinzip）——いわゆるベルリン遺言）。

第14章　共同遺言

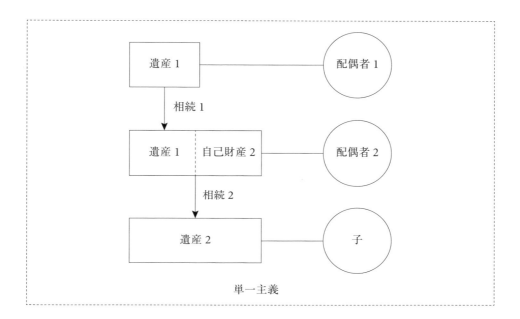

14-464　夫婦が分離主義と単一主義のどちらを望んだのかは，不明なことがしばしばである。疑わしい場合には2269条1項の解釈規定に従って**単一主義**と解される。具体的事情に従って —— 遺言中に終りの相続人が「後位相続人」と表示されている場合にもこの解釈が問題となる[13]。

14-464a　また，2つの相続について**異なる定め**も可能であるので，たとえば，夫が先に死亡するときは単一主義とし（生存する妻は無制限の相続人となる，14-463），妻が先に死亡するときは，分離主義とし（14-464），生存する夫が妻の遺産に関して先位相続人となり，この遺産財産は夫の死後，（夫の相続人にではなく）指定された妻の後位相続人に相続される[14]。

14-465　分離主義と単一主義の区別は，**遺留分権**においても，異なる法律効果をもたらす。（単独の）終りの相続人が夫婦の唯一の共通の子であるときは，たとえば，次のようになる：**単一主義**（2269条1項）では，終りの相続人が先に死亡した配偶者を相続しないので，その遺留分権は，第1相続において発生する（2303条1項）。2回の相続が，遺留分権に関しても注意深く区別されなければならないのである。第1

---

(13)　BGH NJW 1983, 277; BayObLG FamRZ 1992, 1476; OLG Cell〔原典のZweibrückenは誤記〕ZEV 2013, 40.
(14)　KG ErbR 2021, 420. Dazu Wendt ErbR 2021, 399.

相続において遺留分権が行使されることを防ぐために，第1相続において遺留分権を行使した終りの相続人は第2相続においても遺留分を受けることしかできない（第2相続における単独相続人指定の解除条件）という遺言条項（いわゆる**遺留分条項**[15]または遺留分罰条項）が用いられることが多い。── 分離主義においては，第1相続においては，2306条2項・1項の規定が適用される。第1相続における後位相続人に指定された卑属は，それを放棄する場合においてのみ，第1相続において遺留分権を行使することができる。

14-465a 共同遺言が「ベルリン遺言」（14-463）のモデルと比較して不完全であるときは，興味深い解釈問題が生じる[16]。共同遺言に，夫婦の相続人の相互指定が含まれているけれども，生存配偶者の死亡による相続についての定めを欠いているときは，卑属を終りの相続人に黙示に指定したと解することは，それが慣習であるというだけではできず，遺言にその拠り所があるときにのみすることができる[17]。逆に，共同遺言で終りの相続人だけが指定されているときは，それだけで配偶者が第一次相続における相続人の相互指定を帰結することはできない[18]。

Ⅳ　相関的処分概念

14-466 共同遺言では，総ての種類の終意処分をすることができる。**相関的処分概念**は，共同遺言中の全処分のことではなく，仮に夫婦の一方が特定の処分をしなければ，他方もしないであろうという仮定の成り立つ処分を指すに過ぎない（2270条1項）。言い換えると，両処分は，ともに為されるまたはともに為されないという密接な関係になければならない[19]。相関的処分としてすることが可能なのは，相続人指定，遺贈，負担または法選択の意思表示（2015年以降）（1-18以下参照）に限られ（2270条3項），たとえば，遺言執行者の指名をすることはできない[20]。また，共同遺言は，相関的処分を含む必要はない。

---

(15) BGH NJW 2006, 3064. 連邦通常裁判所が詳述するとおり，具体的な遺言解釈が許す限り，解除条件は第2相続後にも成就することができる。しかし，連邦通常裁判所が認めるとおり，遺留分侵害額請求権の消滅時効完成後にも解除条件が成就し得ると解することは，遺留分条項の趣旨に反することになろう。

(16) MünchKomm/Leipold § 2074 Rn.54, § 2084 Rn.17.

(17) このことは，遺言書に遺留分制裁条項が含まれているときは，肯定されるべきである（OLG Frankfurt ZEV 2002, 109 = FamRZ 2002, 352）。

(18) OLG München ZEV 2020, 47; ErbR 2020, 485.

(19) BayObLGZ 1991, 173, 175f. = FamRZ 1991, 1358〔原典の1359は誤記〕; BayObLG FamRZ 2005, 1931.

(20) 15-505a参照。

14-467 処分に相関性があるか，どの処分に相関性があるかは，遺言解釈によって明らかになる。遺言から明らかにされた，遺言作成時における夫婦の共通の意思が基準となる[21]。しばしば夫婦が相関性と法律効果をはっきり分かっていないため，その解釈は困難である。具体的事案で（一般則に従った，12-361以下参照）解釈が疑いのない結論に達しないときに初めて2270条2項の解釈規定を適用することができる[22]。それによれば，夫婦が互いに出捐したときは，相関性を肯定することができる。配偶者が死亡した際の終りの相続人に（先に死亡した）配偶者の親族（またはそれ以外の近親者[23]）を指定することもまた，配偶者を指定することとの関係で相関性に（疑わしい場合には）寄与する。このことは，とりわけ共通の子を終りの相続人に指定するときに妥当する[24]。しかし，終りの相続人に指定された子が生存配偶者の相続開始前に死亡して2069条の解釈規定に従ってその卑属（被相続人の孫）が予備相続人となるときは，連邦裁判所の見解によれば[25]，2270条2項の解釈規定は適用されず，相関性は（遺言に相当の拠り所がある場合の）具体的解釈の方法によってのみ肯定することができる。詳しくは，14章の問題と事案3c参照。それに対し，終りの相続人が欠けることで2094条1項前段の規定に従って，その相続分が他の終りの相続人について相続分の増加が生じるときは，それについても相関性が及ぶ[26]。——夫婦が相互に相続人指定をせず，双方の相続において共通の子が直接に相続することを定めるときは，2270条2項の解釈規定は適用されず，相続人指定は互いのそれとは無関係になされるのであろうから，疑わしい場合には相関性を否定しなければならないであろう[27]。

14-468 相関的処分は，夫婦の意思に従って特に密接に結合している。そのため，処分の一方の**無効**または**撤回**は，他方の無効をもたらす（2270条1項）。

---

(21) BayObLG FamRZ 2005, 1931.
(22) BayObLG FamRZ 2005, 1931.
(23) BayObLGZ 1982, 474（厳格な基準。親族に対するのと同様の個人的な関係と内的な結びつきが必要とされた）；KG Rpfleger 1983, 26.
(24) OLG Köln FamRY 1993, 1371. それに対し，〔先に死亡した配偶者とは血縁ではなく〕生存配偶者の〔連れ子などの〕血族が終りの相続人に指定されたときは，その者が先に死亡した配偶者の「近親者」（脚注23参照）である限りにおいて2270条2項の解釈規定が適用され，BayObLG FamRZ 1985, 1287, 単に姻族関係があるだけでは肯定されない，KG FamRZ 1993, 1251; OLG Frankfurt FamRZ 1997, 1572（子の無い夫婦が生存配偶者の法定相続人を相続人指定した場合）。そうでなければ，終りの相続人と血族ではない配偶者の終りの相続人指定への片務的拘束となってしまう，BayObLG FamRZ 1984, 1154; 1985, 1287, 1289参照。
(25) BGHZ 149, 363 = NJW 2002, 1126; BayObLG FGPrax 2001, 248.
(26) OLG Nürnberg ZEV 2017, 642（Litzenburgerの賛成評釈有り）。
(27) BayObLG FGPrax 1996, 150; OLG Hamm FamRZ 2001, 581（しかし，夫婦が相互に相続放棄や遺留分放棄をしていれば，相関性肯定の根拠とすることは可能）。

V 共同遺言の撤回

1．非相関的処分の撤回

14-469 共同遺言中の非相関的処分は，いつでも撤回することができる（2253条）。つまり，夫婦の双方は，非相関的処分を通常の撤回の形式で（たとえば，遺言による撤回や矛盾する終意処分による撤回）撤回することができる。

2．相関的処分の撤回

a）夫婦双方の生存中

14-470 相関的処分もまた，夫婦双方が生存中であれば，いつでも撤回することができる。しかし，撤回の方式には特則が設けられていて，相続契約の解除と同様の方式でなければならない（2271条1項前段，2296条）。2296条2項の規定によれば，配偶者に対する公正証書による撤回の意思表示が必要である[28]。しかし，相続契約におけるのとは異なり，解除原因は不要である。と言うのは，2271条1項前段が2296条のみ準用して2293条から2295条までを準用していないからである。こうして相手方配偶者は，相関的処分をした夫婦の一方の撤回によって他方の相関的処分も無効となる（2270条1項）だけに重要な，撤回の事実[29]を確実に知るのである。これに対し，撤回遺言や事実上の抵触終意処分では，相関的処分を一方的に無効とすることはできない（2271条1項後段）。そうではなく，共同遺言によって夫婦共同で相関的処分することはできる[30]。遺言証書の共同破棄による撤回も可能である（2055条）[31]。

b）夫婦の一方の死後

14-471 夫婦の一方が死亡すると，他方が相関的処分を撤回する権利が消滅する（2271条2項前段）。夫婦の一方の死亡によって生存配偶者の相関的処分は拘束力を生

---

[28] 遺言無能力の配偶者に対しても，その法定相続人に対する意思表示によって撤回することが可能である．OLG Nürnberg FamRZ 2013, 1842; OLG Hamm FamRZ 2014, 1484. 相続契約の撤回における同様の問題について15-514a参照。

[29] BGHZ 9, 233, 236参照。連邦通常裁判所は，規定の趣旨に照らして正当にも，撤回をする者は（130条2項の規定にかかわらず）その撤回が撤回者の死後に配偶者に知られるようにしてはならない，と解した。それに対し，被相続人の〔相続開始前に発信した〕通知が相続開始直後に到達したに過ぎない場合は，撤回は有効である．OLG Koblenz ZEV 2017, 713（Weidlichの評釈有り）；OLG Oldenburg ErbR 2018, 346.

[30] OLG Braunschweig ZEV 2007, 178（しかし2つの個別の遺言によってすることはできない）。

[31] OLG München ZEV 2020, 162.

じるのである。死亡した者がその配偶者の相関的処分の有効性を信頼していたことにその理由がある。拘束力の発生によって，処分から生じる権利を全部または一部侵害する，新たな遺言や相続契約は不可能になる。たとえば，相続人指定の撤回，遺贈や遺言執行による相続人の負担がそうである[32]。

14-472　もっとも，遺言[33]によって相関的処分を一方的に変更しまたは無効とする生存配偶者の権利が死因処分によって留保されているときは（変更の留保），この限りではない[34]。第1相続において留保された生存配偶者は，その相続で出捐を受けたものを放棄することによって，撤回の自由[35]を享受することができる（2271条2項前段）[36]。また，2271条2項後段の規定に従って，受益者の非行（2294条）や遺留分剥奪原因該当事実（2336条）があったときには撤回可能性が残る。生存配偶者は，相関的処分が受益者の先の死亡または受益の放棄（2352条）[37]によって失効するときにおいても，相続分増加（2094条）や予備相続人指定（2069条など）の要件を満たさない限り，再び自由に処分することができる[38]。

Ⅵ　拘束力を生じた相関的処分と加害目的の贈与

14-473　遺言による処分は，被相続人がその生存中に財産を処分することを妨げないのが原則である。たとえば，被相続人は，相続人が指定した上で，財産のほとんどを第三者に贈与することも可能である。しかし，相関的処分において夫婦の一方が先に死亡した場合のように被相続人を拘束する死因処分は異なっている。そのため，たとえば，生存配偶者が，終りの相続人に指定されているBに相続させたくないが，

---

[32]　OLG Frankfurt WM 1993, 803. 遺言執行者の交替について15-505a参照。

[33]　つまり2254条の規定（11-333参照）に従って。2255条の規定に従った撤回（11-336参照）では足りない。OLG Stuttgart OLGZ 1986, 261; OLG Hamm FamRZ 1996, 825.

[34]　このような条項が許されることについて，BGHZ 2, 35, 37; 30, 261, 265参照。MünchKomm/Musielak §2271 Rn.31ff. この種の変更の留保は，相関性を必ずしも排除しない（たとえば，2271条1項に関して）。BGH NJW 1964, 2056; NJW 1987, 901; OLG Stuttgart OLGZ 1986, 261, 263.OLG Bremen ZEV 2018 90（Uffmann ErbR 2020, 152は賛成）にもかかわらず，変更の有効性は，2065条1項の規定に従って第三者の同意に依存させてはならない。MünchKomm/Leipold §2065 Rn.17.

[35]　撤回権を行使すると，2270条1項の規定に従って先に死亡した配偶者の処分は無効となるが，生存配偶者が自身の処分を後に変更したときも同様である。BGH NJW 2011, 1353.

[36]　この規定の趣旨は，法定相続分も放棄されることにあるけれども，それが遺言によって指定されたものより相当に少ないときは，この限りではない。KG OLGZ 1991, 6; MünchKomm/Musielak §2271 Rn.25も同旨。BGH NJW 2011, 1353 Rn.13f. では未解決。

[37]　OLG Köln FamRZ 1983, 837（生存配偶者が遺贈をすることができるようにするための受益者の相続の一部放棄は有効である）；OLG Oldenburg ZEV 2020, 164（終りの相続人の受益の放棄が公正証書による契約に黙示になされることがあり得る）。

[38]　OLG Hamm MDR 1982, 320; Brems FamRZ 1983, 1278.

相続人でないようにすることができないため，財産のほとんどをAに贈与することによって，生存者の処分によって拘束力の効果が害される危険が生じる。この問題については，共同遺言の箇所では詳しく規定されていないけれども，先に死亡した配偶者の死後における相関的処分の拘束力は契約による処分の拘束力と同様であるので，相続契約法の規定が適用されるべきである。

14-474 死因処分の拘束力は，原則として生存者間の自由な処分権と同様である，2286条。しかし，夫婦の一方が死亡した後の害意のある贈与においては[39]，害された相続人は，2287条の規定に従って[40]，受贈者に対する返還請求権を取得する。生存配偶者が，相関的処分で第三者に遺贈していた目的物を受遺者に対する害意をもって滅失または譲渡したときも，2288条の規定が類推適用される。もっとも，2287条または2288条の規定による請求権が発生するのは第2相続開始後である[41]。共同遺言および相続契約における「潜脱無効」理論を連邦通常裁判所はしばらく前から棄てている。このことと2287条・2288条の要件について詳しくは，15-520以下参照。「明記されざる」（婚姻による）出捐について，15-523参照。

Ⅶ 共同遺言の取消し

14-475 遺言取消しの規定に従って，被相続人自身は取消権者とならず，取消権は相続開始後に遺言の取消しが直接に利益をもたらす者に帰属する（2080条1項），13-433参照。いずれにせよ被相続人には撤回権があるのであるから，取消権も認めることは余分である，という考えである。しかし，共同遺言においては，これが妥当するのは，処分が自由に撤回可能である限りであり，つまり，一方的処分および夫婦双方生存中の相関的処分についてである。それに対して，夫婦の一方の死後には，**相関的処分は他方に拘束力を生じる**ので，（たとえば，詐欺や強迫といった）取消原因が存するときでも〔撤回権を理由として〕生存配偶者に取消しを認めないことはできないであろう。共同遺言について法律上の明文の規定は欠けているけれども，相続契約には規定が有る。夫婦の一方の死後の相関的処分の拘束力と契約による処分の拘束力とは同様であるから，**相続契約の取消しに関する諸規定（2281条から2285条まで）が類推適用されるべきである**[42]。

---

(39) 夫婦双方の生存中であれば，贈与しても2287条の規定の請求権が生じることはない。相関的処分に未だ拘束力が生じていないからである。BGHZ 87, 19.
(40) 共同遺言への適用について，BGHZ 59, 343, 348; 66, 8, 15; BGH NJW 2017, 329 Rn.7; 確定判例。
(41) MünchKomm/Musielak §2269 Rn.38.
(42) RGZ 87, 95; BGHZ 37, 331, 333; Lange/Kuchinke §24 Ⅵ 8; MünchKomm/Musielak §2271

14-476　つまり生存配偶者は，2078条または2079条の取消原因が存するときは，2281条1項の規定に従って，自らの(43)拘束力を有するに至った相関的処分を取り消すことができる(44)。この取消権行使（特に，方式，期間制限，相手方，2281条2項，2282条以下）に関しても，相続契約と同様である（15-516参照）。後に死亡した配偶者の相関的処分の（第2相続開始後の）第三者による取消しに関しても，相続契約と同様であり（15-517参照），たとえば，2285条の規定が類推適用され，生存配偶者の期間制限によって取消権を喪失していたときは，第三者の取消権も否定される(45)。

14-477　相関的処分が取消しによって無効とされるときは（142条1項），2270条の規定に従って，先に死亡した配偶者の相関的処分も無効となる。それによって，先に死亡した配偶者による，後の共同遺言によって2258条の規定に従って無効となっていた，古い遺言が再び有効になることがある(46)。

Ⅷ　再婚条項

14-478　共同遺言では，夫婦が互いを単独相続人に指定し，生存配偶者が再婚すればその単独相続権を喪失して（指定相続分または法定相続分で）共通の卑属と遺産分割をする，つまり遺産の一部を卑属に返さなければならないと約されることが多い。再婚する際に卑属に対して一定の額のまたは法定相続分の遺贈をするまたは法定相続分額の支払をすることを定めておくこともできる。このような再婚条項によって，先に死亡した配偶者の財産の取り分は，（終りの相続人指定がなされたとしても）事実上も（新しい配偶者および新しく生まれ得る卑属の遺留分侵害額請求権によって）法律上も減少する可能性があるので，生存配偶者の死亡前に卑属に与えられることになるのであ

Rn.36.; Staudinger/Kanzleiter（2019）§2271 Rn.69ff.
(43)　先に死亡した配偶者の処分の取消しに関しては，遺言取消しの一般則が適用される。つまり，生存配偶者は，処分の取消しによって直接に利益を受けるときは（2080条1項），先に死亡した配偶者の処分を2081条の規定の方式で取り消すことができる。生存配偶者がその取消権を行使しなかったときであっても，第三者は取り消すことができ，2085条の規定にも反しない。BGH NJW 2016, 2566（Kollmeyerの賛成評釈有り）はOLG Stuttgart ZEV 2015, 476（Weidlichの反対評釈有り）を破棄した。
(44)　これについてBayObLG ZEV 2001, 314〔原典の3140は誤記〕: 遺留分を知っていても処分がなされたか（2079条後段）の吟味においては，取消権を行使する生存配偶者の仮定的意思だけが問題になる，と言う。MünchKomm/Leipold §2079 Rn.24も同旨。
(45)　BayObLG FamRZ 1989, 787. BayObLG FamRZ 1992, 1102（生存配偶者が錯誤に陥って取り消すことのできる処分を無効と考えていたときは，期間制限が進行しない）も参照。── BayObLG ZEV 1995, 105 = FamRZ 1995, 1024（Leipold ZEV 1995, 99は反対）= JuS 1996, 76（Hohlochの評釈有り）によると，取消原因（たとえば，2079条の規定する再婚）が生じたときに被相続人が共同遺言をすっかり忘れていたときは，期間制限は進行しない。
(46)　BayObLG ZEV 1999, 397.

14-479 このような条項が有効であることについては，それが夫婦の合意で入れられるものであるだけに，―― 良俗違反（138条1項）の視点からも ―― 通常は疑いがない。しかし，生存配偶者が再婚するのであれば遺留分の遺産すら失うのであれば，この限りではないかも知れない，13-448参照。再婚条項の効果については，それが遺言中に不正確に記載されることが多いため，問題が生じることが多い。2075条の規定によると，生存配偶者は，相続人になるのであって，つまり，再婚条項は停止条件ではなく解除条件と解されることになる。生存配偶者が再婚条項とは無関係に，先に死亡した配偶者の先位相続人に指定され，終りの相続人が後位相続人に指定されているときは，事案は比較的単純である（分離主義，14-462参照）。この場合，再婚は後位相続開始の追加的原因となる。

14-480 しかし，後に死亡した配偶者の死亡時に後位相続が開始しないとしても，つまり，―― 法律上規定されているように（2269条1項）―― 単一主義が適用されるときは（14-463），生存配偶者の相続権を全部または一部喪失するところの再婚条項は，後位相続を指示したものと解されるべきである。再婚をすることで，生存配偶者が相続権を一部喪失し，共通の卑属が，先に死亡した配偶者の遺産についての自らの取り分をその相続人として受けることになる。しかし，同一の被相続人を巡るこのような相続権の関係は，先位・後位相続（2100条）そのものである。大抵，次のように解される：すなわち，停止条件付後位相続の指示であり，生存配偶者は解除条件付完全相続人（Vollerbe）であり，停止条件付先位相続人である，と[47]。正確に言えば，配偶者が〔先の〕相続開始から再婚までは完全相続人であったことに後の相続開始に影響を及ぼさないのであるから，その期間に配偶者のした遺産に関する処分は2113条以下の処分制限の対象とはならない場合にのみ，この再婚条項の理解は妥当である。このような内容の再婚条項は有効であるように見える[48]。その場合には，もちろん，後位相続人は，生存配偶者の（再婚前の）無償処分からも保護されない。したがって，生存配偶者は再婚の場合において相続開始時から先位相続人とみなされる，

---

(47) BGHZ 96, 198 = DNotZ 1986, 541; Grüneberg/Weidlich §2269 Rn.17; Jauernig/Stürner §2269 Rn.7. この問題構造について詳しくは，MünchKomm/Musielak §2269 Rn.54ff.; Wilhelm NJW 1990, 2857.

(48) その詳しい理由付けとして，MünchKomm/Musielak §2269 Rn.58ff.; Meier-Kraut NJW 1992, 143, 145; OLG Celle ZEV 2013, 40（Weidlichの反対評釈有り）; BGHZ 96, 198, 204f. = DNotY 1986, 541は態度を明らかにしていない。―― 反対説は，Staudinger/Otte（2019）§2074 Rn.22; Staudinger/Kanzleiter（2019）§2269 Rn.43; Wilhelm NJW 1990, 2857, 2863; Frank/Helms §12 Rn.30; Muscheler Rn.2105.

と再婚条項を解釈するのが一般には分かりやすいだろう。そうであれば，何らかの理由で不適用とならない限り，後位相続人保護のために2113条以下の規定が遺産に関する処分に適用されることになる[49]。しかし，停止条件付後位相続と言うことはできない。停止条件の成就には（相続開始時からの先位相続人指定の）遡及効が無いからである[50]。むしろ，このような結論を導くのであれば，生存配偶者を解除条件付先位相続人かつ停止条件付完全相続人[51]とみなし，生存配偶者が再婚せずに死亡することで条件が成就する，と解さなければならないであろう。生存配偶者が先位相続人に対するすべての制限に服するかそれとも免責された先位相続人（2136条）であるのかは，まず遺言次第であり，疑わしい場合にはそのような免除が認められるべきであろう[52]。2136条から明らかであるように，無償処分（2113条2項）においては，免除は問題とならない。

14-481　再婚条項がある場合における生存配偶者の再婚が自己の終意処分，とりわけ卑属の相続人指定にどのように影響するかという問題は，一律には答えることができない。けれども，意見が一致しているのは，生存配偶者は，再婚条項によって先に死亡した配偶者の単独相続権を法律上（相続権喪失）または経済的に（遺贈の負担）失うときに，当初していた相関的処分（14-466参照）を撤回することもできる，ということである[53]。先に死亡した配偶者の処分が無効となるのであれば，相関性の基礎が喪失されるからである。しかし，正にそのために，生存配偶者の処分は，（補充的解釈によっても）遺言に別段の定めない限り，2270条1項の規定の適用によってそれ自体無効となる，という見解も主張されるのである[54]。

---

(49)　RGZ 156, 172, 181 はこのような法律構成なしに認める。OLG Hamm ZEV 2011, 589（土地登記簿への後位相続人の付記登記も要件と言う）; Staudinger/Otte (2019) §2074 Rn.23; Staudinger/Avernarius (2019) §2100 Rn.33; Grüneberg/Weidlich §2269 Rn.18; Völzmann RNotZ 2012, 1, 10.

(50)　Soergel/Wolf (13.Aufl.) §2269 Rn.26 は反対; Jauernig/Stürner §2269 Rn.7 は，161条2項と159条を理由に反対。しかし，159条には物権的効力が無く，遺産に関する先位相続人の処分は161条2項も適用されない。処分がされても後位相続財産自体の帰属を妨げないからである。Wolf, FS von Lübtow zum 90. Geburtstag (1991), 325, 326ff. は，161条2項の類推適用を根拠とする。

(51)　MünchKomm/Musielak §2269 Rn.56 に説得力；Eidenmüller/Fries, Fälle zum Erbrecht, 6. Aufl., S.115f.; Frank/Helms §12 Rn.30; Jünemann ZEV 2000, 81, 84 も同旨。Muscheler Rn.2105 は反対。

(52)　BGH FamRZ 1961, 275, BayObLGZ 1961, 200, 204; OLG Hamm DNotZ 1972, 96.

(53)　OLG Zweibrücken ZEV 2013, 395; BayObLG NJW-RR 2002, 366, 367.

(54)　KG NJW 1957, 1073（無効の解釈規定）；OLG Hamm FamRZ 1995, 250（再婚によって生存配偶者が先に死亡した配偶者の遺産の取り分を失うとき）；Frank/Helms §12 Rn.31. —— 反対は，OLG Hamm JR 1987, 376; MünchKomm/Musielak §2269 Rn.62（別意に解釈されない限り）；Staudinger/Kanzleiter (2019) §2269 Rn.50; Völzmann RNotZ 2012, 1, 16. ブランクのまま

事案 20 の解答

14-482 ペーター・シュルツの共同遺言は，自筆証書遺言で署名されていて，2247条1項の規定の方式要件を備えている。2247条2項の規定に違反して，時と場所の記載がないにもかかわらず，それらは，**有効要件ではないので**，遺言は無効ではない（2247条5項）。妻フランツィスカ・シュルツが自筆で署名しているので，共同遺言は，2267条の規定の要件を満たし，有効である。

14-483 2269条1項の規定（解釈規定）から明らかなように，ペーター・シュルツの死亡によって，その妻は（単なる先位相続人ではなく）無制限の単独相続人となり，オスヴァルトとオッティーリエはフランツィスカ・シュルツの各1/2の相続分の相続人に指定される（2091条）。しかし，オッティーリエの相続人指定は，フランツィスカ・シュルツの新しい遺言によって**撤回**することが可能である。オッティーリエがフランツィスカ・シュルツの相続人に指定されたことは，フランツィスカ・シュルツがその夫によって相続人に指定されたことと相関性があるので（2270条2項），フランツィスカ・シュルツの撤回権は，2271条2項前段の規定に従って，夫の死亡によって消滅している。しかし，共同遺言において，生存配偶者に，終りの相続人を指定しなかったことにする**権利**が明示的に留保される。それに対し，撤回権が消滅するという2271条2項が強行規定なのか，それとも配偶者の共同終意処分によって規定の適用が排除できるのか，は明示的に規定されていない。同規定の趣旨は，配偶者相互の相関的処分がなされていることに対する信頼を保護することにあり，指定された終りの相続人に対して何らかの地位を保障することにあるわけではない。そうであるとすれば，2271条2項は**任意規定**と解されるべきであり，（撤回権を認める）配偶者の共同終意処分を優先させることになるし[55]，とりわけ相関的処分が存在するか否かの問題に関しても，配偶者の最終意思基準となることになる。

14-484 生存配偶者が撤回によって先に死亡した配偶者の処分の有効性を決めてしまうのであれば，2065条1項の規定に抵触することになるかも知れない。しかし，ここで忘れてならないのは，この撤回は，オスヴァルトとオッティーリエを生存配偶者の相続人に指定することに関係していることである。もしフランツィスカ・シュルツがオッティーリエの相続人指定を止めたのであれば，それは，**自己の処分だけを撤回**したのであり，夫の終意処分を撤回したわけではない。したがって，2065条1項

にするのが BGH FamRZ 1985, 1123, 1124（具体的事案における解釈が優先すると言う）; OLG Zweibrücken ZEV 2013〔原典の2913は誤記〕, 395, 396.

(55) BGHZ，2 35, 37; MünchKomm/Musielak §2271 Rn.31ff.; Staudinger/Kanzleiter（2019）§2271 Rn.56.

の規定は，適用されない[56]。

14-485 フランツィスカ・シュルツは，新しい遺言によってオッティーリエの指定を有効に撤回している（2254条）[57]。オスヴァルトが1/2，マックスとモーリツが各1/4の相続分で相続人となる。オッティーリエは，相続人に対して遺留分侵害額請求権，遺産の1/4の価額の金銭請求権を取得している（2303条1項，法定相続分は1924条4項の規定に従って1/2となる）。

第14章の問題と事案

1．「相関的処分」概念は「共同遺言中の終意処分」と同義か？
2．共同遺言の単一主義と分離主義とはどのような意味か？
3．夫婦のフリーダ・クンツとマルティーン・クンツは，有効な共同遺言により，互いを単独相続人に指定し，後に死亡した方の相続人に娘のザビーネを指定した。
a) マルティーン・クンツの財産は約160,000ユーロであり，長男に（妻の生存中に）70,000ユーロを遺言で遺贈したいと考えている。どのような方法で可能だろうか。
b) マルティーン・クンツの死亡から2年後にフリーダ・クンツは再婚した。フリーダは，再婚相手の夫を単独相続人に指定することができるだろうか？
c) マルティーン・クンツの死亡後間もなくザビーネ・クンツが死亡した。ザビーネには，夫と2人の子がいた。フリーダ・クンツは，適式の自筆証書遺言を作成し，過去の処分を取り止め，慈善財団を単独相続人に指定した。権利関係はどうなるか？

解　答

14-486 1．共同遺言に含まれる総ての終意処分が相関的である必要はないので，両概念は同一ではない。配偶者の一方が他方の処分なしにはしなかったであろう処分のみが相関的である（2270条1項）。相続人指定，遺贈，負担または法選択の意思表示のみが相関的たり得る（2270条3項）。

---

(56) BGHZ 2, 35, 36. ―― 連邦通常裁判所（前掲）と通説（MünchKomm/Leipold §2065 Rn.19参照）は，終りの相続人が，当初に死亡した配偶者の後位相続人かつ生存配偶者の相続人に指定されていても，遺言条項を有効と解する。この場合，生存配偶者が別段の処分をしないことが後位相続の条件となる。
(57) 2270条1項の規定にかかわらず，フランツィスカ・シュルツのペーター・シュルツの相続人への指定は，無効とはならない。終りの相続人の任命を止めても配偶者の相互相続人指定に影響を与えないことが遺言から解釈されるからである。したがって，2270条1項の規定は，撤回の効果に関する限り，配偶者の共同の最終意思によって制限される。事案の解決としては，フランツィスカ・シュルツの相続だけが問題であるので，これに立ち入る必要はない。

14-487　2．これらの概念は，配偶者相互の相続人指定と生存配偶者の死亡後の双方の遺産を受ける第三者の指定における2つの異なる方法を示すものである。単一性の原則に従うと，生存配偶者は，先に死亡した配偶者の無制限の相続人であり，終りの相続人は，生存配偶者の相続人に過ぎない。分離主義によれば，生存配偶者は，先に死亡した配偶者の先位相続人に過ぎず，指定された第三者が先に死亡した配偶者の後位相続人かつ後に死亡した配偶者の相続人となるところ，明らかでないときは，2269条1項の規定に従って，単一主義を採用することになる。

14-488　3．a）夫婦相互の相続人指定と娘の相続人指定は，相関的処分であるから（2270条2項），マルティーン・クンツは，妻に対する公正証書による意思表示で撤回することができる（2271条1条前段，2296条2項）。なるほどマルティーン・クンツは，遺言を全部撤回したいわけではないけれども，遺贈による負担は，当初与えていた地位に対する侵害となる。そのため，上記方式による一部撤回が必要である[58]。息子に対する遺贈の出捐は，〔共同遺言とは別個の〕単純な遺言ですることができる。一部撤回をすると2270条1項の規定に従って相手方配偶者の相関的処分を常に無効とするか否かは疑わしい[59]。ここでのような重大な侵害においては，2270条1項の規定が適用されるべきであり，フリーダ・クンツの夫と娘に有利な処分は無効となる。

14-489　b）マルティーン・クンツの死後，フリーダ・クンツは，娘を相続人に指定する相関的（2270条2項）な処分を撤回することができない（2271条2項前段）。相続放棄の期間制限（1944条）も徒過しているので，フリーダ・クンツは，マルティーン・クンツを相続する権利を放棄することによって撤回権を取得すること（2271条2項前段）もできない。しかし，拘束力を有する相関的処分には，相続契約の取消しに関する規定が類推適用されるべきである。再婚相手は，婚姻によって遺留分権利者となるので（2303条2項），2079条の規定に従って取消権が発生する[60]。フリーダ・クンツが再婚を知っていたとしても娘を単独相続人に指定したであろうこと（2079条後段）の根拠は存在しない。フリーダ・クンツは，2283条の期間制限内に遺産裁判所に対する（2281条2項）公正証書による意思表示によって（2282条3項）娘の相続人

---

(58) Grüneberg/Weidlich §2271 Rn.4.
(59) Staudinger/Kanzleiter（2019）§2270 Rn.35 は，相手方配偶者の相関的処分への影響を，その者が，一部撤回された処分が当初から縮小された内容であったとしても自らの相関的処分をしたであろうときは，否定する。
(60) OLG Oldenburg FamRZ 1999, 1537; BayObLG ZEV 1999, 397 参照。

指定を取り消すことができる（2281条1項）。それによって，娘の相続人指定は無効となり（142条1項），フリーダ・クンツは，遺言によって再婚相手の夫を単独相続人に指定することができる。しかし，同時にフリーダ・クンツが夫の単独相続人に指定されたことも無効となるので（2270条1項），マルティーン・クンツの遺産には法定相続が開始することになる。

14-489a c）フリーダ・クンツの遺産相続に関する共同遺言中の処分の撤回と財団の相続人指定は，フリーダ・クンツが娘ザビーネの死後に**相関的処分の形の他の相続人指定**に拘束されているときは，2271条2項前段の規定に従って無効である。ザビーネの相続人指定は，ザビーネが（フリーダ・クンツの）相続開始前に死亡したので，2069条の規定に従って，ザビーネの卑属が法定相続の規定に従って代襲する，と解釈されることになる。共同遺言には別段の定めは無いので，ザビーネの2人の子（フリーダ・クンツの孫）は，フリーダ・クンツの各1/2の相続分の相続人となる。この2270条1項の規定による相続人指定が，マルティーン・クンツによるフリーダ・クンツの指定との関係で，フリーダ・クンツの相関的処分とみなされるべきか否かは疑問である。遺言には相関性について明示の言及が無いため，2270条2項の解釈規定に従わなければならない。フリーダがマルティーンの相続人になることと，孫がフリーダの相続人になることの関係についても，その要件が満たされている。それによると，相関性が肯定され，フリーダ・クンツが遺言を撤回して財団の指定をすることはできなくなるはずである。しかし，連邦通常裁判所は[61]，このような場合に2270条2項の解釈規定から相関性を導き出すことを拒んでいる。連邦通常裁判所は，孫の相続人指定は，既に遺言者の具体的な意思ではなく解釈規定に基づいているのであり，これに2270条2項の解釈規定を〔重ねて〕適用することはできず，疑わしい場合には，代襲相続人の指定の相関性も肯定することができる，と判示した。ここで，相関性は，具体的な解釈によって遺言者の対応する意思を明らかにすることができる場合にのみ，肯定することができる。本件事案においては，その根拠に欠けるため，連邦通常裁判所の見解に従うと，相関性は否定されなくてはならないであろう。そして，孫の相続人指定を撤回し，財団を単独相続人に有効に指定したことになる。

14-490 しかし，夫婦の共同遺言は，終りの相続の際に，相続人に指定されていた子が死亡していたとしても，終りの相続によって双方の財産を親族に残すのが夫婦の共同意思であると一般には解されるため，連邦通常裁判所の見解は，説得力を持たない。この意思を被相続人が遺言中に具体的に表明する理由はない。──その意思は通

---

[61] BGHZ 149, 363 = NJW 2002, 1126; 通説。

常（経験則からすると），子の相続人指名によって表明されている。解釈規定（ここでは 2069 条）によって明らかにされた死因処分の内容は，明示の処分と質的に異なるものではなく，同様に被相続人の意思に遡るものである。しかし，経験則上通常は子を終りの相続人に指定することが，2270 条 2 項の疑わしい場合の規定の相関性を示す，孫の代襲相続人の指定を個別の解釈によって（すなわち 2069 条を適用せずに）肯定するために，経験則からすると十分であるとすることによって，連邦通常裁判所の見解の帰結を回避することが可能である。このようにして，ハム高等裁判所は[62]，連邦通常裁判所の見解に公然と反対することなく，代襲相続を相関的処分としたのが明らかである。

---

(62) OLG Hamm FGPrax 2003, 270. OLG Schleswig NJW-RR 2013, 1164, 1165 が連邦通常裁判所に従い，個別の解釈と経験則に依拠した 2069 条の解釈規定の適用との区別を強調するのとは異なる。

第 15 章　相続契約

事案 21：コーラ・グリューンは，家政婦のエミー・シュタインに忠実に世話をしてもらっている。グリューン夫人は，現金の余裕資産がなくなったとき，エミー・シュタインと適式の相続契約を結び，2 筆のほぼ同価値の不動産を主たるものとする遺産の単独相続人としてエミーを指定した。エミーの依頼で，グリューン夫人はその娘に指輪を遺贈した。さらに，コーラ・グリューンがかつて在学していたエアランゲン大学に 1 万ユーロ遺贈することが相続契約書に記されている。エミー・シュタインは，書面による意思表示で，グリューン夫人が亡くなるまでは食事と宿泊以外の報酬を受け取ることなく，夫人のために家政を切り盛りすることを約束した。

a) グリューン夫人は一旦した遺贈を撤回することができるか？
b) コーラ・グリューンは，数年後，甥のエードゥアルトが家を建てるための手頃な土地を永年探していることを知ると，エミー・シュタインに多くの遺産を相続させることを後悔し，その 1 筆の土地をエードゥアルトに無償で譲渡した。その直後，グリューン夫人が亡くなった。エミー・シュタインは，その土地を取り戻すことができるだろうか？
c) 相続契約締結から 2 年後，エミー・シュタインはセールスウーマンの職に就いて，高給取りとなった。グリューン夫人から，約束を忘れないよう求められたものの，彼女はその部屋に住んではいるがグリューン夫人の世話をしなくなってしまった。グリューン夫人は相続人指定を解消することができるだろうか？

I　相続契約の目的および法的性質

1．拘束力ある処分の可能性

15-491　死因処分は，単独の法律行為（遺言）だけでなく，被相続人が他人と締結する契約，つまり相続契約によっても行うことができる（1941 条 1 項）。遺言による処分はいつでも自由に撤回することができるが（2253 条），相続契約では，**拘束力ある処分**，すなわち被相続人が原則として単独で撤回することができなくなる処分をすることができる。相続契約の法制度としての本来の目的は，この拘束力にあり，この拘束力は「契約上の」処分に限定される（15-503 参照）[1]。

---

(1)　被相続人が拘束力を欲していたかどうかは，被相続人と第三者との間の「合意」が相続契約とみなされるべきか否かの解釈においても決定的な基準となる。BayObLGZ 1998, 22 = FamRZ 1998, 1141（具体的事案において遺言として解釈されたため，2276 条の規定する形式は要しな

15-492　法は，拘束力の内在的正当化を契約の原則[2]に見出す，つまり，2人の人物の意思表示の合致による法律行為の成立に見出す：一方（被相続人）がいかなる死因処分がなされるべきかを契約の申込みの形で表示し，相手方が承諾を表示することで契約という合意が成立するのである。

2．被相続人と契約の相手方；双務的な相続契約

15-493　契約が拘束力のある死因処分に関する要件であることは，被相続人が相手方に有利な処分を行う場合（たとえば，相手方を相続人に指定する場合）には，特に明らかである。この状況は，実務上よく現れるものであるが，決して相続契約成立に必要なのではない。1941条2項の明文の規定にあるように，被相続人は，相続契約において契約当事者以外の者を相続人または受遺者に指定することもでき，言い換えれば，受益者は契約当事者と同一である必要はないのである。

15-494　また，契約当事者自身は死因処分をしなくてもよいことも明確にしておく必要がある。その者の必要な協力は，被相続人の処分に対応する契約上の意思表示を行うことである。しかし，当事者双方が相続契約において死因処分をすることもできる（2278条1項）。この場合，双方が2274条以下に言う被相続人となる。これを，双務（二面とも）または共同相続契約と言う。相互の処分が内部で関連しているため，一方の契約上の処分の無効は，通常，契約全体の無効をもたらす（2298条1・3項）。

3．法的性質，債権契約との区別

15-495　相続契約は，その法的性質からすると，相続法上の特別な契約，すなわち，双務的死因法律行為，と言えるであろう。生前の相続契約によって物権関係が変化することはないので，物権法の意味における処分契約ではない。また，相続契約は，債務法上の債権契約でもなく，その内容は，被相続人が死亡によって特定の処分をする義務（そのような義務は2302条の規定により無効となる）を負担するのではなく，処分そのものである。

15-496　したがって，債権契約，特に双務契約に関するドイツ民法典の規定は，契約当事者が互いを相続人に指定したとしても，相続契約には適用されない。また，相続契約と同時に債権契約が締結された場合も同様である[3]。たとえば，契約で指定さ

　　いとされた）。
(2) 　BGHZ 26, 204, 207f 参照。
(3) 　BGH NJW 2011, 224; OLG Karlsruhe FamRZ 1997, 1180, 1181; MünchKomm/Musielak vor §2274 Rn.19, 27; W. Lüke, Vertragliche Störungen beim „entgeltlichen" Erbvertrag (1990), S. 11

れた相続人が，今度は被相続人に対する給付（年金支払，住宅譲渡，介護費用の引受けなど）の義務を負うことも珍しくはない[4]。このような場合，経済的関連性から「有償相続契約」と言うことができるが，債権契約は相続契約と厳密に区別されなければならない。債務法の諸規定は債権契約には適用されるが，被相続人自身が反対給付の義務を負わないときは，双務契約に関する規定は適用されない。契約当事者の相続人が引き受けた給付は，あくまでも債権契約の一部であり，相続契約による処分とは対価関係に立たない。受益者が負担した義務の不履行は，被相続人による相続契約の取消原因（15-515，536参照）または解除の原因（15-513，538参照）となり得る。また，被相続人は，相続契約を締結する際に，たとえば，生前の法律行為による特定の財産の処分をしない義務などを負うことがある[5]。その結果，債権契約が双務契約となる場合がある[6]。しかし，このような債務も，〔その発生原因の契約が〕同一の文書で締結されたとしても，2274条以下に言う相続契約の一部ではない。

15-497 しかし，相続契約とそれに関連して締結された債権契約は，139条の規定の意味における一体の法律行為となる場合がある[7]（結果として，一方の契約の無効が他方に波及することがある）。139条では，契約要件の構成的区別よりも，当事者の意思に従った行為の一体性が問題となるためである。

Ⅱ　相続契約の成立

1．人的要件

15-498　共同遺言が配偶者および（既登録の）パートナーにのみ許されるのに対し，相続契約は誰でも互いに結ぶことができる。ただし，**配偶者，パートナー，婚約者間の相続契約**については，いくつかの特別規定がある（2276条2項，2279条2項，2280条など）。被相続人は，相続契約を締結する際に無制限の行為能力を有していなければならず（2275条），契約の相手方は，自らは死因処分を行わないときは，行為能力に関する一般規定が適用される，詳細は10-271以下参照。2274条によれば，被相続人は，本人でなければ相続契約を締結できない，つまり代理人を立てることはできない[8]，10-277参照。

---

ff.
(4) BGHZ 36, 65, 70 参照。
(5) BGHZ12, 115, 122; 31, 13, 18f. 参照。15-529 参照。
(6) BGH NJW 2011, 224.
(7) Kipp/Coing §36 IV 1 末尾; MünchKomm/Musielak vor §2274 Rn.18; W. Lüke (Fn.3) S.25.
(8) したがって，裁判上の和解で相続契約を締結するときは，当事者は自らそれをなさなければならない（OLG Düsseldorf ZEV 2007, 95）。

2. 方　式

15-499　相続契約は，他の契約と同様，申込みと承諾によって成立する。契約成立は，公正証書によってなされなければならない（2276条1項前段）。当事者双方が同時に立ち会う必要があり，被相続人は，2274条の規定に従って，本人が立ち会う必要がある。公正証書遺言作成に関する規定（2231条1号，2232条以下）は，相続契約の締結にも準用される（2276条1項後段）。したがって，契約当事者は，その意思を，公証人の面前で直接表示するか，開封文書または封書の交付によって表示することができる。なお，2276条の方式要件は，相続契約自体にのみ適用され，相続契約と関連して締結される他の契約上の合意（被相続人に対するの給付義務など）には適用されない[9]。相続契約が婚姻契約とともになされるときは，2276条2項の規定に従って，後者の方式で足りるが，これも公正証書でなければならない（1410条）。

15-500　公証手続の詳細は，公証法（11-300以下参照）に規定されている。相続契約は，契約当事者が公証人による保管を求めない限り（公証法34条2・3項），管轄の区裁判所で**特別公的保管**に置かれる（家事非訟事件手続法344条3項，346条以下）。中央遺言登記簿への記録のための保管内容の通知については，公証法34a条参照（11-304a参照）。相続契約は，契約当事者が相続契約を合意解除した場合または撤回しようとする場合など，2300条2項の規定に従い，公的保管または公証人の保管から**返還**させることができる（15-509参照）。夫婦または既登録パートナー間の相続契約が遺産裁判所により**開封**されたときは（家事非訟事件手続法348条），生存当事者の処分は，それが分離できる場合は，開示されない（家事非訟事件手続法349条4項，同条1項から3項まで）。

15-501　相続契約は，法定の方式に従っていないときは，125条前段の規定に従って無効である。単に私的な文書でまたは口頭で相続の合意をした者の信頼は原則として保護されない。適式な相続契約の締結に向けて働き掛けるべきであったからである。**信義則違反**（242条）として方式違背の主張を許さないのは，極端な事案においてのみである[10]。たとえば，当事者の一方が悪意で（方式要件について相手方を欺罔する，または強迫によって）相手方の方式遵守を妨げた場合などである。方式違背の世襲農場に関する特則は，世襲農場法にあるが[11]，一般化できない[12]。

---

[9]　BGHZ 36, 65, 70f.; BGH FamRZ 1967, 470; Kanzleiter NJW 1997, 217.

[10]　これについて一般的に，Leipold, BGB I: Einführung und Allgemeiner Teil, 10. Aufl., §16 Rn.25ff. 参照。

[11]　世襲相続法6条1項前段1・2号（適用範囲については，1-5脚注5参照）は，農場経営や農場雇用の譲渡によって，卑属の中から農場相続人を指定することを認めていて，その指定は不要式である。同法7条2項は，後からそれと矛盾する農場相続人指定をしても無効であるこ

Ⅲ　相続契約の内容

15-502　遺言で可能な死因処分は，すべて相続契約でも可能である。（12-351以下参照）。ただし，契約上の処分と単独の処分は慎重に区別しなければならない。

1．契約上の処分
a）要　件
15-503　相続契約の拘束力は，契約によってなされた処分にのみ生じる（2278条1項）。相続人指定，遺贈，負担，または法選択の意思表示（2015年以降）（1-18以下参照）契約によってすることができ（2278条2項），すなわち，たとえば，遺言執行者の指名（15-505a参照）はすることができない。しかし，このことは，相続契約に含まれるすべての相続人指定，遺贈および負担が契約上の処分とみなされることを意味するわけではない。むしろ，基準となるのは，処分に契約上の拘束力を与えようとする契約当事者の意思である。どの処分が契約上のもので，どの処分が単独のものかが明示されていないときは，相続契約の解釈で明らかにしなければならない。一般には，契約当事者に対する出捐は，契約上のものとみなされる[13]。なぜなら，その場合，経験則上，拘束力を欲していると解釈できるからである。その他の処分においては，契約当事者が当該処分につき自己の利益を有するときに，契約上の処分として解釈される[14]。

15-504　すべての相続契約は，少なくとも1つの契約上の処分を含んでいなければならない。そうでなければ，法的性質からして相続契約とは言えないからである[15]。たとえば，被相続人が遺産中の個別財産を遺贈で処分する権利を有するという内容の留保によって拘束力を制限することもできる[16]。相続契約に少なくとも1つの拘束力があり留保のない[17]処分（たとえば，配偶者相互が契約により相続人指定すること）が含まれている限り，被相続人（たとえば，契約した生存配偶者）に，その者の相続について契約により指定された相続人の相続分を変更する権利も付与することができ

　　とを規定している。
(12)　BGHZ 47, 184; 87, 237. OLG München Rpfleger 1981, 103参照。
(13)　BGHZ 26, 204, 208; BGH NJW 1989, 2885.
(14)　RGZ 116, 321, 323; BGH NJW 1961, 120.
(15)　MünchKomm/Musielak §2278 Rn.2; Staudinger/Kanzleiter（2019）Einl., zu §§2274ff. Rn.9.
(16)　BGHZ 26. 204, 208; BGH NJW 1982, 441.
(17)　OLG München ZEV 2007, 33によれば，契約上拘束力のある唯一の処分であっても，要件が正確に定められる限り，変更権の留保を認めることができる。

る[18]。このような変更の留保は，相続契約の撤回権の留保（2293 条，15-511, 15-514 参照）とは区別しなければならない[19]。

b) 拘束力の内容：逸脱する死因処分との関係

15-505 契約上の処分には拘束力があるため，（遺言の）終意処分に適用される撤回に関する規定は，ここでは**不適用**である。これは，契約上の処分の決定的な特徴である。契約上の出捐と，それを逸脱した他の（それに先行するまたは後からの）死因処分との関係は，2289 条で特別に規定されている。**先行する終意処分**は，それが契約上の受益者の権利を侵害する限り，相続契約によって解消される（2289 条 1 項前段）[20]。**後からの死因処分**（遺言によるか相続契約によるかを問わず）は，それが契約上の受益者の権利を侵害するときは，**無効**である（2289 条 1 項後段）。受益者や契約当事者の同意があってもそうである[21]。契約上の処分の有効な解消（15-508 以下参照）または受益者との放棄の契約（2352 条後段）によってのみ，被相続人は他の〔逸脱する〕処分を行うことができる。

15-505a また，契約上の受益者に対する侵害は，後からの遺言執行の定めでも生じ得る[22]。遺言執行の定めは，2278 条 2 項の規定に従って契約では（拘束力をもって）行うことができないので，相続契約で定められた遺言執行者の単なる交代は許されるであろう[23]。ところが，連邦通常裁判所によれば[24]，後からの遺言による遺言執行者の交代は，常に，相続契約と遺言に規定された相続人の法的地位を比較し，遺言執行に関するそれぞれの定めを考慮した上で決すべきである。しかし，そう解すると，契約上の処分の内容を 2278 条 2 項に挙げた事項（遺言執行の定めは含まれない）に限

---

(18) OLG Stuttgart OLGZ 1985, 434 = MDR 1985, 1030. このような留保にどのような限界があるか，詳しくは議論されている。MünchKomm/Musielak §2278 Rn.13ff. 参照。
(19) BayObLG MittRhNotK 1997, 401, 402. —— 撤回権の留保を適切な形成方法と言う Lehmann BWNotZ 1999, 1 を参照。
(20) 契約上の受益者が相続開始前に死亡した場合，多数説によれば，先行する処分を必ず解消する意思が相続契約から明らかにならない限り，先行する終意処分は有効となる（OLG Zweibrücken ZEV 1999, 439 (Kummer の反対評釈有り); Keim ZEV 1999, 413, 414f. は反対。受益者が先に死亡することによっても 2258 条・2279 条 1 項による撤回の効力に何の変わりもないのであるから，反対説に説得力がありそうである。
(21) BGHZ 108, 252 = NJW 1989, 2618（ただし，個別事案では悪意の抗弁が立つ場合がある）。この点に関し，（一部反対）Stumpf FamRZ 1990, 1057; Damrau FamRZ 1991, 552 参照。
(22) OLG Hamm FGPrax 1995, 241（変更留保付きでのみ許されるとした）。
(23) OLG Düsseldorf FamRZ 1995, 123 および（共同遺言についての）OLG Hamm Rpfleger 2001, 183 も同旨。
(24) BGHZ 189, 20 = NJW 2011, 1733 = JZ 2011, 799（Zimmer の評釈有り）= DNotZ 2011, 774 (Muscheler/Metzler の評釈有り)。これに続き，OLG Schleswig ZEV 2020, 158 (Knittelr の評釈有り) = ErbR 2020, 580 (Tamoj の評釈有り) は，有償の遺言執行者が無償の遺言執行に代わる場合，侵害として許されないとする（ここでは共同遺言の終りの相続人の侵害）。

c）その他の法律効果

15-506　その他のいずれの点についても —— 法律上別段の定めのない限り —— 契約上の処分の要件および効果には，終意（＝遺言による）処分に適用されるのと規定が準用される（2279条1項）。したがって，たとえば，2066条以下・2087条以下の諸規定が契約上の処分の解釈に関して適用され，契約上の遺贈の効果は2147条以下の諸規定に従って判断される。配偶者に有利な処分は，疑わしい場合には，**離婚**によって無効となるところ，**被相続人が正当な離婚手続を開始することによって**〔離婚自体が成立しなくても〕既に無効となる（2279条1項，2077条，12-373参照）。2279条2項の規定に従って，これは第三者に対する出捐の場合も同様である。

2．単独の処分

15-507　相続契約においては，単独の死因処分をすることができる（2299条）。相続人指定，遺贈および負担以外の処分は，常に単独である（2278条2項）。単独の処分は，拘束力の根拠となる相手方の合意が目的としない，すなわち契約の性質とは無関係である。そこで，単独の処分には，遺言による処分に関する諸規定全部（2299条2項前段）が準用される。したがって，**自由に撤回**することができ（2253条），たとえば撤回遺言（2254条）や客観的に矛盾する後の遺言（2258条）によってこれをすることができる。

Ⅳ　契約上の処分の拘束力の消滅

15-508　契約上の処分の拘束力は，契約当事者双方の**合意**により消滅させることができる。これに対し，被相続人単独の行為による消滅は，**解除や取消しの事由**がある場合にのみ可能である。

1．合意解除

15-509　相続契約を締結した者は，個々の契約上の処分または単独の処分を解除し（2299条2項後段），または相続契約全部をいつでも，相続契約と同様の方式で締結した新たな契約によって**解消**することができる（2290条1項前段）。第三者に対する契約上の出捐の解消も同様である。被相続人の拘束力は，契約相手に対してのみであ

---

(25) Zimmer und Muscheler/Metzler（脚注24）もその点を批判。Keim ZEV 2021, 129 は連邦通常裁判所に賛成。

り，受益者に対しては無いので，解消目的の契約に対する**第三者の同意は不要**である[26]。相続契約の解消は，契約当事者共同の請求により，契約書が公的保管または公証人の保管から返還されることによっても可能である（2300条2項後段，2256条1項）。被相続人または契約の相手方の死亡後は，相続契約の合意解除は不可能になる（2290条1項後段）――夫婦またはパートナー間の相続契約においては，共同遺言による解除も可能である（2292条）[27]。

15-510　契約上の**遺贈**および**負担**は，簡単な方式，つまり契約当事者の（公正証書による）同意を得た被相続人によっても解除することができる（2291条）。

2．相続契約の解除

15-511　被相続人の相続契約解除権発生事由として，次の3つが法定されている。
  a) 相続契約における解除権留保（2293条）。

15-512　b) 受益者の重大な非行（2294条）すなわち，被相続人が遺留分の剥奪をすることができる非行である。どのような非行であるかは，2333条（たとえば，被相続人の生命に対する加害（2333条1項1号））が規定する。

15-513　c) 反対債務の消滅（2295条）これは，受益者の被相続人に対する終身定期給付を対価として契約上の出捐がなされた場合に関するものである。この定期給付義務が消滅したときは，相続契約条の拘束力の内在的根拠が消滅する。したがって，この場合に被相続人は解除権を取得する。2295条は，反対債務の「消滅（Aufhebung）」と言うけれども，それには，解除条件の成就，後発的不能（275条1項）[28]，債権契約の解除[29]，取消しなどによる債務のあらゆる消滅を含む。

15-514　解除権行使に関しては，特則が適用され，債務法上の解除権規定（346条以下）は適用されない。解除は，契約当事者の生前，被相続人の契約当事者に対する〔代理人によらず〕**本人**による（2296条1項）かつ公正証書による意思表示によってなされなければならない（2296条2項）。契約当事者の死後は，被相続人は，遺言によ

---

(26) BGHZ12, 115. 契約による受遺者には，相続前に請求権（328条の意味での第三者のためにする契約ではない！）も法律上保護される期待権もないので，連邦通常裁判所は，（一筆の土地の遺贈に際して）仮登記を許さなかった。
(27) 2258条1項の規定に従って，相続契約に抵触する内容の共同遺言が後から作成されることで足りる（BGH NJW 1987, 901）。
(28) たとえば，高齢者施設でしか適切な介護ができないことから，在宅介護が不能となる場合，BGH ZEV 2013, 330.
(29) たとえば，債権契約における解除権留保（346条1項）により，または323条の規定に従って，契約上の介護給付が提供されなかった場合において，BGH NJW 2011, 224. 事案21の解答，15-538も参照。

り解除することができる（2297条）。解除は，（解除原因に応じ）個別のまたはすべての契約上の処分についてなされ，解除された契約上の処分の**無効**をもたらす。この場合において，直接に解除されたのではない他の契約上の処分も無効となる否かは，一般に2085条（2279条1項の規定により準用）の規定に従って判断される。双務的相続契約（15-494参照）の場合，留保解除権の行使は，一般に契約全体（つまり，相手方の処分も含めて）が解消される（2298条2項前段）。解除が相続契約全体に及ぶときは，原則として，単独の処分も効力を失う（2299条3項）。

15-514a 相続契約の相手方が遺言能力を喪失した場合でも，撤回が可能か否かについては，相手方が自らの死因処分で対応することができなくなるため，疑わしい。しかし，連邦最高裁判所は[30]，このような状況においても撤回権を肯定した。撤回の意思表示は，相手方の世話人または相手方の事前代理人（Vorsorgebevollmächtigte）に対してなされなければならない。

3．相続契約の取消し

a）被相続人による取消し

15-515 2279条1項の規定だけでなく，2281条1項の規定からも明らかなように，相続契約にも遺言と同様の**取消原因**が存在する（2078条，2079条，13-420以下参照，拘束力に関する錯誤については，13-421参照）。したがって，**動機の錯誤**も取消原因となることは（2078条2項），相続契約においても特に重要である。したがって，たとえば，受益者の将来の行動や[31]，受益者との婚姻の成就[32]に対する被相続人の期待が裏切られた場合は，取消原因となる。相続契約が，債務法上・物権法上の契約と異なり，動機の錯誤を理由に取り消すことができることは，遺言の自由を保護することを旨とするところの**拘束力**を著しく弱めることになる[33]。

15-516 取消権行使に関しては，2281条以下にいくつかの重要な**特則**がある。そのもっとも重要な特徴は，被相続人自身が相続契約の取消権者だ[34]，ということである（2281条1項）。その理由は，相続契約の拘束力にある。遺言であれば，いつでも

---

[30] BGHZ 228, 327 = NJW 2021, 1455. これについて Zimmer NJW 2021, 1434.
[31] BGH FamRZ 1983, 898.
[32] BayObLG FamRZ 1983, 1275.
[33] 遺言の自由の観点から，取消権の範囲は制限されるべきではないと言う BGH, FamRZ 1983, 898, 899 を参照。一般論は，MünchKomm/Leipold §2078 Rn.9f. 参照。
[34] これに対し，119条以下の規定は，死因処分を自ら行っていない契約当事者による取消しに適用される。被相続人の死後，契約当事者が処分の解消により直接に利益を受けるときは，2080条の規定に従って契約当事者の取消権が生じる。Staudinger/Kanzleiter（2019）§2281 Rn.7; MünchKomm/Musielak §2281 Rn.4f. 参照。

第 3 部　相続に関する死因処分およびその他の法律行為

その処分を取り消すことができるので，被相続人の取消権は不要である。被相続人の取消権は，明文の規定は無いが，契約上の処分に限定される。単独の処分は，（遺言と同様に）自由に撤回することができるからである。取消権行使は，本人による（2282 条 1 項）かつ公正証書による（同条 3 項）[35]意思表示によってなされなければならない。この意思表示は，契約当事者に対し（143 条 1・2 項），その死後は第三者のための処分については遺産裁判所に対し（2281 条 2 項前段）なされなければならない。**取消権行使の期間制限**は，錯誤を知ってから，または強迫状態の終了から 1 年間である（2283 条 1・2 項）。

b）他人による取消し

15-517　死因処分の解消により直接に利益を受ける者（§2080）**もまた**，それは，取消権者であるけれども，（遺言と同様に）**相続開始**である。この権利は，2281 条 1 項に（「もまた」）とあることや 2285 条の規定からも明らかなように，被相続人者の取消権に劣後するものではない。しかし，被相続人の取消権が，期間制限によってであれ（2283 条），追認によってであれ（§144, 2284），消滅したときは，第三者は取り消すことができない（2285 条）。第三者の取消しの方法は，遺言と同様であり[36]，すなわちもっとも重要な場合（たとえば，相続人指定の場合），遺産裁判所に対する意思表示によってなされる（2081 条 1 項）。

c）取消しの効力

15-518　取消しによって，取り消された**契約上の処分が無効**となる（142 条 1 項）。それによって他の処分も無効となるか否かは，2279 条 1 項，2085 条の規定に従って判断される。双務的相続契約においては，2298 条 1 の規定に従って，通常，相続契約全体が無効となる。契約当事者または他の受益者は，2078 条 3 項が 122 条の規定の適用を排除しているので，**信頼利益の賠償請求権を取得しない**。被相続人による取消しについても同様である[37]。

---

(35)　公証人による認証が必要なのは，取消権行使にのみであり，その放棄には不要であり，遺産判所に伝えるよう公証人に対する指示も認証は不要である（BGHZ 198, 32 = NJW 2013, 3306）。
(36)　13-434 参照。
(37)　OLG München NJW 1997, 2331; Brox/Walker §17 Rn.20; Lange Kap. 9 Rn.148; Münch-Komm/Musielak §2281 Rn.21; Grüneberg/Weidlich §2281 Rn.10. ── 反対は，Staudinger/Kanzleiter（2019）§2281 Rn.37; Jauernig/Stürner §2281 Rn.6; Mankowski ZEV 1998, 46.

V 相続契約の拘束力と生存中の処分

1. 問題

15-519　相続契約に拘束力があることによって，被相続人が終意処分を勝手に変え，その死亡時に，その財産や個別財産を他の人に対して出捐することから，相続契約上指定された相続人または受遺者が保護されることになる。契約上の受益者の権利を侵害する死因処分は**無効**である（2289条1項後段）。他方，被相続人が**生存中**に法律行為として行う処分からも，契約上の受益者が保護されるか否かは，別の問題である。被相続人が自己の財産またはその相当部分を贈与してしまうと，契約上の相続権の価値が減少することがある。被相続人が出捐した個別財産を，生前に，たとえば贈与したり売却したりするなどして，相続開始時に被相続人の財産に属さなくなっていた場合（2169条1項），遺贈は原則として無効である。ここでは，2287条，2288条の規定によって，限定的な保護が与えられるだけである（15-522以下参照）。

2. 物権法上の権利関係

15-520　2286条の規定は，被相続人が**生存中**にその財産を処分する**権利**は相続契約によって制限されないこと，すなわち，被相続人の物権法上の処分行為（動産・不動産の所有権移転，債権譲渡等）は，相続開始時に契約上の受益者の地位を侵害するとしても**有効**であることを明らかにしている。加害目的の贈与も原則として同様である。それは，2287条・2288条の規定が**債務法上**の請求権を根拠付けるだけで，処分行為の無効をもたらさないためである。2287条・2288条の規定は，契約上の受益者保護の特則であるから，連邦通常裁判所の見解では[38]，受益者は，たとえ被相続人と第三者が指定相続人の取り分を減少させることを共謀したとしても，その地位の侵害を理由にして826条の規定を根拠に（たとえば，被相続人から何かを取得した者に対して）いかなる請求権も導くことができない。ただし，**良俗違反の法律行為の禁止**はここでも妥当する（138条1項）。それによって，被相続人の法律行為（贈与や所有権移転など）は，例外的に無効になることがある。その結果，被相続人の権利が相続人に承継される。しかし，処分が指定相続人を害し，被相続人に加害意思があったというだけでは良俗違反と判断できない。むしろ，その法律行為が道徳上非難されるべきものと思わせるような要素が加えられなければならないのであ

---

(38) BGHZ 108, 73 = NJW 1989, 2389; BGH NJW 1991, 1952; MünchKomm/Musielak §2286 Rn.5; これに批判的なのが Kohler FamRZ 1990, 464.

る(39)。

15-521 また、判例は長い間、相続契約の拘束力を法律によって脱法することを強行法規違反（134条）とし、「潜脱行為（Aufhöhlungsgeschäft）」（特に終身用益権の負担付贈与）の無効を肯定してきた(40)。連邦通常裁判所はその後(41)、要件が不明確で多数説によって否定されてきたこの見解を改め、2287条・2288条の規定の適用範囲を拡大したのである。

3. 害意のある贈与と遺贈

15-522 2287条および2288条の規定は、いずれも被相続人の指定相続人（2287条）または受遺者（2288条）に対する害意を要件とする。138条・826条との関係については、15-520を参照。**害意ある贈与の場合**(42)、2287条の規定に従って、契約上の相続人には受贈者に対する贈与目的物の返還請求権が発生する。この請求権は、遺産には属さず、侵害を受けた契約上の相続人が数人あるときは、各相続分に従って発生する(43)。請求権の発生は、遺産承継時（すなわち、相続開始時、1942条）である。その内容は、不当利得に関する規定に従うので、受贈者は、たとえば、利得消滅の抗弁を主張することができる（818条3項）。受贈者が受けた個別財産を第三者に無償で譲渡していた場合、侵害を受けた契約上の相続人は、822条の要件を満たせば第三者に対して返還請求することができる(44)。――請求権の3年の消滅時効（195条18-641a参照）は、199条1項の規定にかかわらず、2287条2項の規定に従って、受益者が贈与を知っていたか否かにかかわらず、相続開始によって進行する。――受贈者が相続から外された遺留分権利者であるときは、贈与された個別財産が遺留分の価額に相当する限り、返還義務は生じないであろう。したがって、返還請求権を行使する契約上の相続人は、返還と引換えに遺留分額を支払わなければ

---

(39) たとえば、第三者が被相続人に対して不道徳な行為をすること。一方、指定相続人から特定の個別財産を奪うために第三者と被相続人が協力するだけでは、138条の規定は適用されない。BGH NJW 1991, 1952.
(40) BGH NJW 1971, 188; NJW 1968, 2052 参照。
(41) BGHZ 59, 343.
(42) 516条の規定の贈与があるかどうかは、2287条の独立した要件であり、害意とは無関係に吟味されるべきものである。BGH NJW 2017, 329 (Keim の評釈有り)。2287条の規定は、いわゆる混合贈与の場合にも適用される。BGH NJW 1953, 501 参照（法律行為のうち無償部分が主たる場合は返還請求権、そうでない場合は無償出捐額の価額請求権）。贈与の要件となる無償性の合意は、客観的に給付と反対給付の間に明らかな不均衡がある場合には推定される（BGHZ 82, 274, 281 = NJW 1982, 43, 45）。
(43) BGHZ 78, 1, 3; BGH ZEV 2021, 445（共同遺言について）。
(44) BGH ZEV 2014, 98.

ならず，その算定には，贈与された個別財産の価額を遺産に加算しなければならない[45]。

15-523　また，贈与には，成立している婚姻おいて夫婦間でなされる無償の出捐も含まれる。婚姻が破綻した場合の返還の問題との関係で，夫婦間の**無名出捐**（婚姻関連出捐または婚姻による出捐とも）の法的態様が認められ，516条の意味における贈与と区別されて以来，問題視されるようになった[46]。しかし，連邦通常裁判所が正しく判示したとおり[47]，相続法上は，婚姻関係は対価として評価されないため，贈与としての判断に変わりはない[48]。ただし，出捐が扶養請求権の履行としてなされた場合は，その限りではない。夫婦財産共同制の開始は，原則として贈与ではない（24-841参照）。

15-524　遺贈目的物を，被相続人が**害意**をもって滅失，廃棄または損傷し[49]，それによって遺贈の履行が不能となったときは，受遺者は，相続開始時の価額賠償請求権を取得する（2288条1項）。遺贈目的物が，害意[50]をもって**売却または担保権設定**の目的物とされたときは，相続人は目的物を調達しまたはその担保権を消滅させる義務を負う（2288条2項前段）。遺贈目的物が贈与によって譲渡されまたは負担を受けたときは，受遺者は，2287条の規定に従って，受贈者に対する請求権を取得する（2288条2項後段）。同項の規定は，被相続人がその財産をほとんど贈与して遺贈請求権を無価値とした場合における，金銭またはその他の種類遺贈にも適用される[51]。

15-525　2287条・2288条の規定が保護する範囲がどこまで及ぶかは，**害意**をどう理解するかが決定的である。連邦通常裁判所は，かつてはこれを非常に厳格に解し，害意が被相続人の主たる動機でなければならず[52]，不利益を与える意図が受贈者に対して利益を与える意図よりも強い動機でなければならない[53]，と解していた。このような要件においては，たとえば，害意ある贈与の場合において，契約上の相続人の

---

(45)　BGHZ 88, 269 = NJW 1984, 121.
(46)　BGHZ 84, 361, 364f.; 87, 145, 146; BGH FamRZ 1990, 600.
(47)　BGHZ 116, 167 = NJW 1992, 564 —— ただし，被相続人が「生存中の自己利益」（15-525参照）を有する場合，夫婦間の贈与に2287条の規定は適用されない。BGH NJW 1992, 2630参照。
(48)　その区別について BGH ZEV 1996, 25（害意ある贈与としての用益権設定）。
(49)　ただし，手入れを怠ったことによって宅地が劣化した場合は，これに当たらない（BGHZ 124, 35 = NJW 1994, 317）。
(50)　一般的には，遺贈目的物の売却により遺贈の基礎が失われることを被相続人が認識していれば足りる，BGH FamRZ 1998, 427.
(51)　BGHZ 111, 138 = NJW 1990, 2063.
(52)　BGH LM §146 KO Nr. 1 = BeckRS 1953, 31201626〔原典の31201625は誤記〕.
(53)　BGH LM §2287 Nr.5 = BeckRS 1957, 31396358.

第3部　相続に関する死因処分およびその他の法律行為

侵害だけでなく，少なくとも受贈者に有利になることをも被相続人は意図するのが一般であるから，2287条・2288条の規定の適用の余地は小さい。2287・2288条の規定のこのような制限的な解釈は，一方で〔先の〕潜脱無効の理論が認められた理由の一つとなった。が，既に述べたように（15-521参照），連邦通常裁判所はその後方針を転換し，一方では，潜脱無効の理論を棄て，他方では，2287・2288条の規定の害意要件を緩和した。したがって，これらの規定の適用には，契約上の相続人から相続人に指定された利益を奪うあるいは減殺する意図が，贈与の真に主要な動機や動機の大部分であったことはもはや不要である(54)。たしかに害意自体は依然として要件であるけれども，被相続人が，契約上の相続人以外の者に対して(55)財産の主要部分を出捐する意図であり，その出捐について被相続人の正当な生存中の自己利益（たとえば，義務的贈与や儀礼上の贈物(56)，被相続人の老後の備え(57)や介護(58)の確保）が認められない場合であっても，肯定される可能性がある。この点に関する限り，2287条の規定の趣旨が処分権の濫用であるので，動機の評価が決定的となる(59)。その際，被相続人が生前処分をする利益と，被相続人の財産を減らされずに承継したいという契約上の相続人の利益との衡量をしなければならない(60)。被相続人が，相続契約における法定相続人（配偶者など）への配慮が足りなかったと考え，贈与によってこれを是正しようとする場合や(61)，生存中の出捐によって卑属の公平を図ろうとする場合には(62)，被相続人の正当な生存中の自己利益は認められない。通説によれば(63)，

---

(54)　BGHZ 59, 343, 350; 66, 8, 15.
(55)　相続開始を先取りし，相続契約上の定めに従った出捐は，2287条の規定する要件に包摂されない，BGHZ 82, 274 = NJW 1982, 43.
(56)　ただし，被相続人の受贈者との婚姻に際して贈与された取得価額約575,000ユーロの豪華ヨットは，被相続人の財産の大部分を占めるものであっても，儀礼上の贈物と評価できないであろう，OLG Düsseldorf ZEV 2017, 328は反対（Hölscherの反対評釈有り）。この事件については，後述の脚注64も参照。
(57)　BGH NJW 1982, 43, 45; OLG München NJW-RR 1987, 1484.
(58)　OLG Köln ZEV 2000, 317.──受贈者による介護・世話給付の引受けは，法的拘束力がなくても被相続人の生存中の自己利益となることもある，BGH ZEV 2012, 37; NJW 2017, 329 Rn.13f.
(59)　BGHZ 59, 343, 350, 352; BGH NJW 2017, 329 Rn.13.
(60)　BGHZ 83, 44; OLG Hamm ErbR 2018, 34, 38.
(61)　BGHZ 77, 264. しかし，相続放棄の解消によって遺留分侵害額請求権が再び発生する限り（2351条，16-555参照），契約上の相続人は，生存者間の出捐も甘受しなければならない，BGH aaO; LG Aachen FamRZ 1996, 61.
(62)　BGH ZEV 2005, 479.
(63)　MünchKomm/Musielak §2287 Rn.10; Jauernig/Stürner §2287 Rn.3; 共同遺言について BGH ZEV 2006, 505（ただし，連邦通常裁判所は下級審の見解を示しただけなのか，それともこれを自らの見解として採用したのかは不明）。

210

侵害された契約上の相続人の請求権は，相続契約を被相続人が取り消すことができ，取消しの期間制限の経過前に贈与によって侵害されたときは否定される（15-515, 516参照）。被相続人の契約当事者に対する贈与の場合においては，相続契約によって指定された相続人に対する処分権の濫用は，その相続人が相続契約の当事者でなければ，否定されるであろう。相続人指定の解消も契約上の相続人の同意なく可能だからである（15-509 参照）[64]。

15-526 2288 条の規定による（契約上の遺贈の不実現による）請求権に対しては，遺贈目的物の譲渡についての被相続人の生存中の自己利益によっても対抗することができるけれども，それは，その目的が他の方法では達成することができなかった場合だけである[65]。

15-527 一般に──これは契約上の受益者のための重要な制限であるが──「生存中の自己利益」の考慮は，相続契約成立後に**事情変更**が生じたため，侵害処分についての被相続人の利益が承認に値するように見えることが前提である[66]。受益者の単なる同意は，2287・2288 条の規定の適用を排除せず，そのためには，2352 条中段・後段，2348 条類推によって，相続放棄に関する公正証書の方式が必要となる[67]。

15-528 242 条の規定に従って，契約上の相続人には，侵害贈与の存在に関する十分な証拠を示したとき，受益者に対する情報提供請求権も生じる[68]。

4．特約による不作為義務

15-529 相続契約自体は，被相続人が自己の財産や個別財産を生存中に処分しない義務を契約の相手方に対して生じさせるわけではない。しかし，個別財産の処分禁止の債務法上の義務は[69]，**特約**によって引き受けることができ[70]，その違反によって被相続人に対する差止請求権や損害賠償請求権が生じる[71]。被相続人が取得者に誘われて相続契約に違反したときは，138 条 1 項の規定に従って処分が無効となること

---

(64) Hölscher ZEV 2017, 330, 331 も同旨（OLG Düsseldorf ZEV 2017, 328 について。脚注 56 参照）。
(65) BGH NJW 1984, 731, 732.
(66) BGH NJW 1984, 731, 732 (BGHZ 83, 44, 46 よりも強調する).
(67) BGHZ 108, 252 = NJW 1989, 2618（ただし，場合によっては悪意の抗弁が可能である）。
(68) BGHZ 97, 188 = JZ 1987, 250.
(69) 物権的効力のある契約上の処分権制限は，137 条前段の規定により禁止される。BGHZ 31, 13, 18f. 参照。
(70) BGHZ 12, 115, 122; 31, 13, 18f.; 59, 343, 350.
(71) 取得者に対する請求権は，取得者が不作為義務を負っていた場合にのみ生じる（OLG Köln ZEV 1996, 23）。

がある(72)。また，土地譲渡の場合においては，所有権移転のための（条件付）請求権を合意し，仮登記することもできる(73)。しかし，このような契約において受益者の対価が合意されるときは，それが生存者間の法律行為，すなわち売買契約ではなく，相続契約であるか否かが問題となる(74)。

事案 21 の解答
問題 a）

15-530　グリューン夫人は，遺贈が相続契約上のもの（2278条1項）ではなく，単独の死因処分（2299条1項）であるときにだけ，遺贈を撤回することができる。**契約上の処分**は，相続契約の性質および 2289 条 1 項後段の規定から明らかなように，被相続人を**拘束する**からである。遺贈は，2278 条 2 項の規定する契約上の処分に該当する可能性がある。相続契約には明文で定められていないため，契約当事者の意思によって契約上の義務が遺贈に及ぶか否かは，解釈により判断しなければならない。契約上の処分として解釈するための重要な手掛かりは，**契約当事者**自身が第三者のための処分分に関心を抱いていたかどうかである。このことは，契約当事者であるエミー・シュタインの娘のための遺贈について，契約当事者と受益者の親族関係から，また，契約当事者の明示的な依頼によって遺贈がなされたことから，肯定されることになる。したがって，この遺贈は契約上の処分であり，グリューン夫人が一方的に撤回することはできない。それに対し，契約当事者は，エアランゲン大学のための遺贈には何の利害関係もなく，この出捐の原因はもっぱら被相続人個人のものである。したがって，この処分は，契約上の約束とは内在的な関係が無く，外部的にのみ，すなわち，**単独の処分**として相続契約と関係している。この単独の処分は，遺言による処分（2299 条 2 項前段，2253 条以下）と同様，たとえば，遺言の方式による撤回（2254 条）により，撤回することができる。

問題 b）
１．985 条の規定の返還請求権

15-531　ここでは，エミー・シュタインは，相続契約中の相続人指定により，グ

---

(72) BGH NJW 1991, 1952.
(73) BayObLG Rpfleger 1989, 190 ── 他方，相続法上の請求権は，通説によると，仮登記することができない。相続開始によって発生し，その前には法律上の原因を欠くため 883 条 1 項後段の将来請求権としても発生しないからである（BGHZ 12, 115）。
(74) BGH NJW 1998, 2136 は，第三者のために先買権を約定した「売買類似の契約」とし，463 条の規定に従って先買が成立する，と判示する。

リューン夫人の単独相続人となっている（1941 条 1 項）。985 条の規定による返還請求権は，グリューン夫人が不動産の所有者であり続けていた場合に問題となる。その場合，所有権は単独相続人が承継するからである（1922 条 1 項）。甥のエードゥアルトへの土地所有権移転（873・925 条）は，それによって遺産が相当に減少し，契約上の相続人の期待が裏切られるため，無効となる可能性がある。エミー・シュタインを相続人に指定したことは，**契約上の処分**であり（2278 条 1 項），相続契約は，主としてこの処分に拘束力を与える目的で締結されたものである。被相続人は，エミー・シュタインの法的地位を後からの死因処分によって侵害することができないのである（2289 条 1 項後段）。しかし，2286 条が明示するとおり，被相続人が生存中に法律行為によって（ここでは土地所有権移転によって）財産を処分する権利は，相続契約の拘束力によっては影響を受けない。2286 条の規定に鑑みれば，生存中の法律行為によって受益者の法的地位を「潜脱する」ことは，134 条の**強行法規違反**には当たらないものと解される。法体系としては，侵害の特定の場合において補償請求権を根拠づける 2287・2288 条の規定があるのみである（15-522 以下参照）。潜脱による無効に関する従来の判例は，連邦通常裁判所によって棄てられたのである（15-521 参照）。

15-532 所有権移転は，契約上の相続人を侵害するからというだけでは，**良俗違反**により無効（138 条）とはならない。そうなるためにはむしろ，法律行為が背信的となる特別な事情が追加される必要がある。甥に家を建てるための土地を提供するという譲渡目的は，それ自体として，広く公平・公正な社会の良識に何ら反するものではなく，ここでは，そのような事情は無い。したがって，甥のエードゥアルトが所有者となり，985 条の規定による返還請求権は発生していない。

２．2287 条 1 項の規定による返還請求権

15-533 契約上の相続人であるエミー・シュタインは，贈与が契約上の相続人に対する害意をもって行われたときは，2287 条 1 項の規定に従って，エードゥアルトに対して返還請求権を取得する。贈与の理由の一つは，契約上の相続人の財産を奪うことにあった[75]。もっとも，主たる動機はこのような侵害ではなく，甥を助けることであった。しかし，2287 条の規定に関し，害意が主たる動機であることを要件とすれば，この規定が適用されるのはごく稀にあろう。したがって，連邦通常裁判所がこの見解を棄てたことは正当である[76]。むしろ，契約上の拘束力からして，贈与による所有権移転が**処分権の濫用**と見られるか，あるいは被相続人の十分な**生存中の自己**

---

[75] 仮に被相続人が契約上の相続人に対する侵害を贈与の不可避の帰結として甘受しただけであったとしても，ここでは害意は肯定されなければならないだろう。

[76] 15-525 参照。

利益によって裏付けられているかどうか，が2287条の規定の適用の決め手でなくてはならない。そのためには，動機の評価が必要である。甥への所有権移転は，たしかに道徳的に非難されるものではないけれども，他方で，特に親密な親族関係でもなく緊急事態でもなかったのであるから，一般的な道徳観からすれば，決して必要なものではなかった。そして，契約上の相続人の方は，贈与により遺産の約半分を奪われたのだから，相当な侵害を受けている。このことは，契約上の相続人が後に生じる相続と引換えに相当の給付を引き受けていたことからすると，ますます重要である。この点を考慮すれば，贈与は生存中の処分権の濫用と見なされ，2287条1項の害意が肯定されるであろう。したがって，不動産の所有権返還と占有移転を目的とする請求権は，2287条1項の規定によって根拠付けられる[77]。

問題 c)

1．単独の撤回

15-534 エミー・シュタインの相続人指定は契約によるので（15-503参照），被相続人はこれを**単独で**撤回することができない。その後の死因処分による他の相続人指定も無効である（2289条1項後段）。

2．解 消 契 約

15-535 相続人指定は，グリューン夫人とエミー・シュタインの間の契約によって解消することができるけれども（2290条1項前段），契約上の相続人がそのつもりであると解することはできない。

3．処分の取消し

15-536 相続契約締結に際しては，被相続人は，その死亡時までエミー・シュタインが家政を切り盛りすることを前提にしていた。仮に，その後実際にシュタインがどうするかを予見していたとすれば，相続人指定はしなかっただろう。したがって，**動機の錯誤**が存在し，2078条2項・2281条1項の規定に従って，被相続人は取消権を取得する[78]。取消しは，エミー・シュタインに対する公正証書による意思表示（2282条3項）でなければならないが（143条1・2項），それによって相続人指定は無効（142条1項）となる。

4．債務不履行による相続契約の解除（323条）

15-537 エミー・シュタインの債務不履行による解除の要件は，323条の規定に従っ

---

[77] 請求権の内容に関して不当利得の規定が適用されること（2287条1項）は，土地が依然として甥の所有・占有にあると前提することができるため，ここでは重要ではない。

[78] OLG Karlsruhe FamRZ 1997, 1180, 1181.

て，債務法上の双務契約の存在である。しかし，**相続契約**は，債務法上の義務を発生させず，死因処分のみを含むため，**双務契約ではない**。

5．解除（2295条）

15-538　契約上の相続人指定は，受益者が家政を最後まで賄うこと，すなわち継続的給付について義務を負うからこそのものであった。この義務が「果されない」，すなわち何らかの理由で消滅したときは，被相続人には，2295条の規定に従って解除権が発生する。義務の不履行や不完全履行は，それ自体が義務を消滅させるわけではないが，被相続人が家政に関する合意を解消する権利を発生させる可能性がある。そのためには，まず，この契約にいかなる規定が適用されるかを明らかにしなければならない。役務は無償ではなく，食事や住居の提供（現物報酬）の対価として，また，後からの相続を考慮してなされるのであるから，これは贈与ではない。一方，この合意は，（611条1項の規定が前提としているのとは異なり），生存者間で報酬全額が支払われるものではないけれども，基本的に**雇用契約**の類型に相当するものである。したがって，雇用契約に関する規定を類推適用することができる。この契約は被相続人の生存中のために締結されたのであるから，620条2項・621条・622条の規定に従った一般の解除権は生じない。けれども，エミー・シュタインの違法行為の継続により契約の維持を期待することができないため，グリューン夫人は，626条1項の規定に従って**重大な理由**による**解除権**を取得している[79]。

15-539　グリューン夫人が労働給付の合意を解除したときは，エミー・シュタインの義務は消滅する。これにより，被相続人は，同時に2295条の規定に従って**相続契約の解除権**も取得し[80]，その行使は，エミー・シュタインに対し，公正証書によってなされるものであり（2296条2項），それによって契約上の相続指定が無効となるものである。この解除権は，上述の取消権とは独立して発生する。

第15章の問題と事案

1．相続契約はいかなる方式で締結することができるか？
2．相続契約の内容の要件はあるか？
3．Eは，その3人の子と相続契約を締結し，その中で，弁護士Tを遺言執行者に指定する等の処分を行った。この取り決めは，拘束力があると明示されている。E

---

[79]　継続的債務関係に関する一般原則から，重大な理由による解除権を解釈するのも（314条），正当な解決である。BGH NJW 2011, 224は，──〔本問とは〕異なる形の介護の合意があった場合について──323条の規定による解除権に言及している。

[80]　OLG Karlsruhe FamRZ 1997, 1180も同旨。

第 3 部　相続に関する死因処分およびその他の法律行為

は，これを遺言で単独で撤回することができるだろうか？

4．2018年，クルト・ヴェルクは息子のフランツと適式な相続契約を締結し，フランツを単独の先位相続人として指定し，フランツ・ヴェルクの死後の後位相続人にヴェッセル株式会社を単独の処分により指定した。2022年，クルト・ヴェルクは適式の公正証書遺言を作成した。その中で，過去の死因処分をすべて解消し，フランツ・ヴェルクを1/2，甥のハンス・クラインと介護者のイーダ・ブントを各1/4の相続人に指定した。クルト・ヴェルクが死亡の相続はどうなるであろうか？

解　答

15-540　1．当事者双方の同時立会いの下での公正証書作成に限る（2276条1項，2232条）。

15-541　2．相続契約には，少なくとも契約上の死因処分が少なくとも1つ含まれていなければならないので，単独の（拘束力のない）処分だけでは不十分である。このことについて，明文の規定は欠けているけれども，相続契約の概念や性質から解釈することができる[81]。

15-542　3．相続人指定，遺贈，負担および法選択の意思表示だけを契約上することができる（2278条2項）。したがって，遺言執行者の指名は，相続契約において拘束力を有すると定められたものであっても，単独の処分であり，2299条2項前段，2253条1項，2254条の規定に従って，—— 相続契約の相手方の同意がなくても ——，被相続人Eが遺言により撤回することができる。

15-543　4．フランツ・ヴェルクの単独相続人指定は，契約によるので（2278条1項），**拘束力があり**，クルト・ヴェルクが単独で撤回することができない。後からの死因処分は，それがフランツ・ヴェルクの権利を侵害する限りにおいて，2289条1項後段の規定に従って無効である。2022年の遺言は，フランツ・ヴェルクが単独相続人ではなくなり相続分1/2の共同相続人に指定されるため，この要件を満たすであろう。しかし，この遺言によれば，彼は完全な〔共同〕相続人となるが，相続契約によれば，先位相続人にしかならない。先位相続人はかなり制限を受け（2112条以下参照），先位相続人およびその相続人は，その後の相続に際しては遺産の〔果実と使用利益の上位概念としての〕利益（Nutzung）が与えられるのみであるため（2111条1項前段参照）[82]，相続分1/2の相続人指定は，単独先位相続人指定よりも経済的に有利に

---

(81)　15-504 参照。
(82)　先位相続人の地位について，19-674 以下参照。

216

なることがある。しかし，契約上の拘束力の限界は，出捐の経済的価値ではなく，与えられた**法的地位**によって決定する。これは，相続契約だけでなく，他の契約にも妥当する。債権契約においても，債務者は，たとえば，義務を負う給付を，債権者にとって経済的に高い価値のある他の給付に勝手に代えることはできない。相続契約によって与えられた法的地位が維持されたうえで，それ以上の権利が遺言上与えられるのであれば，話は別である。しかし，本件では，遺言により，一方で，先位相続人の地位が完全な相続人の地位に置き換わることになり，他方で，単独相続権の地位が相続分1/2の共同相続権の地位に代えられたので，このようなことにはならない。したがって，2289条1項後段の規定の侵害が肯定され，遺言によるフランツ・ヴェルクの先の相続人指定の撤回と新たな相続人指定は**無効**ということになる(83)。

15-544 ヴェッセル株式会社を後位相続人に指定したことは，**単独の処分**であるので（2299条1項），被相続人が遺言によって単独で撤回することができる（2299条2項前段・2253条以下）。したがって，2022年の遺言は，その中で後位相続人指定が撤回された限りにおいて，有効であろう。しかし，被相続人は**相続人指定がなければこの部分の遺言をしなかった**解されるときは，新しい相続人指定の無効によって後位相続人指定の撤回もまた無効となる（2085条）。このことは，被相続人が，相続契約の定めに代えて，一体的な他の新たな相続を形成することを欲したことが遺言内容から明らかであるため，肯定されることになる(84)。被相続人が，遺言の存在にかかわらず息子に単独相続権が残ることを知っていたならば，後位相続人指定を撤回することはなかったであろう。

　結論：フランツ・ヴェルクが単独の先位相続人，その死後，ヴェッセル株式会社が後位相続人となる。

---

(83) この点については，BGHZ 26, 204（他の問題，特に相続契約における変更権留保についても判示する興味深い裁判）を参照。
(84) これは BGHZ 26, 204, 216 の事案であるが，そこでは，極端に単純化した事案4では再現されていない他の諸事情に依拠していたかも知れない。――また，フランツ・ヴェルクを相続分1/2の完全相続人かつ1/2の先位相続人，ハンス・クラインとイーダ・ブントを相続分各1/4の後位相続人と解する一つの正当な解釈であろう（遺言の補充的解釈！）。

第 16 章　相 続 放 棄

事案 22：ゴルトは娘のエルケが香水店を開店する際に開店資金として 1 万 2,000 ユーロを出資し，他方で，エルケは父ゴルトとの公正証書による契約で，ゴルト死亡の際のすべての法定相続権・遺言相続権を放棄した。その後，ゴルトは，2 人の息子を相続分各 1/3，2 人の孫娘マルヤとアニヤ（エルケの娘）を相続分各 1/6 の相続人に指定する遺言を作成した。ゴルトの死後，2 人の息子は，エルケの相続放棄を理由に，各 1/2 ずつの相続権を主張している。正当か？

I　放棄の種類

16-545　遺言と相続契約に加えて，民法典は，被相続人の生存中になされ，相続人指定に影響を及ぼす相続放棄という法律行為を設けている。その内容により，以下のように区別される：
―― 法定相続権の放棄，したがって遺留分権も放棄するもの（相続権・遺留分権の放棄），2346 条 1 項前段・後段。
―― 遺留分権を留保した上での法定相続分の放棄（単純な相続分の放棄）[1]。
―― 遺留分権だけの放棄（単純な遺留分権の放棄），2346 条 2 項。
―― 遺言もしくは相続契約による相続人指定または遺贈による受益の放棄（受益の放棄），2352 条前段。

II　相続放棄の法的性質と適用規定

16-545a　相続放棄とは，被相続人の親族や配偶者（法定相続人としての国は含まれない）が法定相続権を放棄し，遺言や相続契約で指定された相続人や受遺者が法律行為による受益を放棄する特殊な相続法上の処分契約である。相続放棄は無因行為であり，その有効性は並行して成立する他の契約，たとえば被相続人のなす示談の効力に影響を受けない。相続放棄が一般に有効な原因行為を要するか否かについては，さもなければ不当利得の規定（812 条 1 項前段）に従って取り戻すことができてしまうであろうから[2]，疑問である[3]。

---

(1) この種類については，明文の規定が無いけれども，通説によれば認められる，Lange Kap. 10 §41 Rn.110; MünchKomm/Wegerhoff §2346 Rn.13. 遺留分権の帰結については，脚注 22 参照。
(2) Staudinger/Schotten (2016) §2346 Rn.115.
(3) BGHZ 134, 152, 157 = ZEV 1997, 69, 70 and BGH NJW-RR 2012, 332, 333 によれば，相続法

16-545b　相続放棄は，死因処分ではないので，遺言や相続契約に関する規定は適用されない。2346条以下が特則を規定していない，一般則が適用される。したがって，たとえば，錯誤や詐欺による**相続放棄の取消し**に関しては，119条以下の諸規定が適用される。相続放棄または遺留分放棄は，**条件に親しまない行為ではない**[4]。相続放棄は，相続放棄者の**相続権の一部**に限定することはできるが，包括承継原則があるので，遺産中の個別財産に限定することはできない[5]。

16-545c　相続放棄や遺留分放棄は，**良俗違反**により無効となることもある（138条1項）。しかし，連邦通常裁判所は，障害者遺言の原則に従い（9-248, 9-262以下参照），障害者が両親の一方に対して遺留分権を放棄すること（相続後も社会保障当局の関与を排除する結果となる）を良俗違反とは考えない[6]。相続放棄の良俗違反は，その基礎となる債務法上の合意を含め，たとえば，それが，相続放棄をする側にかなり不利であり，さらに，相続放棄をする側の経験の浅さが利用された場合など，総合判断される[7]。和解契約を含む相続放棄や遺留分放棄を，一般に，たとえば，婚姻契約（離婚の合意）の内容規制に関する判例に従って厳しい内容規制に服させるべきではない[8]。相続放棄は，契約締結時の同様の典型的な不均衡を欠いているし，離婚関連法の基本的な考え方を十分に考慮する，という婚姻契約の場合の内容規制を強くする目的は，相続放棄の場合に妥当しないからである[9]。

Ⅲ　相続放棄の目的と和解との連結

16-546　相続放棄の目的は，放棄者の相続法上の地位を**確実に**喪失させることである。実務上，相続放棄は和解契約との関連で特に重要である。たとえば，父が卑属の一人に相続分の前渡しとして生前贈与をしたときは，父の死後，その卑属が重ねて再び父の遺産に（相続権者や遺留分権利者として）関与しないように，相続放棄をしてお

　　上の処分契約としての放棄は一般に債務法上の法律行為を基礎とする，と慎重に定式化されている。
- (4) OLG Hamm ErbR 2020, 504（被相続人の妻が遺留分額請求権の額に応じた利益を被相続人から受けていないときは，被相続人の妻の遺留分放棄は無効，という解除条件は許容される）。
- (5) OLG Oldenburg ZEV 2020, 164, 165（一部放棄への転換は可能）。
- (6) BGHZ 188, 96 = NJW 2011, 1586 = ZEV 2011, 258（Zimmerの評釈有り；Leipold ZEV 2011, 528の評釈も参照）。
- (7) OLG Hamm NJW 2017, 576 = ZEV 2017, 163（Evertsの評釈有り）（18歳になったばかりの放棄者に対価として高級スポーツカーが約束された場合）；これについてZimmer NJW 2017, 513; von Proff ZEV 2017, 301.
- (8) OLG Hamm ErbR 2020, 504, 507; LG Nürnberg-Fürth ZEV 2018, 593（Keimの評釈有り）Rn.17; MünchKomm/Wegerhoff §2346 Rn.38ff.
- (9) Staudinger/Schotten（2016）§2346 Rn.197.

第3部　相続に関する死因処分およびその他の法律行為

くことは自然である。遺言または相続契約による相続廃除では，遺留分権（2303条）は影響を受けないので，完全に同じ結果とはならないからである。

16-547　**和解契約**（つまり，被相続人を債務法上の特定の和解給付に義務づけること）は，相続放棄そのものとは区別される。ただし，相続放棄は条件に親しまない行為ではないので，和解契約と相続放棄の結合は，法律行為法上の条件によって実現することができる（158条）。したがって，たとえば，合意した和解金の不払を相続放棄の解除条件とすることができるし[10]，また，相続放棄をした者に対する遺贈の不履行を解除条件とすることもできる[11]。また，契約当事者の意思に従って，相続放棄と和解契約は，139条に言う単一の法律行為となるため[12]，和解契約の無効が相続放棄の無効をもたらすこともある。

16-548　和解契約により，一方で被相続人に債務法上の和解給付義務，他方で放棄者に相続放棄の義務が生じ，当事者の意思に従って双方の給付が対価関係にあるときは，それは320条以下の**双務契約**である[13]。この債権契約は，2348条の規定（警告機能）に従って公正証書を要件とする[14]。不履行その他の義務違反があったときは，この法律行為から280条以下・323条以下の規定に従って損害賠償請求権または解除権が生じ得る。たとえば，被相続人が約束した和解金の支払の遅滞に陥ったときは，相手方は，323条の要件を備えれば和解契約を解除できる。相続放棄が既になされているときは，被相続人は放棄契約の解消に同意することにより（2351条），その給付を返還しなければならない（346条1項）。行為基礎の喪失に関する諸原則も適用され（313条），場合によっては契約改定による和解金の増額の可能性もある[15]。

16-548a　しかし，このような事案で双務契約を肯定する際には，近年の連邦通常裁判所の判例に注意する必要である[16]。連邦通常裁判所が強調するするように，被相

---

(10)　BGHZ 37, 319, 327; Staudinger/Schotten（2016）§ 2346 Rn.153.

(11)　BayObLG FamRZ 1995, 964.

(12)　OLG Hamm NJW 2017, 576 Rn.24f.（相続放棄と和解契約が同一の文書に書かれていたときは，そのような連結意思が事実上推定される）。Staudinger/Schotten（2016）§2346 Rn.151は異論。

(13)　OLG Düsseldorf ZEV 2014, 265, 266; MünchKomm/Wegerhoff §2346 Rn.24ff. 311b条4項（被相続人自身が契約締結）および2302条（契約当事者のいずれも死因処分に義務づけられない）の規定のいずれも，和解契約を無効とはしない。

(14)　通説。KG OLGZ 1974, 263, 265; OLG Köln ZEV 2011, 384; MünchKomm/Wegerhoff §2348 Rn.2; BGH ZEV 2012, 145, 146（Keimの評釈有り）はブランクとする。──和解契約締結においては双方に代理人が認められる（OLG Düsseldorf ZEV 2014, 265）。

(15)　BGHZ134, 152 = NJW 1997, 653（農場法について）。──しかし，相続開始時に発生した相続放棄の効果には，行為基礎喪失を対抗することができない（16-556参照）。

(16)　BGHZ 206, 165 = NJW 2016, 324 = ZEV 2016, 90（Keimの評釈有り）；それについて von Proff NJW 2016, 539参照。

続人の出捐と受益者の相続放棄には，必ずしも対価関係を認めることはできない。むしろ，当事者の意思によれば出捐が被相続人の求めた相続放棄の対価ではなく，相続放棄が単に後で相続権の均衡に資するものであったときは，被相続人の贈与が成立することがある。この場合，贈与は，忘恩行為（530条）または贈与者の困窮（528条）を理由に撤回することができる。

Ⅳ　相続放棄の契約締結について

16-549　相続放棄は，被相続人と放棄者との間の公正証書による契約[17]でなければならない（2348条）。相続開始時に効力を生じるため，被相続人の生存中にのみ締結できる[18]。

16-549a　放棄者は代理を利用することができる。制限能力者は，法定代理人の同意を得て契約を締結するか（107条以下），法定代理人が契約を締結することができる。この場合，家庭裁判所または（世話人の場合）世話裁判所の許可が追加的要件である（2347条1項前段・後段（1851条9号となる予定）。

16-549b　被相続人は（放棄者と異なり）契約を原則として本人が締結しなければならない（代理人不可）（2347条2項前段（2347条前段となる予定）。被相続人が制限行為能力者であるとしても，本人しか ―― 法定代理人の同意不要 ―― 締結することができない（2347条2項前段（2347条前段となる予定））。本人が行為無能力者である場合は，法定代理人が家庭裁判所または世話裁判所の許可を得て相続放棄の契約を締結することができる（2347条2項後段，2347条後段・1851条9号となる予定）。

Ⅴ　相続放棄，遺留分放棄および受益の放棄の効力

1．法定相続権の放棄

16-550　法定相続権の放棄は，放棄者が相続人にならず，遺留分権も取得しない，という帰結をもたらす（2346条1項後段）。相続は，放棄者が先に死亡したかのように扱われる（先死亡の擬制）。ただし，放棄した人の卑属への影響には限界がある。つ

---

(17)　BGHZ 22, 364によれば，相続権および遺留分権の黙示の放棄は，相続契約に含ませることができ，BGH NJW 1977, 1728によれば，公正証書による共同遺言にも含ませることができる。Keim ZEV 2001, 1; Keller ZEV 2005, 229, 230; BeckOK BGB/Litzenburger §2346 Rn.9も同旨。―― しかし，方式要件の立法趣旨（教示と助言）が，共同遺言の場合には契約不成立によって，効力発生が妨げられる（Habermann JuS 1979, 169; MünchKomm/Wegerhoff §2348 Rn.7参照）。―― OLG Hamm FamRZ 1996, 1176は，連邦通常裁判所とこの点で矛盾することなく，相続放棄が明示されているか，契約全体から確実に看取できることを要件としている。OLG Düsseldorf ErbR 2022, 312も同旨。

(18)　BGHZ 134, 60 = NJW 1997, 521.

まり，被相続人の卑属または傍系親族の**相続放棄**は，別段の定めがない限り，相続放棄をした当事者の卑属にも及ぶので（2349条），これらの者も承継しない。また，放棄者が相続開始前に死亡している場合も同様である[19]。ただし，放棄によって失うのは，放棄契約の相手方に対する相続権だけであり，放棄する被相続人を相続した第三者に対する相続権ではない[20]。相続放棄は，**絶対的相続放棄**としても，特定の者のために（つまり，その者が相続人となった場合にのみ，2350条1項の解釈規定参照）**相対的相続放棄**としてすることもできる。2350条2項の規定に従って，被相続人卑属の相続放棄は，疑わしい場合には[21]，他の卑属または被相続人の配偶者のためになされたものと解されなければならない。

2．遺留分放棄

16-551 配偶者，パートナー（パートナー法10条6項・7項）または親族による相続放棄が遺留分権についてのみなされるときは（2346条2項 **遺留分放棄**），放棄した当事者は一般規定に従って法定相続人のままである。しかし，被相続人によって（遺言や相続契約で）廃除されたときは，その放棄を理由に**遺留分侵害額請求権**を喪失する。

16-552 被相続人の卑属による**相続放棄**と単純な**遺留分放棄**だけでは，他の卑属の**遺留分権**に関し，全く異なる帰結になる。相続放棄した遺留分権利者は，2310条後段の規定に従って，相続人ではなくなるので，他の卑属の遺留分は増加する[22]。一方，遺留分放棄のみを行い，死因処分により廃除された者は，2310条前段の規定により，遺留分算定の際に相続人とされ，他の卑属の遺留分は増加しない。したがって，被相続人の視点からは，卑属と和解して遺留分を放棄させる方が，遺言相続の余地を拡大するため，**相続放棄よりも有利なことがある**[23]。── 遠い相続人の遺留分侵害額請求権については，24-822a 参照。

3．受益の放棄

16-553 遺言または相続契約[24]による指定相続人の受益の放棄は，その死因処分の

---

(19) Lotter MittRhNotK 1998, 8; Reue MittRhNotK 1998, 9.
(20) OLG Frankfurt FamRZ 1995, 1450（子の父に対する相続放棄は，父を相続した異母兄弟姉妹に対する法定相続権を排除しない），BayObLG Rpfleger 2005, 431.
(21) 具体的な解釈が優先される，BGH NJW 2008, 298（Zimmerの評釈有り）（遺留分放棄として有効とする可能性についても）。
(22) 放棄者が遺留分権を留保していたときは，この限りではない（16-545 参照），Münch-Komtn/Lange §2310 Rn.8; Staudinger/Schotten（2016）§2346 Rn.81.
(23) したがって，実務においてはたいてい，遺留分放棄が好まれる。Reithmann Anm. zu BGH LM §2346 Nr.3; J. Mayer ZEV 2007, 556（遺留分放棄の欠点も指摘する）参照。

第16章　相続放棄

無効をもたらす（2352条）。この方法で，相続契約や共同遺言の相関的処分の拘束力を消滅させることが可能である（一方の配偶者が先に死亡した後に，14-472参照）。2009年の改革（3-85参照）の後は，被相続人の卑属または傍系親族による受益の放棄は，放棄に別段の定めがない限り，放棄者の卑属にも及ぶ（2352条3項，2349条）。これらの場合，放棄者の卑属は，遺言による補充相続人（2096条）としても2069条の解釈規定によっても，放棄者に代わることができない，ということになる。

Ⅵ　相続放棄の取消しと解消

1．取消し

16-554　錯誤または詐欺を理由とする相続放棄の取消しは，2078条以下の規定ではなく，民法総則の規定[25]が適用されるため，動機の錯誤を理由としては，取り消すことができない。相続開始後の取消し，16-563参照。

2．解消

16-555　相続放棄は，被相続人と放棄者の間で同じ方式で締結される契約によって解消することができる（2351条）。被相続人の相続契約上の義務（契約どおりに他人を相続人に指定すること）はこれを妨げない。相続放棄の解消は，遺留分侵害額請求権を生じさせることがある[26]。2352条後段の規定は，2351条の規定に言及していないが，被相続人と放棄者の間の契約により，2351条の規定を類推して，遺言や相続契約による受益の放棄を取り消すことも可能である[27]。

16-556　しかし，2351・2347条2項前段から明らかであるように，相続放棄の効力は被相続人の死亡によって生じてしまい，法的明確性の原則から後の変更はできないのであるから，解消は被相続人の生存中にしかできない[28]。同様の理由で，被相続人の死後に相続放棄の行為基礎が欠けまたは喪失していたことを理由にその効力を否

---

(24)　しかし，相続契約の場合，第三者による相続放棄のみが規定されていて，すなわち，相続人に指定された契約当事者による放棄は規定されていない（2352条後段）。ただし，契約当事者は，被相続人と契約によって解消することができる（2290条1項前段; OLG Stuttgart DNotZ 1979, 107）。
(25)　放棄者にも，被相続人にも適用される。Staudinger/Schotten（2016）§2346 Rn.107; MünchKomm/Wegerhoff §2346 Rn.4; Grüneberg/Weidlich §2346 Rn.18.
(26)　BGHZ77, 264, 269f.
(27)　BGH ZEV 2008, 237（Kornexlの反対評釈有り）。連邦通常裁判所は，（放棄者を再度指定するという）死因処分によって同一の結果を欲する可能性がない場合については，解消の可能性を肯定する。しかし，法的明確性の観点から，受益の解消は一般に許されるべきである。
(28)　BGHZ 139, 116 = NJW 1998, 3117.

定することはできない[29]。

16-557 連邦通常裁判所によれば[30]、**相続放棄者の死後も**、2349 条の帰結、とりわけ、相続放棄の第三者の遺留分に対する効果（2310 条後段、16-552 参照）は、その趣旨によれば、相続放棄者本人以外の者が（被相続人との合意で）排除することができないため、**相続放棄の解消は不可能である**。したがって、2349 条の規定に従って相続放棄の影響を受ける放棄者の卑属も、その相続人も[31]、被相続人との間での解消契約も無効である。被相続人が死因処分（相続放棄者の卑属を相続人に指定することなど）をする権利は影響を受けない。

事案 22 の解答

16-558 遺言では、ゴルトの遺産は全額について 2 人の息子に各 1/3 の相続分が与えられている。孫娘 2 人の相続分が相続の前後に消滅した場合には、息子たちの相続分が増加する可能性がある（2094 条 1 項前段）。本件では、相続放棄や受益の放棄が相続分の消滅に当たるかどうか問題となる。エルケ・ゴルトが被相続人と適式に（2348 条）締結した相続放棄の契約は、エルケの法定相続権および遺留分権を喪失させる（2346〔原典の 2358 は誤記〕条 1 項前段・後段）。2349 条の規定によれば、これらの効果は、放棄における別段の定めがないので、エルケの卑属としてのマルヤとアニヤも及ぶ。したがって、マルヤとアニヤには、被相続人に対する法定相続権も遺留分権もない。さらに、エルケは父親からの遺言による給付もすべて放棄している。2349 条・2352 条後段の規定に従って、この受益の放棄（2352 条前段）は、マルヤとアニヤにも及ぶ。ただし、受益の放棄は、放棄の時点で既に処分された出捐についてしか及ばない点が重要である。**将来の死因処分から生じる相続権の放棄はできない**[32]。相続放棄や受益の放棄があっても、被相続人には、遺言や相続契約によって放棄者またはその卑属のために出捐する余地が残る。したがって、遺言による処分は有効あり、息子たちの相続分は増加しない。遺言により、息子 2 人は相続分各 1/3、

---

(29) BGH NJW 1999, 789. 遺留分放棄については、OLG Nuremberg ZEV 2003, 514 は異なる（遺留分放棄のための行為基礎として、後から共同遺言を作成する意図であったが実現しなかった事案）。——このことは、相続放棄の基礎となる和解契約について行為基礎の欠缺または喪失の法理を適用することと区別しなければならない（16-548 参照）。

(30) BGHZ 139, 116 = NJW 1998, 3117; Grüneberg/Weidlich §2351 Rn.2. —— 異論は、Steiner MDR 1998, 1481; Muscheler ZEV 1999, 49; Quantius, Die Aufhebung des Erbverzichts (2001), S.76ff., 128.

(31) 相続放棄は契約当事者の生存中にしか解消できないという定式により、連邦通常裁判所（脚注 30）はこの可能性も排除している。

(32) BayObLG Rpfleger 1987, 374.

2人の孫娘は相続分各1/6の共同相続人となる。

第16章の問題と事案
1．相続放棄の成立要件は？
2．相続放棄と遺留分放棄の効力はどのように異なるか？
3．マリーア・バウアーは，息子のマルティーンを，マルティーンと締結した相続契約により，単独相続人に指定した。主たる遺産は，マリーア・バウアーがそれによって存続を確実にしたいと考えていた農場である。マリーアは，娘のアンナと公証証書によって契約を結び，アンナは50,000ユーロの和解金と引き換えに相続権を放棄した。相続開始から2年後，マルティーンは，農場の経営を断念し，これを建設会社に200万ユーロで売却した。これを知ったアンナは，兄に対し，当時母親と結んだ契約を全部取り消し，相続法上の地位に相当する価値を受け取れるよう，950,000ユーロの支払を請求している。権利関係はどうなるか？

解　答
16-559　1．**法定相続権の放棄としての相続放棄**は，放棄した配偶者または血族と被相続人との間の契約によって成立する（2346条1項前段）。契約には公正証書が要件である（2348条）。また，被相続人と遺言または相続契約上の受益者の契約による**受益の放棄**も可能であり（2352条），2348条の規定に従って公正証書が要件となる。

16-560　2．**相続放棄**によって，放棄者の法的地位は，あたかも相続開始前に死亡したかのように判断される（2346条1項後段）。被相続人が廃除していなくても，放棄者は法定相続権や遺留分侵害額請求権を行使することができない。他の遺留分権利者の遺留分を算定する際には，**放棄者は無視されるため**（2310条後段），それに応じて他の人の遺留分が増加する。

16-561　**遺留分放棄**，すなわち遺留分だけの放棄（2346条2項）は，法定相続権を喪失させるものではない。被相続人が別段の定めをしない限り，放棄した者は一般則に従って法定相続人となる。一方，死因処分によって廃除された場合は，遺留分侵害額請求権を行使することはできない。他の者の遺留分侵害額請求権を算定する際には，**廃除された相続放棄した者を加える**（2310条前段）。そのため，他の者の遺留分は増加しない。

16-562　その結果，遺留分放棄は，被相続人の処分の選択肢を増やすという点で，被相続人にとって有利となる。

16-563 3．適式に合意された相続放棄により，アンナは，2346条1項後段の規定に従って，母の法定相続人から外され，また，遺留分権も有さない。アンナが相続放棄を有効に取り消し，それが遡及的無効となった場合はこの限りではない（142条1項）。相続放棄の取消しに関する特則は無く，一般則の規定が適用される。この際，（この事案のように，121条1項前段の規定する取消期間の経過していないときは）**相続開始後も取消しが可能か**，あるいは法的確実性や法的明確性の観点から不可能か，議論の余地がある[33]。遺言や相続契約も相続開始後に取り消せるため，後発的に遡及効によって法律関係が変化することを考慮すると，相続放棄の場合に取消しを認めない十分な理由はないものと思われる。しかし，取消原因はなければならない。この場合，農場の価値や将来の展開（農業を放棄する，高値で売却する）についての錯誤が考えられる。しかし，それは119条1項の内容の錯誤でも表示上の錯誤でも119条2項の重要な性状の錯誤でもない。むしろ，**動機の錯誤**である。つまり，アンナも，将来の展開が事前に知っていれば，相続放棄をしなかったであろうからである。しかし，動機の錯誤は，119条の規定による錯誤ではない。

16-564 さらに，判例・学説によって発展した，313条の規定に含まれる**行為基礎の喪失**の原則の適用が問題となる。これは，相続放棄そのものに適用することはできない[34]。なぜなら，その効力は既に相続開始によって発生し，相続放棄自体は（抽象的な）処分行為の性質だからである[35]。

16-565 ここでの行為基礎は，マルティーンが引き続き農場を経営するであった。その行為基礎は，農業の中止と農場の売却によって喪失した。それが契約の正当性に及ぼす影響は大きく，アンナが当初の内容で和解契約に拘束されることは，信義則からして期待することができない。そのため，アンナは，母の単独相続人であるマルティーンに対し，**和解金を増額して契約を改訂することを請求することができる**。

16-566 信義則および相続法上の背景を考慮すると，取得した利益の半額を上限として調整することが適当と思われる（その過程でマルティーンが要した費用や不利益は控除する必要がある）。

---

(33) 否定説が，OLG Koblenz NJW-RR 1993, 708（しかし，詐欺の場合には価額請求権を肯定）；OLG Celle ZEV 2004, 156（Damrau の反対評釈有り）；BayObLG ZEV 2006, 209（Leipold の反対評釈有り）；OLG Düsseldorf ZEV 2013, 498, 499; Michalski/J. Schmidt Rn.552; Staudinger/Schotten（2016）§2346 Rn.179; Pentz MDR 1999, 785. —— 肯定説が，Soergel/Najdecki §2346 Rn.20; Grüneberg/Weidlich § 2346 Rn.18；Mankowski ZEV 1998, 33.

(34) BGH NJW 1999, 789.

(35) BGHZ134, 152 = NJW 1997, 653.

第17章　死亡に備えた生存中の法律行為；会社と株式の承継

事案23：亡くなったアンナ・ゲルンの法定相続人は3人の娘である。アンナは，遺言を作成していなかったが，死の数箇月前に娘たちに対し，孫娘のヘルタ・クラインに一定の金額を遺すと伝えていた。遺産には，1年前にヘルタ・クライン名義で発行され，（アンナ・ゲルンによる何度かの入出金を経て）9,500ユーロの預金残高がある貯蓄金庫〔山田 1993, 588〕の預金通帳があったが，ヘルタ・クラインはそれまでその預金通帳の存在を知らなかった。貯蓄金庫からそのことを知らされたヘルタは，故人の娘たちに対して通帳を請求した。正当か？

I　死因贈与

1．要　件

17-567　贈与者の死後に初めて履行される贈与の約束によって，贈与者は相続や遺贈と同様の方法で自己の財産を処分することができる。つまり，贈与者は，約束した財産を生存中には与えないで，死後に誰がそれを受けかを決めることができる。**生存中の法律行為によって死亡時の義務を定めたり，処分者の死後に初めて完全な効力が生じたりする処分は，原則として認められている**。つまり，相続法上の〔遺言などの〕定めをすることができる，ということは，他の手段を排除するわけではなく，被相続人の死後に初めて履行される贈与約束を妨げるものでもない。具体的事案において，生存者間の法律行為（贈与，贈与の約束）が存在するか，死因処分（遺言，相続契約）が存在するかは，法律行為の内容次第であり，疑わしい場合には，**解釈によって明らかにされなければならない**（2084条の規定も適宜適用，12-386参照）[1]。

17-568　死因処分との類似性は，死亡時のための贈与約束が受贈者の**生存を条件**としている場合に特に顕著である。これは，相続人指定（1923条1項）および遺言（2160条）の場合と全く同じ法律関係（受益者が先に死亡した場合には無効）を生じさせるからである。このような贈与約束が生存中の法律行為に関する規定（518条）に従って無制限に認められてしまうと，死因処分の形式・内容に関する諸規定が回避されてしまう可能性がある。そこで，2301条1項は，**死因贈与の規定が，受贈者の生存を条件とする贈与約束に準用されることを規定しているのである**。

17-569　したがって，2301条1項の規定の要件は以下のとおりとなる。つまり，贈

---

[1]　BGH NJW 1984, 46.

与者の死後に初めて履行されるべき贈与約束があり（贈与者の死亡の期限），かつ，受贈者が贈与者より長く生存する場合のみ（受贈者の生存の条件）である。〔後者の〕生存の条件については，贈与者の意思表示が明示的である必要はなく，諸事情，贈与の趣旨または当事者の利益状況から明らかになれば足りる[(2)]。これに対し，贈与約束が贈与者の死亡に際して初めて履行されるが，受贈者の生存とは無関係であるとき[(3)]，すなわち，受贈者の死亡の際にその相続人に履行される場合には[(4)]，2301条の規定は，適用されない（で，518条の規定が適用される）。

2．法律効果

17-570　2301条1項の規定に従って，死因贈与は，その有効要件[(5)]，特に，**相続契約や遺言の方式を満たしている場合にのみ有効である**[(6)]。死因処分に関する規定は，「贈与の束」の内容にも適用されるので，約束された贈与は，すべての点で2147条以下の遺贈として（通常は[(7)]）または（例外的に）相続人指定として扱われることになる。こうして，贈与約束は，2301条の規定によって死因処分として扱われるのである[(8)]。

3．生存中に履行された死因贈与

17-571　一方，贈与約束が贈与者によって目的物の給付によって履行されるときは，実行される場合（目的物の所有権移転，目的債権の移転あるいは397条の規定[(9)]に従った債権無償免除によって）生存者間の贈与の規定の適用となる（2301条2項）。贈与の履行は贈与者の生存中になされなければならない[(10)]（518条の場合と異なり，17-572の脚

---

(2) BGH NJW 2020, 617 Rn.9.

(3) BGH NJW 2020, 617 Rn.9.

(4) Staudinger/Kanzleiter（2019）§2301 Rn.14; Grüneberg/Weidlich §2301 Rn.4; MünchKomm/Musielak §2301 Rn.4.

(5) これには，たとえば，被相続人側の代理の消極的要件（2064条・2274条），BGH NJW 2020, 617 Rn.10 も含まれるが，生存者間の贈与の場合には，これは妥当しないでないであろう。

(6) Lange Kap.4 Rn.183; Röthel §25 Rn.8; MünchKomm/Musielak §2301 Rn.13; 一方，贈与の契約的性質から，相続契約の方式でなければならないとする者もいる Grüneberg/Weidlich§2301 Rn.6; Kipp/Coing §81 III 2a（ただし，これらの者によると，遺言として解釈し直せる可能性がある）; Muscheler Rn.2845. BGH NJW 2020, 617 Rn.10 は，この問題についてブランク。

(7) 相続法上の処分の種類のいずれを想定するかは，解釈（目的物を考慮して，2087条）によって明らかにされなければならない。――Brox/Walker §43 Nr.20 は，異論。常に遺贈を想定する。

(8) Harder, Zuwendungen unter Lebenden auf den Todesfall (1968), 95ff.; Lange Kap.4 Rn.183; Muscheler Rn.2845.

(9) OLG Hamburg NJW1961. 76（債権がなお存在するときは，債権免除契約によれば債権者の死亡時に債権が消滅することになっていても）; OLG Stuttgart NJW 1987, 782 参照。

注 11 参照）。このような場合にも、生存の条件が —— 特に贈与約束と履行の解除条件として —— 認められる可能性があるが、贈与者は生存中に既に財産を減少させており、その点ではもはや死因処分との類似性は存在しない。決定的なのは、贈与者の現在の財産減少、つまり現在財産の犠牲である。贈与約束が未履行でも、既にそれが認められることもある。したがって、通説は、履行が受贈者の生存という停止条件付きであったとしても[11]、受贈者が贈与者の生存中に既に保護すべき期待（160 条以下参照）を抱くことから、2301 条 2 項の規定を適用する。一方、被相続人の銀行口座を被相続人の死後に処分する代理権を与えた場合、その代理権が撤回不能であったとしても、贈与者の現在財産の犠牲とは無関係であるため、贈与の履行には当たらない[12]。

4．死後代理権による贈与者の死後の履行

17-572 被相続人は、被相続人の死後に目的物の所有権を移転することにより、贈与を履行する権限を有する代理人を委任することができる。これが有効な贈与となるかどうかは、（当初は不適式な）生前贈与（518 条）か死因贈与（2301 条）か、次第である。つまり、被相続人の死後に任意代理人の助けを借りて贈与が履行されることにより、518 条 2 項の規定する不適式な生前贈与は治癒されるのに対し[13]、2301 条 2 項の規定は被相続人の生存中の履行を前提としているので、死因贈与は治癒しないのである[14]。このどちらであるのか、しばしば判断が困難である[15]。連邦通常裁判所は[16]、このような場合に「生存条件」（17-569 参照）を肯定し、（治癒しない）死因贈与と推定することをせず[17]、2084 条の規定に従って、被相続人の意思に従った結果となる解釈を優先させようとしている。

17-573 原則として、代理権は本人の死亡によって消滅しない（168 条前段、672 条前段。不滅の代理権と言うことができる）。通説によると、本人の死後のための代理権

---

(10) BGH NJW 1988, 2731, 2732.
(11) BGH FamRZ 1989, 959（停止条件付貯蓄債権譲渡の履行）、Kipp/Coing §81 III 1c; Grüneberg/Weidlich §2301 Rn.9, 12; Olzen, Die vorweggenommene Erbfolge (1984), 110ff. に詳しい。
(12) BGHZ 87, 19.
(13) BGHZ 99, 97, 100 = NJW 1987, 840; BGH NJW 1986, 2107; NJW 1995, 953.
(14) BGH NJW 1988, 2731, 2732; NJW 1995, 953; Leipold JZ 1987, 362, 363; Trapp ZEV 1995, 314, 317.
(15) その区別について BGHZ 99, 97 = NJW 1987, 840.
(16) BGH NJW 1988, 2731. これに反し、Bork JZ 1988, 1059, 1063 が 2301 条の規定の趣旨を的確に指摘する。
(17) この方向が Leipold JZ 1987, 362, 364.

も与えることができる（死後代理権）。このような場合において，被相続人が与えた代理権は，相続人の代理権として存続し，任意代理人は，代理行為のために相続人の事前の同意を得る必要はない[18]。誰も自己の代理人とはなれないため，任意代理人が**本人の単独相続人**となったときは，混同などによって死後代理権が消滅するか否かについて疑問がある[19]。しかし，このような代理権は，相続がまだ明確になっていなくても，相続開始後に任意代理人が（公正証書による代理権では，土地登記事項についても）迅速に行動できるようにする趣旨のものである[20]。

17-574 相続人は，被相続人が与えた代理権を撤回することができ（168条2項），それにより，撤回が期間制限内に行われたときは，任意代理人による生前贈与の履行を阻止することができる。ただし，そのためには，代理権の存在を知っている必要がある。連邦通常裁判所は[21]，相続人が任意代理人に対して（自己目的で請求するために）遺産の所在を尋ねたが，代理権については何も知らなかったときでも，意思表示の欠缺を理由に撤回とは認めていないが，疑問である。

5．使者または代理人による生前贈与

17-575 被相続人が贈与目的物を使者に託し，それが実現される前に死亡しても，贈与の意思表示は，130条2項の規定に従って有効であり，受贈者が（〔意思表示のない〕承諾行動によっても，151条）承諾することができる（153条）。ただし，相続人が，意思表示到達前または到達時に撤回する場合はこの限りではない（130条1項後段）。死亡の期限も生存の条件も意思表示に含まれていないので，これは，2301条の規定する事案ではない。被相続人が──その死亡とは無関係に──代理人に贈与〔の意思表示〕を委託していて，その委託が贈与者の死後に実現した場合と同様である。

17-576 それに対し，**被相続人の意思に従った**（「目指された」）贈与が使者または代理人によってその**死後**に実現された場合は，2301条1項の規定が適用され[22]，方式

---

(18) BGH NJW 1969, 1245. BGHZ 127, 239 = NJW 1995, 250 によれば，銀行も，相続人の同意を待つことなく，また待つことによって死後代理権の撤回を相続人に可能にすることなく，代理人の指示に従う権利および義務がある。相続人が既に同時に登録をしていた具体的な事案では，これはもちろん説得力がない。Schultz NJW 1995, 3345 は反対。

(19) OLG Hamm ZEV 2013, 341〔原典の 431 は誤記〕（Lange の反対評釈有り）; Brox/Walker §35 Rn.6.

(20) 代理権の有効性について OLG München ZEV 2016, 656，代理人が単独相続人の地位を主張しない場合。それに対し，KG ZEV 2021, 332 によると，代理人が代理権によりまたは単独相続人として同意権を有する，土地登記所は，土地登記法 35 条 1 項の方式に従った相続の証明を必要としない。Joachim/Lange ZEV 2019, 62, 65 も同旨。詳しくは MünchKomm/Leipold §1922 Rn.94.

(21) たとえば，BGH NJW 1965, 1913.

の欠缺を治癒する被相続人の死後の履行は，その時点で（17-572 の場合と同様に）あり得ないことになる。

Ⅱ　死亡の場合に効力を有する第三者のためにする契約

17-577　契約当事者の一方が死亡した場合に，他方の契約当事者に対する債権を取得する真正の（すなわち権利を与える，328 条 1 項）第三者のためにする契約は，さまざまな形で存在する。たとえば，生命保険契約などでは，被保険者の死亡時に保険金請求権を取得する第三者が指定される[23]。貯蓄口座開設や建築貯蓄〔山田 1993, 71〕契約締結の際（または後日），貯蓄者の死亡後に既存の債権を誰が受け取るかを銀行や建築貯蓄金庫[24]〔山田 1993, 71〕と合意することができる[25]。これは，出捐者が受益者名義の預金通帳を運用することによっても可能であり，出捐者が預金通帳を所持する限り，その生存中に原則として受益者の請求権は発生しない[26]。民法 331 条 1 項および（生命保険に関する）保険契約法 159 条以下は，このような死亡の場合に効力を有する第三者のための契約を，死因処分とは無関係に明示的に言及しているので，確定判例は，このような出捐を**生存者間の通常の法律行為**として捉え，2301 条の規定が適用されないものとしている[27]。

17-578　第三者のためにする契約そのもの，すなわち生命保険計客や銀行契約など（いわゆる補償関係）に関しては，これらの契約には贈与約束が含まれていないことから，既に 2301 条の規定の不適用が正当化される。しかし，第三者が無償で債権を取得するのであれば，通説によれば，とりわけ判例上，出捐者と第三者との間（いわゆる対価関係）で，**債務法上の原因関係（原因行為）**として贈与が成立していなければならず[28]，そうでなければ，第三者は法律上の原因なく第三者のためにする契約か

---

(22)　RGZ 83, 223, 227 のいわゆるボニファティウス事件がそうである。そこでは，カトリックの神父が，自己の死期が近いことを見越し，ボニファティウス協会の有価証券を訪問者に渡し，神父の死後，協会の代表者に渡された。ライヒ裁判所は，2301 条 1 項に規定された死因処分の方式が遵守されていなかったことから，遺贈を無効とした。

(23)　その際通常は，拘束力のある第三者のためにする契約が存在する，保険契約法 159 条参照。

(24)　たとえば，BGH NJW 1965, 1913.

(25)　受益者が先に死亡した場合には，予備受益者が指定されていたか否かが問題となる（が，それに関しては，2069 条のような特別の相続法上の解釈規定は適用されない）。予備受益者が指定されていなければ，貯蓄者の遺産となる，BGH NJW 1993, 2171.

(26)　BGH NJW 2005, 980. 出捐者は，その生存中に，残高を自由に処分することができる。出捐者が死亡して初めて受益者は，（なお存在する）残高に対する請求権を取得する。

(27)　BGHZ 41, 95; 46, 198; 66, 8, 12; BGH NJW 1984, 480; NJW 2004, 767 = ZEV 2004, 118 (Leipold の評釈有り)；詳しくは，Bayer, Der Vertrag zugunsten Dritter (1995), 289ff., 303. —— 異論は，Kipp/Coing §81V; Medicus/Petersen, Bürgerliches Recht, 26. Aufl., Rn.396ff.; Olzen/Looschelders Rn.1255 ff.

ら債権を取得し，相続人による不当利得返還請求に晒されることになるからである。この贈与には，2301条の規定が適用されず，生存者間の贈与に関する規定の適用を受けるだけである[29]，と2301条の規定の文言から解釈することはできない。しかし，これらの規定を全体として（すなわち対価関係を含めて）相続法の適用を受けないとの立法者意思を示すものと331条の規定を理解すれば，331条1項の規定に —— 間接的に —— 依拠することは可能であろう。通説が（ただし，17-580a参照）肯定する対価関係に特別な法律上の原因が必要である点に，死因処分による出捐との決定的な差異がある。死因処分はそれ自体に法律上の原因を内包するからである（2-36参照）。

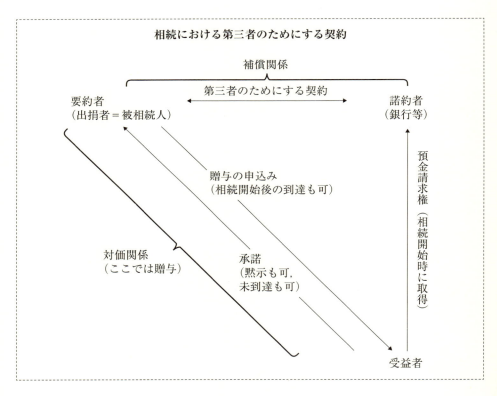

---

(28) RGZ 128, 187; BGHZ 41, 95, 97; 46, 198, 203; BGH NJW 1965, 1913; NJW 1984, 480; BGH NJW 2008, 2702 = ZEV 2008, 392（Leipoldの評釈有り）。反対説については，17-580a参照。
(29) BGH NJW 2008, 2702; BGHZ 185, 252, 259 Rn.20 = NJW 2010, 3232, 3234; BGH NJW 2013, 2588.

17-579 対価関係は，贈与者の生存中に，適式な贈与約束（公正証書による約束，518条1項，が，受贈者による承諾は不要式で，151条1項の規定に従って贈与者への到達も不要である）によって成立し得る。生存中の贈与約束があってもそれが不適式であったときは，その瑕疵は，518条2項の規定に従って，受益者は第三者のためにする契約を原因として死亡時に当然に請求権を取得するので，相続開始時に518条2項の規定に従って治癒される[30]。他方，たとえば，配偶者への贈与で後に離婚した場合や[31]，非婚の生活共同体のパートナーが受取人で，相続開始・保険事故前にその共同体が終了した場合[32]など，当初対価関係における法律上の原因が，行為基礎の喪失によって，消滅することがある。

17-580 連邦通常裁判所によれば，被相続人の死後も，被相続人の意思表示（贈与申込み）が相続開始後に受益者に到達すれば，対価関係は成立し得る（130条2項）[33]。連邦通常裁判所は，たとえば，被相続人がその死後，（相続人ではない）特定の人物に口座残高を支払うよう銀行に指示した場合において，これを認めている[34]。保険会社から受取人への保険金の支払は，被相続人による贈与の申込みの到達を意味し，受取人がその金銭を受け取れば，それを承諾したことになる[35]。相続人は，銀行や保険会社が贈与の申込みを通知し，または支払を行う前に，銀行や保険会社に対する指示を撤回すること（671条または675条，621条5号または649条），または受益者が銀行から通知された出捐の意思表示を受ける前に撤回（130条1項後段）を到達させることによって，贈与の成立を阻止することができる[36]。保険会社が保険金を請求し

---

[30] BGH 185, 252, 259 = NJW 2010, 3232, 3234; BGH WM 1976, 1130; OLG Köln NJW-RR 1995, 1224; OLG Koblenz MDR 1995, 812.

[31] BGH NJW 1987, 3131 は，配偶者が生命保険金の受取人に指定されていたが，受取人としての指定を変更することなく後に離婚が成立した場合である。BGHZ 128, 125 = NJW 1995, 1082 も，相続開始前に離婚訴訟が継続した場合である。他方，連邦通常裁判所と通説は，このような場合の受益者の指名に2077条の規定を類推適用することを否定している（類推適用を肯定するのが，たとえば，MünchKomm/Leipold §2077 Rn.44; Petersen AcP Vol.204 [2004], 832, 849ff.

[32] BGH NJW-RR 2013, 404.

[33] 連邦通常裁判所の見解によれば，遺言においても，被相続人は，この生存中の申込みを自由に撤回することができる。12-360a 脚注11参照。

[34] BGH NJW 1975, 382.──これに批判的なのがHärder FamRZ 1976, 418.

[35] BGH NJW 2013, 2588, 2589.

[36] BGH NJW 1975, 382 - BGH WM 1976, 1130 によれば，被相続人自身が撤回権を保持している場合，相続人の取消権を第三者のためにする契約において消滅させることはできない。しかし，この場合，適式な死因処分による相続人の撤回権の消滅を許すべきであり，これについては，Staudinger/Kanzleiter (2019) §2301 Rn.44; おそらくBGH WM 1976, 1130 も同旨。銀行との契約における撤回しない義務について，OLG Celle WM 1993, 591 は，相続人に対する効力を否定する;Muscheler WM 1994, 921, 930ff. は反対。

た受取人に対し，請求を審査するための書類の提出を求めたときは，連邦通常裁判所によれば[37]，これはまだ被相続人の贈与申込みの通知ではないので，相続人による撤回は可能である。連邦通常裁判所は，相続人が受益者の保険会社に対する権利を争うときは，通知依頼の撤回と解釈している。相続人が贈与契約の成立を阻止したときは，受益者は銀行または生命保険会社に対する請求権を（第三者のためにする契約から）法律上の原因なく取得しているので，812条1項前段の規定に従って，この債権を相続人に移転する義務がある[38]。対価関係の不存在が明らかなときは，諾約者（銀行，保険会社）は，受益者に対して（242条の規定に従って）権利行使が許されない，という抗弁を主張し，給付を拒絶することができる[39]。

17-580a 連邦通常裁判所と通説によると，撤回の可能性は，受益者として第三者が指定されていることを相続人が適時に知ったか否かという偶然に掛かることになる。このようにして相続人が被相続人の意思を台無しにする権利を取得することになるため，その帰結はあまり満足のいくものではない。また，相続人不明の場合に選任される遺産保護人には，贈与申込みや通知依頼を撤回する権限が付与されている[40]。判例が，法的安定性を理由に，当初の立場（第三者のためにする契約に2301条の規定を適用しないこと）をもはや変えたくないというのは理解できる[41]。しかし，生存中に対価関係が成立していなければ，第三者のためにする契約による出捐は，相続開始によって有効となれば，法律上の理由として足りるとするべきである[42]。したがって，第三者のためにする契約による死亡時の出捐は，それ自体が出捐の法律上の理由となるところの**遺贈**と等置されるべきである。この解決策は，被相続人の意思を考慮したものであり，したがって，相続人との関係でも正当化されると思われる[43]。

17-581 その結果，死亡時に第三者のためにする契約を利用することで，「**相続法の外での相続**」が相当程度可能になる。この場合，保険金請求権等は遺産に含まれない

---

(37) BGH NJW 2008, 2702 Rn.25.
(38) OLG Hamm ZEV 2005, 126.
(39) OLG Saarbrücken ZEV 2017, 663; OLG Hamm BeckRS 2019, 10993.
(40) OLG Hamm BeckRS 2019, 10993.
(41) BGHZ 66, 8, 13 は，生存中の処分と死因処分の別の線引きをすることが可能であることを認めたが，少なくともこれが当事者にとって信頼の要件となっていることから，確定判例を堅持した。
(42) 特別に合意された対価関係は不要，というのが Harder 脚注 8, 143ff; ders. FamRZ 1976, 418; Harder/Kroppenberg Rn.525ff., 540ff.（遺贈法の類推適用に関して）; v. Lübtow S.1235; Bayer（脚注 27），329ff.; Windel, Über die Modi der Nachfolge in das Vermögen einer natürlichen Person beim Todesfall（1988），428ff.; M. Wolf FamRZ 2002, 147. 判例との整合性から，MünchKomm/Musielak §2301 Rn.36f. 等の通説は異論。
(43) Leipold ZEV 2008, 395, 396 参照。

ため，特に**遺留分権利者**にとっては不利になる可能性がある[44]。

17-581a　ただし，贈与による出捐のときは，遺留分権利者のために2325条の規定が適用され，**遺留分補充請求権**が認められる（詳細は，24-839以下参照）。生命保険の請求権を贈与された場合の遺留分補充請求権の計算の基礎となる**価額**については，別の判断がなされている。従来の判例は[45]，被相続人が支払った保険料を基準としていた。それは，その限りでのみ受益者が被相続人の財産から（間接的に）利得するためであった。別の見解によれば[46]，受益者が相続開始によって取得した生命保険契約から生じる請求権の価額が，贈与により遺産がその価額だけ減少するため，基準となる。この見解の正当化として，連邦通常裁判所の最近の決定も参照された[47]。それによると，贈与の否認〔山田 1993, 28〕においては，支払った保険料だけでなく保険金額も破産財団に返還されなければならない。しかし，連邦通常裁判所は，最終的に，――非常に意外なことに――遺留分補完の目的を理由に，これまでほとんど主張されてこなかった第3の見解を判示した[48]。連邦通常裁判所の見解では，被相続人の財産減少として基準となるのは，被相続人の人生の最後の（法的）瞬間に生命保険が有していた価値である。連邦通常裁判所は，原則として，この価値が生命保険契約の**解約返戻金**で表されると考える。しかし，これは説得力がない。相続開始前に被相続人が請求権を撤回しなかった場合，解約返戻金は発生しないからである。したがって，連邦通常裁判所に同意して被相続人の財産減少を基準とするのであれば，従来どおり，被相続人が支払った保険料を基準とする考える方に説得力がある。連邦通常裁判所の判示を2325条3項の「減額規則」に及ぼすことも，批判の余地があるように思われる[49]。――連邦通常裁判所の見解によれば[50]，保険料の支払がかなり前に行われたとしても，遺留分権利者のために，基準となる解約返戻金は常に完全に考慮さ

---

(44)　BGHZ 185, 252, 258; RGZ 80, 175, 177; OLG Schleswig-Holstein ZEV 1995, 415 u. 1999, 107（したがって，相続に含まれない：これを批判するのが Muscheler ZEV 1999, 229）; Fetersen AcP Bd. 204（2004），832 に詳しい。
(45)　RGZ 128, 187; BGH FamRZ 1976, 616; OLG Stuttgart ZEV 2008, 145.
(46)　LG Göttingen ZEV 2007, 386; OLG Düsseldorf ZEV 2008, 292. Elfring ZEV 2004, 305, 309f. も同旨; Hasse, Lebensversicherung und erbrechtliche Ausgleichs ansprüche（2005），35 ff.
(47)　BGHZ156, 350 = NJW 2004, 214.
(48)　BGHZ 185, 252 = NJW 2010, 3232（Kesseler の賛成評釈有り）= ZEV 2010, 305（Wall の反対評釈有り）= JZ 2011, 316（Olzen/Metzmacher の賛成評釈有り）; Köthel LMK 2010, 304941 も賛成。連邦通常裁判所に反対し，ライヒ裁判所および従来の連邦通常裁判所の判断を維持すべき，と言うのが Frohn Rpfleger 2011, 185; これに反対し保険金請求権を基準とするのが J. Mayer DNotZ 2011, 89, 95; Walker FamRZ 2010, 1249.
(49)　Frohn Rpfleger 2011, 185, 188 も同旨。―― Herrler ZEV 2010, 333, 335 はこの結論に反対。
(50)　連邦通常裁判所は，2010年から施行された減額については，その事件が旧法下のものであったため，言及しなかった。

17-581b 遺産債権者を保護するために，取消法〔山田 1993, 28〕4条または（相続財産破産手続において）破産法 134 条の規定に従って出捐の取消しが許される場合がある[51]。相続契約または拘束力のある相関的処分によって指定された相続人は，**害意のある贈与**がなされたときは，2287 条の規定する請求権を取得することができる[52]。

事案 23 の解答[53]

17-582 ヘルタ・クラインが貯蓄金庫に対する預金残高の払戻債権を取得した場合，985 条の規定に従って返還請求権が発生する。つまり，ヘルタは，**預金通帳の所有者**である（952 条 1 項）。アンナ・ゲルンと貯金金庫との間で，真の第三者のためにする契約（328 条 1 項）が成立し，それによってヘルタ・クラインが祖母の生存中に既に債権を取得していたかどうかは，解釈（328 条 2 項）によって明らかにされる必要がある。ヘルタ・クライン名義で預金通帳が作られたという事実は，そのような契約が意図されたことを必ずしも意味しないが[54]，この行為に特に他の原因が見当たらないことから，この解釈の理由となる。ただし，アンナ・ゲルンが預金通帳を所持し，入出金を続けていたことに留意しなければならない。このような場合において，アンナ・ゲルンの**生存中**には，ヘルタ・クラインの**債権**は**発生しない**，と言うべきである。しかし，貯金通帳の運用とアンナ・ゲルンの意思表明からは，アンナ・ゲルンの**死亡**で，ヘルタ・クラインが貯金残高請求権を取得する，と解釈することができる。このような第三者のためにする契約は，要式契約ではなく，331 条 1 項の規定に従って許される。貯蓄金庫との契約は，贈与約束が含まれていないため，2301 条の規定が適用されない。

17-583 預金通帳の所有者としてヘルタ・クラインが占有者としての娘たちに対して有する 985 条の規定に基づく請求権は，812 条 1 項前段の規定に従って，相続人がヘルタ・クラインに対して債権の返還請求権を有するときは，不当利得の抗弁（821 条参照）によって対抗される。この不当利得返還請求権は，ヘルタ・クラインが被相

---

[51] BGH ZEV 2013, 272: 配偶者が死亡時の生命保険の受取人に撤回不可能なものとして不可逆的に指定されているときは，出捐は既に生じている。破産法 134 条 1 項の規定に従って破産手続開始前の 4 年以内の無償給付のみを取り消すことができるため，これは重要である。

[52] BGHZ 66, 8, 15. 2287 条の規定の要件について詳しくは 14-474（共同遺言）および 15-522 以下（相続契約）参照。

[53] 事案全体について，BGHZ 46, 198 参照。――解答は通説に拠っているが，対価関係の問題については，Rn.580a 参照。

[54] BGH NJW 2019, 3075（Roßmann の評釈有り）（未成年子名義の両親による預金通帳について）。

続人および相続人との関係で（すなわち，対価関係において）法律上の原因なく債権を取得したことを要件としている。この場合，法律上の原因としては，贈与契約が考えられる。が，アンナ・ゲルンの生存中，ヘルタ・クラインは自己名義の預金通帳が運用されていることを知らなかったので，贈与契約は成立していない。しかし，アンナ・ゲルンの行為は，ヘルタが預金通帳の存在を知った時点で，被相続人の死亡にもかかわらず効力を生じる（130条2項），贈与契約締結の申込みと見るべきである。その申込みは，申込者の死亡にかかわらず，承諾をすることができる（153条）。ヘルタ・クラインは，通帳を自分のものとして主張することにより，暗黙のうちに承諾している。贈与の申込み効力を生じた時点で既に，目的物の出捐（アンナ・ゲルンの死亡による債権取得）が既に生じていた，518条1項の規定に従った方式を必要とする贈与約束は存在しない[55]。このような出捐を全体として（対価関係においても）死因処分の規定の対象とする趣旨ではないことが331条1項の規定から間接的に明らかであるので，2301条1項の規定は，贈与の有効性に影響を及ぼさない（17-577以下参照）。したがって，法律上の原因（贈与契約）があり，相続人はヘルタ・クラインに対して不当利得返還請求権を取得しない。ヘルタ・クラインの985条の規定に基づく返還請求は正当である。

Ⅲ 事業・株式等の承継

1．事業承継の概観

17-583a 事業および事業投資には，原則として他の財産権と同様の相続の規定が適用される。詳しくは，事業と被相続人の関与の法的性質に応じて区別する必要がある。

　a）個人事業主の商行為〔山田 1993, 305〕

17-583b 被相続人が個人事業主として事業（商行為）を営んでいた場合，その事業は，被相続人の死亡により相続人または（合有財産として）共同相続人共同体に承継される。特に，事前の（相続開始前に生じた）事業負債に関する責任については，特徴がある。それらは，被相続人の債務として，相続人が無制限に，しかし制限可能な責任を負う遺産債務に属するが，すなわち，責任を遺産に制限し，その結果，債権者が相続人自身の財産に掛かって行くことを防ぐことができる（詳しくは，20-706以下）。しかし，商法の定めに従ってさらなる責任が生じ得る。相続人または相続人の

---

[55] 贈与約束があれば，方式の瑕疵は，518条2項の規定に従って，贈与の履行によって治癒されるであろう，BGHZ 46, 198, 204; BGH NJW 1965, 1913, 1914.

共同体が相続開始前の会社名義で商行為を継続するときは（変更しないか，承継を示す追加を行うか，どちらも商法22条1項の規定に従って可能である），商法25条1項・27条1項の規定に従って相続開始前の事業負債について無制限に責任を負う。ただし，当初は相続開始前の会社名義で商行為を継続していたが，相続開始を知って3箇月以内に（または場合によっては相続放棄期間経過前に）事業継続が中止された場合には，この責任は生じない（商法27条2項）。こうして，相続人には熟慮期間が与えられる。また，通説によれば[56]，相続人による商業登記簿への登記と公示により，社名が残っていても無限責任を排除することができる。―― 共同相続人共同体による商行為の継続と未成年者の参加について詳しくは，22-763以下参照。遺言執行については，23-804参照。

b) 株式会社

17-583c 株式は，もちろん相続され，相続開始により相続人または相続人共同体（合有財産としての）に自由に移転する。株主は，いずれにせよ，会社債務について個人で責任を負うことはない。相続人共同体の株式上の権利は，共同の代理人を通じてのみ行使することができる（株式会社法69条1項）。遺産分割協議においては，株式を個々の共同相続人に移転することができる。株式の分割は許されない（株式会社法8条5項）。

c) 有限会社

17-583d 有限会社の持分は，有限会社法15条1項の規定に従って相続される[57]。有限会社の持分権者は，会社債務について個人で責任を負わないため，その限りで，単独相続人への承継の場合も共同相続人への承継の場合も，責任問題は生じない。持分権は，共同相続人が共同でのみ行使することができる（有限会社法18条1項）。（遺産分割における）持分分割は，会社の同意によってまたは定款の規定に基づいて可能である（有限会社法45・46条4号）。

d) 人的会社

17-583e 民法上の組合，合名会社，合資会社の持分承継に際しては，会社法と相続法の規定の関係から，若干の問題が生じるが，その詳細は以下の通りである。この点に関して発展した（とりわけ特定相続（Sondererbfolge）〔山田 1993, 271, 580〕の承認）

---

(56) Baumbach/Hopt/Merkt, HGB, 40.Aufl., §27 Rn.8; Brox/Walker §37 Rn.22; Münch-KommHGB/Thiessen, 5. Aufl., §27 Rn.46ff.

(57) この規定は，持分権者の死亡により持分の消滅を定款で定めることができない，という意味で強行法規である。ただし，定款で償還権（通常は補償金と引き換えに）を規定することができる。個別の問題について，会社法を参照のこと。Lieder ZEV 2019, 564, 569 f.; Münch-Komm/Leipold§1922 Rn.104ff. にまとめられている。

―― 確定 ―― 判例は，特に注意するべきである。

17-583f 2021年に人的会社法の現代化のための法律（MoPeG）によって，人的会社法が大改正された。これは，社員が死亡した場合の相続法上の帰結にも影響する。2024年1月1日施行の新法の詳細は，17-595a ff.

２．人的会社の持分の承継（民法上の組合，合名会社，合資会社）―― 旧法

a) 組合の解散

17-584 民法上の組合は，組合契約に別段の定めがない限り，組合員の死亡によって解散する（727条1項）。その理由は，この組合形式では一般に，組合員の人的協働が本質的に重要であるからである。2人のみからなる組合では，組合員の1人の死亡により組合が解消され，その持分は生存組合員に帰属することを合意することができる[58]。

17-585 一方，合名会社では[59]，社員の死亡は，法律上当然の会社の解散にはつながらず，（定款において別段の合意がない限り）社員の脱退につながる（会社法131条3項1号）。合資会社においても，個人責任を負う社員（無限責任社員，有限責任社員について17-595参照）が死亡したときは同様である（商法161条2項・131条3項1号）。合名会社または合資会社は，定款で合意されたときに限り，社員の死亡によって解散するが，実際にはほとんど生じない。

17-586 死亡により会社が解散するときは，相続法上の特別な問題は生じない。そして，相続人または共同相続人共同体は，清算会社の社員となる[60]。会社法146条1項後段の規定に従って，共同相続人が共同代表を選任しなければならない。

b) 死亡した社員の脱退に伴う会社の存続

17-587 定款に別段の合意がない限り，合名会社と合資会社は，生存する社員間で存続する（17-585参照）。死亡した社員の償還請求権（738条1項中段）は，遺産に帰属し，数人の相続人がいる場合は，相続人共同体に合有的に帰属する。

---

(58) BGH NJW 2020, 2396（Schönenberg-Wesselの評釈有り）：死亡した組合員の相続人の償還請求権が生じない場合において，相続分増加がいかなる対価とも，また現実の責任を負う危険の引受けとも無関係であるときは，遺留分補充請求権の発生原因となる，2325条1項の意味での生存組合員への贈与が存在する可能性がある。これについて，Grunewald ZEV 2021, 65.

(59) 詳しくは，MünchKomm/Leipold § 1922 Rn.110 ff. 欧州経済利益団体（Europäische wirtschaftliche Interessenvereinigung）とパートナーシップ会社の法律関係については，MünchKomm/Leipold § 1922 Rn.137 ff. 参照。

(60) Kipp/Coing § 91 IV 8 a; Baumbach/Hopt/Roth, HGB, 40. Aufl., § 131 Rn.75. ―― 相続人または相続人共同体が清算会社に入ることは，会社解散後に相続が開始する限り問題はない，BGH NJW 1995, 3314（相続法の規定に従って責任を限定することができる。）

c）死亡した社員の承継人による会社の継続 ―― 定款による解決は限定的

17-588 民法上の組合，特に合名会社および合資会社では，死亡者の承継人として新しい社員を加えて会社を継続することを合意することができる。このような合意は，実際に大変多い。法律上は，相続法と会社法が重複して適用され，かなりの曖昧さが残っている。法律上の規定がかなり不完全であるため，判例（特に連邦通常裁判所のもの）に特別な注意を払う必要がある。

17-589 このような場合，まず問題となるのは，新たな社員との継続に相続法の規定が適用されるのか，それとももっぱら定款を根拠に，すなわち生存者間の法律行為を根拠になされるのか，という点である。定款は，第三者のためにする契約によって承継人に会社持分を出捐するものと解釈することもできる。しかし，このような単純な定款上の承継条項で，承継人が直接会社持分を取得する効力を有するものは，会社持分の出捐が承継人に対して権利を得させるだけでなく義務も負わせるため，第三者の負担となる契約として認められない，と通説が正当にも否定している[61]。したがって，会社持分の直接承継は，承継人が既に定款の当事者である場合に限り，定款のみによって実現することがある。さもなくば，生存中の法律行為による加入権（加入条項）の出捐のみが可能である[62]。この場合，受益者は死亡時に社員とはならず，加入権を行使してはじめて社員となる[63]。

d）原則としての特定承継形式による相続法上の解決

17-590 したがって，単純な定款による承継は，限られた範囲内でしか許されない。さらに，判例（脚注57参照）は，解釈上，原則としては，単純な定款による解決ではなく，相続法上の解決が欲されていることを前提としている。相続法では，社員の死亡により，共同相続人の全員または一部が直接（すなわち，加入の意思表示や加入契約なしに）社員になることができる。このような相続法上の承継条項が欲した効果を生じるためには，定款の規定と相続法上の状況がかみ合っている必要がある。一方では定款の要件を満たし，他方では相続人に指定された者だけが，相続法の方法で会社持分を承継することができ，

---

(61) 基本は，BGHZ 68, 225 = NJW 1977, 1339. 連邦通常裁判所は，「相続法上の」承継条項に対して，第三者のためにする契約による承継の定め「法律行為による」ものと呼ぶ。同旨は，たとえば，BayObLG DNotZ 1981, 702. ―― この問題について詳しくは，MünchKomm/Schäfer §727 Rn.49 ff.; MünchKomm/Leipold §1922 Rn.128 ff.; Lange Kap. 22 Rn.64 ff. 参照。
(62) 無効な承継条項は，加入条項に転換されることがある，BGHZ 68, 225, 233 = NJW 1977, 1339.
(63) 加入者の単独の意思表示で足りるのか，それとも加入契約を締結しなければならないのかは，定款の内容によると思われる。これについて，von Lübtow S. 865; Ebenroth Rn.883 参照。

17-591　このような承継条項の法的評価では，いかなる場合も共同相続人が社員になれないことが前提となっている[64]。その主たる理由は，相続人共同体の責任規定（特に遺産に責任を限定する可能性[65]）が会社法の要請に適合しないためとされている[66]。したがって，定款上，共同相続人全員が社員になることになっていても（いわゆる**単純承継条項**），共同相続人共同体は，社員とはならない。この場合，個々の共同相続人が社員となり，被相続人の会社持分のうち，相続分相当部分を持つ社員となる。共同相続人共同体による合有の原則（21-721参照）は，ここでは**特定承継**のために崩れている。

17-592　共同相続人のうち1人または一部の者だけで**会社**を**存続**させる場合（いわゆる**一部承継条項**），相続開始によってこれらの者のみが社員となる。会社法上，包括承継の例外とされ（2-39,18-631参照），**会社持分**の**特定承継**が認められる。この場合，共同相続人が被相続人の持分全部を取得するのか，それともその相続分相当部分のみを取得するのかは，まず定款の解釈によって明らかにされなければならない。後者の場合，会社持分の残部は他の社員の持分を増加させ，他の（加入しない）共同相続人は会社に対する償還請求権を取得する（738条1項中段）。

17-593　しかし，被相続人の持分の一部支払となるこの解決は，原則として望ましくない。むしろ，疑わしいときは，承継人として指定された共同相続人が被相続人の**持分全部**を取得するものと解されるべきである（**全部承継**）[67]。この場合，相続開始時に，承継人と指名された共同相続人に持分全部が直接に移転する[68]。こうして，受益者である共同相続人の**直接完全承継**が認められる。

17-594　しかし，この権利相続は，従来どおり相続法上の取得として分類されるべきである。連邦通常裁判所が強調するように[69]，**相続される会社持分**は（合有財産に含まれないとしても）**遺産の一部**である。これは，遺産債務に関する責任についても同様である[70]。共同相続人が，会社持分の形で，相続分に基づく価値以上のものを

---

(64)　通説。まずは，MünchKomm/Schäfer§705 Rn.81参照。
(65)　責任制限の可能性（相続財産破産手続，遺産管理）については，20-706 ff.参照。遺産分割が行われるまでは，2059条1項前段の規定に従って，共同相続人は自己財産への介入を防ぐことができる。詳細は，21-756参照。
(66)　商法130条の規定に従って，合名会社持分の相続人も，会社債務について無制限に責任を負う。これは，民法上の組合の持分の相続人にも準用される（BGH ZEV 2014, 432）。
(67)　BGHZ 68, 225, 236 = NJW 1977, 1339.
(68)　BGHZ 68, 225 = NJW 1977, 1339; BGH NJW 1983, 2376も同旨。BGHZ 22, 186は異なる。
(69)　BGH NJW 1983, 2376; BGHZ 98, 48 = NJW 1986, 2431; BGHZ 108, 187, 192 = NJW 1989, 3152.
(70)　BGHZ 98, 48, 54 = NJW 1986, 2431参照。

遺産から受けたときは，他の共同相続人に対して（信義則上）**価値償還義務を負う**[71]。共同相続人が他の共同相続人に会社持分を移転する義務は，先取遺贈によっても生じ，2169条1項の意味において，会社持分は特定承継にもかかわらず遺産に帰属する[72]。会社持分に限定した相続の承認や放棄は許されない（1950条）[73]。**遺言執行**については23-805以下を，**遺産管理**については20-708参照（脚注15）。**遺留分侵害額請求権**算定の基礎となる遺産の価額に関しては，相続上取得した会社持分は，特定承継にかかわらず，遺産の一部となる[74]。

17-594a 会社持分（またはその一部）を承継する相続人は，商法139条1項の規定に従って，**有限責任社員の地位が認められるときに限って会社に残る**，ということができる[75]。他の社員がそのような要求を受け入れないときは，相続人は，催告期間を設定することなく会社からの脱退を意思表示することができる（商法139条2項）。相続人が有限責任社員の地位を得たとき，または脱退を表示したときは，相続人は，商法139条4項の規定に従って，相続人としての資格において[76]，遺産債務に関する相続人の責任についての定め，すなわち相続法上の責任制限の可能性のある形においてのみ，その時点までに発生した会社債務について責任を負う（20-706以下参照）。

e) 有限責任社員の持分の相続

17-595 合資会社は，有限責任社員が死亡したときは，契約上の別段の合意がない限り，その相続人と存続する（商法177条）。つまり，有限責任社員の持分は，法律上当然に相続可能である。通説によると[77]，ここでも数人の相続人が相続人共同体として加入するのではなく，**相続法上の相続分に応じて個人が加入**することになる。したがって，個人責任を負う社員の持分と同様に，会社法上**特定承継**が肯定されるが，そのことは，持分が遺産の一部と扱われることを否定しない（17-594参照）。**遺言執行**については23-808参照。

---

(71) BGHZ 22, 186, 197; 68, 225, 238 = NJW 1977, 1339. —— 遺言により（遺留分権の範囲内で）償還義務を排除できる，OLG Stuttgart BeckRS 2016, 118422 Rn.33 ff. = ErbR 2017, 429（Otteの評釈有り）.
(72) BGH NJW 1983, 2376.
(73) MünchKomm/Leipold § 1950 Rn.10.
(74) MünchKomm/Lange § 2311 Rn.55, 57（算定の問題についても）.
(75) 民法上の組合の持分の相続人についても同様である，MünchKomm/Leipold § 1922 Rn.132. ただし，争われている。
(76) 相続人が有限責任社員となったときは，相続法上の責任に加え，商法173条の規定に基づく責任も負う。
(77) BGH NJW 1983, 2376, 2377; BGH ZEV 2012, 335 Rn.18. —— 清算会社への加入については，脚注60参照。

3．人的会社の持分の承継（権利能力のない民法上の組合，権利能力のある民法上の組合，合名会社，合資会社）── 新法

a）新しい種類の組合

17-595a 2024年1月1日に施行される2021年8月10日の人的会社法の現代化のための法律（MoPeG）[78]，BGBl.2021 I 3436 は，2種類の民法上の組合として，権利能力のある組合[79]と権利能力のない組合を導入した（新705条2項）。合名会社と合資会社に基本的な変更はない。

b）権利能力のない組合

17-595b 権利能力のない組合の組合員の死亡に際して生じる法律効果は，民法上の組合に適用されてきた規定と同様である。つまり，原則として，組合員の死亡によって組合は終了する（新740a条1項3号）。ただし，組合契約で合意されているときは，死亡した組合員が脱退して組合は存続する（新740c条1項）。死亡した組合員の相続人との組合の存続，すなわち組合持分の相続性も，組合契約で合意することができる（新740条2項，新711条2項）。

c）権利能力のある組合

17-595c 権利能力のある組合の組合員が死亡したときは，従来合名会社について生じていた法律効果が生じる。つまり，原則として，残りの組合員のみによる組合の存続である（新723条1項1号）。合意があるときは，死亡した組合員の相続人と存続する（新711条2項前段）。また，合意があるときは，組合の解散となる（新729条4項，新730条1項）。

d）合 名 会 社

17-595d 合名会社については，社員の死亡に際しては，基本的に権利能力のある組合の場合と同様の法律効果が生じる。つまり，商法新130条1項1号（原則として，残りの社員のみによる存続），新131条（合意のある場合は相続人と存続），新138条3項，新130条1項柱書（合意のある場合の解散），および商法新105条3項における権利能力のある民法上の組合の諸規定の準用である。

e）合 資 会 社

17-595e 合資会社については，相続性に関する法律上の規定（商法177条）は改正されていない。

---

(78) Lange/Kretschmann ZEV 2021, 545.
(79) これは，新しい組合登記簿に登記することができる（新707条）。しかし，それは権利能力を取得する要件ではない。しかし，新土地登記法47条2項の規定によれば，民事上の組合の権利は，組合登記簿に登記されている場合にのみ土地登記簿に登記される。

a）から e）までについて

17-595f 権利能力のある民法上の組合，権利能力のない民法上の組合，合名会社および合資会社については，死亡した組合員または社員の持分は，相続人と存続するときは相続人に，数人の相続人がいるときは相続分に応じて各相続人に移転する（新711条2項前段・中段）。相続人共同体に関する規定は，組合持分には適用されない（新711条2項後段）。こうして，従来判例上発展してきた**組合持分の特定承継が法律上承認**されているのである（17-591以下参照）[80]。

17-595g 明文では規定されていないが，特定の者だけに組合持分の承継を認める**適格承継条項**（17-592参照）も可能であろう[81]。共同相続人間の償還義務（17-594参照）や遺言執行の許容性（23-805以下参照）など，従来の争点についての規定はない[82]。改正法は，承継問題の単純な定款による解決についても定めを置かず（17-589参照），従前の法状況が継続すると考えられる。他方，新724条は，権利能力のある民法上の組合の組合持分の相続人に，一定の要件の下で[83]，従来法律上の規定としては合名会社についてのみ認められていた権利（17-594a参照）を与え，有限責任社員の地位付与を求めることができるようにした新しいものである。

第17章の問題と事案

1．寡夫となった被相続人とその娘Tは，被相続人の所有家屋で長年同居していた。被相続人は，口頭の意思表示で，被相続人の死後も，娘の部屋を生涯無償で使用する権利を娘に認めていた。遺言により指定された単独相続人であるAは，Tに対し，部屋の明渡しを請求している。正当か？

2．2011年，Eは40歳のときにズプスタンツ社の養老保険に加入した。これは，死亡時または65歳到達時に100,000ユーロの保険金を給付するものである。Eは，保険金受取人に，パートナーのLを指定したが，撤回権は留保していた。このことをEは，保険会社とLの双方にその旨を伝え，LはEに対して安心できることを感謝した。2022年，Eが死亡した。Eは，適式の遺言により，弟Bを単独相続人に指定した。LもBも，ズプスタンツ社に保険金を請求している。ズプスタンツ社は，誰に対して保険金を支払わなければならないのであろうか？

3．民法上の組合や合名会社の持分相続は，どのような点で相続法の原則に対する

---

(80) Begr. zum RegE BT-Drs. 19/27635, S. 145.
(81) Begr. zum RegE BT-Drs. 19/27635, S. 145.
(82) Begr. zum RegE BT-Drs. 19/27635, S. 145.
(83) Lange/Kretschmann ZEV 2021, 545, 549.

第 17 章　死亡に備えた生存中の法律行為；会社と株式の承継

例外であるのか？

解　答

17-596　1．単独相続人の A は，家屋所有者となり（1922 条 1 項），T に占有権がない限り（986 条 1 項前段），985 条の規定に基づいて明渡しを請求することができる。被相続人の意思表示（T はこれを少なくとも黙示で承諾していた）によって，被相続人が部屋を T に生涯無償で利用させる契約が成立している。これは贈与約束ではなく，**使用貸借契約**（Leihvertrag）〔山田 1993, 419〕（598 条）であり，特別な方式を必要としない[84]。使用賃貸借（Mietvertrag）〔山田 1993, 419〕が成立していないため，550 条の規定は適用されない[85]。2301 条の規定も適用されない。贈与約束がないため，2301 条の規定の直接適用は不可能である。その使用貸借契約は，既に被相続人の生存中に T が部屋を使用することを認めており，したがって，T が被相続人より長生きするという条件を付けているわけではないので，その使用貸借契約に 2301 条の規定を適用することはできない[86]。その契約上の義務は，単独相続人である A が負担することになるので（1967 条 1 項），T は，A に占有権を対抗することができ，部屋を明け渡さなくてもよい。

2．ズプスタンツ社に対する L または B の保険金支払請求権

17-597　相続開始により，E の財産が単独相続人の B に承継される（1922 条 1 項）。しかし，ズプスタンツ社に対する保険金支払請求権は，それを被相続人の死亡により L が取得しなかった場合に限り，E の遺産に帰属する。L を受取人に指定した保険契約は，328 条 1 項〔原典の ZPO は BGB の誤記〕の規定に従って，第三者のためにする契約になる。この契約は**生存者間の法律行為**であるため，死因処分の方式を要しない。このことは，死亡時に第三者のためにする契約の有効性を要件とし，相続法上の方式を要件としない，331 条 1 項の規定によっても明らかである。この契約は贈与に当たらないため，2301 条の規定は，保険会社との契約には適用されない。したがって，L は，相続開始の時点で保険金請求権を取得したことになる。

17-598　L が法律上の原因なく請求権を取得したのであれば，B は不当利得の抗弁で対抗することができるであろう。通説によれば，**法律上の原因**は，第三者のためにする契約に存するのではなく，E と L の間の特別の法律関係，いわゆる対価関係から生

---

(84)　BGHZ 82, 354.
(85)　BGH NJW 1985, 1553, 1554.
(86)　BGH NJW 1985, 1553.

じるものでなければならない。Lは無償で請求権を取得し，EとLがこの点について合意していたので，それは516条の規定する**贈与**である。しかし，その贈与は直ちに履行されず，LはEの死亡時に初めて，出捐された請求権を受けるのである。したがって，契約上の贈与約束があったことになる。これは，2301条の規定ではなく，生存者間の贈与に関する規定に従って判断されるべきものである。328条・331条の規定の趣旨からすると，生存者間の法律行為だということは，対価関係についても妥当するからである。この贈与約束には，518条1項前段の規定に従って公正証書が必要である。これを欠くため，本来，贈与約束は方式違背により無効である（125条1項）。しかし，相続開始により，Lは，第三者のためにする契約に従って，ズプスタンツ社に対する請求権を取得する。したがって，贈与約束は履行され，518条2項の規定に従って方式の瑕疵が治癒される。単独相続人Bは，相続開始によって既に生じているこの法状況をもはや変えることができない。

したがって，保険金支払請求権は，Lに帰属する。

17-599　3．組合持分の相続は，**特定承継**によってなされる。つまり，組合持分は相続人共同体の合有財産にはならず，承継人に指定された相続人に個別に承継される。数人の共同相続人が承継人に指定されたときは，組合持分は分割される。包括承継原則の例外をなすこの法的判断は，連邦通常裁判所の判例によって発展した（17-591以下参照）。2021年の組合法改正（17-595a以下）で明文化された（新711条2項）。

第4部
相続開始の法律効果

第18章　遺産の承継と相続人の法的地位

事案24：2022年2月4日，ハンス・グリュックは，2022年1月20日に死亡した（未亡人の）伯母パウラの生存中の唯一の血族として，単独法定相続人になったことを知った。ハンス・グリュックは，遺産について調べ，総額3,600ユーロの債務があるが，6,000ユーロの預金残高と4,000ユーロの宝石類もあることを確認して喜んだ。しかし，2022年6月1日，被相続人にはさらに11,000ユーロの銀行借入があることが判明した。2022年6月，ハンス・グリュックは遺産が自分に移転しないようにすることができるか，また，さらに熟慮する時間を得ることができるか？

I　遺産の承継，放棄および承認

1．遺産の即時承継（法律上当然の取得）

18-600　相続人の地位の取得には，以下の3要件がある。

a）相続人となる原因（Berufungsgrund）（法律の規定または死因処分）。
b）相続能力（特に，相続開始時の生存）。
c）相続放棄をしていないこと

18-601　これらの要件が満たされるときは，遺産は，相続開始時に法律上当然に（ipso iure）相続人に承継され，相続人が相続を知ることも相続人の特別の行為（承諾）も公的なまたは裁判所の行為も要しない（1942条1項）。したがって，**被相続人の諸権利は死亡時に直ちに相続人に移転し**（2-31参照），遺産中の権利が無主となる仮死状態（hereditas iacens，すなわち休眠遺産）は生じない。ただし，遺産の承継は，相続放棄，相続欠格宣告（18-628参照），死因処分の取消しによって生じないことがある。

第 4 部　相続開始の法律効果

2．相続放棄
a）相続放棄の目的と実現

18-602　法律上当然の取得の原則は，〔法律の規定または死因処分によって相続人に〕指定された者が遺産を引き受けることを強制する，という趣旨ではない。良俗違反の制限はあるけれども[1]，自らの判断で相続を放棄し，既に発生した遺産承継を元に戻すことができる。相続放棄をすることで，何よりも遺産の債務超過により不利でしかない遺産取得を回避することができる。しかし，相続放棄は，遺産を他の人（たとえば，相続放棄をした者の卑属が法定相続人となる）に与える役割を果たすこともある。法律の規定，遺言，相続契約による指定にかかわらず，すべての相続人は相続を放棄することができる。法定相続人としての国だけは，放棄することができない（1942条 2 項）。

18-603　相続放棄は，**相続開始後にしかできない**（1946条）。「ベルリン遺言」（14-463 参照）の内容の共同遺言における終りの相続人は，生存配偶者しか相続しないため，生存配偶者の死亡後にしか相続放棄をすることができない[2]。1944条 1 項・2 項の規定に従って，相続開始およびその原因を知った[3]時点から **6 週間以内**に限り，相続放棄をすることができる[4]。このように**相続放棄期間**が厳しい理由は，特に遺産債権者の利益のために，相続人の地位を迅速に明らかにするためである。被相続人の住所が外国であるまたは相続人が期間起算時に外国にいるときは[5]，6 箇月というかなり長い期間となる（1944条 3 項）。要件は，**裁判所に対する意思表示**であり（公式受領を要する意思表示），裁判所の記録または公的な認証のあるものが必要である（1945条 1 項）。任意代理人による放棄は，公的な認証のある委任状を要件とする（1945条 3

---

(1)　障害者（またはその世話人）が，社会扶助法の受給を継続するために，自身に生じた相続を放棄するときは，原則として，社会扶助法上の補充性の原則（社会法第 12 編 2 条 1 項・90 条 1 項）の観点から，良俗違反のため無効（138 条 1 項）ではないかとの指摘もなされていて，OLG Stuttgart NJW 2001, 3484; OLG Hamm ZEV 2009, 471（Leipold の賛成評釈有り）も同旨。（良俗違反ではない）障害者遺言（9-258 以下参照）との違いは，ここでは困窮者自身が放棄によって財産状況を悪化させることである。しかし，連邦通常裁判所はこの見解を容れず，障害者遺言について発展した原則を，障害者による放棄にも適用し，原則として良俗違反ではないとした（BGHZ 188, 96, 104 = NJW 2011, 1586 Rn.27）。

(2)　OLG Düsseldorf FamRZ 1996, 1567〔原典の 1597 は誤記〕を破棄した BGH NJW 1998, 543（Leipold の反対評釈有り）。

(3)　BGH ZEV 2000, 401 は，信頼できる悪意を必要とし，その原因についての事実のまたは法律の錯誤が存在するときは，善意とされる可能性がある。

(4)　死因処分によって相続人に指定されるときは，遺産裁判所による通知前は期間の進行はない（1944 条 2 項中段）。

(5)　連絡不能に配慮するこの規定の趣旨からすると，これには一定期間の滞在が必要で，日帰りの海外旅行では不十分である。BGH NJW 2019, 1071。

項)⁽⁶⁾。土地管轄は，まず，被相続人の常居所の遺産裁判所（区裁判所）にある（家事非訟事件手続法343条第1項）。ただし，家事非訟事件手続法344条7項前段の規定によれば，放棄者の最後の常居所の遺産裁判所も管轄権を有するので，この裁判所に対する意思表示によって放棄の期間は徒過せず，放棄の意思表示は，被相続人の最後の常居所の遺産裁判所に回付される（家事非訟事件手続法第344条7項後段）。

18-604 行為能力については，一般則が適用され，相続人が制限行為能力者であるときは，法定代理人の同意があるときにのみ放棄することができ（107条，111条），行為無能力者については，法定代理人のみが放棄することができる。法定代理人が相続放棄または同意をするためには，原則として家庭裁判所の許可が必要である（1643条2項，1822条2号）。相続開始やその原因（期間起算）の知不知は，法定代理人について決する⁽⁷⁾。——胎児の放棄については，2-28参照。

b）放棄の効力

18-605 相続放棄は，**相続開始時に遡及して効力を生じ，遺産承継は初めからなかった**ものとみなされる（1953条1項）。放棄者が先に死亡していたものとして，相続は判断される（1953条2項）。新たに相続人となった者への承継は，相続開始時になされたことになる。新たな相続人には，再び1944条の規定に従った6週間の相続放棄期間が与えられ，この期間は自らが相続人になったことを知ったときから進行する。

c）数箇の原因

18-606 1951条1項の規定に従って，数箇の原因による数箇の相続分（たとえば，遺言による相続分に加えて法定相続分）があるときは，相続放棄（承認も同様）は，そのうちの1つに限定することができる。また，被相続人は，相続人に対して数個の相続分を出捐し，区別して承認または放棄させることができる（1951条3項）。ただし，それ以外のときは，相続放棄は，相続分の一部に限定することができない（1950条）⁽⁸⁾。

---

(6) 代理人による放棄を一般に認めないというOLG Zweibrücken ZEV 2008, 194（Zimmerの評釈有り）の見解は支持できない。
(7) OLG Hamburg MDR 1984, 54（2332条についても同様）。
(8) 1948条の規定は，処分がなければ法定相続人になるはずだった遺言相続人が，遺言相続分を放棄して法定相続分を承認することを認めている。しかし，この方法によって相続人は遺言で指定された以上の相続分を得ることはできない。なぜなら，この場合においては，遺言には部分的な廃除も含まれていて，これは放棄の影響を受けないからである（MünchKomm/Leipold §1948 Rn.4 参照）。

3．相続の承認

18-607 相続の承認は，既に相続開始時に生じている遺産の承継を生じさせるものではない。承認によって，相続人が表見的なものから確定的なものとなるのである。つまり，相続人は，相続放棄ができなくなる（1943条）[9]。承認は，相続放棄と同様，相続開始後にのみ行うことができる（1946条）。

18-608 承認は，要式行為ではなく，相手方のある意思表示ではない。承認は，以下3つの方法で行うことができる。

18-609 a) 明示の承認（たとえば，遺産裁判所，遺産債権者または共同相続人に対するに対する承認の意思表示）。

18-610 b) 黙示の意思表示（推認させる行為，ラテン語の pro herede gestio（相続人としての行為））。これには，客観的に（信義則に従って，取引通念を考慮して）相続が承認されたと結論づけられる相続人の行動が含まれる。たとえば，相続証書の交付申請[10]，遺産中の個別財産の処分のうち管理上必要でないもの，遺産中の土地の売却申込み，である[11]。それに対し，遺産の保存行為は，承認には当たらない。承認せずともいずれにせよ最終的な相続人のために必要なものだからである。これは，たとえば，被相続人の商行為の暫定的な継続がこれに当たる場合がある。疑わしい場合には，相続人の行動による承諾を肯定するには謙抑的であるべきで[12]，特に，短い相続放棄期間（18-603参照）により，いずれにしても法的明確性が迅速に担保されるからである。

18-611 c) 相続放棄期間徒過，1943条。これは本来，黙示の意思表示の特殊なケースであり，相続人が相続放棄期間を徒過すれば，法律は，これを承諾と一般に扱うのである。

4．承認または放棄の取消し

a) 総　説

18-612 承認や放棄の目的は，誰が最終的な相続人であるかを比較的短時間で明確にすることにある。条件や期限は，関係者全員に必要な法的安定性を理由に認められない（1947条）。相続権取得原因に関する錯誤があるときは，承認は無効である（1949条1項）。その他の錯誤があるときは，承認または放棄の取消しが問題となる。推認

---

[9] しかし，遺産債務に対する責任を遺産に限定することができる。20-706参照。
[10] BayObLG FamRZ 1999, 1172, 1173.
[11] OLG Oldenburg FamRZ 1995, 574.
[12] OLG München BeckRS 2021, 41494 Rn.7; MünchKomm/Leipold§1943 Rn.5.

させる行為によって(13)，あるいは（1956条が明示的に規定しているように）相続放棄期間の徒過によって承認されたときも，（取消原因が存在する限り）取り消すことができる。

　b）取消原因

18-613　取消原因が存在するか否かは，2078条の規定ではなく，一般則，すなわち119条，120条，および123条による。内容の錯誤（119条1項(14)）は，たとえば，遺産債権者に対する支払などの特定の行動が，客観的には承認と扱われることを相続人が認識していなかったときに，認められる。また，相続人がその承認と推認させる行動の際に，相続放棄が法的に可能であることを知らなかったときも同様である(15)。さらに，その錯誤が取り消された承認（または放棄）の原因であったことが必要である。

18-614　取消権は，意思表示が欲した本質的な効果（主たる効力）に関連するときは，法律効果の錯誤から生じることもある。これは，119条1項の内容の錯誤である。この文脈において，承認の主たる効力（遺産の保持）や放棄の主たる効力（相続人としての地位の放棄）に加えて，遺留分権の効果も主たる効力に含めなければならず，そのような錯誤は取消しを正当化できるのか疑問がある。

18-614a　2009年改正法による2306条1項の規定改正以降，負担付または制限された相続分を放棄することによって常に遺留分侵害額請求権が取得できるようになり（24-824b参照），以前はかなり頻繁に見られた，遺留分を得るために誤って相続放棄をする問題は存在しなくなった。しかし，相続人が，遺産に加えて遺留分やそれに相当する上乗せ分を請求できると勘違いして相続を承認することはままある。このときは，承認の取消しを正当化する内容の錯誤が肯定されるべきである(16)。

18-615　放棄期間徒過による承認は，相続人が期間とその経過について錯誤に陥っていたとき(17)，または相続放棄期間の存在を全く知らなかった場合に取り消すことができる(18)。これらの場合も，客観的事案に反する意思表示を欲していたわけでは

（13）　BayObLGZ 1983, 153, 160 = FamRZ 1983, 1061.
（14）　Lange/Kuchinke §8 VII 2c; MünchKomm/Leipold §1954 Rn.5.
（15）　BayObLGZ 1983, 153 (Fn. 12).―― 承認の明示の意思表示があるときは，意思表示の本質的な内容（すなわち最終的に相続人になることを望むこと）が意思と一致するため，別である，BayObLGZ 1987, 356 = NJW 1988, 1270; BayObLGZ 1995, 120 = FamRZ 1996, 59; OLG Brandenburg ZEV 2020, 445 Ls. = BeckRS 2020, 9497. ―― 前版から改説した。
（16）　BGH NJW 2016, 2954 = FamRZ 2016, 1450 (Leipold FamRZ 2016, 1583 の評釈有り)．
（17）　RGZ 143, 419, 423; 放棄期間徒過による承認は取り消すことができるので（1956条），期間徒過は，悪意か善意かにかかわらず，一般に119条の規定の意味における意思表示としても扱われなければならない。詳しくはMünchKomm/Leipold §1956 Rn.7f.

ないため，相続人が錯誤に陥っていなければ相続放棄をしたであろうときは，119条1項の錯誤が存在する。また，相続人が，相続放棄が要式行為であることを知らなかったときなど，既に法的に有効に相続放棄をしたと誤認して期間を徒過したときも同様である[19]。

18-616 **動機錯誤**（たとえば，相続放棄をした先の相続人が，後の相続人が相続を承認するであろうと誤解していたこと[20]）は，**取消権を発生させない**。しかし，相続放棄者が特定の者に相続分をもたらすように意図していた（いわゆる**誘導的相続放棄**）にもかかわらず，現実には他の者にもたらしてしまったときは，取消権を発生させる錯誤を肯定するべきである[21]。119条2項（性状の錯誤）の要件を満たすときにも取り消すことができる。遺産または遺産中の個別財産[22]の価値に関する錯誤には，119条2項の規定は適用されないが，遺産構成に関する錯誤（不明な債務または —— 逆に —— さらなる資産の存在）は，取消原因となる。債務超過に関する錯誤については，事案24の解答参照。しかし，相続放棄があえて不確実な，単なる推測に基づいて行われたときは[23]，後で遺産に価値があることが判明したからといって，相続放棄を取り消すことはできない —— このときは，相続放棄者に錯誤が無いからである。これに対し，承認者が先位相続・後位相続の制限[24]や他の共同相続人[25]を知らなかったときは，承認の取消原因となると解される。

c）**取消権行使と効力**

18-617 取消期間は，取消原因を知った[26]または取消原因が終了した時から6週間であり，詳細は1954条を参照。1956条に相当する特別規定が存在しないため，取消期間徒過自体を取り消すことができない[27]。取消しは，**遺産裁判所に対する意思表**

---

[18]　OLG Hamm FamRZ 1985, 1185.
[19]　BayObLG ZEV 1994, 112.
[20]　OLG Stuttgart OLGZ 1983, 304.
[21]　OLG Düsseldorf ZEV 2019, 469（未亡人を唯一の相続人とするために被相続人の子らが相続放棄をしたが，被相続人の兄が1/4の共同相続人となった）。これに対し，有力説は，このような場合において重大な動機の錯誤を認める。KG ZEV 2020, 152（Muscheler の反対評釈有り）。様々な事案の詳細は MünchKomm/Leipold §1954 Rn.7.
[22]　BayObLG FamRZ 1996, 59.
[23]　OLG Düsseldorf ZEV 2019, 263（Leipold の評釈有り）; ErbR 2021, 323.
[24]　BayObLG ZEV 1996, 425（Edenfeld の反対評釈有り）。
[25]　BGH NJW 1997, 392 = LM § 2087 Nr. 3（Leipold の賛成評釈有り）= ZEV 1997, 22（Skibbe の賛成評釈有り）。
[26]　取消しの可能性が生じる事実を知ったことが決定的である。それに対し，取消権を知ったことまでは不要である（OLG Hamm FamRZ 1985, 1185; 取消権が有効という確実な知識も不要である（BayObLG FamRZ 1998, 924, 925f.）。
[27]　BayObLGZ 1983, 9, 13 = FamRZ 1983, 834 は異論。

示によってなされ（1955条前段），この意思表示は，裁判所に記録され，または公的に認証されなければならない（1955条後段・1945条）。取消しの意思表示が取消原因を示す形での根拠を表示する必要があるかどうかは，争われている[28]。連邦通常裁判所は[29]，この問題を明示的に未解決にしている。しかし，同判決では，新たな取消しの意思表示が認定されたので，取消しの意思表示に示された根拠以外の根拠に基づいて後に取り消されたときは，取消原因を示す必要があると解さなければならない。

18-617a　土地管轄は，まず，相続開始時の被相続人の常居所の遺産裁判所（区裁判所）にあるが（家事非訟事件手続法343条1項），同法344条7項の規定に従って，放棄または承認の取消しは，期間内に取消権者の常居所の遺産裁判所に対してもすることができる。

18-618　取消しの効果として，放棄・承認が**無効**となる（142条1項）。さらに，放棄の取消しは**承認**と，承認の取消しは**放棄**とみなされる（1957条1項）。このように，取消しは，選択の自由を改めて得るためのものではなく，終局的かつ明確な状況を作り出すためのものである。ただし，放棄や承認の取消しは，それが錯誤に基づいていた場合，それ自体が取り消される可能性がある[30]。

事案24の解答

18-619　伯母パウラの遺産は，相続開始時，すなわち2022年1月20日に法定相続人としてのハンス・グリュックに法律上当然に移転している（1942条1項）。グリュックはこれを放棄することができるが，それは放棄期間が徒過していない限りである（1943条）。相続人が承継と相続原因を知った2022年2月4日から放棄期間は進行する（1944条2項前段）。放棄期間は6週間であるため（1944条1項），2022年3月18日の終了をもって満了した（187条1項・188条2項）。したがって，グリュックは，もはや2022年6月に放棄することができず，むしろ相続は承認されたものとみなされる（1943条）。

18-620　しかし，グリュックが銀行債権を知らなかったため，遺産が債務超過とは考えなかったという事実は，**承認の取消権**を生じさせる可能性がある。承認の意思表示はないが，放棄期間の満了による承認を取り消すこともできるからである（1956条）。

---

(28)　これを否定するのがBayObLG ZEV 1994, 105, 106; OLG Schleswig ZEV 2016, 82 Rn.14.
(29)　BGH ZEV 2016, 31 Rn.10.
(30)　BGH ZEV 2015, 468（この場合1954条ではなく，121条の規定の期間が適用される）。

18-621　取消原因については，一般則が適用される。この場合，119 条 2 項の性状の錯誤が問題となる[31]。119 条 2 項の規定は，人や物の性状について述べているだけであるが，ここでいう物とは，専門用語の意味（90 条：有体物のみ）で理解するのではなく，「対象（Gegenstand）」の意味で理解するべきである[32]。したがって，財産概念としての遺産も，119 条 2 項の意味での物である。物の性状は，価値形成要素にすぎず，価値そのものではない。これを前提とすると，遺産の債務超過について錯誤があったときは，その錯誤が何を原因としているかによって，区別するべきである。相続人が遺産中の個別財産が何かを知っていて，その価値を誤って評価しただけのときは（たとえば，不動産の市場価値が高く評価しすぎていて，そのために債務超過を認識しないなど），119 条 2 項の規定の錯誤はない[33]。しかし，その錯誤が，ある資産が遺産に属するという事実や，── 本事案のように ──，個別の遺産債務の存在に既に関するものであるときは，話は別である。そのときは，相続人は，単に遺産の価値についてではなく，価値の前提，すなわち，そもそも遺産の構成について錯誤に陥っているからである。したがって，そのときは，遺産の債務超過に関する錯誤は，119 条 2 項の性状の錯誤と扱われるべきである[34]。相続人が知らなかった遺産債務は，遺産との関係で相当額に上るから，この債務の存在は，社会通念によれば，遺産の本質的な性状である。本件事案によれば，グリュックの承認・放棄の決断は，遺産の経済的価値に基づくものであったと推測される。もし，グリュックが事実を認識し，合理的に判断していたならば（119 条 1 項），相続を承認しなかったであろう。したがって，119 条 2 項の取消権が発生している。

18-622　1954 条 1 項・2 項の規定に従って，取消しは，取消原因を知った時，すなわち 2022 年 6 月 1 日から 6 週間以内に遺産裁判所に対する意思表示により行わなければならない（1955 条）。取消しは，承認の無効をもたらし（142 条 1 項），同時に承認の取消しは承認とみなされる（1957 条 1 項）。したがって，グリュックは承認を取り消すことによって新たな熟慮期間を得ることはできず，むしろ取消期間内に最終的な決断を下さなければならない。

---

(31)　相続人が相続放棄期間徒過を知らず，この錯誤がなければ相続放棄をしたであろうこと（この場合の取消しについては，18-615 参照）は，事案からは読み取れない。
(32)　RGZ 149, 235, 238; 158, 50, 53.
(33)　BayObLG NJW 2003, 216, 221; MünchKomm/Leipold § 1954 Rn.12 f. - Staudinger/Otte (2017) § 1954 Rn.15 は反対。
(34)　BGHZ 106, 359 = NJW 1989, 2885; BayObLGZ 1983, 9 = FamRZ 1983, 834; BayObLG ZEV 1997, 257, 258; OLG Düsseldorf ZEV 2000, 64〔原典の 1999, 391 は誤記〕; Lange/Kuchinke § 8 VII 2d bis f; MünchKomm/Leipold § 1954 Rn.14.

5．表見相続人の法的地位
a）表見相続人の処分と表見相続人に対する法律行為

18-623 遺産の承継は法律上当然に生じるので，表見相続人（つまり，まだ放棄をする可能性のある相続人）には，遺産中の総ての権利が帰属する（1922条1項）。したがって，それを表見相続人は処分することができる。その後で，相続を放棄したときは[35]，放棄の遡及効により（1953条1項），既になされた処分は，無権利者の処分となる。それによって処分が無効となる限り，新たな相続人が〔処分されたはずの〕遺産中の権利を行使することができる。しかし，表見相続人の処分は，たとえば932条の規定に従った動産所有権移転のように，即時取得についての一般則[36]に従って有効となることがある。表見相続人が放棄前に譲渡した動産が最終的な相続人の占有から離脱したと認められるか（これは，一般に935条の規定による即時取得を妨げることになる），疑問があるように思われる。確かに，857条と1953条1項および1942条1項の規定から，相続放棄の結果，新たな相続人が相続開始時から直接所有者と扱われるが，この観念的な（擬制の）遡及によって，表見相続人が，譲渡時の現実の占有者であり，しかも，適法な占有者であったという事実に変わりはない。ここでは，その時点の現実の法状況を重視する，つまり離脱を否定する方が，935条の規定の意味に合致している[37]。

18-624 放棄にもかかわらず，たとえば，腐敗しやすい物の譲渡のように，遺産に不利益を与えずに延期することができない表見相続人の処分は有効である（1959条2項）。相続人に対してなされなければならなかった法律行為（たとえば，表見相続人に対する意思表示による被相続人との間で締結された契約の解約）も，相続放棄後も有効である（1959条3項）。表見相続人に対する給付については，18-663参照。

b）遺産債務の行使

18-625 遺産の承継によって，表見相続人は遺産債務の債務者となる（1967条1項）。しかし，法律は様々な点で表見相続人を保護している。まず，遺産債務は，承認前は，相続人に対して裁判上請求することができない（1958条）。遺産保護人の選任について18-627参照。被相続人に対して取得し民事訴訟法727条の規定に従って

---

[35] 遺産中の個別財産の処分は，しばしば承認となる。そのときは，承認の取消権（18-612以下参照）が存するときにのみ，放棄は可能である。

[36] 142条2項の事案におけるのと類似して，取得者が相続人の地位が暫定的なものであること（放棄の権利が残っていること）の悪意または過失は，無権利についての悪意または過失と等置される。

[37] BGH NJW 1969, 1349; Lange Kap. 11 Rn.4; MünchKomm/Leipold §1953 Rn.4; Staudinger/Mesina（2017）§1959 Rn.14.

相続人に対して書き換えられた債務名義による執行は、承認前には、遺産に対してのみ許され、相続人自身の財産に対しては許されない（民事訴訟法778条1項）。しかし、逆に言えば、この間は、相続人自身の債務によって遺産に対して執行することはできない（民事訴訟法778条2項）。

c）相続放棄をした相続人と最終的な相続人との間の法律関係

18-626 表見相続人が既に相続に関する事務を処理している限り、最終的な相続人との関係では、事務管理に関する規定（1959条1項）が適用される。したがって、たとえば、表見相続人の情報提供・決算・管理行為から取得したものの返還の義務は、681条後段・666条・667条、費用償還請求権は、683条・670条の規定による。ただし、2018条（相続回復請求権）の規定は、適用されない（18-639参照）。

d）遺産裁判所による遺産の保全、特に遺産保護制度

18-627 熟慮期間中に遺産が危険に晒されるようであれば、**遺産裁判所は、遺産を保全する必要な措置をとらなければならない**（1960条1項）。たとえば、金銭や有価証券の供託や遺産の一覧表の記録をさせたり、**遺産保護人**（Nachlasspfleger）を選任したりすることができる（1960条2項）。遺産保護人の選任は、相続人が不明のときや、相続の承認がまだなされない、または承認の有効性が疑わしいときに問題となる。このような場合においては、遺産債権者は、遺産債務を行使することができるように、遺産保護人の選任を申し立てることができる（1961条）。遺産保護人は、遺産の保全と維持（およびこのための管理）に責任を負い、**遺産に関し、最終的な相続人の法定代理人となる**[38]。相続人自身の処分権は影響を受けない。後見に関する諸規定（特に1773条以下）は、1915条1項の規定に従って準用される[39]。相続人が確定し、相続が承認されると、遺産裁判所の決定により遺産保護が廃止され（1962条・1919条）、このとき初めて遺産保護が終了する。そうして、遺産保護人は、相続人に遺産を引き渡さなければならない（1915条1項・1890条）。

2023年1月1日から施行される**新法**は[40]、遺産保護に新しいものを加えるもので

---

(38) BGHZ 49, 1（代理権は、遺産保護人が目的適合的に適法に行動しているかどうかに依存しない）。——遺産保護人は、遺産を占有し、不明の相続人を見つけ出さなければならないが、数人の相続人候補のうち誰が正しい相続人であるかを明らかにする必要はない（BGH FamRZ 1983, 56）。

(39) したがって、遺産保護人は、1821条・1822条（2023年1月1日から1850条・1851条）に掲げられる事案、特に不動産取引では、遺産裁判所の許可を要する。家事非訟事件手続40条2項前段の規定に従って、許可は、それが確定したときにのみ効力を生じる。この決定は、許可によって保護される者（ここでは相続人）にも通知されなければならない（家事非訟事件手続法41条3項）ので、相続人は異議を申し立てることができ（家事非訟事件手続法58条以下）、司法補助官が下した決定について裁判官による審査を受けることができる。

はない。遺産保護は，1882条以下の規定に言う「その他の保護」であり，1885条に基づき遺産裁判所が命ずるものである。1888条1項の規定に従って，世話法の規定が遺産保護に準用され，遺産保護人の報酬に関しては，1888条2項の規定が適用される。保護廃止については，1886条2項に，遺産引渡義務については，1888条1項・1872条に規定されている。

II 相続欠格

18-628 誰が相続人になるかは，法定相続に従って，あるいは死因処分に従って決定される。そうして定まった相続人が —— 道徳的な観点から —— 相続に値するかどうかは，原則として関係しない。しかし，**被相続人に対して特に非難されるべき行為**があったときには，**相続欠格**となる可能性がある。これは，たとえば，相続人が故意かつ不法に被相続人を殺害した，または殺害しようとしたときである（2339条1項1号）。このときは，連邦通常裁判所が判示するに[41]，相続欠格が故意による重大な不正に対する相続法上の制裁となる[42]。長期に意思疎通不能な不治の病にかかった配偶者の生命維持措置を絶とうとする行為は，病人がそれを欲する意思を表明していなかったとき（リビングウィルという形式でなくても），相続欠格の要件を満たす可能性がある[43]。ただし，2339条1項1号との関係では，行為者に責任能力（827条・828条）があったときに限り，故意が肯定される。遺留分剥奪の承認（24-856参照）とは異なり，ここでは，現実に表明された被相続人の意思の実現が問題ではないため，連邦通常裁判所は，（責任無能力者も持ちうる）単なる「自然な故意」では不十分としている[44]。

18-628a 遺言の自由に対する攻撃は，相続欠格事由となり得る。たとえば相続人が被相続人の死因処分作成を故意かつ違法に妨げたとき（2339条1項2号），相続人が詐欺または強迫によって死因処分をさせたとき[45]（同項3号），または被相続人の処分を処罰されるべき方法で偽造または破棄したとき（同項4号，刑法267条・271条から274条まで）である[46]。民事裁判所は，その評価に際し，確定した刑事判決にも拘束

---

(40) 後見及び世話法の改革法（2021年5月4日），BGBl. I 882.
(41) BGHZ 204, 258 = NJW 2015, 1382 Rn.17.
(42) これは優先する最終的な規定であるため，刑法73条1項の規定に従って被相続人の殺害者に遺産が承継されてから没収されるのではない（BGH ErbR 2020, 631）。相続欠格が否認の訴えによって主張されないときは，加害者は遺産を保持することになる。
(43) 脚注(41)参照。
(44) 脚注(41)の文献のRn.22以下。制裁としての相続欠格の判断もこの方向である。
(45) そのとき，相続欠格は，終意処分取消権と併存することになる（2078条以下）。
(46) 通説によれば，偽造された遺言が被相続人の意思と一致するときでも，2339条1項4号の

されない[47]。

18-629 相続欠格の法律効果は、当然には（法律上当然には）発生しないので、（相続開始時に）遺産は、相続欠格原因のある相続人にも一旦承継される。この点で、2339条の規定の文言（「…は、相続欠格である」）は誤解を招きやすいと思われる。相続欠格は、むしろ**遺産承継後**の遺産取得の否認によって、行使されなければならない（2340条）。否認権は、相続欠格者の脱落によって利益を受ける者、あるいは（他人の脱落によって）いずれにしろ利益を受けることになる者に帰属する（2341条）。したがって、遺言相続人の相続欠格は、たとえば、法定相続人が行使することができる。2342条1項の規定に従って、相続人を欠格と宣言することを求める相続人に対する否認の訴えが必要である（形成判決）[48]。相続人欠格を宣言する判決が確定して初めて、相続欠格の効力が発生する（2342条2項）。判決は、実体法上の法律関係を変更するので、**形成判決**である。相続欠格と宣言された者への遺産の承継は、後から —— 遡及的に —— なかったものとみなされ（2344条1項）、相続人は、相続欠格者が先に死亡していた場合に相続人となったはずの者である（2344条2項）。

18-630 相続欠格の他に、**遺贈欠格**と**遺留分欠格**がある：受遺者または遺留分権利者に相続欠格原因が存するときは、遺贈よる請求権または遺留分侵害額請求権は、否認されることがある。これには訴訟を要せず、受遺者または**遺留分権利者**に対する否認の意思表示で足りる（詳細は2345条参照）。

Ⅲ　相続人の権利取得と権利貫徹

1．被相続人の財産の包括承継

a) 原則と目的

18-631 被相続人の財産、つまり、金銭的価値のある私法上の権利の全部が死亡によって単独または共同相続人に移転する —— **包括承継の原則**（権利の包括承継〔山田1993, 272〕）、1922条1項[49]。包括承継は、遺産の利害関係人（相続人、相続債権者、遺留分権利者）の利益に資するものであり、遺産処理を容易にして経済上・責任上遺産を一体のものとしておくことから、社会一般の利益にも資するものである[50]。

　　　規定の相続欠格となる。BGH NJW 1970, 197, 198; BGH ZEV 2008, 479; OLG Stuttgart ZEV 1999, 187（それについて Kuchinke ZEV 1999, 317）。—— 異論は、Brox/Walker § 22 Rn.6a; MünchKomm/Helms § 2339 Rn.13.
(47)　BGH ZEV 2005, 307.
(48)　BGH ErbR 2020, 631 Rn.7.
(49)　これについて、Windel, Über die Modi der Nachfolge in das Vermögen einer natürlichen Person beim Todes fall (1998), 1ff.

1922 条 1 項の規定から明らかであるように，**財産権の相続性**は，法律上のルールである。これに対する例外は，その根拠を必要とする。近年の議論においては，特定の請求権の相続性についてこのことが時折不十分であるものが見られる。立法者は，特別の根拠から財産権の非相続性を定めることができるけれども（18-634 参照），その際には，被相続人の財産を受ける相続人の権利をも保護する相続権の憲法上の保障（3-65 参照）を考慮しなければならない（基本法 14 条 1 項）。

b) 法 律 効 果

18-631a 包括承継であるので，単独相続人または相続人共同体（21-721 参照）は，相続開始によって被相続人に代わって**動産および不動産の所有者**（土地登記簿を除いて！）および約定または法定の**債務法上の債権者**となる。主張立証責任に関しても被相続人の法律上の地位を取得する[51]。死亡した労働者の休暇補償請求権の相続性は，まず欧州裁判所の裁判[52]で，そして連邦労働裁判所[53]によっても承認された。――特許権（特許法 15 条 1 項前段）と著作権（著作権法 28 条 1 項，18-635b 参照）も相続可能である。

c) 発生途中の権利関係の承継

18-632 なお発生途中の財産法上の権利関係も相続される[54]。権利取得または喪失は，被相続人が生存していればそうであったであろう方法でなされることになる。たとえば，留保されている所有権譲渡の期待権は相続人に移転する。他方，被相続人がその営業から予め将来債権を譲渡していたときは，営業継続において相続人の法律行為から生じる債権もまたそれに含まれる[55]。被相続人の登記許諾〔山田 1993, 189〕や物権的合意は，相続人による意思表示と同様の効力を維持し，それに基づいて土地登記簿の記載がなされるので，その間に相続人が権利者として登記されたとしても[56]，相続人の側から改めて登記許諾をする必要がないのである。

d) 占 有

18-633 占有もまた 857 条の規定に従って**相続人に移転する**。ある物について被相続人が直接または間接占有者であったときは，相続人は，その物の現実の支配をして

---

(50) MünchKomm/Leipold §1922 Rn.180f.; Windel, 10ff（脚注 49）．
(51) BGH ZEV 2019, 261.
(52) EuGH NJW 2019, 499; NJW 2014, 2415. 詳しくは，MünchKomm/Leipold § 1922 Rn.62ff.
(53) BAG ZEV 2019, 489（反対の趣旨の旧判例の変更）．
(54) BGHZ 197, 110 = NJW 2013, 2025 Rn.23（被相続人の死後に給付保持の権限が失われた場合であったとしても目的不到達〔812 条 1 項後段〕による被相続人の請求権が相続可能であることについて．）
(55) BGHZ 32, 367.
(56) BGHZ 48, 351.

いるか否かしているとすればどの程度しているかを問わず、〔被相続人〕死亡時に直接または間接占有者の地位を取得する（支配のない占有）[57]。こうして相続人は相続開始から占有法の規定によって不法の私力（verbotene Eigenmacht）〔於保・高木 1955, 16〕（858条以下）に対してそして935条の規定（相続人の意思によらずして物が占有を離脱した）によって保護されるのである。相続放棄における857条の規定の意味については、18-623 参照。

e) デジタル遺産

18-633a いわゆるデジタル遺産もまた相続人に移転し、たとえばインターネット・ドメイン、電子メールアドレスまたはSNS（ソーシャル・ネットワーキング・サービス）に関してプロバイダーに対する死者の権利などを相続人が行使することができるか否かは疑わしいものとされていた。とりわけフェイスブックアカウント上の権利の相続性に対して、遠距離通信法88条3項3段は、通信事業者に対してアカウントの内容をアカウント所有者以外の他人に明かすことは禁止している、と解された[58]。しかしその議論に対しては、包括承継によって相続人が被相続人の法律上の地位を取得するということは、相続人は遠距離通信法の規定の意味においける「他人」ではない、という反論が生じる。この立論に連邦通常裁判所は従い[59]、**相続性を肯定するのに個人情報保護上や人格権上の障害を認めることができない**と言った。通信事業者の約款によっても死亡したアカウント所有者の権利の相続性は否定することができず[60]、そのためには、たとえばユーザーアカウント開設の際に事業者から申込みを受けるなどの個別の合意が必要である、とされた。アカウント所有者の相続人の請求権は、ユーザーアカウントへの完全なアクセスを求めるものである[61]。相続人は、被相続人自身が以前行っていたのと同様に、アカウントとその内容を知ることができなければならない。そのため、通信内容が保存されたUSBメモリを相続人に委ねるだけでは足りない。

---

(57) BGH ZEV 2020, 781 Rn.35（強制執行法の意味における保管もない）。
(58) この理由から、KG ZEV 2017, 386（Deutschの評釈有り）は、相続性を否定した。死亡した未成年子の両親が両親の同意を得て開いたフェイスブックユーザーアカウントの内容にアクセスすることを請求することができるか否かが争われた。〔詳細は、田中 2022, 683 および田中 2023b, 787 参照。〕
(59) BGH NJW 2018, 3178 は、脚注58のKG ZEV 2017, 386 を破棄して第一審 LG Berlin ZEV 2016, 189 を維持した。詳細については、MünchKomm/Leipold § 1922 Rn.31ff.
(60) BGH NJW 2018, 3178 Rn.28ff.
(61) BGH NJW 2021, 160（Biallaßの評釈有り）。それによってKG ZEV 2020, 176（Deutschの評釈有り）が否定され、LG Berlin ErbR 2019, 310（フェイスブックに対する強制金〔山田 1993, 759〕賦課）が肯定された。

f）相続されない財産権

18-634 財産権が相続人に承継されないのは，非相続性を規定する特則があるときだけである。権利者の死亡とともに消滅して相続されない権利は，たとえば，用益権（1061条前段），制限的人役権〔於保・高木 1955, 254〕（1090条2項，1061条前段），社団の社員たる地位〔山田 1993, 425〕（38条前段 —— 定款に別段の定めがない限り，40条前段）である。将来の扶養請求権は一般的に相続されない，1615条1項および1586条。

18-634a 慰謝料請求権は，847条1項後段の廃止（1990年）以降は無制限に相続されることになった[62]。2017年に制定された，殺人被害者の近親者による遺族給付金請求権も相続される[63]。それに対し，連邦通常裁判所によれば[64]，本来の目的であるところの被害者の満足がその死亡によって達成され得ないことを理由に，**人格権侵害によって生じた無形損害の金銭賠償請求権は引き続き相続されない**。しかし，従来その非相続性は，旧847条1項後段の規定の類推適用によって根拠付けられていたところ，その規定は立法者意思として適用されないのであるから，その論理には問題があり，しかも被害者満足の機能からも説得力が無い，というのは，被害者満足は，請求権が裁判上貫徹されることではなく，それが実体法上承認されること自体で達成されるからである。加えて，請求権の予防機能はそれ自体が既に相続性を正当化するであろう。被害者の生存中に発生した金銭請求権の非相続性によって，人格権保護は結果的に著しく害される[65]。連邦通常裁判所[66]がその後の裁判において，被害者の生存中に請求権が訴訟に継続した事件に関して非相続性を肯定した後，この批判はなお一層妥当する。旧847条1項後段は，その限りで非相続性の例外を規定していたのである。第一審の裁判所が原告である被害者に有利な仮執行可能な判決を下していたとしても，連邦通常裁判所の見解では[67]，原告が訴訟のその後の訴訟係属中に死

---

(62) 負傷者が生存中に慰謝料請求権行使の意思表明をしたか否かを問わない，BGH NJW 1995, 783.

(63) Begr. zum Gesetzentwurf, Bundestagsdrucks. 18/11397, S.11.

(64) BGHZ 201, 45 = NJW 2014, 2871; Palandt/Weidlich §1922 Rn.26 は賛成。

(65) 詳しい批判が MünchKomm/Leipold §1922 Rn.152.ff; Schack JZ 2019, 864, 868 も明確に反対。

(66) BGH NJW 2017, 3004.

(67) ヘルムート・コール事件の BGH FamRZ 2022, 306. 元首相は，著書「遺贈 —— コール調書」での不正確な引用や機密事項の再現により人格権を著しく侵害されたとして，一審で100万ユーロの金銭賠償請求が認められていた。コールはその後まもなく死亡したため（訴訟は未亡人，単独相続人が継続），請求権の非相続性を理由に，OLG Köln FamRZ 2018, 1266 によって判決は取り消された。連邦通常裁判所，はこの判断を維持した。これに対する詳しい異論は，Leipold FamRZ 2022, 309.

亡したときは，請求権が消滅することに変わりはない。連邦通常裁判所によれば，損害賠償請求権が生存中に確定していたときにのみ，相続が可能である[68]。特に，高齢者や病人が人格権を著しく侵害されたときは（そのときに限り，非財産的損害を理由とする金銭賠償請求権が認められる），この判例によると，支払を拒否し，手続をできるだけ長引かせるよう促すことになるのである。

18-634b 債務法上の契約自由の原則が妥当する範囲では，財産法上の請求権の非相続性（権利者の死亡による請求権消滅）を**合意**することができる[69]。

g）人格権

18-635 **財産権**以外の権利は，相続人に承継されず，一般には，権利者の死亡によって消滅する。たとえば，親族法上の人的法律関係（親としての世話〔山田 1993, 190〕，後見）がそうである。通説によれば，**一般人格権**もまた同様に相続されない。死者から委託された人または近親者（刑法77条2項の規定の順序に従って[70]）は，死者の名誉と追憶の保存のための請求権を取得するけれども（死後人格保護）[71]，通説によれば権利が相続されるのではなく，相続とは独立した，死者の人格保護の権利である。死後人格保護は，防御請求権（差止請求権および除去請求権）だけを含む。それに対し，死後人格保護の侵害は，連邦通常裁判所の見解によると，精神的損害による金銭請求権を発生させない[72]。連邦通常裁によれば，死後人格権保護も，生存者の一般人格権保護に劣後する。したがって，死者は，一方的な記述の公開から保護されるだけで，（関係者の生存中とは異なり）「内部文書」が明記された，すなわち高度機密事項である記述の流布から保護されることはない[73]。

18-635a しかし，連邦通常裁判所の指導判決によれば[74]，生存中に人格権が財産権

---

(68) BGH NJW 2017, 3004 Rn.18.
(69) BGH WM 1989, 1813（情報提供・説明請求権について）参照，一般には，MünchKomm/Leipold §1922 Rn.26.
(70) LG Bückeburg NJW 1977, 1065.
(71) BGHZ 50, 133（不作為請求権の実現〔メフィスト事件〕），BGHZ 107, 384（ある著名な画家〔エミール・ノルデ〕の贋作に関する死後人格保護について）をまず参照のこと。芸術著作権法22条3段は，死者の肖像に関する権利についての法律上の規定を置いている。憲法異議における憲法上の判断基準は，BVerfG NJW 2001, 594; NJW 2006, 3409; NVwZ 2008, 549によれば，人間の尊厳の不可侵性（基本法1条1項）であるのに対し，人格権の憲法上の保護（基本法2条1項）は，生存中の人にだけ与えられる。にもかかわらず，連邦憲法裁判所と連邦通常裁判所は，憲法上の死者の死後人格権についても語っている。
(72) BGHZ 165, 203 = NJW 2006, 605. —— 生存中に生じた人格権侵害による金銭賠償請求権について，18-634a参照。
(73) BGH FamRZ 2022, 311（コール事件の判決。脚注67参照）。Leipold FamRZ 2022, 311; Schack JZ 2022, 249 は，反対。
(74) BGHZ 143, 214 = NJW 2000, 2195（映画女優マレーネ・ディートリヒの死後の映像，氏名

上の意味を有していたときは，人格権の財産的価値の構成部分は存続し，相続人（または相続人共同体）に承継される。この人格権の構成部分（氏名権および肖像権を含む）が死後に侵害されたときは，相続人は，差止めおよび損害賠償を請求することができる。しかし，相続人は，死者の明示または黙示の意思に基づいてしなければならない。たとえば，死者の氏名や肖像の使用許諾に際しては，営利または観念上の利益が問題となる限り，連邦通常裁判所によれば，（観念上の）死者の人格保護のために近親者（かならずしも相続人である必要はない）の協力が必要である。

18-635b そのことによって非常に複雑な法状態に陥ることがある。（観念上の）死者の人格保護という教義的な説明は不明確であるので，出発点を変更して一般人格権の相続性を原則として肯定することは検討する価値があると思われる。肯定すれば，死者の人格権から生じるすべての権利が相続人に帰属することになるであろう。それによって，一般人格権を**無体財産権**と同様に扱うことになるであろう[75]。これら（たとえば，文学作品，学問および芸術，著作権法28条1項）については，財産権的構成要素と人格権的構成要素の双方が相続される[76]。しかし，連邦通常裁判所はその区別を堅持し，その保護について時間的な継続に関して異なる扱いをする。すなわち，人格権の財産構成要素の保護は，肖像権に関する規定（芸術著作権法22条3段）の類推によって死後10年間に限定されるが[77]，死者の人格保護は，時間的には無制限であるので，死後何十年も経って問題になることがある[78]。

h）身　体

18-636 死体には財産上の権利は生じないので，死者の**身体**は，1922条1項の規定とは無関係である[79]。1968条は，埋葬の費用は相続人が負担すべきことだけを規定

および自筆署名の使用）。BGH NJW 2000, 2001（マレーネ・ディートリヒ出演の映画「嘆きの天使」の有名なシーンの編集による映像の権利侵害）も参照。BVerfG NJW 2006, 3409 によれば，これらの裁判における判例上の法形成に対する疑義は存在しない。

(75) Muscheler, Universalsukzession und Vonselbsterwerb (2002), 133ff. も賛成。Lichtenstein, Der Idealwert und der Geldwert des zivilrechtlichen Persönlichkeitsrechts vor und nach dem Tode (2005), 303ff., 361. が明示的に言う。—— Jung, Die Vererblichkeit des Allgemeinen Persönlichkeitsrechts (2005), 241ff. は，相続を財産的価値構成部分に限定するが，相続人に排他的使用権が帰属すると言う。—— 連邦通常裁判所の二車線的解決に委ねるというのが，Wortmann, Die Vererblichkeit vermögensrechtlicher Bestandteile des Persönlichkeitsrechts (2005), 293ff., 300.

(76) 著作権について，Rehbinder/Peukert, Urheberrecht, 18. Aufl. 2018, Rn.988ff.; Shack, Urheber- und Urhebervertragsrecht, 8. Aufl. 2017, Rn.648ff.

(77) BGHZ 169, 193 = NJW 2007, 684 = JZ 2007, 36（Schack の評釈有り）。

(78) Vgl. BGHZ 107, 384, 392; OLG Köln FamRZ 1999, 954（1998年の選挙におけるコマーシャルによってコンラート・アデナウアーの伝記の歪曲）。

(79) 通説によれば，人間の死体は，取引されない物である。詳しくは，MünchKomm/Leipold§

第 4 部　相続開始の法律効果

している。（公法上の）**埋葬義務**は，州法が規定し，死者の世話に関する私法上のルールは，慣習法に基づいている[80]。それによれば，第一に死者の（方式を問わず表明された）意思が死体の運命，特に埋葬の方法と墓所の形状に関し，基準となる[81]。死者は，〔生前に〕死後の世話をする者を定めることができる。そのような定めがなければ，近親者[82]がそれをすることになる。死者の世話をする権利は，823 条 1 項の意味におけるその他の権利であるので，その侵害があれば損害賠償請求権および1004 条の規定に従って除去・不作為請求権が発生することがある[83]。臓器移植目的の臓器摘出の要件は，臓器移植法 3 条以下に詳しく規定されている[84]。それに対して，（固定されている）人工臓器が死体から分離されるときは（そのためには死者または死者の世話をする権利者の同意を要するけれども），その所有権は遺産の構成部分として相続人に帰属する[85]。

i) 係属中の訴訟

18-637　当事者と裁判所との間の訴訟関係は，公法上の問題であるので，私法上の財産についてだけ規定する 1922 条 1 項は直接には適用されない。しかし，係属中の訴訟の効力は，相続開始によって死亡した当事者の相続人に及ぶ。このことは，死亡によって訴訟が中断して再開されうるかどうかという民事訴訟法 239 条，246 条の規定から明らかである。

2．相続回復請求権[86]

a) 請求権間の関係

18-638　様々な理由により，遺産（または遺産の一部）が間違った人の手に渡ってし

1922 Rn.174（人格の残りという判断をする）。遺灰の所有権というのも存在しないというのが，OLG Bamberg NJW 2008, 1543, 1547（遺灰中の金歯について，しかし OLG Nürnberg NJW 2010, 2071 は反対）であり，ダイヤモンドであったとしてもそうであると言う（AG Wiesbaden NJW 2007, 2562 は，その手続がドイツで埋葬法上許されるか否かは定められていないとする。Spranger NJW 2017, 3622 は埋葬義務に反対）。

(80)　BGH FamRZ 1992, 657; NJW 2012, 1651 Rn.10; OLG Karlsruhe NJW 2001, 2980.
(81)　BGH ZEV 2019, 487, Rn.16.
(82)　BGH NJW 2012, 1651 Rn.14f. によれば，絶対的な順位はない。むしろ，死者の仮定的意思も考慮されるべきである。
(83)　BGH ZEV 2019, 487 Rn.14（墓所における無権限の目的物の保管について）。
(84)　2007 年 9 月 4 日制定の新規定（BGBl.2007 I, S.2206）。それによると死者の意思が最優先される（同意または異議，可能な限り書面で）。それが明らかでなければ，近親者（または死者が決定を委ねた人物）の同意が求められ，その際には死者の仮定的意思が考慮されるべきである。合憲性については，BVerfG NJW 1999, 3399〔原典の 3403（Nichtannahmebeschluss）は誤記〕。
(85)　詳しくは，MünchKomm/Leipold § 1922 Rn.175f.
(86)　Medicus/Petersen, Bürgerliches Recht, 26. Aufl., Rn.603a ff.

まうことがある。法律関係の不明確性，当初知られていなかった遺言の発見，終意処分の取消しなどにより，実際には相続人ではない人が相続人とされ，実際に遺産を引き継いでしまうことがある。遺産に属する諸権利は，相続開始時に真の相続人に当然に移転するので，相続人は，**様々な個々の権利から生じる請求権**，たとえば，985条の規定に従った，占有者に対する所有権に基づく返還請求権，占有回収の訴え（861条），前占有者の返還請求権（1007条）または不当利得による請求権（812条以下）を行使することができる。しかし，法律は，それらに加えて相続人に**相続回復請求権**（2018条）という特別な請求権を認めており，これは取得された**遺産全体の返還**を目的とするもの（包括請求権）で，相続人は個別の請求権を行使する必要がない。相続回復請求権は，個別の請求権を排除するものではなく[87]，包括請求権を行使するか，個別の権利を行使するかは，相続人次第である。ただし，2029条の規定を遵守する必要がある。つまり，遺産の占有者に対して個別請求がなされたときでも，その責任（返還義務の範囲，費用償還請求権，返還不能の際の責任など）は，相続回復請求権に関する規定（2019～2026条）に従って定まる。

b）相続回復請求権の要件

18-639 相続人は，遺産の**占有者**に対して請求権を取得する。遺産占有者は，現実には存在しない相続権に基づいて遺産から何かを取得した者にすぎない（2018条）。遺産占有者が，現実には相続権の不存在について善意であったか悪意であったかは，請求権発生とは無関係である（ただし，責任の範囲には関係する，18-641参照）。遺産を占有し，後に相続放棄をした表見相続人は，自己の有する相続権に基づいて遺産を取得したのであるから，遺産占有者ではない[88]。むしろ，1959条は，表見相続人と最終的な相続人との間の法律関係を規定している（18-626参照）。遺産から何かを盗んだ者は，その物を相続権に基づいて取得したわけではないので，遺産占有者ではない。それに対し，後に無効であることが判明した，または有効に取り消された遺言による相続人指定に基づいて遺産を取得した者は，遺産占有者である。同様に，相続欠格を宣告された相続人は，2018条の規定に含まれる[89]。**遺産**から取得した「**何か**」は，とりわけ動産および不動産を含む。また，その物は必ずしも相続開始時に被相続人が占有していたものである必要はなく，被相続人が賃貸していた物や紛失した物が表見相続人に返還されたときも，それは遺産から取得されたことになる。

（87） MünchKomm/Helms § 2018 Rn.2.
（88） MünchKomm/Leipold § 1959 Rn.2; Staudinger/Raff（2020）§ 2018 Rn.54.
（89） Lange/Kuchinke § 40 II 3; MünchKomm/Helms § 2018 Rn.19.

c）遺産占有者の請求権と責任の内容

18-640 遺産占有者が遺産から取得したものは，すべて返還しなければならない。2019 条 1 項の規定に従って，遺産占有者が遺産の**法律行為**によって取得したものも含まれる。この規定は，相続人保護のために，物権的代位を命ずるものである。たとえば，表見相続人が遺産中の現金で絵画を取得したときは，真正相続人は所有権移転により（表見相続人が中間で取得することなく）直接に[90]その絵画の所有者となる。遺産によって不動産所有権を取得したときは，土地登記簿に表見相続人が所有者として登記されていても，同様である。そのとき真正相続人は，土地登記簿の更正を求めることができる（894 条）。

18-640a 相続証書なしに，遺産占有者が遺産に属する**動産**を売却したときは，その結果については議論の余地がある。買主は，935 条，857 条（真正相続人の占有を離脱した物）の規定により所有権を〔即時〕取得しないので，真正相続人は買主に対して985 条の規定に従って返還請求することができる。真正相続人が遺産占有者に対して売買代金返還を請求できるという代位は，ここでは処分（第三者への売却）の承認と引き換えにしか肯定されないのである[91]。

18-640b 遺産占有者は，遺産の存在と遺産中の個別財産の所在について情報を提供しなければならない（2027 条 1 項）[92]。返還義務も情報提供義務も，遺産占有者の相続人に承継される[93]。**相続回復請求**がなされるときは，遺産中の個別財産が特定されなければならないが（民事訴訟法 253 条 2 項 2 号），遺産中の個別財産の一覧表の提出（260 条）とその返還を求める**段階訴訟**（Stufenklage）（民事訴訟法 254 条）を提起すれば，差し当たりこれをしないでもよい。

18-641 また，返還義務は，取得された利益にも及び（2020 条），逆に，遺産占有者は，相続人に対して，その〔取得〕費用を償還請求権することができる（2022 条）。取得したものの返還がもはや不可能である限り，遺産占有者は，通常は，不当利得法の規定（2021 条）に従って，価格返還の責任を負うが（818 条 2 項），それは，利益の存する限りにおいてである（818 条 3 項）。特に，相続回復請求が訴訟係属中であるとき（2023 条）または遺産占有者が悪意であるときは（2024 条）[94]，より厳格な責任が

---

[90] MünchKomm/Helms § 2019 Rn.14; Lange/Kuchinke § 41 I 1.
[91] Medicus/Petersen, Bürgerliches Recht, 26. Aufl., Rn.603b; MünchKomm/Helms, § 2019 Rn.10 f.
[92] また，（遺産占有者でなくとも）相続人よりも先に遺産中の物を占有した者にも同様の義務がある（2027 条 2 項）。被相続人の同居人にも特別な情報提供義務が課されている（2028 条参照）。
[93] BGH NJW 1985, 3068.

生じる。それらの場合においては，所有者と占有者の関係に関する規定（987 条以下）が準用される。

Ⅳ　相続法上の請求権の消滅時効

1．通常の3年間の消滅時効

18-641a　1．2009 年の相続法改正（3-85 参照）により，相続法上の請求権について，期間制限に関してそれまで存在していた特別規定がほぼ廃止された。以来，相続法上の請求権も原則として[95]通常の3年の消滅時効に掛かる（195条）。

18-641b　199 条 1 項の規定によれば，3 年の消滅時効期間は，請求権が発生し，債権者が請求権発生原因の事実および債務者を知った，または重過失により知らなかった年の末日から進行する[96]。消滅時効期間の起算に関する特則が，2287 条 2 項（15-522 参照）と 2332 条 1 項（遺留分侵害額請求権の消滅時効に関して，24-851 以下参照）に含まれている。

2．相続法上の特定の請求権における30年の長期消滅時効期間

18-641c　債権者が悪意または重過失にならなくても，請求権は，発生から 10 年で消滅時効に掛かる（199 条 4 項）。しかし，相続開始に基づく請求権[97]またはその行使が死因処分の悪意を前提とする請求権は若干異なる。これらの請求権は，199 条 3a 項の規定に従って，請求権発生から 30 年で消滅時効に掛かる。これは，相続法上の事情は相続開始後かなり時間が経たないと明らかにならないことがあることを考慮したものである[98]。

3．相続法上の個別の請求権の本来の30年の消滅時効

18-641d　197 条 1 項 2 号の規定に従って，3 年の制限期間に代えて，2018 条（相続回復請求権，18-638 参照），2130 条（後位相続人の先位相続人に対する遺産返還請求権，

---

(94)　遺産占有者は，遺産占有開始時に相続権の不存在を知り，または知らなかったことに重大な過失があったとき（2024 条前段，932 条 2 項準用），または後に相続権の不存在を知ったとき（2024 条後段）は，悪意とみなされる。
(95)　しかし，土地所有権移転を目的とする請求権は，196 条の規定に従って 10 年間の時効に掛かる。遺贈から生じる同目的の請求権にも適用される（OLG München NJW 2021, 2443）。
(96)　債権の相続など債権移転のときは，従前の債権者が知ったことによる効力はそのまま残る，BGH NJW 2014, 2492.
(97)　これには，通常の消滅事項規定が適用される，相続人に承継される被相続人の債務や債権は含まれない，BT-Drucks. 16/8954, S. 14.
(98)　Begr. BT-Drucks. 16/8954, S. 14.

19-679 参照)，2362 条（不実の相続証書の返還請求権）の規定による請求権には，そもそも 30 年の消滅時効期間となる。これらの返還請求権の行使に資する（たとえば，情報提供を目的とする）請求権についても同様である。所有権または他の物権から生じる請求権についても同様であり，たとえば，所有権を（占有せずに）相続した相続人が，占有者に対して 985 条の規定に基づく返還請求を行使するときである。これらの請求権の 30 年の消滅時効期間は，請求権発生時から進行する（200 条前段）。

4．遺産事件における消滅時効の停止

18-641e 遺産に属する請求権（相続債権）または遺産を目的とする請求権（遺産債務）においては，それぞれの消滅時効は，相続承認後 6 月を経過する前には完成しない（211 条前段）[99]。

V 相続証書

1．目 的

18-642 相続人は，遺産裁判所において，自己の行使する相続権の証明書，すなわち相続証書の交付を申請することができる（2353 条）。相続証書は，私人，官公庁および裁判所に対して**相続権を証明する**役割を果たす。登記所に対する相続権の証明は，相続証書（または欧州相続証書，18-660a 以下参照）の提示によって[100]行わなければならない（土地登記法 35 条 1 項前段）。ただし，相続権が公的（公正証書）遺言または相続契約によって生じたときは，この限りではない（土地登記法 35 条 1 項後段）。それ以外のときは，相続人は相続証書によって自己の相続権を証明する義務はない。したがって，遺産中の債権の債務者には，相続人が相続証書を提示するまで履行を拒絶する，という権利はなく，公的遺言などによる他の相続権の証明にも甘んじなければならない[101]。

2．手 続

18-643 これまで 2354 条から 2360 条までにあった手続法の規定が，2015 年の国際相続法及び相続証書等に関する規定改正に関する法律により削除された（1-12 参照）。

---

[99] 連帯債務（2058 条）の訴えが個々の共同相続人に対して提起されたときは，当該共同相続人が承諾した時期が基準となる。BGH NJW 2014, 2574.
[100] 回収された（18-651 参照），または無効とされた相続証書は，その理由の如何にかかわらず，相続開始の証明に用いることはできない（BGH NJW 2021, 858）。
[101] BGH NJW 2005, 2779.

それ以降，手続を定めるのは，家事非訟事件手続法 352 条以下の規定である。

18-644 a）**管轄**——遺産裁判所としての区裁判所に**事物**管轄があり（裁判所構成法 23a 条 1 項 2 号・2 項 2 号），被相続人の**最後の国内常居所**の区裁判所に**土地**管轄がある（家事非訟事件手続法 343 条 1 項）。国際裁判管轄については，18-649 参照。**職分**としては，司法補助官法 3 条 2c 号の規定に従って**司法補助官**（Rechtspfleger）〔山田 1993, 518〕の管轄であるが，死因処分が存在するまたは外国法の適用が考慮されるときは，司法補助官法 16 条 1 項 6 号により**裁判官**の管轄となる[102]。司法補助官の管轄になく，裁判官によって管轄を移すことができない事件で司法補助官が決定を下したときは，交付された相続証書は，たしかに，司法補助官法 8 条 4 項前段の文言にもかかわらず，正当な期待の保護が必要であるため無効とはならないけれども，相続証書が内容的に正しくても，手続上の誤りから，2361 条の規定により回収されなければならない[103]。死因処分の存在にもかかわらず，ドイツ法上法定相続による相続証書が交付されるべきときは，裁判官は，相続証書の交付を司法補助官に委託することができる（司法補助官法 16 条 3 項）。司法補助官がそのような相続証書を発行したときは，裁判官による（それ自体は許容される）委託が欠けていたからといって，それを回収することはできない（司法補助官法 8 条 2 項）[104]。

18-645 b）**申請**——相続証書は，申請により交付される。申請に必要な事項および必要な証明については，家事非訟事件手続法 352 条参照。**申請権者**は，相続人（各共同相続人，先位相続人。後位後相続人は後位相続開始後のみ），遺言執行者，遺産管理人，相続財産破産管財人，強制執行のために相続証書を要する債権者である（民事訴訟法 792・896 条）。家事非訟事件手続法 345 条 1 項中段の規定に従って，裁判所は，申請者に加え，特に法定相続人および既存の死因処分の内容に従って相続人として考慮される者を相続証書手続の**当事者**として含めることができる。申請があると，家事非訟事件手続法 345 条 1 項中段に規定されている者が当事者として意見を求められなければならない（家事非訟事件手続法 345 条 1 項後段）。相続証書は，申請に対応した内容のものしか交付できない。遺産裁判所が，申請者が請求した相続証書を請求することはできないが，異なる内容の相続証書を請求することはできると判断したときには，**中間処分**（Zwischenverfügung）〔山田 1993, 764〕により申請者に正しい申請をする機会を与えなければならない。また，主申請の不首尾に備えて副申請を併用するこ

---

[102] ニーダーザクセン州のこれと異なる法律関係について，OLG Braunschweig ErbR 2021, 85 Ls.
[103] LG Koblenz DNotZ 1969, 431; MünchKomm/Grziwotz § 2361 Rn.14.
[104] BayObLG FamRZ 1997, 1370.

ともできる[105]。

18-646 c) **手続** —— 相続証書の手続において，裁判所は，申請者が主張する相続権が存するか否か事実的（家事非訟事件手続法 26 条 —— **職権調査**）[106]および法的観点から吟味しなければならない。関係者には，**法律上の聴聞**〔山田 1993, 514〕が与えられなければならない。基本法 103 条 1 項の規定は，裁判官が活動する限り，非訟事件手続〔山田 1993, 245〕においても適用される。連邦憲法裁判所の見解[107]によれば，基本法 103 条第 1 項の規定は，司法補助官による手続には適用されないけれども（司法補助官は基本法に言う裁判官ではないため），法治国家原則から導かれる公正な手続を受ける権利はあり，これには，関係者に決定前に意見表明の機会を与えることも含まれる。—— 遺産裁判所が，主張された相続権が現実に存在するという確信を得たときにのみ，相続証書が交付される（352e 条 1 項前段）。入手可能な証拠を尽くしても法律上必要な事実が真実であるまたは虚偽であることが証明されないときは，**証明責任規範**に従って決する。遺言無能力の立証責任については，10-269b 参照，遺言の方式および内容については，以下を参照。遺言の形式的有効性と内容については 11-337 参照，署名の真偽については，11-307（脚注 11）参照。相続権に関する当事者の合意の適法性については，12-365 参照。

18-647 d) **相続証書の交付決定** —— 申請された相続証書が交付要件を満たしているという結論に裁判所が至ったときは，決定によって確定される（家事非訟事件手続法 352e 条 1 項中段）[108]。その後の相続証書の交付は，この決定とは区別されなければならない。通常は，決定には通知は不要で，決定と同時に効力が発生し，申請者は直ちに相続証書が交付されなければならない。しかし，決定が当事者の意思と矛盾するときは（たとえば，法定相続人が遺言の有効性を争っている間に，決定が遺言による相続証書の要件を確定するときは），決定はまず当事者に通知され，その効力は停止される（家事非訟事件手続法 352e 条 2 項）。この場合において，相続証書の交付は，決定が確定するまで（場合によっては抗告手続の終結まで）延期される[109]。この規定の目的は，不実の相続証書がその公示効力により真正相続人に著しい損害を加えることが

---

(105) BayObLG FamRZ 1999〔原典の 1998 は誤記〕, 814（ただし，同一の遺産に関してのみ）。
(106) BGH NJW-RR 1991, 515（不十分な調査で相続証書を交付したことによる職務上の義務違反（839 条，基本法 34 条）。
(107) BVerfGE 101, 397 = ZEV 2000, 148.
(108) 家事非訟事件手続法 352e 条 1 項前段の文言によれば，決定は，相続証書交付に必要な事実が確定したという内容に過ぎない。しかし，法律上の要件（たとえば，申請を正当化する遺言の解釈）の存在も確定していなければならないことは明らかである。
(109) OLG Düsseldorf ErbR 2021, 600 によると，遺産裁判所は形式的に確定した決定に拘束されず，新たに確定されたことに基づいて相続証書の交付を拒否することができる。

あるため，相続証書が軽率に取引に用いられることを防ぐことにある（2365条）。この家事非訟事件手続法の規定は，事実上または法律上の関係が疑わしいときは，相続証書を直ちには交付せず，まず相続証書の交付に関する仮決定[110]をするという，法律では明示的に規定されていない従来の慣習に代わるものである。

18-648　e）**相続証書の内容と費用** —— 相続証書には，誰が**相続人**か，（数人の相続人がいるときは）**相続分**はどうか，を記載しなければならない（2353条）。相続証書には，数箇の**相続原因**を記載することはできない[111]。共同相続においては，各共同相続人の権利に関する一部相続証書，または全共同相続人の相続権を証する共同相続証書を申請することができる（家事非訟事件手続法352a条1項前段，2項前段）。ただし，申請者が相続を放棄したときは，相続分の表示を省略することができる（352a条2項後段）[112]。**後位相続**が指定されているときは，そのことは，先位相続人の相続証書に記載されなければならず，後位相続開始の要件，誰が後位相続人か，も記載されなければならない（家事非訟事件手続法352b条1項）（回収については，18-651参照）。被相続人が**遺言執行者**を指定していたときは，そのことも相続証書に記載しなければならない（家事非訟事件手続法352b条2項）。遺言執行者の氏名は不要である。その他の事項は記載されない。たとえば，遺留分権や遺贈は相続証書に記載されない。同様に，相続証書には，遺産中の個別財産に関しては記載されない[113]。—— 過剰な記載によって相続証書が無効となることはなく，民事訴訟法319条類推適用によって更正が可能である。

18-648a　相続証書交付の**費用**は，遺産の価額，または一部相続証書交付のときは，共同相続人の相続分に応じて算出される。詳細については，裁判所・公証人費用法40条参照。

18-649　f）**国際裁判管轄** —— 2015年8月17日から相続事件に適用されるEU相続規則は，国際私法に加え，国際手続法の分野でも重要な規定を含んでいる（詳細は1-10以下参照）。ここでは，国際裁判管轄[114]に関する規定については，簡単にしか言

---

(110)　BGHZ 20, 255; BayObLG FamRZ 1991, 494.
(111)　BGH NJW 2021, 3727（Hornの評釈有り）。
(112)　被相続人が財産を個別財産毎に配分したときに生じる相続分の算定における実務上の困難を回避するためである（12-367参照）。相続分の表示をしないことは，当該共同相続人全員が表示しなければならない（OLG Munich NJW-RR 2019, 971; OLG Bremen NJW 2021, 1171）- OLG Düsseldorf ZEV 2020, 167は反対（Zimmermannの反対評釈あり）; Kollmeyer NJW 2021, 1136.
(113)　BayObLG FamRZ 1998, 1262, 1264.
(114)　裁判所の国内管轄（すなわち，土地・事物管轄は，引き続き国内法（EU相続規則2条）に準拠する。

及できない。同規則4条の規定に従って，被相続人が死亡時に**常居所**（この概念については，1-16参照）を有していた加盟国の裁判所は，遺産全部についての相続事件において決定の管轄を有する。原則として相続法の準拠法も被相続人の最後の常居所に従って定まるため（同規則21条1項），国際裁判管轄と準拠する実体法が**一致する**のが通常である。同規則5条から11条までにその他の管轄が規定されている。

18-649a EU相続規則3条1項（g）の定義によれば，「相続事件における決定」は，名称がどうであれ，相続事件において加盟国の裁判所が下すすべての決定を含む。ただし，同規則の意味の決定は，裁判所が争いを決定する権限を有するときにのみ存在する[115]。民事訴訟における決定と非訟事件手続における決定とは区別されない。

18-649b このことから，国際裁判管轄に関するEU相続規則の規定が**相続証書手続**にも適用されるかどうか，当初争われた。ドイツの立法府は，国際相続法等の立法に際しこれを否定していた（1-12参照）。相続証書を交付するドイツの国内裁判所の国際裁判管轄は，EU相続規則から生じるのではなく，家事非訟事件手続法105条および土地管轄に関する規定（家事非訟事件手続法343条以下）から生じる，というのであった[116]。が，欧州裁判所[117]は，この見解を否定し，ドイツの相続証書のような国内法に基づく相続に関する証明書の交付に関する国際裁判管轄は，もっぱらEU相続規則4条以下の規定に従って定まるを明らかにしたのは正当である。その結果，被相続人が死亡時に常居所を有していた国の裁判所が原則として管轄を有し，家事非訟事件手続法105条および343条2項・3項の規定に従って，被相続人の国籍または遺産の所在地に基づく管轄は，EU相続規則上はあり得ないことになる。

18-649c g）**限定相続証書**──原則として，相続証書は遺産全部を目的とする。これは，国際私法の規定によって（1-13以下参照）外国法の規定に従って相続が生じるときも同様である。遺産の一部が外国に所在する場合において，遺産全部を目的とする相続証書を交付することが適切かどうか，というのは別の問題である。外国法に従って相続が生じるときは，相続証書申請に対する決定の際に，実務上の困難，特に遅延が発生することがある。さらに，ドイツの包括的相続証書が，外国にある財産に関して承認されるかどうかも疑問であろう。そのため，家事非訟事件手続法352e条1項の規定は，申請に応じて相続証書の交付をドイツ国内にある財産に限定すること

---

(115) EuGH NJW 2019, 2293.
(116) Bundestagsdrucks. 18/ 4201, 59; Wall ZErb 2015, 9. ‐ 反対は，Dutta IPrax 2015, 32, 37 f.; Leipold ZEV 2015, 553, 557 f. にさらなる注記あり。
(117) EuGH NJW 2018, 2309, Vorlagebeschluss KG ZEV 2017, 213（Leipoldの評釈有り）による判断。これについて，MünchKomm/Grziwotz § 2353 Rn.60 f.

を認めている（限定相続証書）。このことは，遺産分裂の場合，つまり，相続が，国内にある遺産についてはドイツ法に準拠し，それ以外は外国相続法に準拠する場合に，特に考慮される（1-23b 参照）[118]。

18-650 h）**法律上の手段**（Rechtsmittel）〔山田 1993, 517〕── 相続証書の申請に対する決定は，抗告によって争うことができるが，期間制限がある（家事非訟事件手続法58 条 1）。これは，司法補助官が決定をしたときも同様である（司法補助官法 11 条 1 項）。**抗告権**の有無は，家事非訟事件手続法 59 条の規定に従って判断される[119]。抗告の期限制限は，書面による決定通知から 1 箇月（家事非訟事件手続法 63 条 1 項・3 項）。抗告は，決定をした裁判所，つまり遺産裁判所としての区裁判所に申し立てなければならない（家事非訟事件手続法 64 条 1 項）。抗告は，抗告裁判所としての高等裁判所が決定する（裁判所構成法 119 条 1 項 1b 号）。抗告裁判所は，相続証書決定の正しさを，その誤りによって申立人に不利益が生じない限りにおいて，全面的に審査しなければならない[120]。抗告裁判所の決定に対する，連邦通常裁判所における，法の違反を理由とする抗告（Rechtsbeschwerde）〔山田 1993, 515〕は，高等裁判所が認めたときに，することができる（家事非訟事件手続法 70 条 1 項）。この抗告は，その法律事件が原則的な意義を有するとき，または法形成や判例の統一の保障が，法の違反を理由とする抗告裁判所の決定を必要とするときに，認められる（家事非訟事件手続法 70 条 2 項前段）。法の違反を理由とする抗告裁判所（連邦通常裁判所）は，その判断に拘束される（家事非訟事件手続法 70 条 2 項後段）。〔法の違反を理由とする抗告の〕却下に対する抗告は認められない。法の違反を理由とする抗告は，事実の誤った確定ではなく，法律違反にのみ基づくことができる（家事非訟事件手続法 72 条 1 項）。この点で，民事訴訟における上告に相当する。

18-650a 相続証書申請の却下と，相続証書の要件充足を確認する決定は，いずれも上記の法律上の手段で争うことができる（家事非訟事件手続法 352e 条 1 項前段）。ただし，既に相続証書が交付されているときは，相続証書は既に取引上存在し，公示の効力を有しているため（18-654，656 以下参照），抗告によって交付を止めさせることは

---

(118) ただし，ドイツの相続法のみが適用される場合においても，遺産中の個別財産がドイツ国内だけでなく外国にもあるときは，国内に所在する財産に限定した相続証書を申請することができる（OLG Branden-burg MDR 2011, 1426）。
(119) 家事非訟事件手続法 59 条 2 項の文言を超えて，申請が失敗した者だけでなく，同じ申請をし得る者（すなわち，共同相続証書申請のときは，他の共同相続人）にも抗告権が認められる，OLG Stuttgart ErbR 2018, 529 Rn.19; MünchKomm/Grziwotz 2353 section Rn.147.
(120) BGH NJW 2016, 960 は，職権調査義務（家事非訟事件手続法 26 条）と 2361 条を参照：誤った相続証書は職権で撤回されなければならないだろう（18-651 参照）。

できず，抗告によって相続証書の回収（Einziehung des Erbscheins）〔近藤 1955, 442〕を申請することができるだけである（家事非訟事件手続法 352e 条 3 項）。（まず遺産裁判所に対して相続証書の回収を申請することもできる，18-651 参照）。

3．回収と民事訴訟との関係

18-651　相続証書の交付の決定は，たとえ争うことができなくなったとしても，相続権に関する実体法上の既判力のある決定とはならない[121]。したがって，たとえば，A に対して E の単独相続人として相続証書が交付された場合，B が後に単独相続権を主張することを妨げるものではない。したがって，相続証書が不実であることが判明したときは，遺産裁判所が職権でこれを回収することが規定されている（2361条）[122]。また，不実であることが立証されないときでも，── 遺産裁判所が事実上および法律上の状況を再度検討し[123] ──，真実であるとの確信が揺るがされたときも回収しなければならない。回収は，事後に相続証書が不実になったときにも行わなければならないので，先位相続人に交付された相続証書は，後位相続の発生とともに回収されなければならない[124]。

18-652　真の相続人は，遺産判所に対し，誤った相続証書の回収および自己のための相続証書の交付を請求し，または誤った相続証書の所持人に対しその引渡しを請求することができる（2362 条 1 項）。相続証書に示された推定相続人に対する確認判決を求める訴えを提起することもできる。

18-653　相続権に関する既判力のある決定は，確認の訴え（民事訴訟法 256 条 1 項）または中間確認の訴え（Zwischenfeststellungsklage）〔山田 1993, 762〕（民事訴訟法 256条第 2 項），すなわちその管轄を有する裁判所における民事訴訟によってのみ行うこ

---

[121]　BVerfG ZEV 2006, 74; BGH ZEV 2010, 468, 469.

[122]　2361 条の不実とは，相続証書の内容に誤りがあるときだけでなく，たとえば，手続上の理由で相続証書が交付されるべきではなかったときにも存在する．たとえば，申請権者でない者の申請に基づく交付（BayObLGZ 1948〔原典の 1951 は誤記〕, 561），相続証書が申請から逸脱するとき，申請権者から事後の承認（事後申請）が得られないとき，または，国際裁判管轄がないとき（OLG Zweibrücken ZEV 2001, 488）である．相続証書が土地管轄のない裁判所によって交付されたというだけで回収されるのか否かは，家事非訟事件手続法 65 条 4 項の規定によれば，裁判所が誤って相続証書の管轄を肯定したという事実に基づいては抗告することはできないとされて以来，疑わしくなっている．とはいえ，職権による回収については，OLG Hamm FGPrax 2017, 229. ── 裁判官ではなく，司法補助官による相続証書の交付については，18-644 参照。

[123]　しかし，この審査は終了していなければならない．すなわち，遺産裁判所がその正しさについて疑念を抱いただけのときは，相続証書は回収されない，BGHZ 40, 54; BayObLG FamRZ 1997, 1370; MünchKomm/Grziwotz § 2361 Rn.30.

[124]　OLG Jena OLG-NL 1994, 38; OLG Frankfurt FamRZ 1998, 1394, 1396.

とができる[125]。しかしそのときも，既判力は訴訟当事者およびその承継人に限定される（民事訴訟法325条1項）。すなわち，Aの単独相続権がBに対する確認訴訟の確定判決によって確定したときは，一方的に相続人であると主張するCは，その確定判決の既判力に拘束されない。

4．相続証書の真実性の推定

18-654　2365条の規定に従って，相続証書[126]に記載された相続人は，記載された**相続権**（証明された金額）を有し，相続証書に記載された以外の指示によって[127]制限されていないものと**推定**される。この相続証書の真実性の推定は，891条の土地登記簿の推定と構造が似ている。事実の存在ではなく，権利の存在が推定されるので，**権利推定**である。推定は反証可能であり（民事訴訟法292条参照），推定は，主張責任，およびとりわけ主観的および客観的証明責任の規則として機能する。つまり，ある法的紛争で相続権が問題となったときは，相続証書に記載された相続権を争う者は，相続証書の不実を主張し，証明しなければならない。不実の証明が成功しない限り，裁判所は相続証書の真実性を前提としなければならない。これは，相続証書に記載された相続人に有利にも働くし（たとえば，その者が遺産中の物の引渡しを求める場合），相続人に不利にも働く（たとえば，相続証書に記載された相続人に対し，遺産債務が主張される場合）。

18-655　自己のために相続権を主張する他の者が，相続証書に記載された相続人に対して相続権に関する訴訟を提起するときは，既にライヒ裁判所[128]によって2365条の規定に重要な制限が課せられていた。この法的紛争において，相続証書の真実性について疑念が生じるときは，その判断は，2365条の規定の推定ではなく，証明責任の一般原則に従ってなされなければならない。したがって，死因処分に基づいて相続権を主張する者は，その処分の存在，内容，有効性を証明しなければならない。疑問が残るときは，法定相続を前提としなければならない。連邦通常裁判所[129]は，2

---

(125)　BGH ZEV 2010, 468, 469.
(126)　矛盾する数通の相続証書が交付されたときは，矛盾がある限り，真実性の推定と公信力は各相続証明書に生じない（BGHZ 33, 314; BGH FamRZ 1990, 1111; MünchKomm/Grziwotz § 2366 Rn.6; Staudinger/Herzog（2016）§ 2366 Rn.35 ── 異論は，Lindacher DNotZ 1970, 93, 102 f.; Herminghausen NJW 1986, 571.
(127)　ここでは，遺言執行と後位相続が念頭に置かれている。それらの制限のみが相続証書に記載されるからである（18-648参照）。
(128)　RG Gruchot Beiträge 1913, 1021 = Warneyer Rspr. des RG 1913, Nr. 300; Staudinger/Herzog（2016）§ 2365 Rn.49 f.; MünchKomm/Grziwotz § 2365 Rn.23; Rosenberg, Die Beweislast, 5. Aufl.（1965），§ 16 II 4 b.

人の権利主張者間の紛争において，裁判所は遺言の解釈に際して相続証書に拘束されないことを強調したが，これは正しく，このことから，1933 条・2077 条の要件（配偶者相続権の消滅）の証明責任は，権利主張者間の紛争の場合には相続証書によって変わるものではないことになる[130]。

5．相続証書の公信力

18-656　公的な書類としての相続証書は，法律上の取引において信頼できるものでなければならない。したがって，2366 条の規定は，相続証書に公信力を付与することで，**無権利者からの即時取得**の可能性を生じさせている。相続証書において誤って相続人とされた者から遺産中の物[131]を取得する者は，相続証書に記載された相続権の存在を信頼していれば保護される。したがって，取得者が**相続証書の不実**を**積極的に認識**していたか（重過失であっても害さない！），あるいは遺産裁判所が不実を理由にその返還を要求したことを知っていた，ということがなければ，権利取得は有効である。相続権に関する善意保護は，取得者が相続証書を知っていたこと[132]，あるいは検査していたことを要件としない。

18-657　2366 条の規定は，892 条の規定に基づく土地登記簿の公信力に類似している。2366 条の規定の範囲には特に注意が必要である。つまり，ここでは，**善意保護**は，**物権行為（処分行為）**によるすべての**取得**に及ぶため，他の即時取得の可能性（動産に関する 932 条，土地に関する 892 条）を超えるものである。したがって，2366 条の規定に従って，遺産中の**債権**や有限会社の持分を無権利者から即時取得することも可能である。

18-657a　善意保護は**取引行為**の存在を要件とする。これは，共同相続人共同体内における法律行為，たとえば遺産分割の場合だけでなく，共同相続人の一人に対する相続債権の解除告知（Kündigung）〔山田 1993, 383〕の場合にも欠けている[133]。

---

(129)　BGH NJW 1993, 2171, 2172.

(130)　BGHZ 128, 125, 131 = NJW 1995, 1082, 1084. 証明責任は（特に離婚の要件について），法定相続権の消滅または遺言の無効を主張する者が負う。

(131)　したがって，客観的に遺産の一部であることが必要である（18-658 参照）。それに加えて遺産を目的とする法律行為であるために，主観的な要件がおよそ存するか，は疑わしい。いずれにせよ，それが遺産中の物だと譲受人と譲渡人の双方が考えていたのであれば，十分とされるはずである。MünchKomm/Grziwotz § 2366 Rn.24; Soergel/Jaspert § 2366 Rn.12 ―― 異論は，Brox/Walker § 35 Rn.8; Parodi AcP Vol.185（1985），362, 374; Staudinger/Herzog（2016）§ 2366 Rn.8 は，譲受人が遺産中の物を受ける認識を要件とする。主観的要件に反対するのが，Muscheler Rn.3364.

(132)　BGHZ 33, 314, 317; 40, 54, 60; MünchKomm/Grziwotz § 2366 Rn.25; 通説。

(133)　BGH NJW 2015, 1881. 解約告知は債権の処分であるため，それ自体が 2367 条の規定する

18-658　2366条の規定による動産の即時取得は，真の相続人からの占有離脱という事実によって妨げられることはない（935条の場合とは異なる）[134]。ただし，保護されるのは，法律行為の相手方の**相続人の地位**についての**善意**のみであり，即時取得者は，真の相続人から取得したのと等置される。しかし，そもそもある個別財産が遺産に属しているか否かは，相続証書の公信力の問題では無い。ただし，この点については，一般則（892条，932条以下）に従って即時取得することが可能であり，その場合，2366条の規定とは別に適用されることになる。たとえば，遺言者が動産を貸していたときは，相続証書上の相続人がそれを善意者に売却すれば，932条および2366条の規定に従って所有権を取得するが，被相続人が動産を盗んでいたときは（935条の規定により）取得しない。

18-659　遺産に属する**土地所有権譲渡の物権的合意の仮登記**は，（所有者として土地登記簿に記載されていないため，892条以下による善意取得は問題にならない）相続証書に相続人として誤って記載されている者によって同意して土地登記簿に記載されているときは，即時取得することができる[135]。仮登記は，土地の完全な物権ではないが，特殊な物の拘束である。したがって，その同意と登録は，土地処分を含む2367条の規定の意味における法律行為と解される。892条2項により，仮登記の取得の決め手は，取得者が仮登記申請時に善意であったかどうかである[136]。仮登記が善意で取得されたために有効であれば，その時点で既に相続証書が回収されていた，または取得者が相続証書の不実をしっていたもしくは登記簿に矛盾することが記載されていたとしても，後の所有権譲渡の物権的合意と所有者としての登記によって所有権が取得されるのである[137]。なお，即時取得は，相続証書上の相続人の所有者の地位の欠缺を補うだけであり，相続証書上の相続人に対する，仮登記により担保された土地所有権譲渡の物権的合意を目的とする請求権が存在しなかった場合には生じない。

18-660　相続に属する権利に基づいて，**相続証書上の相続人**に対して**善意**で給付を実現した者も保護される（2367条）。また，この履行は真の相続人に対しても有効であるため，遺産債務者は，その債務を免れる。真の相続人は，相続証書上の相続人に

　法律行為である。
(134)　Kipp/Coing § 103 II 3; MünchKomm/Grziwotz § 2366 Rn.16.
(135)　BGHZ 57, 341.
(136)　BGHZ 57, 341, 343. —— 異論は，MünchKomm/Grziwotz § 2366 Rn.17; Staudinger/Herzog（2016）§ 2366 Rn.15, 42.
(137)　BGHZ 57, 341 im Anschluss an BGHZ 28, 182. —— 異論は，Goetzke/Habermann JuS 1975, 82; Wiegand JuS 1975, 205, 212.

対し，816条2項の規定に従って不当利得返還を請求することができる。一方，**債務関係発生の際には善意者保護はなく**，たとえば，相続証書上の相続人と遺産中の住居の賃貸借契約を締結した者は，真の相続人に対して何らの請求権を取得することはない。

Ⅵ 欧州相続証書

1．権利の基礎
18-660a 2015年8月17日以降の相続に適用されるEU相続規則は，第6章に全く新しい法制度として欧州相続証書を導入した（1-10以下参照）。同規則は，欧州相続証書の要件，内容および効果について規定している。それらの規定は，抵触法（国際私法や手続法）ではなく，EUが制定した統一法であり，加盟国[138]に直接適用される。同法の規定は，ドイツでは国際相続手続法33条から44条までによって補完されている。

2．目的
18-660b 欧州相続証書は，交付国以外の加盟国で使用されることを主たる目的としている（EU相続規則62条1項）。これは，たとえば，ドイツで死亡した被相続人が他のEU加盟国にも財産を残していた場合において，国境を越えた法的手続を容易にすることを目的としている。ただし，欧州相続証書は，それが交付された加盟国でも効力を有する（EU相続規則62条3項後段）。

3．ドイツの相続証書との関係
18-660c EU相続規則62条3項前段が明らかにしているように，欧州相続証書は，同様の目的の国内証書を代替するものではない。また，それを使用する義務もない（EU相続規則62条2項）。したがって，相続証書に関する〔ドイツ国内法の〕規定は影響を受けない。欧州相続証書と〔ドイツ国内法上の〕相続証書のどちらを申請するかは当事者次第であるが，法的保護の必要性があるときは，おそらく両方の証明書を申請することになるであろう。

4．人的範囲
18-660d EU相続規則63条の規定に従って，欧州相続証書の目的は，相続人，受

---

[138] アイルランドとデンマークは例外である。

遺者，遺言執行者および遺産管理人[139]の諸権利の証明を可能にすることである。これらの者は，同規則65条1項の規定に基づき，申請を行うことができる。欧州相続証書の効力は，同証書を自ら申請していないときでも，申請権者すべてに及ぶ[140]。欧州相続証書は，ドイツの遺言執行者証明書の趣旨を含んでいる（23-802参照）。これを受遺者および遺産管理人の権利にまで拡大することで，ドイツ法の下で可能なことを超えているのである。もっとも，受遺者は，EU相続規則63条1項の規定に従い，遺産に対する直接的な権利を有する限りにおいてのみ対象となる（したがって，国際相続手続法37条1項後段4号も同様）。つまり，これは，──ドイツ法にはない──物権的効力を有する遺贈のことである（その承認については，1-23e参照）。

5．管轄権および発行手続き

18-660e 国際裁判管轄について，EU相続規則64条は，同規則4条・7条・10条および11条の規定に基づく裁判管轄，すなわち，主として死亡時に被相続人の常居所があった国の裁判所の裁判管轄を指示している。土地管轄（まず被相続人の最後の常居所）は，国際相続手続法34条1項から3項までに規定されている。区裁判所は，遺産裁判所として事物管轄を有する（国際相続手続法34条4項）。裁判官と司法補助官の間の機能的管轄の配分は（司法補助官法3条2号，16条2項・3項前段2号），相続証書におけるそれと同様である（18-644参照）。欧州相続証書の申請内容については，EU相続規則65条に詳細に規定されている[141]。

18-660f 欧州相続規則66条1項の規定によれば，証書交付機関は，自国の法律が定めまたは許す限りにおいて，職権で事実を調査しなければならない。ドイツでは，国際相続手続法35条1項の規定に従って，家事非訟事件手続法の規定，すなわち同法26条の規定する**職権調査義務**も適用され，調査しなければならない。EU相続規則第67条1項〔原典のAbs.2はAbs.1の誤記〕(a)によれば，証明すべき事実に対する異議が係属しているときは証書を交付しないとされているが，その意味するところは疑問である。実務上な観点から，この規定は他の手続で係属中の異議申立てのみを意味すると理解すべきである[142]。そうでなければ，すべての係争事案で欧州相続証書の交付ができなくなってしまうからである[143]。

---

(139) 相続財産破産管財人を含む（OLG Frankfurt ZEV 2021, 322）。
(140) EuGH NJW 2021, 2421.
(141) 欧州相続規則65条2項に規定されている書式の使用は義務ではない（EuGH ZEV 2019, 350）。
(142) OLG Stuttgart ZEV 2021, 320 = ErbR 2021, 353（Lambergの評釈有り）。──異論は，Marx ErbR 2021, 491.

欧州相続証書の内容は，EU 相続規則 68 条で規定されている。交付された証書は，国際相続手続法 41 条前段の規定に基づき，裁判所書記課（Geschäftsstelle）〔山田 1993, 275〕に引き渡された時点で効力を生じる。

6．法律上の手段
18-660g 申請却下または欧州相続証書交付に対する高等裁判所への抗告は，国際相続手続法 43 条に詳細に規定されている。連邦通常裁判所への法の違反を理由とする抗告については，国際相続手続法 44 条が規定する。期間制限は，1 箇月（抗告人の常居所がドイツにあるとき）または 2 箇月（抗告人の常居所が外国にあるとき）である（国際相続手続法 43 条 3 項，44 条後段）。

7．効　力
a）直接的な国外効力
18-660h 欧州相続証書は，特別な承認手続を要せず，全加盟国で直接に効力を有する（EU 相続規則 69 条 1 項）。EU 相続規則 69 条 5 項の規定に従い，加盟国の登記，特にドイツの土地登記簿への登記の十分な根拠となる（土地登記法 35 条 1 項前段）。これは，外国の相続法に基づいて物権的効力を有する遺贈にも適用され，欧州相続規則（および欧州裁判所の判例）に基づき，ドイツでも承認されなければならない（1-23e 参照）。

b）真実性の推定
18-660i 欧州相続証書において確認された相続人，（遺産に対する直接的な権利を有する）受贈者，遺言執行者，遺産管理人の法的地位の真実性は，EU 相続規則 69 条 2 項の規定に従って推定される。この —— 反証可能な —— 推定は，2365 条・2368 条 3 項の規定に含まれる相続証書または遺言執行者証書の真実性の推定と同様である（18-654 以下，23-802 参照）。

c）善意保護
18-660j 欧州相続証書に権利者として表示されている者に対して給付を行う者は，EU 相続規則 69 条 3 項の規定に従って，その善意が保護される。同様に，欧州相続証書に権利者として記載された者による遺産中の物の処分においても，権利者からの取得と扱われる（EU 相続規則 69 条 4 項）。これらの規定は，2366 条，2367 条，およ

---

(143) 抗告手続において異議申立に対する決定を認めるという他の方法もある（MünchKomm/Dutta, 8. Aufl., Bd. 12, EuErbVO Art. 67 Rn.6）。

び 2368 条 3 項の規定による相続証書および遺言執行者証書の公信力と同様である（18-656 以下，23-802 参照）。しかし，欧州相続証書の公信力は弱く規定されている。相続証書の信頼の保護は，給付者または取得者が不実を積極的に認識していたときにのみ欠けるけれども，欧州相続証書の信頼の保護は，給付者または取得者が重過失により相続証書の不実を認識しなかったときにも欠けるからである。

d）証明されたコピーの限定された時間的効果

18-660k　交付機関は，申請者および正当な利益を証明するその他の者（すなわち，たとえば，EU 相続規則に基づいて自己申請権を有しない遺産債権者に）に対し，欧州相続証書の認証付き謄本を交付しなければならない（EU 相続規則 70 条 1 項）。同規則 70 条 3 項，国際相続手続法 42 条の規定によれば，認証付き謄本の有効期限は通常，交付日から 6 箇月とされており[144]，後から延長を請求することが可能である。

8．認証書の変更または取消し

18-660l　ドイツ法の相続証書（18-651 参照）と同様に，欧州相続証書は既判力のある決定ではない。EU 相続規則規則第 71 条 2 項に従い，その内容に誤りがあることが判明したときは，申立てによって更正または回収されなければならない。国際相続手続法第 38 条後段の規定に従い，回収は職権によってでも行われなければならない。

第 18 章の問題と事案

1．2022 年 1 月 10 日に死亡した E は，土地所有者であったが，適式の公正証書遺言により，息子 S を単独相続人に指定していた。S はいずれの時点で土地所有権を求めることができるだろうか？
a）遺産裁判所による遺言書の開封時点で
b）土地登記簿に登記時点で
c）2022 年 1 月 10 日に
d）相続放棄の期間徒過時点で，相続開始時（2022 年 1 月 10 日）に遡及して

2．エードゥアルト・ケルンは，遺言で妻を単独相続人に指定していたところ，2022 年 4 月 25 日に死亡した。ラッシュは，ケルンから月初めに支払期限となる月額 950 ユーロの賃料で住居を賃借していた。2022 年 5 月 2 日，ラッシュは，単独相続人であるはずのケルン夫人に賃料を支払った。しかし，2022 年 5 月 6 日にカーン夫

---

[144]　ただし，欧州相続証書が最初に手続（たとえば，土地登記事件）に提示されたときに有効であれば足りる（EuGH NJW 2021, 2421）。

人は，相続を放棄した。故ケルン氏の唯一の生存血族は，兄のマックス・ケルンである。マックスは，ラッシュに対し，5月分の賃料支払を再度請求することができるのか？

3．シュラウは，遺言書に基づいて，2022年2月1日に亡くなったアルトの単独相続人であることを示す相続証書を入手した。アルトはグリューンに対し，2022年10月1日を満期とする売掛債権8,000ユーロを有していた。シュラウは，2022年3月15日，相続証書を示し，7,000ユーロの支払と引き換えにこの債権をノイに譲渡した。その後，遺言書が偽造であることが判明し，逃亡したシュラウに代わってシュペートがアルトの単独相続人となった。シュペートは，グリューンとノイに対し，どのような主張をすることができるのか？

解　答

18-661　1．正解はc)。遺産，したがって土地所有権は，**相続開始時**（2022年10月1日）に既にSに承継されている（1942条1項・1922条1項——法律上当然の取得の原則）。

18-662　2．賃料債権は遺産に属するので，マックス・ケルンは，自らが相続人になった場合にのみ行使できる。遺言による単独相続人は，放棄期間（6週間，1944条1項・2項）の経過前であるので，2022年5月6日に放棄することができた。ケルン夫人が賃料の支払を受けたという事実は，1943条の意味における承認とは解されない。この行動は，暫定的な管理措置と解され，したがって承認意思を示すものではないためである。遺言相続人および法定相続人双方としての放棄に基づき（1949条2項），ケルン夫人への遺産承継は生じなかったとみなされる（1953条1項）。むしろ，遺産は法定相続人であるマックス・ケルンに承継され（1953条2項，1925条1項・3項），それは，相続開始時に，である（1953条2項）。

18-663　ラッシュは，つまり真の債権者に支払わなかったのであるから，362条1項の規定に基づく履行の効力は生じなさそうである。ただし，表見相続人に対する支払は，1959条の規定に基づき有効となることがある。遺産中の債権の履行のために**表見相続人**に対してなされた給付が，1959条2項[145]または3項[146]の規定の適用を受けるかどうかは争われている。給付の受領を1959条2項に言う処分に当たると解

---

(145) たとえば，Grüneberg/Weidlich § 1959 Rn.3; von Lübtow S. 750. Staudinger/Mesina (2017) § 1959 Rn.11 も結論同旨。受領しなければ受領遅滞となるときは，給付受領は延期不能と見なされるので，反対意見との実務上の差異は小さい。

(146) たとえば，Kipp/Coing § 90 III 3 c; MünchKomm/Leipold § 1959 Rn.11.

すれば，給付の受領が遺産に不利益を与えずには延期できなかったときに限り，支払は，真の相続人に対して有効である。それに対し，1959条3項を適用するときは，履行期の到来した債務の履行は，表見相続人に対してしかできなかったのであるから，支払は常に有効である。1959条第3項の規定は，表見相続人と，相続人とだけすることができる法律行為を行う**第三者**を保護しようとするものである。この保護は，遺産中の履行期の到来した債権を正当に表見相続人に対して履行する者にも妥当する。したがって，ラッシュの支払は，**相続放棄**にもかかわらず，1959条3項の規定に従って，有効である。マックス・ケルンは，950ユーロをケルン夫人に請求することができる（1959条1項，681条後段，667条の規定に従った返還請求権）。

18-664　3．a）シュペートのグリューンに対する，433条2項の規定に基づく**8,000ユーロの売掛代金債権**　その遺産中の債権は，シュラウがノイに譲渡した（398条）。シュラウは，相続人ではないので，**無権利者**として債権を処分している。しかし，ノイに有利に働くのは，シュラウが単独相続人とされた**相続証書**の内容が正しいと扱われることである（2366条）。したがって，ノイが債権者であり，シュペートは，グリューンに対して請求することができない。

18-665　b）ノイに対するシュペートの**債権譲渡を求める請求権**（812条1項前段）ノイはシュペートとの間ではなくシュラウとの間で債権売買を締結しただけであるけれども，ノイの債権取得はシュペートとの関係でも不当利得とは扱われない。仮に，真の相続人に第三者に対する不当利得返還請求を認めるとすれば，相続証書の真実性を信頼する者を保護するという2366条の規定の趣旨に反することになるからである。シュペートは，（ここでは論じられていない）シュラウに対する請求権（たとえば，816条1項前段または2018条以下の利益償還請求権）しか有しない。

第 19 章　予備相続人ならびに先位相続人および後位相続人

事案 25：アンゼルム・アルトは，公正証書遺言で，最初の結婚でもうけた（子のいない）息子ヴェルナー・アルトを単独相続人，2 番目の妻クラーラ・ノイを「ヴェルナー・アルトが生存している場合の予備相続人」に指定した。2021 年にアンゼルム・アルト，2022 年 4 月に息子のヴェルナー・アルトが他界した。ヴェルナー・アルトは，遺言で妻のヴェーラ・アルトを単独相続人に指定した。アンゼルム・アルトの遺産に対する請求権を，クラーラ・ノイとヴェーラ・アルトが主張している。クラーラ・ノイは，遺言作成日にコンピュータでアンゼルム・アルトが書いた手紙を提出する。そこでは，アンゼルム・アルトは，クラーラ・ノイに十分な資産があったため，息子のヴェルナー・アルトにまず出捐したことを説明している。しかし，ヴェルナー・アルトがクラーラ・ノイより先に死亡したときは，彼（アンゼルム）の遺産はいかなる場合でもクラーラ・ノイに渡るよう配慮されていたのである。

a) アンゼルム・アルトの遺産は誰に帰属するのか？
b) ヴェルナー・アルトは，2022 年 1 月にアンゼルム・アルトの銀行口座から 20,000 ユーロを引き出し，それで小型車を購入し，妻のヴェーラ・アルトに贈与した。ヴェーラ・アルトは，車の購入資金の出所を知っていたが，アンゼルム・アルトの遺言に妻のクラーラ・ノイについても書かれていることを知らなかった。ヴェルナー・アルトの死後，クラーラ・ノイはヴェーラ・アルトに車の返還を請求することができるか？

I　予備相続人

19-666　被相続人が遺言や相続契約によって相続人を指定したときは，指定相続人が，たとえば先に死亡したり相続放棄をしたりする可能性があるので，指定相続人が現実に相続するかどうかは確実ではない。ただし，被相続人は，**予備相続人**，つまり，（法定または死因処分による指定）**相続人が相続開始前後にいなくなって（喪失して）はじめて相続人となる者**を指定することにより，それに備えることができる（2096 条）。当初指定された者が相続人とならなかった原因は，相続開始時にならなかったときでも，後から相続開始時に遡って相続権を失ったときでも，すべて[1]喪失

---

(1)　ただし，予備相続人指定は，2097 条から明らかなように，被相続人が特定の喪失原因（たとえば，相続放棄）に限定することができる。

とみなされる。つまり，2096条は，特に，被相続人より先の死亡，（契約による）相続放棄，（単独の）相続放棄，廃除，撤回，相続人指定の無効または有効な取消しを含んでいる。他方，当初指定された相続人が相続後に死亡したときは，2096条の意味の相続人の喪失ではない。相続人となった事実に変わりはないからである。したがって，事案25の場合，クラーラ・ノイは予備相続人として夫の遺産を受けることはできない。当初指名された者が相続人にならなかったときに限り，予備相続人が（被相続人の直接の権利承継人として）遺産を受け取るのである。先位相続人が最初に承継した遺産を後に承継する後位相続人とは区別される。

19-667 予備相続人の指定は，2069条の解釈規定または補充的解釈によってなされることもある（12-372参照）（明示的な予備相続人指定との関係についても）。また，数人の共同相続人のうち1人のために，予備相続人を指定することもできる。当該共同相続人が喪失した場合，予備相続人がそれに代わって指定され，他の共同相続人の相続分の増加（2094条）は生じない。2099条が明示的に規定しているとおり，**予備相続人の権利は相続分増加に優先する**。

Ⅱ 先位相続と後位相続

1．後位相続人指定の目的

19-668 相続人を指定することで，被相続人は自らの死後に遺産を受ける人を定めているに過ぎない。遺産が被相続人の死後も一体として残るのか，遠い将来に誰の手に渡るのか，という問題は別である。相続人の死亡時に残された遺産は，通常，相続人の他の資産とともに，相続人の法定相続人または遺言相続人に相続される。遺産の将来の運命を数次に指定する方法の一つとして，後位相続人指定を規定する2100条がある。この形式の相続では，遺産はまず**先位相続人**に帰属し，ある時点またはある事由以降は**後位相続人**に帰属する（2139条）。被相続人が先位相続人・後位相続人という語を使用していなくても，**解釈**により，先位相続人・後位相続人を指定したと認めることができる[2]。また逆に，「後位相続人」という語が使用されたにもかかわらず，後位相続が意図されていなかったということもある。共同遺言における終りの相続人の指定の解釈について14-464も参照。先位・後位相続人の指定は，遺産の一部に限定することができる。たとえば，遺産の1/2について誰かを完全な相続人とし，残りの1/2を後位相続人に指定することもできる。他方，包括承継原則により，先位・後位相続を，不動産のような**遺産中の個別財産に限定することはできない**[3]。

---

(2) BayObLG FamRZ 2002, 269, 271. 事案25の解答（19-689）も参照。

2．後位相続開始

a）後位相続を決定する事由

19-669 後位相続を開始させる事由として，特に，先位相続人の死亡を指定することができる。これは，被相続人が後位相続開始の時期を定めずに後位相続人を指定したときに備えて法定されているものである（2106条1項）。他に，たとえば，生存配偶者が再婚した場合に備えて後位相続が定められることもある（共同遺言の再婚条項について詳しくは，14-478以下参照）。被相続人が単に相続人の地位を特定の事由または時期に終了させることを定めたときは，その時点で被相続人の法定相続人となる者（国を除く）は，2104条の規定に従って後位相続人とみなされる。

b）元の被相続人の相続

19-670 後位相続人は，被相続人の相続人であって，先位相続人の相続人ではない。つまり，後位相続が開始したときは（先位相続人の死亡によって開始したときでも），後位相続人は被相続人の財産だけを受ける。先位相続人の他の財産を誰が受けるのか，つまり誰が先位相続人の相続人となるのかは，別途判断されるべき問題であり（法定相続であれ任意相続であれ），後位相続人指定はこれに影響を及ぼさない。

19-671 先位相続人は，死因処分によって被相続人の財産が後位相続人に承継されることに影響力を及ぼすことができない。にもかかわらず，先位相続人が遺言または相続契約によって，遺産または遺産中の個別財産について，別段の処分をしたときは，無効である。しかし，通説[4]によれば，**先位相続人が遺産について別段の終意処分をしないことを条件に後位相続を定めることは許される**（2065条1項違反とはならない）。

c）出生前の人物の指定

19-672 相続は，少なくとも，遺産が親族中に維持されることに資する。まだ**出生前の人物**（たとえば，先位相続人の将来の卑属）も後位相続人に指定することができる。疑わしい場合においては，相続開始の際に出生していない者の**相続人指定**は，後位相続人指定と解される（2101条1項）。そして，後位相続人の出生によって，後位相続が開始する（2106条2項前段）。

d）数人の順次後位相続人

19-673 被相続人は，数人の後位相続人を順次指定することもできる。つまり，被

---

(3) OLG Düsseldorf ErbR 2018, 48（しかし，一般的な先位・後位相続と，先位相続人のための動産の遺贈を組み合わせたと解釈することは可能である。）。

(4) BGHZ 2, 35; 15, 199, 204; 59, 220; BayObLG FamRZ 1991, 1488; OLG Oldenburg FamRZ 1991, 862; MünchKomm/Leipold § 2065 Rn.19. それに対し，通説によれば，2065条2項の規定に従って，先位相続人に後位相続人の人物を定めさせることはできない．MünchKomm/Leipold § 2065 Rn.21.

相続人の遺産はまずAに，その死後はBに，その死後はCに渡るように指定することができる。先位相続人が相当な制限を受けること（19-674参照）および被相続人には遺贈や負担という手段もあることからすると，この方法で数世代にわたって被相続人が「支配し続ける」ことで，後継者の自由を相当に制限できてしまうことが明白である。しかし，2109条の規定は，期間制限を設けており，後位相続人の指定は（たとえ第2，第3の相続人であっても），相続開始後，後位相続が開始せずに30年徒過することで原則として[5]無効となる。

3．先位相続人の地位
a）処分制限

19-674 先位相続人は，相続開始時から後位相続開始時まで，遺産に属する権利の権利者であり，遺産の債務の債務者である。したがって，先位相続人は，原則として，遺産中の個別財産を処分することができる（2112条）。しかし，後位相続の主たる目的は，後位相続人のために財産を維持することであるため，先位相続人の処分権には相当の制限が課される（2113条〜2215条）。最重要なのは2113条の規定である。つまり，同条1項の規定に従って，先位相続人による**不動産処分**は，後位相続人の権利を妨げる（たとえば，不動産譲渡），または損なう（たとえば，後位相続開始時になお存在する不動産の負担）限りにおいて，絶対的に無効である。ただし，先位相続人の処分について後位相続人が同意するときは，この限りでない[6]。

19-675 同条2項の規定によれば，**遺産中の個別財産の無償の処分**は，道徳上の義務や儀礼上のものでない限り，後位相続開始により同様に無効となる。同項の規定は，その目的（後位相続人保護）に従って遺産中の個別財産を**一部無償で処分**する場合にも**適用される**[7]。この場合，後位相続開始によって処分は全体として無効になるが，個別財産の取得者は，自己の実現した反対給付の返還と引き換えに目的物を返還すればよい[8]。

19-676 取得者の保護のために，不動産処分においても無償処分においても，**無権利者の取得の諸規定が適用される**（2113条3項）。つまり，取得者が後位相続の指定

---
(5) しかし，2109条の規定は重要な例外を含んでいる。たとえば，相続開始時に既に生存している生存している先位相続人の死亡により後位相続が開始するときは，2109条1項後段1号の規定に従って，後位相続人指定は30年経過後も有効である。
(6) BGHZ 40, 115; MünchKomm/Lieder § 2113 Rn.28.
(7) たとえば，先位相続人が人的会社を脱退する際に不十分な清算に合意するときにも，一部無償処分となり得る（BGH NJW 1984, 362）。
(8) BGHZ 40, 115; MünchKomm/Lieder § 2113 Rn.28.

に関して善意であるときは，932条の規定に従って動産を，892条の規定に従って不動産を，2113条1項・2項の規定の制限にもかかわらず，有効に取得することができる。ただし，「後位相続人の権利」（すなわち，後位相続の指定と要件および後位相続人の表示）は，先位相続人の土地登記簿への登記の際に登記簿に登記されなければならず（土地登記法51条），これがなされたときは，即時取得はもはや不可能である（892条1項後段）。この登記は，先位相続人の制限を公示する趣旨であり，後位相続人の法的地位自体を承継人の法的地位を明らかにするものではない[9]。適用範囲については，第19章の問題と事案の4.も参照。

b) 代位；遺産債務の原因

19-677 2113条から2115条までの処分制限に加え，2111条の規定による代位[10]は遺産を保全する役割を果たす。先位相続人が遺産中の権利に基づいて（たとえば，遺産債務者による給付によって），遺産中の個別財産の滅失，損傷または侵奪の賠償として[11]，または遺産を用いた法律行為によって，取得するものは，自動的に遺産に含まれ，したがって後位相続開始時に後位相続人に帰属する。例外は**遺産の利益**（Nutzungen）〔山田 1993, 456〕のみで，これは先位相続人に帰属する[12]。ある物が代位（2111条）によって遺産の構成部分となったことの主張・証明責任は，後位相続人が負う[13]。

19-678 他方，先位相続人が遺産の適切な管理のために負担した債務は，**遺産債務**（「遺産相続人債務」の小区分，20-703参照）に属するので[14]，後位相続人も，後位相続開始後にその債務を負担する。

c) 後位相続開始時の返還義務

19-679 後位相続が開始したときは，先位相続人は，適切に管理された状態で後位

---

(9) したがって，後位相続人が後位相続開始後に土地登記簿の更正を申請するとき，土地登記法35条1項の規定する（後位相続人に交付された相続証書または公的に証明された死因処分）の方式で後位相続開始を証明しなければならない（BGHZ 84, 196）。

(10) 遺産によって取得した有限責任社員の持分も代位の対象となる（BGHZ 109, 214 = NJW 1990, 514（BGH NJW 1977, 433の判例変更））。——先位相続人が自己のために被相続人の預金口座を承継したときは，被相続人の死亡により口座関係自体は後位相続によって後位相続人に承継されない。残高が後位相続人に帰属するかどうかは，それが遺産によるものかどうかに掛かる。BGHZ 131, 60 = NJW 1996, 190.

(11) 遺産中の不動産の競売において先位相続人に支払われた競売剰余金も含まれる（BGH NJW 1993, 3198）。

(12) BGH FamRZ 1986, 900. 過度に収取した果実の返還義務義務については，2133条参照。

(13) BGH NJW 1983, 2874.

(14) BGHZ 110, 176 = NJW 1990, 1237（いつ先位相続人による借入れが適切な管理とみなされるかの問題についても。BGH NJW 1993, 1582も参照）。

相続人に遺産を返還しなければならない（2130条）。ただし，不適切な管理から生じる損害の先位相続人の責任は，いわゆる自己の財産にするのと同一の注意（277条）を払わなかったときに限定される（2131条）。

d）先位相続人の免責

19-680　ここでは最重要なものだけを挙げたが，法律上の規定全体からは，先位相続人の法的地位には**受託者的要素**があり[15]，遺産の実質ではなく利益を受ける権利しかないため，用益権に一定の類似性があると言える。しかし，被相続人は，死因処分によって先位相続人を**法律上の制約や義務**から相当程度**免責**することができるため，先位相続人にかなり強い法的地位を与えることもできる（2136条参照）（免責された先位相続人）。また，明示の指示がなくても，死因処分の内容によって免責が生じる場合がある。ただし，遺言書に記載があるか，先位・後位相続に関する被相続人の指定の趣旨から生じるものでなければならない[16]。再婚条項においては，とりわけ黙示の免責が問題となる（14-480末尾参照）。しかし，最も広範に免責されるときでも，**無償処分**における**先位相続人の処分制限**（2113条2項）については影響を受けない。

19-681　遺産の後位相続開始時になお残る部分について後位相続人が指定されたときは，法律上許容し得る最大限の範囲で先位相続人は免責される（残余財産への指定，2137条1項）。疑わしい場合においては，同様に，先位相続人は遺産を**自由に処分する権利**を有すると規定を解釈しなければならない（2137条2項）。これらの場合において，先位相続人は，後位相続開始時になお残る遺産中の個別財産のみを返還すれば足り（2138条1項前段），遺産中の個別財産を自己のために費消しても，それを賠償する必要はない（免責されない先位相続人とは異なる，2134条）。

4．後位相続権の相続と移転

a）相続開始前の後位相続人の死亡

19-682　後位相続人が先に死亡する場合については，相続開始前の後位相続人の死亡と相続と相続開始と後位相続開始との間の死亡という2つの事案を区別する必要がある。後位相続人が**相続開始前に死亡**したときは，2108条1項・1923条1項の規定に従って，後位相続権は取得されない。後位相続人の指定は**無効**であり，指定された先位相続人が完全な相続人となる。ただし，**予備相続人**が指定されている場合はこ

---

[15] Kipp/Coing§49 Ⅰ, Ⅲ vor 1.
[16] OLG München ZEV 2019, 77 Rn.7 = JuS 2019, 589（Wellenhoferの評釈有り）：遺言によって，パートナーの子ではない被相続人の子のために被相続人の財産を管理することになっていた，単独相続人に指定されたパートナーは，免責されない。

の限りではない。これは明示的に指定されることも，解釈によって導かれることもある。たとえば，後位相続人に指定された卑属が被相続人より先に死亡した場合には，疑わしいときは，指定された者の卑属は，2069条の規定に従って予備相続人として扱われる[17]。

b) 相続開始と後位相続開始との間の後位相続人の死亡
aa) 後位相続人の期待権の相続性

19-683 後位相続人が被相続人よりは長生きするが，後位相続開始前に死亡するときは，異なる法的状況となる。相続開始から後位相続開始までの間，後位相続人はまだ遺産の権利者ではない。この期間中に指定された後位相続人が死亡したときは，その者は遺産自体を相続することができない。しかし，2108条2項の規定に従って，被相続人の異なる意思を認めない限り，**後位相続人の権利はその相続人に承継される**[18]。後位相続人は，相続開始時から既に遺産財産に対する法律上の期待を有している。その法的地位は，もはや他人によって奪われることはなく，特に先位相続人の処分制限と2111条の規定に従った代位によってその実質が確保されている。したがって，相続開始によって生じる後位相続人の**遺産に対する期待権**は，正当である[19]。2108条2項により**相続**できるのは，この期待権に他ならない。

19-684 被相続人Ｘが妻を先位相続人に，妻が死亡した場合の後位相続人に一人息子を指定したとしよう。息子は，自ら遺言を作成し，単独相続人として公益財団を指定した。息子（後位相続人）が父より後，被相続人の妻（先位相続人）より前に死亡したときは，後位相続人の相続人として財団に後位相続権が移転する。その後，被相続人の妻が死亡したときは，後位相続が開始し，Ｘの遺産は財団に帰属する。ただし，既述のとおり，これは**被相続人の別段の意思**が認められない限りにおいてである。被相続人は，死因処分において，後位相続人が先に死亡したときは，後位相続が開始しないことを定めることができる。ただし，被相続人は，後位相続人が先に死亡したときに，その地位に他の後位相続人，つまり予備後位相続人を就けることを定めることもできる[20]。

---

(17) このとき，2069条の規定は，卑属の指定に関し，後位相続人として適用される（BGHZ 33, 60, 61参照）。後位相続人が相続開始後に死亡したときは異なる。19-685参照。
(18) ただし，後位相続人が停止条件付で指定され，後位相続人生存中に条件が成就しなかったときは，この限りではない（2108条2項2後段・2074条）。
(19) RGZ 101, 185, 187 ff.; BGHZ 37, 319, 326; Lange Kap. 11 Rn.136; MünchKomm/Lieder § 2100 Rn.51.
(20) 予備後位相続人が明示的に指定されたときは，通常，相続開始時から後位相続開始時までの間に後順位相続人が死亡することを想定している。Staudinger/Avenarius（2019）§ 2108 Rn.14 f.; Lange Kap.11 Rn.144; Musielak ZEV 1995, 1, 6; BGH NJW 1963, 1150, 1151 はブラン

bb）卑属指定の場合における 2069 条の解釈規定との関係

19-685　後位相続権の相続可能性は，明示的に排除されている必要はなく，解釈によって被相続人のそのような意思が導かれれば足りる。これに関し，後位相続人の指定においては，同時に，その**卑属の予備後位相続人**の指定とみなして，後位相続権の相続性を排除すべきかどうかが問題となった。上記の例（19-684）では，これは意味を持つ。Xの息子に子がいるとすると，その子がXの息子の代わりにXの妻の死亡の際に後位相続人としてXの遺産を受ける。そうすると，財団はXの息子の他の財産のみを受けることになる。2069 条の解釈規定に従って，この結論を導き出したいと思うかもしれない。しかし，それだけだとすると，後位相続権の相続性の原則との矛盾が生じる。また，相続開始時から後位相続相続時までの間に死亡した卑属の代わりにその卑属を予備後位相続人に指定し，それによって後位相続権の相続性を排除することは，被相続人の典型的な意思に対応するとは言い難い。したがって，相続権の相続性は，具体的な事案において確認できる被相続人の別段の意思によってのみ否定されると，連邦通常裁判所[21]と同様に考えなければならず，その意思は，他の場合よりも卑属を指定する際において認められる可能性が高いものである。疑わしい場合においては，**相続権の相続性が 2069 条の規定に優先する**[22]。

cc）後位相続人の期待権の生存者間の処分

19-686　後位相続人の期待権は，相続開始時から発生する現実の主観的権利であるため，原則として後位相続人と取得者との間の契約により**譲渡可能**であり（413 条・398 条）[23]，**質権設定可能**であり（1273 条以下），**差押可能**である（民事訴訟法 857 条 1 項）である。これは，後位相続人が単独または共同相続人として指定されているかどうかに関わりがない。ただし，被相続人は，相続性だけでなく，譲渡性も排除することができる[24]。

19-687　遺産に対する権利が譲渡されるということでは，共同相続人の持分の譲渡と同様である。したがって，2033 条 1 項の規定の類推適用により，譲渡契約（処分行為）には，公証人の認証が必要である[25]。しかし，後位相続人がその期待権を譲

　ク。——異論は，RGZ 169, 38, 40ff.
(21)　BGH NJW 1963, 1150; ebenso schon RGZ 169, 38, 42.
(22)　LG Krefeld NJW-Spezial 2008, 615; Kipp/Coing § 47 IV 2b; Lange Kap. 11 Rn.143; Staudinger/Avenarius（2019）§ 2108 Rn.16f.　——異論は，von Lübtow S. 883; Röthel § 34 Rn.52.
(23)　RGZ 101, 185, 188 f.; BGHZ 37, 319, 326.
(24)　RGZ 170, 163, 168; MünchKomm/Lieder § 2100 Rn.53; Grüneberg/Weidlich § 2100 Rn.13.　——異論は，Staudinger/Avenarius（2019）§ 2100 Rn.76.
(25)　RGZ 170, 163, 169; MünchKomm/Lieder § 2100 Rn.60. これは共同相続人の権利と単独相続人の権利の双方に妥当する。

渡することを約する債務法上の契約（たとえば，売買契約）も，2371条・2385条の規定に従って公正証書によらなければならない[26]。後位相続権が有効に移転しているときは，**取得者は後位相続開始によって遺産を直接取得する**[27]。こうして，彼は遺産中の権利の権利者となり，遺産中の債務の債務者となる。後位相続人が期待権を先位相続人に譲渡したときは，通常は，期待権は消滅するが[28]，譲渡が担保のみを目的とするものであれば，このいわゆる「混同」は生じない[29]。

19-687a 後続相続人の地位は，先位相続人と後位相続人との間の合意によって完全に消滅させることもでき，そのような終局的な協議が成立すると，先位相続人に対する拘束はいずれも消滅する[30]。

事案25の解答
問題a）

19-688 遺言の文言によれば，クラーラ・ノイはヴェルナー・アルトの**予備相続人**に指定されている。予備相続人は，当初指定された相続人が相続の前後に存在しなくなった場合にのみ相続する（2096条）。しかし，ヴェルナー・アルトは相続開始時（アンゼルム・アルトの死亡時）に生存しており，その単独相続人となっている。その1年後に亡くなったという事実は，影響を与えない（19-666参照）。したがって，2096条の意味での〔相続人の〕喪失はなく，クラーラ・ノイが予備相続人として登場することはない。そのままであれば，アンゼルム・アルトの遺産は，ヴェルナー・アルトの他の財産とともに，その遺言上の単独相続人であるヴェーラ・アルトに帰属することになる。

19-689 しかし，クラーラ・ノイは，ヴェルナー・アルトの予備相続人に指定されただけでなく，ヴェルナー・アルトが死亡したときは，**後位相続人**（2100条）としても，アンゼルム・アルトの遺産を受ける。予備相続人指定に後位相続人指定が含まれる，という法律上の解釈規則はない[31]。予備相続人かまたは後位相続人かが疑わし

---

(26) MünchKomm/Lieder § 2100 Rn.60.
(27) OLG Düsseldorf OLGZ 1991, 134（にもかかわらず，相続証書には取得者ではなく，指名された後位相続人が記載されるべきとする）；同旨に，BayObLG FGPrax 2001, 207 = FamRZ 2002, 350.
(28) 相続証書は，相続に関する注記なしに交付されるべきである（OLG Braunschweig ZEV 2020, 687（Kollmeyerの評釈有り））。
(29) BGH ZEV 1995, 453 entgegen OLG Schleswig-Holstein ZEV 1995, 451.
(30) OLG Frankfurt ErbR 2020, 270（特に，272/273）（これについて，Rudy ErbR 2020, 234）このようにして，被相続人の遺言に対し，生存者間の合意を適切に優先させることができる。
(31) 逆の場合は状況が異なる。後位相続人指定，疑わしい場合には，予備相続人指定も含まれ

いときは，予備相続人とされる（2102条2項）。ただし，具体的事案における解釈により，「予備相続人」指定が予備相続人かつ後位相続人指定と解される可能性を排除するものではない[32]。「予備相続人」という言葉は，この表現が法律上は一義的な意味を持つ一方で，日常用語としては後位相続を含むあまり正確でない意味でも使われるので，そのような解釈を可能にしている。公正証書遺言であることは，解釈の余地を肯定することを妨げない。たしかに，公証人は，民法上の「予備相続人」の意味を正確に知っていたと考えられるけれども，被相続人自身は（彼の意思表示の解釈が問題となる）異なる考えを持っていたかも知れない。解釈においては，遺言が作成されたときの意思について推理をすることができる限りにおいて，**遺言外の状況も考慮される**。それには，（この事案のように）遺言の性質を持たない被相続人の表明も含まれる。アンゼルム・アルトの手紙から明らかなように，ヴェルナー・アルトが妻より先に亡くなったときは，その遺産が必ず妻に渡るようにと願っていたのである。この目的は，クラーラ・ノイを予備相続人かつ後位相続人と指定しなければ達成できないので，「予備相続人」指定は，この広い意味で理解されることになる[33]。したがって，ヴェルナー・アルトの死亡により，アンゼルム・アルトの遺産は，2139条の規定に従って，クラーラ・ノイが後位相続人として承継した。

問題 b)

19-690　1．第985条の請求権 —— 車の所有権がアンゼルム・アルトの遺産に含まれれば，クラーラ・ノイは，985条の規定[34]に従って，ヴェーラ・アルトに対し，車の返還を請求することができる。口座から引き出された金銭は，先位相続人ヴェルナー・アルトが遺産中の権利（銀行に対する債権）に基づいて取得したので，代位により遺産に含まれる（2111条1項前段）。したがって，車は**遺産で取得されたもの**である。車の所有権は代位により遺産に帰属する（2111条1項前段）。ヴェーラ・アルトへの譲渡は無償であった。いずれにせよ，このような妻への贈与という道義的義務は存在しない。したがって，この譲渡は，後位相続開始により，2113条2項の規定

る（2102条1項）。
(32) BGH LM § 2100 Nr. 1 = MDR 1951, 474.
(33) こうすることで，解釈によって被相続人の意思を実現することができる。被相続人が実際には表示するつもりのなかったことを表示したという理由による遺言の取消し（2078条1項）は，問題とならない。解釈は取消しに優先する（BGH LM § 2100 Nr. 1 = MDR 1951, 474 も参照）。
(34) また，先位相続人の死亡時にその相続人に対する，2130条1項の規定する返還請求権も考えられる（1967条1項）。が，本件自動車を相続開始時に先位相続人が占有していなかったので，そうではない。

に従って無効となるはずのものである。しかし，ヴェーラ・アルトは，後位相続の指定，したがって，夫が無権利であることを知らなかったので，2113条3項・932条の規定に従い，所有権を即時取得した。したがって，985条の規定に基づいて返還請求をすることができない。

19-691　2．第816条1項後段の請求権 —— 先位相続人が処分について無権利であったにもかかわらず，前述の善意者保護の規定に基づき，先位相続人の処分は後位相続人に対しても有効であった。したがって，816条1項後段の要件は満たされている[35]。処分が無償であり，ヴェーラ・アルトは，それによって法律上の利益（所有権）を得たので，クラーラ・ノイに対し，返還（所有権移転と引渡し）義務を負う。

第19章の問題と事案

1．予備相続人と後位相続人の違いは何か？
2．次の文は正しいか？「後位相続人は，後位相続開始によって先位相続人を相続する。」
3．2022年に死亡した被相続人Eは，夫Mを唯一の単独の先位相続人，娘Tと息子Sを各1/2の相続分の後位相続人に指定し，さらにTまたはSがMより先に死亡したときは，その卑属が，卑属がいなければそれぞれの他の後位相続人の卑属が等分で相続することを定めた。Tは既婚で子なし，Sには2人の息子がいる。健康状態に不安があるTは，自分がMより先に死亡したときは，本来自分に帰属するEの財産の相続分がSの息子たちにではなく，夫に帰属するようにしたいと考えている。この意図は実現できるだろうか？
4．A, BおよびCは，被相続人Xの未分割の相続人共同体において不動産の所有者であったところ，Aが死亡して，有効な公正証書遺言に基づき，VがAの先位相続人，NがAの後位相続人となった。Vは，Aに代わって（相続人共同体の共同所有者として）土地登記簿に自己を登記するよう申請した。登記所は，Vの登記とともにNの後位相続人として付記登記した。Vの記載とともに，土地登記簿は，Nに有利な相続の注記を記載する。この手続で正しいだろうか？

解　答

10-692　1．予備相続人（2096条）は，相続人とならない他の者の代わりに相続人となる。たとえば，その者が相続前に死亡したためである。後位相続人（2108条）

---

(35) Staudinger/Avenarius（2019）§ 2113 Rn.103; MünchKomm/Lieder § 2113 Rn.64.

294

は，他の者であるところの先位相続人がまず相続人の地位を得た後で，相続人となる。

19-693　2．この文章は誤り。後位相続人は，先位相続人を相続するのではなく，**当初の被相続人を相続する**。相続は，当初の被相続人の財産にのみ生じる。先位相続人の死亡によって後位相続が開始しても，先位相続人が後位相続人とは全く別の人に相続されることもある。

19-694　3．既に相続が開始しているので（Eの死亡），後位相続人であるTは，2108条2項の規定により相続可能な法的地位を取得したかも知れない。Tが死因処分で夫を単独相続人に指定していれば，この法的地位が夫に移る可能性がある。ただし，後位相続の期待権の相続性，被相続人の別段の意思が明らかではないときにのみ認められる。ここでは，被相続人は，Tが後位相続前に死亡した場合に備えて，他の者を後位相続人として指定した。これは，**予備後位相続人の指定**である。被相続人によるこの処分は，2108条2項の規定による**後位相続の相続性**に**優先する**（19-684末尾参照）。したがって，Tが所期の目的を達成することはできない。（もちろん，Tは自己の財産を処分することができ，夫を単独相続人とすることができるが，これは後位相続開始に影響を与えない。）

19-695　4．土地登記法51条の規定に従って，先位相続人が職権で登記されるときは，後位相続人の権利も同時に登記される。その規定は，先位相続人が遺産中の土地を処分する際に受ける制限を，土地登記簿上，第三者に認識可能にすることを目的とするものである。このようにして，後位相続人は，土地登記簿の公信力から生じる危険から保護される（2113条3項・892条）。要件は，その土地が先位・後位相続を指定された**遺産中**のものであることである。本件では，土地の単独所有権も持分所有権もAの遺産中のものではなく，Xの相続人共同体の持分であるから，これに当たらない。先位相続人の土地処分権を制限する2113条1項は，直接には適用されない。考えられるとすれば，この事案が法律で規定されていないこと（意図しない法の欠缺），先位相続人が合有の形で不動産に権利を有しているときも後位相続人保護の必要があること（類似の利益状況）を理由とする**類推適用**であろう。しかし，そうすると，Xの相続人共同体は，2040条1項の規定に従って共同相続人の共同でのみ処分ができるため，後位相続人の同意なしには土地を処分することができなくなりそうである。つまり，Xの他の共同相続人（B，C）は，Aの相続人ではない（ましてや先位相続人ではない）にもかかわらず，処分制限の影響を間接的に受けることになる。2113条1項の規定を類推適用すると，この点で第三者（BおよびC）の権利を侵害することになろう。この理由から，土地の共同所有権への類推適用は，連邦通常裁判所がそうす

るように[36]，拒絶すべきである。したがって，登記所の手続は誤っていて，後位相続人の付記登記は，申請により改めて削除されるべきである。

---

[36] BGHZ 171, 350 = NJW 2007, 2114.

第 20 章　相続人の遺産債務に対する責任

I　無制限だが制限可能な責任

1．相続人への遺産債務の移転

20-696　被相続人の債務は，被相続人の死亡により，相続人に承継される。このことが 1922 条 1 項（財産の移転）の規定だけから導かれるかは疑わしい。しかし，この問題には立ち入らなくてよい。というのは，いずれにしろ 1967 条 1 項の規定は，**相続人が遺産債務の責任を負う**ことを明示しているからである。これは，本来の意味での責任の（財産に対する干渉の忍容の）問題に止まらず，包括承継原則によれば相続人は債務者の地位を全体として承継するのである。すなわち，債務は相続開始時に当然に相続人に移転する。債務者の死亡によって消滅する，すなわち相続性のない債務もあることに留意すべきであり，たとえば，扶養義務が原則としてそうであるけれども（1615 条 1 項），離婚した配偶者の扶養義務については 1586b 条 1 項の規定が例外としている（これにより，相続人の責任は，権利者が離婚しなければ遺留分として権利を得たであろう額に制限される．1586b 条 1 項後段）[1]。また，例外として，明示の法律上の規定がなくても，性質上，相続人ではなく被相続人によってのみ履行され得るときは，相続性が否定されることがあるが，原則として債務には相続性がある[2]。

2．相続人の責任とその制限可能性

20-697　責任は遺産だけでなく，相続人個人の財産にも及ぶ。したがって，遺産債権者は，双方の財産から満足を得ることを求め，場合によっては強制執行によって満足を得ることができる。つまり，相続人の責任は，一応無制限である。しかし，法律は，相続人が，一定の措置によりその責任を遺産に限定することができると規定している（**制限可能な責任**）。それはまず，**遺産管理**および**相続財産破産手続**を通じてである（1975 条）。これらの措置は，遺産と相続人個人の財産とを管理上分離させる[3]。

---

[1]　相続人に対する扶養権利者の（みなされた）遺留分補充請求権も算定に含まれる（2325 条以下，24-839 以下），BGHZ 146, 114 = NJW 2001, 828.
[2]　BGH NJW 1985, 3068, 3069（2027 条の規定に基づく情報提供義務の相続性について）；BGHZ 104, 369 = NJW 1988, 2729（委任関係の枠組において 259 条 2 項の規定に従って宣誓に代わる保証（eidesstattliche Versicherung）〔山田 1993, 456〕をする義務の移転について）．
[3]　しかし，遺産管理や相続財産破産手続によって財産が分離されても，相続人が遺産中の権利の権利者であり，遺産中の債務の債務者であることに変わりはない。その責任のみが遺産に制

それにより，遺産が債務超過でも，相続人は自己財産から拠出する必要がないという相続人の利益のためのものであり，他方，遺産価値を当面は遺産債権者に対して責任の対象として提供し，相続人自身の債権の引当とはしないようにするものである。

20-698　財産目録（Inventar）〔山田 1993, 456〕は，遺産の目録であり（1993条），サイン中の個別財産および遺産債務を記載するものである（2001条1項）。相続人は，自ら目録を作成することができるが（1993条），—— 実務上重要なのは ——，遺産債権者の申請に応じて遺産裁判所が目録作成の期間を定められることである（1994条1項前段）。目録作成については，2002条以下を参照。目録作成は，責任限定の手段ではない。しかし，—— 遺言裁判所の期間設定にもかかわらず —— 相続人が適時に目録を作成しなかったとき（1994条1項後段），または故意に誤った情報を記載したとき（2005条1項前段），責任を限定する可能性を失う[(4)]。相続財産破産手続の開始を拒否された後の期間設定については，20-716参照。

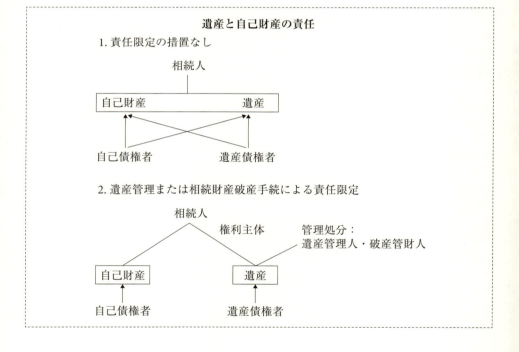

限されるのである。
(4)　これは，1994条，2005条および2013条が「無制限」責任と誤解を招くような言い方で示している。本来「制限することができない」と書くべきものである。

Ⅱ　遺産債務とその調査

1．概　念

20-700　**遺言債務**とは，相続人の責任が限定されるときに遺産が引当となる債務である。

2．種　類

遺産債務に含まれるのは，以下のものである。すなわち，

a）被相続人の債務

20-701　**被相続人個人が負担した債務**であれば発生原因（たとえば，賃料債務[6]，割賦販売の残債務，相続開始後に弁済期が到来する銀行借入れ，遺産に属する商行為から生じる債務[7]）。被相続人の債務には，（たとえば，条件成就によって）相続開始後に初めて完全な効力を生じる債務も含まれる。被相続人の，**発生中の（未決定の）法律関係**も相続人に承継される[8]。

b）相続開始によって生ずる債務

20-702　相続開始によって生ずる債務（Erbfallschulden）〔山田 1993, 198〕は，**相続開始によって相続人自身に発生する債務**である（1967条2項）。遺贈を原因とする請求権，遺留分侵害額請求権，先取分（Voraus）〔山田 1993, 701〕および30日間扶養を受ける者（Dreißigster）〔山田 1993, 163〕の権利（法定遺贈），葬儀費用（1968条）[9]，および裁判費用または裁判所の命令による措置のための費用，いわゆる遺産費用債務

20-699　相続人が**遺産債権者**から**請求**された場合においては，**判決で留保**されたときだけ，責任制限を後から主張することができる（ZPO780条1項）。留保は，裁判上行使された債権が純粋に遺産債務である（相続人自身の債務では全くない）ことを裁判所が確認することを要件としている[5]。

---

(5)　BGH NJW 2021, 701（Tolaniの評釈有り）。この確認は，実体法上の効力も有する。
(6)　賃貸借関係が564条前段の規定に従って賃借人の相続人に移転する場合において，相続開始後に発生する賃料債権は，純粋な遺産債務である（BGHZ 223, 191 = ZEV 2020, 29）。（相続人が564条2項の規定に従って特別の解除権を行使せず，また賃貸借関係を自己のものとして継続する意思を表明することもしないときであっても同様である）。
(7)　従前の商号で商行為を継続する場合の相続人の責任について，17-583b。
(8)　BGH JuS 1976, 816（K. Schmidtの評釈有り）= MDR 1976, 1013（相続開始後に主たる債務が発生する場合も保証は有効），BGH NJW 1991, 2558（受贈者の死亡後に贈与者が困窮した場合に，受贈者が相続人に対して返還請求したとき）。
(9)　これは，埋葬本来の費用のみを含み，その後の墓地管理の費用を含まない，BGHZ 230, 130 = NJW 2021, 2115.

（たとえば，遺言開封，遺産管理または検認破産手続の費用）。相続開始によって生ずる債務には，1371条2項・3項の規定に従った利得償還請求権および相続税請求権[10]（相続税法20条3項の規定に従った）も含まれる。

c）遺産相続人債務（遺産そのものの債務とも言う）

20-703 相続人が遺産の通常の管理のために負担した債務（たとえば，遺産中の造園業の継続的な運営のための電気・水道料金）である[11]。遺産相続人債務では，**遺産が引き当てであるが，相続人個人も責任を負う**（相続人が債務を負うから）。責任制限の措置（たとえば，遺産管理）が採られたときでも，遺産の責任に加えて，相続人個人の財産による相続人の責任も残る[12]。明示の意思表示によってであれ，遺産のためにのみ行動しているという相続人の矛盾なく受け取られる態度によってであれ，債務が発生の際の**責任制限（遺産の責任のみ）**が合意されていたときにのみ，この限りではない[13]。

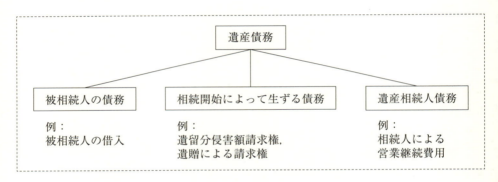

3．遺産債務の調査と行使

a）公示催告手続，不主張の抗弁

20-704 遺産債権者は，相続開始を知るやいなや自己の利益のために名乗り出るの

---

(10) BFH BeckRS 2016, 94457 = NZI 2016, 411（Fridgenの評釈有り）。相続税は，相続財産破産手続において請求することができる。ただし，相続税は各取得者個人の債務でもある（相続税法20条1項前段）。したがって，2059条1項後段の規定に従って，分割前の遺産においては，相続人の責任制限は不可能である（BFH ZEV 2019, 603）。
(11) これらの債務は，遺産債務であると同時に相続人自身の債務でもあるため，二重の性質を有する（BGHZ 223, 191 = ZEV 2020, 29 Rn.23（Johachimの一部反対評釈有り））。
(12) 遺産に属し相続人が所有する区分所有権に関し，相続開始後に弁済期が到来する住居補助金（Wohngeld）〔山田 1993, 740〕債務や，管理組合の決議により新たに設定された住居補助金債務についても同様である（BGH ZEV 2013, 609）。
(13) RGZ 146, 343, 346.

が通常である。しかし，事情が明らかになるよう，法は，債権者が裁判所から債権登録のために求められるところの特別な手続，**公示催告手続**（Aufgebotsverfahren）〔山田 1993, 49〕（1970条以下）も用意している。手続の詳細は，家事非訟事件手続法433条以下および454条以下に規定されている。相続人の申請により（家事非訟事件手続法455条1項），区裁判所は，一定期間内に債権を申し立てるよう**遺産債権者**に催告する。この催告は公示される（裁判所の掲示板への掲示，連邦官報への掲載，（必要に応じて）追加的にその他の方法，たとえば，日刊紙への掲載，家事非訟事件手続法435条）。催告期間経過後に，**除権決定**（Ausschließungsbeschluss）が出される。これは，登録が間に合わなかった債権者を完全に排除するものではないが，相続人は，登録が間に合った債権者の満足によって遺産が既に尽きているときは，給付を拒絶することができる（1973条1項前段）。

20-704a 公示催告手続なくしても，相続人は，相続開始後5年以上経過してから債権を行使する債権者に対し，遺産が尽きた後であれば，（自己財産からの）給付を拒絶することもできる（1974条の**不主張の抗弁**（Verschweigungseinrede））。

b）3箇月の抗弁

20-705 相続の承認後は，遺産債務は，裁判上も相続人を相手方とする訴訟や強制執行によって行使することができる（1958条・民事訴訟法778条参照）。相続人は，責任制限をするべきかどうかを明らかにするために，さらに3箇月間（2014条），または公示催告手続が終了するまで（2015条），給付を拒絶することができる。相続人が遺産債権者によって提起された訴訟においてこの抗弁を主張したときは，相続人は責任限定の留保つきで判決を受けるだけであり（民事訴訟法305条），強制執行も相続人の求めに応じて担保措置に限定され得る（民事訴訟法782条）。

Ⅲ　責任制限の可能性

1．遺産管理

a）目　的

20-706 遺産管理（1975条）が念頭に置いているのは，たしかに遺産が債務超過には見えないが，相続人が処理の手間や自己の資産に対する請求のリスクを回避したい場合，または遺産債権者が債権満足の危険を回避したい場合である。遺産管理は，遺産債権者を満足させるために，遺産の価値を制限なく利用できるようにする。したがって，遺産管理は，相続人と債権者双方のためのものである。

b）手続と効果

20-707 遺産管理は，1975条から明らかなように，遺産債権者の満足を目的とした

特殊な遺産保護[14]である。**相続人の申請により**（1981条1項），遺産裁判所である区裁判所が命じるもので，特別な要件を満たす必要はない。ただし，相続人が既に無制限に責任を負っていてはならない（2013条1項前段（20-698参照））。共同相続人は共同で申請しなければならない（2062条）。また，遺産分割前にしなければならない。**遺産債権者の申請により**遺産管理が命じられるのは，相続人の行動または相続人の財産状態（たとえば，高額の個人債務など）により，遺産からの**遺産債権者**の満足が危うくなると思料されるときである（1981条2項）。

20-708　遺産管理を命ずることにより，**責任制限の効力を生じる**（1975条）。この命令により，相続人の**個人財産から遺産が分離**される。相続人の個人財産の債権者は，遺産に対して執行することができない（1984条2項）。相続人において権利と義務の混同によって消滅した権利関係は，復活する（1976条）。遺産債権者による相続人個人の債権との相殺（1977条1項），相続人個人の債権者による遺産中の債権との相殺（1977条2項）は無効となる。相続人は，遺産を管理・処分する権限および遺産をめぐる訴訟に関する権利を失い，これらは，裁判所によって選任された**遺産管理人**（いわゆる職務上の当事者（Partei kraft Amtes）としての）に引き継がれる[15]（1984条以下）。それまでの**遺産の管理**については，相続人が，相続承認後は，受任者と同様に（すなわち，662条以下の規定に従って）遺産債権者に対し責任を負い（1978条1項前段），相続開始から承認までの間は，事務管理者と同様に，遺産債権者に対し責任を負う（1978条1項後段）。

20-709　遺産管理人は，注意深く吟味した結果[16]，遺産がすべての遺産債務の弁済に足りると認めるときに限り，**遺産から遺産債務を弁済しなければならない**（1985条2項後段，1979条）。もし遺産管理人が**債務超過**を確認するときは，**相続財産破産手続の開始**を申し立てなければならない（1985条2項後段，1980条1項前段）。

20-710　遺産管理人が遺産の債務をすべて弁済した後に残余が存するときは，相続人はこれを受ける（1986条1項）。遺産管理は，相続財産破産手続が開始したとき（1988条1項），または遺産裁判所がこれを取り消したときは，**終了する**。ただし，そ

---

(14)　これは一種の後見であるため，後見に関する規定，1915条1項・1773条以下が類推適用される。たとえば相続人の利益の危険による遺産管理人の解任について（1886条類推），BayObLG FamRZ 1988, 543参照。遺産管理人は常に適切な報酬の請求権を取得する（1987条）。この規定は1915条1項・1836条の規定に優先する，BGH ZEV 2018, 394（Küpperの評釈有り）。

(15)　しかし，遺産管理人には，組合員である相続人の組合員としての権利を主張する権限はない（BGHZ 47, 293; BayObLGZ 1990, 306 = FamRZ 1991, 485; OLG Hamm Rpfleger 1993, 282）。

(16)　BGH NJW 1985, 140. 遺産管理人がその義務に違反したときは，遺産債権者に対して1985条2項，1980条1項中段・2項の規定に従って責任を負い，相続人に対して1915条1項，1833条1項の規定に従って責任を負う。前掲BGH参照。

の目的が達成された[17]（遺産債務の弁済，相続人への遺産の残余の引渡し），または費用をまかなえる遺産が無いときはこの限りではない（1988項2項）。遺産管理終了後にさらに遺産債権者が登場するときは，1990条の規定が適用される。つまり，**相続人の責任は遺産の残余に限定される**[18]。

2．相続財産破産手続

a）目 的

20-711 相続財産破産手続は，債務超過の遺産または支払不能の遺産において，**遺産債権者の**（債権額に応じた）**平等な満足を実現すること**を目的としている。この手続は，主に債権者の利益のためであるけれども，責任制限につながるため，相続人の利益にもなる。遺言破産手続では，相続人個人の債権ではなく，遺産債権のみを行使することができる（破産法325条）。〔相続人のための免責許可との関係について，田中2023c, 134 参照。〕

b）手続と効力

20-712 手続は，破産法（破産法1条以下，315条以下）に規定されている。破産法320条前段の規定に従って，破産手続は，相続人（共同相続人においては各人が申請することができる），遺産管理人もしくはその他の遺産保護人，遺産債権者または遺産を管理する権限のある遺言執行者（破産法第317条）の申請により，**遺産の債務超過または支払不能のときに破産裁判所**（区裁判所，破産法2条）**により開始する**。遺産債権者以外の者が申請するときは，差し迫った支払不能（drohende Zahlungsunfähigkeit）も開始原因として足りる（破産法320条後段）。相続人は，相続を承認したときは[19]，支払不能または債務超過について悪意であれば上記**申請の義務を負い**，それを怠れば損害賠償義務を負う（1980条1項前段・中段）。遺産管理人も同様である（1985条2項後段）。──相続開始時に申請されたまたは既に開始している被相続人の財産に関する破産手続は，手続の中断無く，**相続財産破産手続に移行する**[20]。

20-713 裁判所は，**破産管財人を選任し**，遺産に関する処分と管理の権限を与える

---

(17) 目的達成による取消し（法律上の根拠は1919条）も職権で認められるべきである．OLG Düsseldorf ZEV 2016, 701（Küpper の評釈有り）．BGH ZEV 2017, 513 はブランクであるが，いずれにしても，終結手続における実体的な当事者の取消しの申立てがあれば足りるとする．
(18) BGH NJW 1954, 635.
(19) BGH NJW 2005, 756（遺産債権者間の争いにおいて遺産保護が命じられ，1980条1項中段の枠内で遺産保護人の悪意が相続人のものとは認められないときでも）．
(20) BGHZ 157, 350 = NZI 2004, 206. 消費者破産手続についても同様（BGHZ 175, 307 = NZI 2008, 382）．

第 4 部　相続開始の法律効果

（破産法 80 条 1 項）。相続財産破産手続も，**財産分離**（遺産と相続人個人の財産，1976 条以下参照）と遺産に関する相続人の責任制限にもたらす（1975 条）。相続人は，遺産債権者に対し，申立てに関する規定に従って，それまでの管理について責任を負う（1978 条）。

20-714　遺産債権者への弁済に際しては，まず，取戻権者（Aussonderungsberechtigte）の（破産法 47 条以下。たとえば，遺産中の物の所有者）および別除権者（Absonderungsberechtigte）（破産法 49 条以下。たとえば，質権者）の優先権が守られなければならない。財団債務（Masseschulden）〔山田 1993, 414〕（破産法 54 条，55 条，324 条）も優先して弁済される。他方，遺産債務の一部については，他のすべての債務の後に初めて弁済されることが規定されている（破産法 327 条）。同順位の債権は，遺産がその全額を弁済するのに足りないときは，債権額で按分して（比率に応じて）弁済される。**遺留分侵害額請求権**ならびに**遺贈**および**負担**から生じる債務の優先順位がもっとも低い。そのため，優先順位の高い遺産債務が既に遺産中の積極財産を超過するときは，それらの権利者は弁済を受けないことになる。遺留分権，遺贈および負担は，残余財産を分配するためのものであるので，これは正当である。被相続人が積極財産を超過する債務を残したときは，何も分配されない。——破産手続が遺産の分配や破産計画によって終了しても，相続人は個人の財産で責任を負うことはない（1989 条，1973 条（財産が尽きた旨の抗弁（Erschöpfungseinrede）））。

3．不足の抗弁（Dürftigkeitseinrede）

20-715　遺産中の積極財産が非常に少なく，遺産管理や相続財産破産手続は，その費用すらまかなえないため，合理的でないときは[21]，相続人は特別な命令なしに，遺産が不足ずる限り，**遺産債権者への弁済を拒絶することができる**（1990 条）[22]。相続人は 1991 条 1 項，1978 条の規定に従って遺産管理について遺産債権者に対して責任を負う。そこから生じる請求権自体は，遺産債権者が相続人に対して行使することができる[23]。さもなければ「不足」していないであろう遺産[24]の債務超過が**遺贈**や

---

(21)　遺産管理命令または相続財産破産手続開始が，費用を補う財産が不足することを理由に拒絶されたときは，不足の抗弁に関する決定において，訴訟を提起された裁判所は，これに拘束される（BGH NJW-RR 1989, 1226）。

(22)　経済的価値のある遺産が存在しないことが既に明らかであるときは，訴訟において，抗弁を主張することにより，責任制限の留保付きの判決が相続人に対して下されるか（民事訴訟法 780 条 1 項），訴訟が理由のないものとして棄却されることになる（BGH ZEV 2000, 274〔原典の 276 は誤記〕）。

(23)　BGH NJW-RR 1989, 1226.

負担に起因しているときは，相続人は，遺産がそれに不足する限りにおいて，その請求権の弁済を拒絶することができる（1992条）。ここでも，遺産や負担は，他の遺産債務を控除した後に分配可能な財産が残っていなければ，その性質上，無に帰することになる。

20-716　費用に見合う十分な財産がないために破産手続開始が拒絶されても，**財産目録作成期間を設定することができ，それが徒過するときは，相続人は無限責任を負う**[25]。20-698 参照。

第 20 章の問題

1．相続人の責任制限とは何か？
2．どのような場合に相続人の責任が制限されるのか？
3．遺産債務の種類はどのようなものか？
4．どのような要件の下で，遺産管理が命じられ，破産手続が開始されるのか？

解　答

20-717　1．責任制限とは，相続人が他の財産ではなく，**遺産債務**について**遺産のみで責任を負う**ことである。

20-718　2．相続人の責任が制限されるのは，
a）遺産管理が命じられたとき（1975条）
b）相続財産破産手続が開始したとき（1975条）
c）いわゆる不足の抗弁が主張されたとき（1990条，1992条）

20-719　3．遺産債務の種類は，
a）被相続人の債務
b）相続開始によって生ずる債務
c）遺産相続人債務（遺産そのものの債務とも言う）

20-720　4．**遺産管理**は，特別の理由がなくても，相続人の申請があれば，命じることができるが（1981条1項），遺産債権者の申請によるときは，相続人の行動またはその財産状態のために遺産からの債権者の満足が危うくなると思料されるときに限られる（1981条2項前段）。破産法320条の規定に従って，**相続財産破産手続**は，遺

---

(24)　しかし，遺贈および負担が無ければ遺産が債務超過にならないであろうときは，1992条の規定は適用されない。OLG München ZEV 1998, 100. この場合において相続人は，相続財産破産手続の開始を申し立てなければならない（1980条。20-712 参照）。
(25)　OLG Stuttgart〔原典の LG Stuttgart は誤記〕NJW 1995, 1227.

産の債務超過，支払不能，差し迫った支払不能があるときに開始することができる（ただし，差し迫った支払不能では，債権者は申請することができない）。

第 21 章　相続人共同体

事案 26：2020 年に死亡したヨーゼファ・カールを，夫のフリードリヒと 2 人の子ヴァルターとエルナが各 1/3 の相続分で相続した。その遺産は，主としてアンガーヴァルトと呼ばれる土地である。ヴァルター・カールも 2022 年に死去し，妻のヴィルヘルミーネがその単独相続人である。ヴィルヘルミーネ・カールは夫の死後，弟のヴィクトーア・シュトローと公正証書による契約を結び，6 万ユーロの対価でヨーゼファ・カールの遺産の相続分をヴィクトーア・シュトローに譲渡した。フリードリヒとエルナ・カールは，この契約は，土地所有権譲渡の物権的合意も土地登記簿登記も欠いているので無効，と考えている。彼らは，自分たちがアンガーヴァルトを（必要ならば 6 万ユーロの支払と引き換えに）取得できるかどうか，弁護士に依頼して法律関係を吟味・確認してもらう。果たして，どのような答えになるであろうか？

I　相続人共同体の法的性質と共同相続人の相続分

1．合有（Gesamthandsgemeinschaft）

21-721　大部分の事案においては，単独相続人はなく，数人の相続人が相続する。民法 2032 条以下の規定に従って，共同相続人は，相続人共同体（Erbengemeinschaft）を成し，2032 条 1 項の規定に従って，**相続人の共同所有する財産となる**。相続人共同体の法的性質は，合有（Gesamthandsgemeinschaft）である[1]。通説によれば[2]，相続人共同人には，**権利能力は無い**。遺産中の権利の権利者や遺産債務の債務者は，むしろ，相続人である。他方，相続人共同体の権利能力や当事者能力を肯定する学説が一部にあり[3]，それによって，組合が取引行為に参加することによって事故の権利義務を発生させる限り（対外関係の生ずる民法上の組合（Außengesellschaft des Bürgerli-

---

(1)　民法典には従来，組合（718 条），夫婦財産共同制（1416 条），相続人共同体（2032 条）という 3 つの合有があった。しかし，人的会社法の現代化のための法律（17-595a 参照）によって，合有の原則は，「いずれにせよ組合法の分野では時代遅れとなった」（Begr. BT-Drs. 19/27635, S.104）。

(2)　Ulmer AcP Bd. 198（1998），113, 124 ff.; Bork in: 100 Jahre BGB – 100 Jahre Staudinger（1999），181; Heil ZEV 2002, 296; Lange Kap. 14 Rn.12; Muscheler Rn.3852 ff.; MünchKomm/Gergen § 2032 Rn.19; Grüne-berg/Weidlich vor § 2032 Rn.1; Staudinger/Löhnig（2020）§ 2032 Rn.8 ff.

(3)　Grunewald AcP Bd. 197（1997），305; Eberl-Borges, Die Erbauseinandersetzung（2000），41 ff.; dies. ZEV 2002, 125; Ann, Die Erbengemeinschaft（2001），394 ff.; Weipert ZEV 2002, 300, 301; M. Wolf, FS Canaris（2007），Bd. I, 1313, 1320 ff.

chen Rechts）〔後藤 2020, 11〕）において民法上の組合の権利能力と当事者能力を肯定する連邦通常裁判所の最近の判例ととりわけ両立することになる[4]。しかし，連邦通常裁判所は[5]，この展開を受けて相続人共同体の権利能力および当事者能力を肯定することを拒否した。その根拠は，相続人共同体が（民法上の組合とは異なり）法律行為によって成立するものではなく，また永続的なものでもなく，むしろ遺産分割を目的とするものだ，ということにある。また，相続人共同体は，取引行為に参加するための機関も持っていない，と言う。したがって，相続人共同体の権利能力を認める実務上の必要性が明らかでないのであればなおさら，相続人共同体の権利能力および当事者能力の否定が維持されるべきであろう。

21-721a 合有概念は，遺産中の権利が個々の共同相続人に個別に帰属するのではなく，2032条以下の規定から生じる**合有的結合**を伴って**共同相続人全体**に帰属することを表現している。遺産は，相続人に移転すると，個々の共同相続人の個人財産とは区別され，原則として共同相続人による**共同管理・処分**の対象となる**特別財産**（Sondervermögen）〔山田 1993, 581〕となる（21-732以下参照）。

21-722 相続開始によっては，それ自体が分割可能な権利（たとえば，金銭債権）であっても，**権利の分割には至らない**。たとえば，8000ユーロの債権が遺産に属し，A，B，C，Dがそれぞれ1/4の共同相続人となったときは，各相続人が相続開始によって2000ユーロの債権を取得するのではなく，8000ユーロの債権全体がA，B，C，Dから成る相続人共同体に帰属する。同様に，相続は，割合に応じて共同体に存在するところの**共有持分権**を生じさせない（741条以下）。たとえば，遺産中に土地があるときは，A，B，C，Dは各1/4の共有持分権を取得するわけではない。土地所有権は分割されずに相続人共同体に移転し，従って，土地登記簿には「相続人共同体のA，B，C，D」（相続分は記載せず）が所有者として記載される（土地登記法47条1項）。── 2-40の図参照。

21-723 2033条2項は，共同相続人が遺産中の個別財産の持分を処分できないことを明らかにしている。しかし，2033条2項の文言にとどまらず，そもそも共同相続人は，**遺産中の個別財産の持分権を全く有さず**[6]，後述する**遺産全体に対する持分**を有するのみであると考えなければならない。

---

[4] BGHZ 146, 341 = NJW 2001, 1056; BGH NJW 2002, 1207 が踏襲。
[5] BGH NJW 2002, 3389 = ZEV 2002, 504; NJW 2006, 3715.「相続人共同体」への土地所有権譲渡の物権的合意は，合有としての共同相続人全員へ土地所有権譲渡の物権的合意として解釈される，BGH ZEV 2017, 627.
[6] Muscheler Rn.3903; MünchKomm/Gergen § 2032 Rn.16. ── 異論は，Lange Kap. 14 Rn.23.

2．共同相続人の持分の売却と先買権

21-724 個々の共同相続人の相続分は，その人の遺産の取り分，すなわち合有財産の持分である。1922条2項の規定に従って，この相続分には遺産に関する規定が適用される。したがって，たとえば，法律上当然の取得（Vonselbsterwerb），放棄および承認に関する規定（1942条以下）は，共同相続人にも適用される。相続分は共同相続人の財産に属するので，その死亡によりさらにその相続人に承継される。

21-725 共同相続人は，その相続分[7]を処分することもできる（2033条1項前段）。すなわち，法律行為によって他人に移転したり，借入金の担保に供したりすることができる。処分は，公正証書による契約でなされなければならない（2033条1項後段）。このような処分により，共同相続人は，遺産分割前に，自己の相続分を経済的に実現することができる。相続分の取得者は，合有者となり，〔相続分を処分した〕共同相続人が相続人共同体において有していた権利や負っていた義務を承継する。すべての相続分が同一の取得者に移転するときは，相続人共同体は消滅し，取得者は単独相続人として扱われる[8]。これに対し，相続分全部を数人の取得者に移転するときは，相続人共同体の存続に変わりはない[9]。

3．共同相続人の持分の売却と先買権

21-726 2033条1項の規定する処分，すなわち**物権行為**は，債務法上の原因行為と区別されなければならない。相続分が売却されるときは，原因行為には，遺産の売却（Erbschaftskauf）に関する2371条以下の規定が適用される（25-873以下参照）。相続人共同体に部外者が入り込むと，遺産管理，特に遺産分割においてかなりの困難が生じる可能性がある。そのため，相続分を売却するときは[10]，他の共同相続人には，2034条の規定する**法定先買権**（gesetzliches Vorkaufsrecht）〔山田 1993, 704〕が認められ，これによって第三者の相続人共同体への参入を阻止することができるのである。2034条から2037条までに別段の定めがない限り，463条以下の規定がこの先買権に適用される[11]。

---

[7] 相続分の一部を処分することもできる，BGH NJW 1963, 1610; 詳しくは，Jung, Die bruchteilige Übertragung des Miterbenanteils（2003）．

[8] BGH ZEV 2016, 84 Rn.11（Zimmerの評釈有り）．

[9] BGH ZEV 2016, 84 Rn.12 ff.（相続分の一部が移転するときも妥当するため，相続分に部分共同体が生じる）．

[10] しかし，破産管財人による遺産に属する共同相続分の売却においては，その限りではない。BGH NJW 1977, 37 は512条（現471条）を参照させる。

[11] BGH JZ 1965, 617.

21-727　先買権が売却する共同相続人に対する意思表示によって行使されるときは（464条1項），先買権者と相続分売主との間に，法律上当然に[12]，第三者と合意した相続分売買に対応する債務関係が発生する（464条2項）。相続分が既に第三者に（物権的に）移転していたときは，先買権を共同相続人は買主に対して行使することができる（2035条1項）。その限りで，先買権は，**物権的性質**を有する。この場合においては，先買権の行使により，相続分取得者と先買権者の共同相続人との間に，成立した相続分売買に対応する法定債務関係[13]が発生する。

21-728　既に自己の相続分を譲渡した共同相続人は，先買権を行使することができない[14]。なぜなら，自身が合有者でなくなれば，共同相続人共同体に第三者が侵入することを防止するという保護に値する利益を失うからである。しかし，相続分譲受人には，先買権は移転しない[15]。譲受人が後に譲渡人を相続するときも同様である[16]。

事案26の解答

Ⅰ．アンガーヴァルトの土地所有権

21-729　ヨーゼファ・カールの死亡によって土地所有権は，3人の共同相続人，フリードリヒ，ヴァルターおよびエルナ・カールの相続人共同体に移転した（2032条1項）。ヴァルター・カールの相続分は，彼の死亡によって，彼の他の財産とともに，単独相続人であるヴィルヘルミーネ・カールに移転した（1922条1項）。公正証書による契約によって，ヴィルヘルミーネ・カールは，ヴィクトーア・シュトローに**相続分を有効に譲渡した**（2033条1項）。したがって，アンガーヴァルトの土地所有権は，フリードリヒ・カール，エルナ・カールおよびヴィクトーア・シュトローの相続人共同体に帰属することになった。共有持分ではなく，合有財産の持分を譲渡したため，土地所有権譲渡の物権的合意と土地登記簿への記載（873条1項，925条1項）はこの権利変動のためには不要であった。土地登記簿にヴィクトーア・シュトローが記載されているとしても，それは土地登記簿の更正であり，権利者の公示ではない。これは，その土地が主たる遺産であるまたは唯一の遺産であるときも同様である[17]。ヴィ

---

[12]　MünchKomm/Gergen § 2034 Rn.35.
[13]　BGH NJW 2016, 3233 Rn.7. 双務契約に関する諸規定は，ここでは準用されない，BGHZ 15, 102（相続分取得者は，326条（現行323条）の規定する権利を行使することができない）。
[14]　BGHZ 121, 47 = NJW 1993, 726.
[15]　BGH FamRZ 1983, 691（譲受人が共同相続人であっても同様）。
[16]　BGHZ 188, 109 = NJW 2011, 1226.
[17]　BGH NJW 1969, 92.

ルヘルミーネ・カールは，遺産中の個別財産（ここでは土地）の持分を処分するはできない（2033 条 2 項）。

Ⅱ．共同相続人フリードリヒ・カールとエルナ・カールの先買権
1．先買権の有無
21-730 共同相続人が自己の相続分を第三者に売却したときは，他の共同相続人は先買権を取得する（2034 条 1 項）。ヴィルヘルミーネ・カールとヴィクトーア・シュトロー間の契約は相続分の売却であり，要件となる公正証書方式（2371 条）が遵守されている。しかし，相続分を売却したのは**本来の共同相続人**（ヴァルター・カール）ではなく，その相続人であるヴィルヘルミーネ・カール（すなわち「相続人の相続人」）であることが 2034 条 1 項の規定の適用の妨げとなるようにも見える。2034 条の規定する先買権は，残りの共同相続人に，部外者（相続分譲受人）の相続人共同体への侵入を阻止する機会を与えることを意図したものである。共同相続人がこれを防ぐことができないまま，当該相続分が相続開始によって第三者の手に渡ってしまっていたときは，この保護は不要とも考えられるからである。しかし，大部分の場合において，相続人の相続人は部外者ではないので，相続人の相続人が相続分を売却するときも，部外者の侵入から他の相続人を保護する必要性があることに留意しなければならない。立法者がこのような価値判断であったことは，2034 条 2 項後段の規程に従って，先買権は相続人の相続人にも〔相続で〕移転することからも明らかである。もし積極財産の相続人の相続人の相続人について要保護性が変わらないのであれば，消極財産において相続人の相続人による相続分が問題になるときも，それが肯定される[18]。そのため，共同相続人であるフリードリヒ・カールとエルナ・カールの**先買権が発生**している。

2．先買権行使と効果
21-731 売却された相続分は，既に譲受人のヴィクトーア・シュトローに移転しているので，フリードリヒ・カールとエルナ・カールは彼に対する先買権を行使できるだけである（2035 条 1 項前段）。ヴィルヘルミーネ・カールに対する先買権は相続分の移転とともに消滅している（2035 条 1 項後段）。フリードリヒ・カールとエルナ・カールは，2034 条 2 項前段の期間内にヴィクトーア・シュトローに対する意思表示によって（464 条 1 項），**先買権**全部を（472 条前段）**行使**しなければならない。先買

---

[18] BGH NJW 1966, 2207; NJW 1969, 92 —— 他方，相続人の相続人が第 1 相続の相続分を第 2 相続の相続分を売却したときは，第 1 相続の共同相続人は先買権を取得しない（BGH NJW 1975, 445）。

権が有効に行使されても，売却された共同相続人の相続分を直接には取得しない[19]。むしろ，相続分譲受人ヴィクトーア・シュトローとフリードリヒ・カールとエルナ・カールとの間に，ヴィルヘルミーネ・カールとヴィクトーア・シュトローとの間の売買契約に対応する内容の法定債務関係が発生する（464条2項）。この債務関係から，フリードリヒ・カールとエルナ・カールは，ヴィクトーア・シュトローに対して**相続分移転**を目的とする**請求権**を取得し，他方，ヴィクトーア・シュトローに対して6万ユーロの支払債務を負う。相続分が移転されると，2094条の規定に従って[20]，各共同相続人の相続分がその割合に従って増加する。各相続人は，1/6の追加的な相続分を取得する。これにより，アンガーヴァルトの土地は，フリードリッヒ・カールとエルナ・カールの相続人共同体に帰属する。こうして，その財産を独占するという目的を達成することができるのである。

II　遺産管理，遺産中の個別財産の処分および代位

事案 27：アントーン・モルトが死亡し，妻のエラが1/2の相続分，孫のニーナ，オリヴァーおよびテオ・ヴィーフケが各1/6の相続分の相続人である。エラは，夫アントーンの死後非常に寂しく，気分転換のために電器商レーリヒトから代金1,800ユーロでテレビを購入し，アントーンが遺した遺産中の現金（4,000ユーロ）から支払ったが，その際，相続が開始していることについては〔レーリヒトに〕打ち明けなかった。3人の孫たちは，エラのテレビ購入を知ったが，それを了解しなかった。孫たちは，アントーンの弁済すべき残債務を明らかにすることの方が先だと考えていたからである。孫たちは，レーリヒトに対し，〔支払済の〕代金の返還を求めることができるだろうか。それができないとしても，テレビは遺産に属することになるだろうか？〔この事案に関する日独比較として，田中 2020, 2 参照。〕

1．遺 産 管 理[21]

21-732　遺産が分割（遺産分割，21-742以下参照）されるまで，遺産を維持，使用，増加させるために，事実行為（たとえば，収穫物の搬入）や法律行為（たとえば，遺産中の家屋の賃貸借）が必要となることがある。これらの行為は，**遺産管理**（2038条1項）という概念で包摂される。遺産管理は，行政庁や裁判所が行うものではない。共同相続人自身の行為であり，その権利は共同に帰属する（2038条1項前段）ので，原

---

(19)　BGH LM § 2034 Nr.1.
(20)　BayObLGZ 1980, 328, 330; Staudinger/Löhnig (2020) § 2034 Rn.45.
(21)　脚注3, Ann, 13ff.

則として共同相続人全員が共同で行使しなければならない（全員一致の原則）[22]。しかし，各共同相続人は，他の共同相続人に対して，適切な管理のために必要な措置に協力する義務を負う（2038条1項後段）。したがって，まず，反対する共同相続人に特定の管理措置への同意を請求し，それを命じる判決を受けさせることによって，全員の同意が得られることになる。遺産の本質的な変更につながる措置への同意は，2038条2項前段と745条1項後段の併用により拒否することができる。遺産の実質的な変更[23]につながる措置への同意は，2038条2項前段と745条3項前段の規定に従って，これを請求することができない。

21-733 全員一致の原則の非常に重要な例外は，2038条2項前段が745条の規定を参照することから生じる。それによると，**共同相続人の過半数が，遺産（または遺産中の個別財産）の性質に応じ，かつ実質的変化をもたらさない（脚注23参照）適切な管理および使用について決定できる**（745条3項）。過半数は，相続分に応じて計算される（745条1項後段）[24]。**遺産の維持のために必要な措置は**[25]，各共同相続人が個別に講じることもできる（2038条1項後段末尾）。

21-734 ある管理措置をとる権利（それが前述の規定に従って共同相続人全員によるものであれ，過半数によるものであれ，個々の共同相続人によるものであれ）には，債務法上の法律行為の成立が管理に必要である限り，**相続人共同体を代表する権利も含まれる**[26]。たとえば，遺産中の建物の修繕が適切な管理の枠組みの中で必要となり，相続人の過半数が第三者と請負契約を締結したときは，相続人共同体の共同相続人全員がその契約に基づいて権利を取得し義務を負う。報酬支払義務は遺産債務となる。処分については，21-736参照。

21-734a 共同相続人が多数決によって行動するときは，これは一般的には委任（662条）が成立し，行動する者はその費用の償還を請求することができる（670条）[27]。

---

(22) したがって，その人の非行（たとえば，代理権行使において）が採決される共同相続人は，一般原則に従って投票権を有さない（BGH ZEV 2007, 486）。

(23) BGH NJW 2006, 439によれば，745条3項前段の意味における対象（Gegenstand）は，遺産中の個別財産ではなく，遺産全体と解されるため，遺産中の個別財産の処分（たとえば，不動産の売却）に同意する義務は，2038条1項後段の規定から発生し得ることになる。多数決で処分することができるかどうかは，別の問題である。21-736参照。

(24) 個々の共同相続人が制限行為能力のために有効に議決権を行使しなかったときでも，共同相続人全員の相続分の過半数に達しなければならない，BVerfG〔原典のBVerfGEは誤記〕ZEV 2019, 473（Löhnigの評釈有り）= NJW 2019, 2690（恣意性の禁止違反に基づく高裁判決の破棄）。

(25) これには，訴訟提起も含まれる（BGHZ 108, 21, 30 = NJW 1989, 2694, 2696（有限会社の社員決議に対する取消しの訴えについて））。

(26) BGHZ 56, 47（管理に関して有効な多数決がなされた場合における多数派の代表権）。

ただし，2038条は，共同相続人の**事務管理**による費用償還請求権を否定するものではない。連邦通常裁判所は[28]，共同相続人の一人が共同相続証書を取得し，他の共同相続人に対してその費用の相続分に応じた償還を請求した事案で，このように判断した。しかし，その相続証書の申請は，他の共同相続人の意思に反してなされたため，683条前段・670条の規定に基づく費用償還請求権は認められなかった。また，具体的な状況下では相続証書が必要でなかったため（土地は遺産に属するが），連邦通常裁判所は，不当利得請求権（684条前段）も認めなかった[29]。

2．遺産中の個別財産の処分

21-735 2040条1項の規定に従って，相続人は遺産中の個別財産を共同でのみ処分することができる。処分とは，移転，変更，消滅，または担保権設定など，既存の権利に直接の影響を及ぼす総ての法律行為を指す。したがって，2040条1項は，たとえば，遺産中の動産・不動産の所有権譲渡，被相続人が締結した使用賃貸借・用益賃貸借の解除[30]，遺産中の債権と遺産債務との相殺を対象としている[31]。共同相続人が共同してのみ処分することができるということは，共同相続人全員が処分行為に直接参加しなければならないことを意味するものではない。処分権に関する一般原則に従い，1人の共同相続人による処分は，他の共同相続人が事前に同意するか（185条1項），行われた処分を追認すれば（185条2項前段）[32]，その効力を生じる。

21-736 2040条1項の規定が2038条の管理権規定とどう関係するのかは疑問である。2040条1項には，共同処分の必要性についての例外規定がない。2040条を2038条に優先する特則と解するのであれば，2038条1項後段末尾の規定に従って各共同相続人は他の共同相続人の協力なしに必要な保存措置の権限があるにもかかわらず，遺産の保存に必要な措置であっても，遺産中の財産の処分（たとえば，腐りやすい商品の譲渡（所有権移転））は，共同相続人全員が共同して行わなければならないことになろう。同様に，多数決で決定されるところの遺産中の個別財産の処分が適切な管理に資するときでも，共同相続人全員の協力が必要ということになろう。反対する

---

(27) MünchKomm/Gergen §2038 Rn.51.
(28) BGH NJW 2021, 157. —— 異論は，Eberl-Borges ZEV 2022, 1.
(29) これには議論の余地がある。Frieser/Potthast NJW 2021, 124, 125 参照。
(30) BGH ZEV 2006, 358（Werner の評釈有り）。
(31) 2040条2項は，逆の事案に関するもので，遺産債務者は，個々の共同相続人に対しする（相続人共同体に対するものではない）債権で相殺できないと規定しており，この点では双方向ではない。
(32) ただし，単独行為による処分は，浮動状態が相手方にとって不利益となるため，追認によって効力を生じることがない。RGZ 146, 314, 316; Staudinger/Löhnig (2020) §2040 Rn.15.

共同相続人の同意は，必要に応じて訴えによって強制されなければならないことになろう。その訴えには，2038条1項後段末尾に基づく必要な保存措置や適切の管理に関して共同相続人を拘束する決議がなされるときは，他の共同相続人は2038条1項後段の規定に従って同意する義務があるため，理由があることになろう。しかし，この手続は非常に煩雑で，少なくとも必要な保存措置に関しては，遺産の保存についての個々の共同相続人の利益を他の共同相続人の参加権に優先させるという2038条1項後段の趣旨に反することになろう。そこで，各共同相続人が2038条1項後段の枠内で遺産の保存に必要な処分を行う権限を有することが広く認められている[33]。

21-736a それに対し，適切な管理に関する多数決があるときの法律関係については，争いがある。この点，連邦通常裁判所は，2040条が優先する，すなわち，共同相続人全員による処分が必要としているが[34]，遺産の保存に関する他の共同相続人の利益が損なわれない処分については，これを例外とする傾向にある[35]。しかし，このような具体的事案で利益状況を重視することは，これらの処分において要請される法的安定性と調和させることが困難である。遺産管理を効率よく行うため，共同相続人の過半数には，過半数で決定した管理措置の実施に必要な遺産中の個別財産を有効に処分する権限も一般に認めるべきである[36]。継続的債務関係の解除の事案に関し，連邦通常裁判所もこの見解を採った[37]。

3．遺産に対する請求権の主張

21-737 遺産中の債権は，相続人全員に共同して帰属し，裁判外でも裁判上でも（合

---

(33) BGHZ 108, 21, 30 = NJW 1989, 2694, 2697; Lange/Kuchinke § 43 IV 3; Röthel § 32 Rn.53; MünchKomm/Gergen § 2038 Rn.62; NK-BGB/Ann § 2038 Rn.30; Staudinger/Löhnig（2020）§ 2038 Rn.27.
(34) BGH ZEV 2006, 358, 359; BGH NJW 2006, 439 Rn.9 も同旨だが検討していない; Lange/Kuchinke § 43 III 6c; MünchKomm/Gergen § 2038 Rn.54.
(35) BGH ZEV 2006, 358, 359.
(36) Lange § 58 Rn.75; Muscheler Rn.3870; Staudinger/Löhnig（2020）§ 2038 Rn.48 ff.; Grüneberg/Weidlich § 2038 Rn.5; Jauernig/Stürner § 2038 Rn.1; Ann（Fn. 3）57 ff.; Eberl-Borges NJW 2006, 1313.
(37) 遺産中の個別財産の使用賃貸借の解約について，BGHZ 183, 131 = ZEV 2010, 36（Annの評釈有り）= JZ 2011, 478（Müßigの評釈有り）; 消費貸借の解除について，BGH FamRZ 2015, 497. KG ErbR 2019, 650 によると，遺産中の唯一の財産である預金残高の解約は，適切な管理のための措置ではなく，したがって，相続人の多数決で実施されることはない。——BGH ZEV 2013, 81（Leipoldの反対評釈有り）によると，共同相続人の過半数は，共同相続人のうちの1人に対し，その者が（信託的に）名義人となっている口座に対する遺産中の債権相続債権の回収を，適切な管理である限り，授権することができる。連邦通常裁判所は，回収の権限が遺産中の個別財産の処分と解されるか，立場を明らかにしなかった。

有の訴え（Gesamthandsklage）の形で）行使することができる。給付は相続人全員に共同でしなければ、債務者を免責しない（2039条1項）。しかし、同条項は、各共同相続人に、共同相続人全員に対する給付を請求することを認めている。したがって、各共同相続人は、――他の共同相続人に反対されてでも[38]――、実質的な回収権限を有し、また、相続人共同体に対する給付[39]を求めて債務者に対して訴訟を提起することもできる（訴訟追行権（Prozessführungsbegugnis）〔本間 2016, 635〕）。このような**個別の訴え**（Einzelklage）は、共同相続人個人が自分の名前で第三者請求権（共同体の請求権）を主張する（自分が当事者となる）ので、法定訴訟担当（Prozessstandschaft）〔中本 2019, 70〕[40]の1つの場合とみなされる。2039条は、2038条および2040条に対する特則であり、上記回収権限および訴訟追行権は、2038条1項後段（緊急性）の要件とは無関係である[41]。

4．代　位

21-738　相続開始時に遺産に属する権利は、正当な管理措置や共同相続人の処分、債権回収、遺産に対する不法な侵害など、様々な方法で変動することがある。共同相続人だけでなく、遺産債権者の利益のために、経済的一体性と合有財産としての遺産の価値を可能な限り維持する目的で[42]、2041条は、広範囲の**物権的代位**（dingliche Surrogation）を規定している。遺産に属する権利に基づき（権利代位（Rechtssurrogation）〔田中 2020, 6〕）、遺産中の個別財産の滅失、損傷または収用の賠償・補償として（賠償代位（Ersatzsurrogation）〔田中 2020, 6〕）または遺産に関係する法律行為を通じて（関係代理（Beziehungssurrogation）〔田中 2020, 6〕）取得されたものは、いずれも遺産に帰属する。遺産との関係が肯定されるのは、連邦通常裁判所によると[43]、行為者の意図としては遺産の利益を図るための取得であり（主観的要素）、遺産との内在的関連がある（客観的要素）ときである。2041条の要件が満たされるときは、**相続人共**

---

[38]　BGH NJW 2014, 1886 Rn.9（共同相続人の1人に対する被相続人の費用評価手続の継続について）。

[39]　給付訴訟が通常である。しかし、各共同相続人の訴訟追行権は、遺産中の個別財産に対する強制執行を申し立てられたときの請求異議の訴えにも妥当し、結果として、相続人共同体の差止請求権が実現されることになる（BGHZ 167, 150 = NJW 2006, 1969）。――各共同相続人には、強制執行によって遺産中の請求権を実現する権限もあり、自己を執行債権者とする債務名義の正本を求めることができる。BGH NJW 2021, 634（Würdinger の賛成評釈有り）。

[40]　BGH NJW 2006, 1969, 1970; Stein/Jonas/Jacoby, ZPO, 23. Aufl., vor § 50 Rn.36; Staudinger/Löhnig（2020）§ 2039 Rn.39.

[41]　BGH NJW 2006, 1969, 1970.

[42]　代位の目的については、BGH ZEV 2017, 627 Rn.12.

[43]　BGH ZEV 2017, 627 Rn.12〔原典の10は誤記〕。

同体が当該権利を直接に取得する。たとえば，遺産中の商品引渡請求権が共同相続人に対する給付で履行されるときは，その商品の所有権は，共同相続人の意思にかかわらず，合有財産に帰属する。共同相続人は，2041条の枠内においてのみ，遺産のために合有形態で所有権を取得することができるのである[44]。

事案27の解答
1．レーリヒトに対する返還請求権
21-739　エラ・モルトの協力なしでも，2039条前段の規定に従って孫たちが行使することができる相続人共同体の請求権は，985条から発生するはずである。相続開始により，エラ・モルト，ニーナ，オリヴァー，テオ・ヴィ一フケは，相続人共同体において1,800ユーロの所有者となっている。遺産中の個別財産の処分は，共同相続人全員でのみすることができる（2040条1項）。したがって，エラ・モルトは，929条前段の規定に従ってレーリヒトに金銭所有権を移転することができない。しかし，レーリヒトは，エラ・モルトを所有者と信じ，無権利者であることを重過失で知らなかったことが明らかではないので（932条2項），所有権を即時取得することができた（932条1項前段）。所有者はエラ・モルトではなく，相続人共同体であったので，932条が適用される（単なる処分権限の不存在ではない）。たしかに，他の共同相続人は857条の規定に従って占有していたことになるため，この占有は，エラ・モルトが購入目的でお金を取ったときに喪失されたことになるので，金銭は，他の共同相続人の占有を離脱していた（abhanden gekommen）〔山田 1993, 4〕ことになる。しかし，このことは即時取得を妨げるものではない。というのは，〔占有離脱物の例外規定としての〕935条1項の規定は金銭には適用されないからである（935条2項）。レーリヒトは1,800ユーロの所有者となり，985条の規定による返還請求を受けない。

21-740　所有権は，エラ・モルトとの有効な売買契約に基づく給付として取得されたものであり，すなわち法律上の原因があるので，不当利得法（812条1項前段）に基づいても返還請求はすることができない。（2038条の規定は売買契約を妨げない。エラ・モルトは遺産のために行動したわけではない）。

2．テレビの所有権
21-741　テレビはレーリヒトから相続人共同体にではなく，エラ・モルトに対して所有権移転されたが，2041条の規定に基づく代位によって遺産に含まれる可能性が

---
(44)　BGH ZEV 2017, 627 Rn.10.

ある。売買契約を原因とする請求権は，相続人共同体ではなく，エラ・モルトにのみ帰属するので，所有権取得は遺産に属する権利に基づくのではない。テレビ所有権は，遺産からの1,800ユーロの反対給付であり，2041条の規定の意味における遺産中の個別財産の収用の賠償ではない。しかし，遺産に関係する法律行為によって取得したときも，代位される。しかし，こう定式化するだけでは，法律取引が客観的に遺産に関係していればよいのか，それとも遺産に関係する法律行為をする主観的意思が常に要件となるのか，明らかではない。具体的な事案においては，遺産中の資金で購入されたため客観的な関係は存在するが，エラ・モルトは遺産や共同相続人のためではなく，自分自身のために法律行為を成立させたのであるから，主観的な関係は存在しない。2111条の規定（先位相続と行為相続の代位，19-677参照）とは異なり，2041条は，遺産中の資金による取得の場合について特に言及していない。しかし，2041条の趣旨は，共同相続人および遺産債権者を保護するために，経済的に遺産価値の継続である財産を当然に遺産に属するようにすることであるから，**遺産中の資金による取得は，（主観的目的を問わず）常に遺産に関係する法律行為**と解するのが正しいと思われる[45]。したがって，テレビは遺産に属し，すなわち，レーリヒトとエラ・モルトとの間の所有権移転によって，テレビ所有権は相続人共同体に直接的に帰属した。

Ⅲ　遺　産　分　割[46]

1．相続人共同体の分割と継続

21-742　相続人共同体は永続的なものではなく，清算されるよう作られている。したがって，各共同相続人は，原則としていつでも**遺産分割を請求することができる**（2042条1項）。

21-743　しかし，被相続人は，**死因処分によって分割させないようにすることができる**（2044条1項前段）[47]。この処分は，主に，遺産を親族内に留めておくために，遺言執行者の選任または（および）後位相続の指定とともになされるものである。しかし，不分割の指定には，**期間制限があり**（後位相続人指定と同様，2109条），原則と

---

(45)　Muscheler Rn.3887; Lange Kap. 14 Rn.42; Röthel § 32 Rdn. 62; MünchKomm/Gergen § 2041 Rn.13; Staudinger/Löhnig (2020) § 2041 Rn.12; BGH NJW 1968, 1824 もこの解釈に傾いている。――異論は，Lange/Kuchinke § 41 IV. ―― 遺産との客観的な関係と遺産のために取得する意思の双方があるときは，2041条が適用されることは間違いない（BGH WM 1999, 2412, 2413 f.）。遺産との主観的な関係しかない場合（遺産のために使用する意図で自己の資金で目的物を取得すること）にも部分的には代位が肯定されることについて，Röthel § 32 Rn.62; 異論は，Muscheler Rn.3890; 詳しくは，MünchKomm/Gergen § 2041 Rn.20 ff.

(46)　Eberl-Borges, Die Erbauseinandersetzung（2000）．

(47)　Weckbach, Die Bindungswirkung von Erbteilungsverboten（1987）．

して相続開始後30年で失効する（2044条2項）。

21-744 共同相続人は，（被相続人の指示がなくても）協議によって，遺産全部または少なくとも個別財産（不動産など）に関して相続共同体を分割せずに継続することができる。それについての期間制限は無い。相続人共同体を分割させずにおくことで，長期間，商行為を継続することも可能である（21-763参照）。

2．一部分割，脱退分割

21-745 2042条1項に基づく共同相続人の請求権は，相続人共同体全部の分割に向けられており，共同相続人は，自己に限定した一部分割を請求することはできないが[48]，協議による一部分割は可能である。一部分割には2つの方法がある：脱退する共同相続人がその相続分を他の共同相続人に譲渡するか（2033条1項），不要式の協議に基づいて相続人共同体から脱退するかである（通常は対価と引き換えに）。後者の場合，遺産全部が組合法の増加規定を準用して他の共同相続人に帰属するので[49]，脱退する共同相続人の相続分は他の共同相続人の従来の相続分をその割合に応じて増加させることになる[50]。後者の「脱退分割（Abschichtung）」の方法は，遺産中に土地があるときでも，不要式の合意で足り，たとえ共同相続人が一人しか残っておらず，その者が土地の単独所有者となるときであってもそうである[51]。

3．遺産分割の実現

21-746 遺産分割は[52]，遺産債務の弁済（2046条），次に相続分に応じた剰余財産の分配（2047条1項）という手順になる。遺産分割については，持分による共同関係（Bruchteilsgemeinschaft）〔山田 1993, 4〕の規定が広く準用される（2042条2項参照）。すなわち，可能な限り，現物分割され（752条），さもなければ換価分割される（不動産で場合には，協議が調わなければ強制競売による）（753条）具体的にどのように分割

---

[48] BGH NJW 1985, 51.
[49] 代償分割による一部分割は，遺産中の個別財産に限定して行うことができない。OLG Frankfurt FGPrax 2019, 106.
[50] BGHZ 138, 8 = NJW 1998, 1557; BGH NJW 2005, 284; Staudinger/Löhnig（2020）§ 2042 Rn.77 ff. —— このような代償分割に反対するのが，Keller ZEV 1998, 281; Rieger DNotZ 1999, 64, 69; 詳しくは，K. Schmidt AcP Bd. 205（2005），305; Muscheler Rn.3995; 2033条1項後段・2371条を類推しての要式性について，Eberl-Borges（Fn. 46），269 ff., 280; Lange Kap. 14 Rn.128; Röthel § 32 Rn.76.
[51] BGHZ 138, 8; LG Köln NJW 2003, 2993; Wesser/Saalfrank NJW 2003, 2937.
[52] 比較法および法政策の視点からも，Krenz, Modelle der Nachlassteilung（1994）; ders. AcP Bd. 195（1995），361.

するかは，行政庁や裁判所が決めるのではなく，共同相続人自身が分割協議を成立させて決める。**公証人**（1-8 参照）は，遺産分割において，共同相続人の求めに応じて協議の仲介を行う（家事非訟事件手続法 363 条以下）。しかし，共同相続人の意思に反して，協議の方法を定めることはできない[53]。共同相続人の協議が調わないときは，各共同相続人は，他の共同相続人に対し，**法律上の規定に従って作成した分割計画への同意**を訴求することができる。

21-747 遺産分割が何らかの形で拘束力をもって確定すると，一般の規定に従って**物権行為**により履行されなければならない。たとえば，相続人共同体は，929 条の規定に従って動産を，873 条・925 条の規定に従って不動産を分割計画に従って受けるべき共同相続人に譲渡しなければならない（「脱退分割」による分割，すなわち，共同相続人の相続人共同体からの脱退の場合にはこの限りではない，21-745 を参照）。手続全体の中で，共同相続人間で争いが起こることも珍しくない。被相続人がこれを避けたいときは，遺言または相続契約で分割を実行する遺言執行者を選任することができる（23-789 参照，2204 条）。

4．分割方法の指定

21-748 被相続人は，遺言または相続契約で，たとえば，共同相続人が分割で遺産中の特定の個別財産を受けることを定めるなど，分割に関して個別の**指定**をすることができる（2048 条）。分割方法の指定（分割命令とも）は，法定相続権または遺言相続権の存在を前提とし，**相続分額には影響**しない。分割で指定された個別財産は，受益者が相続人となったときにのみ請求することができ，さらにその物は価値として相続分と相殺されることになる。したがって，相続分を超える価値のある個別財産は，受益者が同時に他の共同相続人に対する**持戻義務**を負ってはじめて，分割の指定によって共同相続人に指定することができる[54]。つまり，**相続分額を変更する分割方法の指定はない**[55]。先取遺贈（Vorausvermächtnis）〔山田 1993, 701〕の場合は事情が異なり，これとの区別については，21-777 参照。

21-749 分割方法の指定には，**物権的効力**が無い。たとえば，被相続人が共同相続人の 1 人に分割において特定の土地を指定したとしても，その土地所有権が相続開

---

(53) 農林地取引法（GrundstücksverkehrsG）〔高橋 2010, 127〕13 条以下の規定に従って農業裁判所（Landwirtschaftsgericht）が共同相続人の 1 人に農地を配分することについて，——合憲性を肯定する —— BVerfGE 91, 346 = NJW 1995, 2977.
(54) BGHZ 82, 274, 279; BGH NJW 1985, 51, 52; WM 1984, 1006, 1007.
(55) BGH FamRZ 1987, 475, 476（2049 条の規定を度外視して）。—— しかし，この分割方法の指定は先取遺贈と解釈することができる（BGH NJW-RR 1990, 391）。

始時に相続人共同体の共同相続人全員に承継されることに変わりはない。しかし，相続人共同体は，分割に際して当該共同相続人にその土地を割り当てて所有権を移転する義務を負うのである。

5．持戻義務
a) 卑属間における被相続人の生存中の出捐の持戻し
21-750 被相続人の卑属[56]のうち法定[57]相続人となった，被相続人の財産を等分に合有することになる（1924条4項──子の等分の相続分参照）。この平等性は，一般には被相続人の意思にも対応すると言うことができるが，仮に個々の子孫が被相続人の生存中既にその財産から**特別の出捐**を受けていたときは，相当に損なわれる。そのため，共同相続人となった卑属は，一定の事案においては，そのような出捐を分割の際に互いに持ち戻さなければならない。これは，たとえば，2050条1項の規定に従って，結婚の際の出捐，職業上の独立の経済援助のような**独立資金（Ausstattung）**〔山田1993, 64〕がそうであり，──1624条1項の規定する法律上の定義参照──，また自宅購入のための出捐[58]も含まれる。ただし，2050条2項の規定に示されている考え方によれば，持参金は，扶養法上負担していたが被相続人によって果されなかった職業訓練の対価であったときは，持戻対象とはならない[59]。さらに，（生存中の各法律行為[60]について）被相続人が**卑属間の持戻しを特に指示**したときは，2050条3項に従った持戻義務がある。

21-751 いかに持戻しをするべきかについては，2055条以下が規定している。持ち戻されるべき出捐はすべて持ち戻され，他方，持戻義務を負う者の相続分から差し引かれる。遺産の評価は，相続開始時を基準とする[61]。出捐の価値は，出捐時を基準

---

[56] 他の共同相続人間の持戻しについては，21-753a参照。
[57] 法律の規定によるのではなく，死因処分によって卑属が相続人に指定されたときは，原則として持戻義務は生じない。このときは，被相続人は，相続分を評価する際に既に生存中の出捐を考慮したと解されるからである。しかし，被相続人が法定相続人として受けるべきものを卑属に指定したとき，すなわち，基本的に法定相続を確認しただけのときであれば，持戻義務も生じる（2052条）。
[58] OLG Karlsruhe ZEV 2011, 531.
[59] BGH NJW 1982, 575.
[60] 相続法および消滅時効法の改正法の政府草案（BT-Drucks. 16/8954）は，被相続人が死因処分によって後から持戻しを指示する可能性を開こうとしたものであった。が，この規定は，2009年に可決された改革法には含まれなかった（3-85参照）。
[61] BGHZ 96, 174, 181 = NJW 1986, 931は，Meincke AcP Bd. 178 (1978), 45に依拠する。分割がいつであるのかも部分的には考慮される，というのが，たとえば，MünchKomm/Ann §2055 Rn.12.

に判断されるが（2055条2項），その後相続開始時までに生じる購買力低下を数学的に考慮しなければならない[62]。共同相続人が持戻しに関与しないときは，その共同相続人の取り分は事前に決定されることになる。そして，いかなる場合にも，被相続人の生存中に受けた出捐を返還する義務は，持戻しの枠組からは生じない（2056条前段）。

21-752 持戻しにより，相続分とは取り分割合となる。この取り分割合は，金銭による分割だけでなく，現物分割の場合にも基準となる[63]。

21-753 例：被相続人は，妻が1/2，子A，B，Cが各1/6の相続分で法定相続された。債務弁済後の遺産額は200,000ユーロであった。AとBは，それぞれ40,000ユーロと75,000ユーロの独立資金を受けていた。ここで，まず妻が100,000ユーロを受ける。持戻しは，2050条の規定に従って卑属間でのみなされる。残りの100,000ユーロに独立資金を加え，210,5000ユーロとする。ここから各卑属は，71,666.66ユーロを受ける。しかし，Bは，被相続人の生前に既にそれより多く受けているため，2056条後段の規定に従って，受けることができない。そこで，持戻しは，AとCの間でなされ，持戻しにより，遺産額は140,000ユーロとなり，各人が70,000ユーロを受ける。Aは，既に独立資金として受けた40,000ユーロが控除され，遺産から（金銭または現物分割のときは価値として）30,000ユーロを受け，一方，Cは70,000ユーロを受ける。

21-753a 持戻しに関する法律上の規定は，被相続人の卑属間の分割にのみ適用され，たとえば，被相続人の卑属と生存配偶者の間では適用されない。この場合において，被相続人は，生存中の法律行為（たとえば，生存者間の出捐における定め）によって持戻しや控除の義務を生じさせることができず，死因処分によって（たとえば，相続分や（先取）遺贈）によって遺産の分配において受益を自己の望むよう考慮することを指示することができるだけである[64]。

b）卑属の協力や法定相続人による介護を理由とする持戻し

21-754 法定相続人の卑属の一人が，被相続人の財産の維持または増加に特別の寄与をし，これに対する対価を受けなかったときは，その者が相続開始に際し，他の卑属より多く受けないとなると，不公平であろう。このような場合について，2057a条

---

(62) BGHZ 65, 75, 77 = NJW 1975, 1831; 詳細は，MünchKomm/Ann §2055 Rn.15参照（ここでも分割時点が基準とされる）。
(63) BGHZ 96, 174.
(64) BGH ZEV 2010, 33（Leipoldの批判的評釈有り（第三者のためにする契約としての控除合意の有効性にについて））。

は，分割の際に寄与をした者のために補償を求める権利を規定している。たとえば，被相続人の家政や事業でともに働いたり，被相続人を長期間間介護したりしていた卑属に適用される。詳細は2057a条参照。

21-754a　2009年の改正では，新2057b条を挿入することにより，既になされた介護の持戻義務を法定相続人全員に拡大するという計画[65]（3-85参照）は実現されなかった。単に，2057a条1項後段の規定を改正することにより，卑属間での介護のための持戻しのみが拡大された。現在では，介護によって職業上の収入が減少したことは，持戻しの要件とはなっていない。

21-754b　持戻権は，**報酬**が支払われず，合意されずかつ（その他の法律上の原因によっても）請求することできないことを要件とする。（2057a条2項）。持戻額は，給付と遺産価値を考慮し，衡平に従って算定される（2057a条3項）。持戻額は，遺産全体から控除され，持戻権者の相続分に加算される（2057a条4項）。

21-754c　持戻義務は，被相続人が死因処分によって消滅させることができる。これは，被相続人が介護を理由に卑属の一人を単独相続人に指定することによって黙示でなされることがある[66]。

21-755　例：遺産価値が200,000ユーロで，子AとBが各1/2の相続分の法定相続人であり，Aが被相続人の事業に長年協力したことを理由に40,000ユーロの持戻しを請求することができるときは，持ち戻されるべき40,000ユーロはまず遺産から控除され，160,000ユーロが残る。各共同相続人はこの1/2，つまり80,000ユーロを受けるが，Aの取り分に40,000ユーロを加えるので，Aは120,000ユーロ，Bは80,000ユーロを受けることになる。

Ⅳ　共同相続人の遺産債務に対する責任

1．遺産分割前

21-756　包括承継原則に従い，共同相続人は，遺産債務について**連帯責任者**（Gesamtschuldner）〔山田 1993, 272〕として責任を負う（2058条，421条）。したがって，遺産債権者は，各共同相続人に対して全額の支払を求める，いわゆる**連帯債務の支払を求める訴え**（Gesamtschuldklage）〔常岡 2014, 100〕を提起することができる。しか

---

[65]　政府草案（一部より広範囲な提案を含む）について Otte ZEV 2008, 260; Windel ZEV 2008, 305; Köbl, FS Frank（2008），159.
[66]　BGH ZEV 2021, 449（Horn の賛成評釈有り）= ErbR 2021, 781（遺言解釈に批判的な Keim 評釈有り）。その結果，介護は，2316条1項後段の規定によっていずれにせよそうなるところであるが，相続廃除された卑属の遺留分侵害額請求権の減額をもたらさないことになる。

し，遺産分割前は，共同相続人は自己財産からの弁済を拒絶することができる（2059条1項前段）。したがって，共同相続人の責任は差し当たり限定されている。この責任限定は，給付判決を妨げるものではないが，（判決中に留保が付けられることで（民事訴訟法780条））共同相続人は，請求異議の訴え（民事訴訟法781条，785条，767条）を提起することにより自己財産に対する執行を拒むことができる。遺産債権者は，共同相続人に対する債務名義によってでは，共同相続人の相続分に対してのみ執行することができ，遺産中の個別財産に対しては執行することができない（民事訴訟法859条2項）。

21-757 ただし，連帯債務訴訟以外に，遺産債権者は，分割前であっても，2059条2項の規定に従っていわゆる**合有の訴え**（Gesamthandsklage）〔常岡 2014, 100〕も提起することができる。つまり，共同相続人全員に対して訴えを提起し，**分割前の遺産**（つまり，遺産中の個別財産）に対して強制執行をすることができる（民事訴訟法747条）。

2．遺産分割後

a）有限責任か無限責任か

21-758 共同相続人は，遺産分割後も2058条の規定に従って遺産債務についての連帯債務者である。その責任が遺産に限定されるかどうかは，**責任制限の一般要件**が満たされるかによって決まる（たとえば，相続財産破産手続開始は，遺産管理命令（2062条）とは異なり，遺産分割後も可能である（破産法316条2項））。さもなければ，各共同相続人が無制限に，つまり遺産に由来しない自己財産で責任を負うことになる。

b）全額責任か分割責任か

21-759 責任限定の問題（遺産債権者がどの財産に執行することができるか）と，各共同相続人が債権の**全額**について責任を負うかという問題は，区別されなければならない。2060条以下の規定による分割責任を負うという特別な事情がない限り，原則として全額について責任を負わなければならない。

21-760 分割責任は，たとえば，公示催告手続で失権した債権者や，相続開始後5年以上経過後に権利を行使した債権者，および相続財産破産手続終了後に適用される（2060条1～3号）。この場合において，債権者は各共同相続人に対し，共同相続人の相続分に応じた債権の範囲内でしか請求することができない。

第21章の問題と事案

1．Aは，Eの1/8の相続分の共同相続人である。Eの遺言により，Aは，被相続人

の配送用バンを相続分から差し引いてて受ける。A は至急現金が必要になったので，直ちに配送用バンを B に売却したいと考えている。これは可能であろうか？

2．ゼップ・ザラーの法定相続人は，2 人の息子マックスとモーリツで，各 1/2 の相続分である。
a）遺産には，ドライアーに対する 8,000 ユーロの満期貸付債権が含まれている。マックス・ザラーはドライアーに 8,000 ユーロ，または少なくとも 4,000 ユーロを自己の口座に振り込むよう請求できるだろうか？
b）存在が明らかになった遺産債務の弁済後，20,000 ユーロの剰余金が残り，マックス・ザラーとモーリツ・ザラーは相続開始 3 箇月にこれを 2 人で分けた。数週間後，被相続人がなお 12,000 ユーロの債務を負う卸売業者シュペートが登場した。シュペートはモーリツ・ザラーに支払を請求したところ，モーリツはせいぜい 6,000 ユーロの支払を主張している。権利関係はどうなるか？

3．2017 年に死亡した商人マックス・アンカーは，農機具の取引を営んでいた。マックス・アンカーの未亡人アンナが 1/2 の相続分の，2004 年と 2007 年にそれぞれ生まれた 2 人の息子フランツとオスカーが各 1/4 の相続分の，法定相続人となった。農機具取引業は旧社名（マックス・アンカー）で継続された。アンナ・アンカーは，共同相続人による相続人共同体において会社を存続させることを商業登記簿に登記した。そして，アンナ，フランツ，オスカーがマックス・アンカー社の分割前の相続共同体における所有者として商業登記簿に登記された。2022 年初頭，マックス・アンカー社は支払不能に陥った。アンナ・アンカーがマックス・アンカー社名義で 2021 年に農機具メーカーのファーバー社と締結した契約からは，800,000 ユーロの債務が残っている。
a）相続人共同体によってマックス・アンカー社は存続できたのか，また，それは，会社の形態に関してどのような法律効果が生じさせたのであろうか？
b）フランツとオスカーはファーバー対し 800,000 ユーロの支払義務を負うか，そして誰の財産で責任を負うか？

解　答
21-761　1．配送用バンの所有権は，相続開始時に相続人共同体に移転している（1922 条 1 項，2032 条 1 項）。遺言において定められたのは，**分割方法の指定（2048 条前段）**である。分割に際し，共同相続人は配送用バンの所有権を A に移転する義務

を負う。それまでAは，バンの所有者ではない。Aは，バン全部またはその持分（2033条2項）の処分をすることができない。バンの処分は，共同相続人が共同でしなければならない（2040条1項）。しかし，債務法上の契約の有効性は売主が目的物の所有者であることを要件とはしないので，この権利関係は，AがBと有効な**売買契約を締結すること**を妨げはしない[67]。ただし，契約上の責任（契約締結時に存在する給付障害，（311a条），または遅滞による責任（280条2項，286条））を避けるためには，Aは，売買契約締結時に，遺産分割までは履行できないことをBに通知しなければならない。

21-762　2．a）債権はマックス・ザラーとモーリツ・サラーの**相続人共同体に帰属**する。したがって，マックス・ザラーは，たとえ〔半額の〕4,000ユーロであっても，自己への支払を請求することができない。ただし，共同で共同相続人に対する支払を請求することはできる（2039条前段）。
b）共同相続人は**連帯責任人として責任を負う**（2058条）ので，シュペートはモーリツ・ザラーに対して全額の支払を請求することができる（421条）。遺産分割はこれを妨げない。**分割責任**（2060条以下）となる原因が存在しないからである。（モーリツ・ザラーは，全額を支払ったときは，426条1項・2項の規定に従って，マックス・ザラーに対して6,000ユーロの求償をすることができる）。

21-763　3．a）マックス・アンカーが個人事業主として営んでいた商行為は，相続開始によって相続人共同体に承継され，その合有財産となる（1922条1項，2032条1項）。**商行為の相続可能性**は，異論なく肯定され，商法22条1項および同法27条の規定もこれを前提としている。旧社名の継続は（継承を示す接尾語が付加されていなくても）商法22条1項の規定に従って許容される。通説によると，**相続人共同体が期間制限なく商行為の主体**となることができる。このことに対しては，商法上の会社形態の閉鎖性との矛盾が一部で指摘されている。その学説によれば，共同相続人が商法27条2項の規定において認められている熟慮期間を超えて商行為を継続するときは，合名会社の設立と解されるべき，と言う。連邦通常裁判所[68]はこの問題を扱い，（主に共同相続人の保護が必要であることに言及しつつ）従来の確定判例を維持した。それ

---

(67)　BGH WM 1967, 978, 979：共同相続人は，遺産中の個別財産の譲渡を債務法上合意することができる。
(68)　BGHZ 92, 259, 262 ff. = NJW 1985, 136（Karsten Schmidtの評釈有り）; MünchKomm/Gergen § 2032 Rn.53.

によれば，共同相続人が商行為を継続するのに合名会社を設立することは可能であり，その意思表示を黙示にすることも可能であるけれども，商行為の継続だけでは，組合契約が成立しているとは言えない。本件事案には，事業継続の他に，組合契約成立を推認させる事情が存在しない。したがって，分割前の相続人割共同体が，依然として商行為の主体と解されるべきである。

21-764　b)　フランツ・アンカーとオスカー・アンカーは，商行為の共同所有者として，会社名で有効に締結された法律行為によって個人的にも債務を負う。アンナ・アンカーは，未成年であった息子フランツ・アンカーとオスカー・アンカーのために親権そして法定代理権を有していたのであるから（1680 条 1 項，1629 条 1 項前段），会社のために（したがって会社の主体である相続人共同体のために）契約を締結することができた。家庭裁判所の許可は，組合契約の締結（1643 条 1 項・1822 条 3 号）とは異なり，相続人共同体が商行為を継続するための要件ではない[69]。したがって，フランツ・アンカーとオスカー・アンカーは，ファーバーに対する債務全部について，連帯債務者（2058 条）として個人として無制限に責任を負うことになる。

21-765　しかし，連邦憲法裁判所は[70]，相続された商行為を分割前の相続人共同体で継続するときは，親がその代理権（1629 条）によって子に財産上無制限の義務を課すことができると解することは，未成年者の一般人格権（基本法 2 条 1 項，1 条 1 項）と矛盾する，と判示した。

21-766　この連邦憲法裁判所の決定に基づいて 1999 年 1 月 1 日に施行された未成年者の責任制限に関する法律によってる新たなルールが導入された。すなわち，1629a 条 1 項 1 段の規定に従って，2022 年に成人したフランツ・アンカーは，法定代理人である母が彼に負わせた債務について成人したときに有していた財産のみを引当に責任を負う。この責任限定は，1629a 条 2 段の規定に従って，不足の抗弁に関する規定（1990 条・1991 条，20-715 参照）が準用されて債権者に対抗することができる。フランツ・アンカーは，自己の利益のために，成人後 3 箇月以内に相続人共同体の分割を請求するべきである。さもなければ，1629a 条 4 項の規定に従って，不利な解釈や推定規定の適用により，無限責任を負うことになりかねないからである。

21-767　オスカー・アンカーの責任は，当面無制限であり，2025 年に彼が成年に達したときに初めて，その時点で存在する財産のみを引き当てにする責任制限が彼にも適用される。

---

[69]　BGHZ 92, 259, 266 ff.（Fn.68）は，類推適用も否定する。
[70]　BVerfGE〔原典の BVerfG は誤記〕72, 155 ＝ NJW 1986, 1859（BGHZ92, 259〔Fn.68〕を否定）。

第22章　遺贈と負担

事案28：リープ夫妻は共同遺言で，お互いを単独相続人に指定し，さらに後に死亡する者の死亡によって両者の財産が2人の共通の子に等分に渡ることを定めた。夫の死後，リープ夫人は適式の自筆遺言を作成し，娘Tがシュロス通りの土地を，息子Sが温泉通りの土地を，それぞれ動産を含め受けることを定めた。シュロス通りの土地は，先に死亡した夫の遺産であった。リープ夫人は遺言でさらに，2人の子供を等しく扱いたい旨を表示している。シュロス通り土地の方が高価なときは，高価な動産をSが受けることでそれを補う，ということであった。リープ夫人の死後，シュロス通りの土地の価値が温泉通りの土地より約300,000ユーロ高いことが判明したが，温泉通りのための動産には20,000ユーロの差しかない。その他に財産は存在しない。TとSは，母親の遺言が有効か否かを争っている。権利関係はどうなるか？

I　遺　贈

1．法 的 性 質

22-768　遺贈とは，被相続人が相続人に指定するすることなく，他人に財産中の個別財産に対する権利を与える死因処分である（1939条）。遺贈は，遺言によっても相続契約によってすることができる（1941条）。受益者（受遺者）は，**遺贈目的物の給付請求権**を，負担を課せられた者に対して取得する（2174条）。つまり，相続開始時に個別財産が受遺者に直接移転するのではなく，負担を課せられた者（Beschwerte）〔山田 1993, 90〕と受遺者との生存者間[(1)]における法律行為（遺贈の履行）によって譲渡されなければならない。つまり，遺贈には**債務法上の効力しかない**（いわゆる**債権的遺贈**）──物権的効力のある遺贈（物権的遺贈）は現行法上認められていない。これが，相続人指定との決定的な違いである。相続人指定と遺贈（とりわけ，明示的な相続人指定を伴わない遺産中の高価な個別財産の出捐において）の区別がしばしば困難であることや，2087条の解釈規定については，12-366以下参照。ただし，**外国法の規定に従う物権的遺贈**は，EU相続規則の規定に従って，ドイツで直接に承認される（1-23d, e 参照）。

---

(1) 遺贈目的物の（共同相続人でない）受遺者への譲渡は，いわゆる取引行為であり，たとえば，892条の規定に従った即時取得が可能である。OLG Naumburg NJW 2003, 3209.

2．出捐の目的

22-769 財産上の利益であれば，何でも遺贈の目的とすることができる。たとえば，金銭支払，動産または不動産の所有権移転，遺産中の個別財産に対する物権設定（土地債務，用益権），債権譲渡，受遺者の債務免除などである。取得は無償である必要はなく，遺贈は，遺産中の物を購入する権利（すなわち，買取権（Ankaufsrecht）〔山田 1993, 32〕[(2)]）や遺産中の物の賃借権を受遺者に取得させることでもよい。

22-770 遺贈の様々な特別方式のうち，目的を定めた遺贈（2156条）は言及に値する：被相続人が遺贈の目的を定めるときは（たとえば，学業を終える目的の資金提供），被相続人は，負担を課せられた者または第三者に，その合理的な裁量で給付を定める委ねられる（2065条2項に対する法律上の例外，10-278以下参照）。

22-771 遺贈目的物が相続開始時に遺産に属さないとき，たとえば被相続人が遺贈目的物を既に他人に所有権移転していたときは，遺贈は通常無効となる（2169条1項）。しかし，被相続人が賠償請求権を取得しているときは（たとえば，遺贈目的物を滅失させた者に対して），この請求権が遺贈されたと解される（2169条3項）。加害者が賠償金を被相続人に支払ったときは，その金額が遺贈されたことになる（2173条後段）。

22-772 しかし，被相続人は，遺産に含まれない物を遺贈することもできる。そのときは，いわゆる調達遺贈（Verschaffungsvermächtnis）となり，負担を課せられた者は，受贈者に対しその目的物を，たとえば，その物を購入し，譲受人に所有権移転して調達する義務を負う。調達が不能なときは，価額を賠償しなければならない（2170条2項）。このような遺贈は，遺贈された物が，たとえば，財産共同制の合有財産に含まれるために被相続人だけのものではない場合にも可能である。被相続人がこのことを認識しているときは，通常，調達遺贈と解釈されるべきである[(3)]。種類遺贈（Gattungsvermächtnis）（遺贈目的物が種類によってのみ定められている）のときは，負担を課せられた者は，2182条以下の規定に従って，物の瑕疵と権利の瑕疵について責任を負う。

22-773 相続開始時に誰にとっても不能な給付[(4)]を目的とする遺贈は，一般には，2171条1項の規定に従って無効となるが，その後不能が止むときのために出捐され

---

(2) BGHZ 148, 187 = NJW 2001, 2883（仮登記の可能性についても）。
(3) 他方，このような認識が欠けるときは，調達遺贈が存在するかどうかについては，「出捐意思の強さ」が基準となるというのが連邦通常裁判所の見解である（BGH NJW 1983, 937）。
(4) 2001年債務法改正で一般には無くなった，給付の原始的客観的不能の法概念が，ここでは維持されているのである。

たときは，この限りではない（同条2項・3項）。他方，受遺者が求めることができる給付が相続開始後にはじめて不能となったときは（遺贈によって負担を課せられた者にとってか誰にとってもかいずれにしろ），履行請求権は275条1項の規定に従って消滅するが，不能が負担を課せられた者の責に帰すべき事由のあるときは，その者が給付に代わる損害賠償義務を負う（280条1項前段・後段，283条）。

3．負担を課せられた者
22-774 遺贈で**負担を課せられる**（＝給付義務を負う）のは，**相続人**（法定相続人または遺言相続人）または受遺者である（2147条前段）。遺贈で受遺者が負担を課せられるときは，**転遺贈**（Untervermächtnis）〔山田 1993, 650〕と呼ばれる。被相続人が別段の定めをしなかったときは，相続人が負担を課せられる（2147条後段）。疑わしいときは，数人の相続人は，相続分に応じて負担を課せられる（2148条）。ただし，これは内部関係の問題に過ぎない。遺贈は**遺産債務**であるため（1967条2項），負担を課せられた数人の相続人は，受遺者に対して連帯して責任を負う（2058条）ので，受遺者は，負担を課せられた各共同相続人に対して全額の支払を請求することができる（421条）[5]。

22-775 責任制限については，一般の規定が適用される（20-706以下参照）。遺贈と負担のために債務超過となる場合の不足の抗弁（1992条）については20-715参照。

4．受遺者
22-776 遺産を受ける（すなわち，**受遺者**となる）者は，被相続人の定めによって決まるところ，被相続人は数人を指定し，そのうちのどの者が遺産を受けるべきかの決定を，負担を課せられる者または第三者に委ねることができる（2151条1項）。

5．先取遺贈
22-777 特に重要なのは，相続人に対しても遺贈が可能なことである（2150条）。このような**先取遺贈**は，主に個々の共同相続人のためになされる。**分割方法の指定**（2048条前段）との区別は，かなりの困難を生じさせるかも知れない。というのは，分割方法の指定によっても特定の個別財産が共同相続人に出捐され得るからである。

---

(5) BGH NJW 1998, 682: 競売により土地の単独所有権を取得した共同相続人は，連帯債務者としての責任を理由に，遺産中の土地の所有権移転を目的とする（先取）遺贈を履行する義務を負う。給付が他の共同相続人にとって不能になったとしても，425条2項の規定に従って，これは妨げられない。

分割方法の指定か先取遺贈かの区別は，特に相続契約において重要である。先取遺贈は契約上（拘束力のある方法で）取り決めることができるが，分割方法の指定はできないからである（2278条2項）。基準となるのは，被相続人の意思表示であり，場合によっては，解釈によって導かれなければならない。分割方法の指定，相続分であるところの相続法上の配分額に影響を及ぼすことはないが（配分額を変更する分割方法の指定は不可），受益者となる共同相続人に償還義務を課すことはできる[6]。受益者が**相続分を超え**て，遺産中の個別財産を受けることが確定されるときは（つまり，控除や持戻義務がないとき），先取遺贈である[7]。ただし，**価額上の優遇がない場合**，すなわち，出捐された物の時価相当額が相続分から控除される場合であっても，当該共同相続人を他の者よりも優遇しようとする被相続人の意思が認められるとき[8]，あるいは，出捐に相続権取得原因とは無関係な理由があるときは[9]，先取遺贈と解されるべきである。

6．遺贈の効力発生と放棄

22-778 受遺者は，相続開始時に遺贈を発生原因とする債権（遺贈目的物ではない）を取得する。その取得は**法律上当然の取得**である。(2176条)。ただし，受遺者は，遺贈を承認していない限り，相続開始に遡及して**放棄**をすることにより，遺贈の効力発生を妨げることができる（2180条3項，1953条1項）。**放棄の期間制限はない**（相続放棄とは異なる）[10]。承認と放棄は，負担を課せられる者に対する不要式の意思表示によってなされる（相続放棄のように遺産裁判所に対してするのではない）（2180条2項）。──遺贈から生じる請求権は，原則として，3年の消滅時効に掛かる（18-641a参照，時効の起算点については18-641b参照）。

22-779 遺贈の効力発生は，相続開始時に受遺者が生存していることを要件とする（2160条）。ただし，被相続人は**予備受遺者**を定めることができる（2190条）。また，**事後遺贈**（Nachvermächtnis）〔山田 1993, 436〕（2191条）により，被相続人は，遺産中の個別財産をまずは最初の受遺者に，次に（たとえば，最初の受遺者の死亡により）事後受遺者に帰属させることを定めることもできる。事後遺贈は，事後遺贈の効力が

---

(6) BGHZ 82, 274, 279.
(7) BGH NJW 1985, 51, 52; WM 1984, 1006, 1007. 解釈については，BGH NJW-RR 1990, 391 も参照。
(8) BGHZ 36, 115.
(9) BGH NJW 1995, 721 は，先取遺贈は，価額上の優遇がなくてもなされうることを明らかにしている。
(10) BGH NJW 2011, 1353（共同遺言における相関的処分においても同様）。

発生していないときでも，相続開始後であれば，放棄することができる[11]。

Ⅱ　負　担

22-780　遺言や相続契約における負担によっても，相続人（または受遺者）に**給付義務**（作為または不作為，241条1項後段参照）を負わせることができるが，——この点で遺贈と異なる——その給付請求権が誰かのために出捐されるわけではない（1940条）。負担によって，たとえば，墓碑管理[12]や書き残した文学作品の出版を命じることができる。また，被相続人はこの方法で，遺産の一部を慈善目的に用いることを定めることもできる[13]。2072条の規定に従って，恵まれない人々への出捐が詳しく定められていないときは，疑わしいときは，負担として解されるべきである。

22-781　負担においては，**受益者は請求権を取得しない**が，負担を課される者の任意で履行されるわけではない。法律上は，給付義務を負い，相続人（受遺者が負担を課されたとき）もしくは共同相続人または負担を課される者が離脱することによって直接に利益を受ける者は，負担の**実行を請求**することができる（2194条前段）。負担の実行が公共のためであるときは，州法上管轄のある当局もまたその実行を強制することができる（2194条後段）[14]。被相続人が遺言で表明した**拘束力のない願望**は，負担ではない。定めが非常に曖昧なときは，この意味で解釈される。

事案 28 の解答：

22-782　共同遺言には，2269条1項の解釈規定を考慮して文言上明らかなように，後に死亡した配偶者の相続人として2人の子だけを指定すること（いわゆるベルリン遺言，詳しくは14-463参照）は含まれているが，先に死亡した配偶者（本件では夫）の財産に関する先位相続・後位相続の定めはない。生存配偶者は，**相関的処分**がある限り，共同遺言に拘束される。これは，2270条2項の解釈規定に従って，夫による妻の指名と妻による子の指名にあてはまる。

22-783　したがって，リープ夫人は，夫の死後，子の相続人指定を撤回することができない（2271条2項前段）。したがって，リープ夫人が遺言でした処分は，遺産の半分についてSを共同相続人に指名することを害する限り，無効となる。これは，

---

(11)　BGH NJW 2001, 520（事後遺贈と遺留分の関係についても）。
(12)　BGH ZEV 2021, 521 Rn.18 ff.
(13)　したがって，たとえば，財産が「動物のためになる」べきであるという定めは，出捐（2193条の規定の意味における目的負担（Zweckauflage）と解される（BayObLG NJW 1988, 2742）。
(14)　これについて，BGHZ 121, 357 = NJW 1993, 2168.

シュロス通りの土地が先取遺贈（2150条）によりTに与えられ，Tが価値的に遺産の半分以上を受けることになるときである。それに対し，それが単に分割方法の指定（2048条前段）であって価値としては遺産の平等な分け前を変更しないときは，共同遺言で定められた相続人の地位は害されないことになる。

22-784 本件の定めは，一見したところ，価値の変動をもたらすようであるので，分割方法の指定ではなく，先取遺贈と解釈されることになろう。というのは，分割方法の指定は，価値の変動が生じないときにのみなされ得るからである。しかし，リープ夫人の遺言には，2人の子を価値的に等しく扱う意思が表れている。リープ夫人は，自らの処分がその結果をもたらさないことを予見していなかったというだけなのである。

22-785 しかし，遺言の補充的解釈が可能である。そうすると，等しい分け前という目標が達成されないことを被相続人が認識していたならば，彼女はどうしたであろうか，が問われなければならない。そうすると，被相続人は，受益者である共同相続人Tが，共同相続人Sに対して相当な補償金を支払ったときにのみ，シュロス通りの土地を受けられる，と定めたはずである[15]。したがって，そのような内容の有効な分割方法の指定が存在することになる。土地と動産の価値からすると，TがSに対して140,000ユーロの補償金を支払えば共同相続人は等分になることが分かる。その結果，Tは，Sに対してこの補償金を支払ったときにのみ，シュロス通りの土地の取得を主張することができる[16]。

第22章の問題と事案

1．ゾルクは，その子らを相続人に指定したいが，自らの死後，甥のNに対しても自己の遺産から毎月長期間にわたって支払を受けさせたいと考えている。しかし，ゾルクは，Nの債権者がゾルクの出捐に掛かってくることをできるだけ避けたいとも考えている。この観点からすると，遺贈と負担のどちらが相応しいか？

2．クルーク氏は，遺産から一定額を環境保護の促進に充てることを検討している。しかし，どの団体を対象とするかは未定である。クルーク氏は遺言で，環境保護に貢献して助成に値する団体に，相続人が10年間にわたり毎年10,000ユーロを支払うよ

---

[15] OLG Braunschweig ZEV 1996, 69 および BGH ZEV 1996, 70 の不受理決定。
[16] 連邦通常裁判所の見解（脚注15）によると，補償金の支払は，分割方法の指定の停止条件ではなく，共同相続人の遺産分割の計画（遺産分割計画）に補償義務を規定すれば足りる（21-746参照）。Tは，このような分割計画に対するSに対して同意を求め，分割のための土地の競売（競売と売却代金の分割）を阻止することができる。

第4部　相続開始の法律効果

う定めることができるだろうか？

3．エーリヒ・エントは，数筆の土地を含む莫大な財産を有しており，最初の結婚から生まれた娘フリーダ・エントを単独相続人として遺言で指定している。さらに，2人目の妻ザビーネ・シェーンが遺産からある土地を受けること，ただし，受益者の死後，この土地はフリーダ・エントのものとなることを定めている。エーリヒ・エントは，生存中にその土地をサビーン・シェーンに無償で所有権移転し，自分の死後はサビーン・シェーンがその土地を受けるはずであったことを付け加えていた。エーリヒ・エントとザビーネ・シェーンの死後（しばらくして），彼らの相続人とフリーダ・エントとの間で，フリーダ・エントがこの土地を目的とする請求権を有するかどうかが争われた。権利関係はどうなるか？

解　答

22-786　1．遺贈においては，受益者は請求権を取得し（2174条），彼の債権者はそれに対して，強制執行（債権回収のための請求権の差押えおよび転付，民事訴訟法829条・835条）を申し立てることができる。その限りでは，受益者はいかなる**請求権**も取得しない，負担が適当である[17]。彼の債権者は，負担によってNの財産に金銭が入った（そしてまだそこに存在している）ときに初めて，それに掛かって行けるからである。

22-787　2．2065条2項の規定に従って，被相続人は，出捐の受益者の決定を第三者（本件では相続人）に委ねることはできない。しかし，法律は，遺贈と負担の領域において，この定めに重要な例外を置いている。それでも，遺贈では，被相続人が数人の受遺者を指定し，その中からの選択を相続人に委ねるという形でしか選択を定めることができない（2151条1項）。もし，仮に被相続人が受遺者の候補を全く指定したくなければ，負担を定めることができる。本件のように，**負担の目的が被相続人によって定められているときは，給付を受ける者の決定を，負担を課せられた者（ここでは相続人）に委ねることが許される**（2193条1項）。

22-788　3．フリーダ・エントは，エーリッヒ・エントが彼女に出捐した遺贈を根拠として，土地返還と所有権移転を請求することができる（請求権発生原因は2174条）。しかし，当初，この土地は，遺贈によってザビーネ・シェーンのために出捐されたものであった。その死後にフリーダ・エントがその土地を受けるという定めは，

---

(17)　このような考慮が遺贈と負担の選択において（どちらの処分が意図されたかの事後的解釈において）役割を果たすことがあることが，たとえば，KG ZEV 1998, 306, 307 において明らかにされている。

ザビーネ・シェーンが最初の受遺者として負担を課せられる**事後遺贈**である（2191条1項）。ここで問題となるのは，エーリヒ・エントが生存中にザビーネ・シェーンに土地を譲渡していたことである。そのため，相続開始時にその土地はエーリヒ・エントの遺産に属していないため，最初の遺贈および事後遺贈は，2169条1項の規定に従って無効と解することもできる。しかし，被相続人エントの遺言によるサビーネ・シェーンへの生前の無償譲渡は，最初の遺贈による遺言の結果を**前倒し**したものに過ぎないことを考慮しなければならない。そして，最初の遺贈の前倒しが**事後遺贈の効力に影響を及ぼさない**ということも，エントの遺言から明らかである[18]。したがって，フリーダ・エントは，ザビーネ・シェーンの相続人に対して土地を目的とする請求権を取得する。

---

(18) OLG Frankfurt ZEV 1997, 295.

第 23 章　遺言執行者

事案 29：寡婦の被相続人ベルク夫人は，次の適式な遺言を作成した。「私は，私の2人の娘を等分に共同相続人に指定する。私は，私の友人であるシュトレッカー氏に遺言執行者を依頼する。シュトレッカー氏は定められた遺贈と負担を実行し，2人の相続人が死亡するまで遺産を管理する。遺言執行者はいかなる場合にも，ベルクハイムにある私の2筆の土地を処分してはならない。それらは，娘たちの生活を保障するために，永久に維持されなければならない。」この遺言には，他のいくつかの遺贈と負担も記されていた。相続開始直後，シュトレッカー氏は次のように尋ねた。

a）自分が既に遺言執行者なのか，そうであれば何をすべきなのか？
b）遺言執行者として報酬を受けることができるか？
c）遺言執行者就任後，ベルクハイムの土地の1つを，単独であるいは娘たちの同意を得て，特に有利な価格を提示する者に対して売却することは可能か？
d）娘たちは，少なくともベルクハイムの土地とは別に，遺言執行者に対して遺産の正当な取り分を請求することができるかどうか？

　権利関係はどうなるか？

I　遺言執行者の指定

1．死因処分による指定

23-789　相続開始後に遺産がどうなるか，また被相続人の最後の意思がどれだけ守られるかは，直接関係する人々，特に相続人の行動によって決定的に左右される。しかし，被相続人は，その処分な履行と共同相続人間の正しい遺産分割を保障するために，自らの信頼する者を遺言執行者に指定することができる。それには，遺産を一体として維持する目的がある場合もあり，たとえば，後位相続人の指定との関係で問題になる。遺言執行者の指定は，**遺言**（2197 条 1 項）または**相続契約**（2299 条 1 項）における単独の処分としてなすことができる[1]。（遺言執行者の交代については，15-505a 参照）。被相続人のこのような定めがなければ，遺言執行をすることができない。

---

[1]　「遺言執行者」という語が用いられる必要はない。遺言執行者指名が意図されていたことが解釈によって明らかであれば足りる（BayObLGZ 1982, 59 および事案 15, 12-384 参照）。

2．遺言執行者の人選

23-790 一般に，被相続人は，誰を遺言執行者にするかを終意処分の中で既に定めている。しかし，被相続人は，たとえば，当初遺言執行者に予定していた者がその職を引き受けなかったり，後に存在しなくなったりしたときに備えて，**遺言執行者の人選を第三者**（2198条）または**遺産裁判所**（2200条）に委ねることができる。被相続人によるこのような求め（解釈により遺言から推測されることもある）があるとしても[2]，遺産裁判所は遺言執行者を指定する義務を負うのではなく，（遺産の状況や関係者の利益を考慮し）職務上の裁量でこれを定めるにすぎない[3]。

23-791 遺言執行者は，就職時に完全な行為能力を有していなければならない（2201条）。それ以外の点では，人選に制限はない。共同相続人[4]も遺言執行者に指定することができる。他方，単独相続人は，原則として遺言執行者に[5]指定されることができない[6]。それは意味が無いであろうからである。しかし，単独相続人は数人の遺言執行者の1人となることはでき[7]，連邦通常裁判所の見解によれば[8]，遺贈を直ちに履行する任務の遺言執行者に指定されることは可能である。また，未成年の相続人の**法定代理人**も遺言執行者になることができる[9]。

3．任務の受諾と拒絶

23-792 遺言執行者の職務の開始は被相続人の死亡によるのではなく，遺言執行者がその任務を受諾することによる（2202条1項。任務の受諾または拒絶は遺言裁判所に対する（不要式の）意思表示によってなされなければならない（2202条2項。原則として，就職を受諾する義務はないが，被相続人との契約からそのような義務が生じることもある。

---

[2] OLG Zweibrücken ZEV 2007, 31.
[3] 通説，OLG Hamm Rpfleger 1984, 316; OLGZ 1984, 282, 288; BayObLG Rpfleger 2004, 164.
[4] BGHZ 30〔原典の39は誤記〕, 67, 70; BayObLG ZEV 2002, 24によると，共同相続人全員でもよい。
[5] 単独相続人を遺贈の遺言執行者に指定し，他人に遺贈され譲渡された財産の管理について責任を負わせることは許容される（23-795参照）。
[6] BayObLG FamRZ 2002, 991, 993); ZEV 2006, 455.
[7] MünchKomm/Zimmermann §2197 Rn.11; Staudinger/Reimann (2016) §2197 Rn.82.
[8] BGH ZEV 2005, 204. それによれば，さらなる要件として，重大な義務違反があったときに備えて遺産裁判所が別の遺言執行者を指定することができることが必要である。
[9] BGH ZEV 2008, 330（利益相反を理由として未成年者のために補充保護人（Ergänzungspfleger）〔山田 1993, 201〕を選任するための要件について）。

Ⅱ　遺言執行者の任務と法的地位

1．任　務

23-793　通常，遺言執行者の任務は，清算執行（Abwicklungsvollstreckung）〔小川 2019, 164〕である。つまり，被相続人の終意処分（たとえば，遺贈や負担）を実行し（2203条），共同相続人間で遺産分割協議を成立させ（2204条）[10]，遺産を管理する（2205条前段）ことである。

23-794　しかし，被相続人は終意処分によって遺言執行者の任務を修正することができる。遺産（または単に遺産中の個別財産のみ，2208条1項後段）の管理だけを割り当てたり，また，遺言執行者の他の任務が既に実行されているときには，**管理の継続**を定めたりすることができる（2209条前段）（**継続執行**（Dauervollstreckung））。継続執行と解釈されるのは，たとえば，遺言に単独相続人指定と遺言執行だけが定められているときであり，そう解さなければ遺言執行が意味をなさないからである[11]。原則として，**相続開始後30年**で，継続執行は終了する（2210条前段）。しかし，2210条中段の規定に従って，被相続人は，相続人（後位相続人を含む）または遺言執行者の死亡までの継続執行を定めることができるので，30年を大幅に超過することが可能である。2199条2項または2200条1項の規定に従って，遺言執行者の後任を選任することが許されるときは，いかなる期間制限が適用されるかについて激しい議論を呼んだが，連邦通常裁判所は[12]，2210条の文言と目的（遺言の「永久」執行の禁止）を考慮し，遺言執行は，最長で相続開始後30年以内に選任された最後の執行者が死亡するまで継続し得ると判示した。

23-795　ある共同相続人の相続分についてのみ遺言執行を定めたり[13]，後位相続人の権利を後位相続開始まで行使するところの**後位相続人遺言執行者**を指定したりすることもできる（2222条）[14]。同様に，2223条の規定に従って，遺言執行者に対し，受遺者に課せられる義務，すなわち負担または転遺贈の履行を託することができる

---

(10)　遺言執行者は，遺言で定められているときにのみ相当な裁量で遺産分割をすることができ，さもなければ，遺産分割に関する法律上の規定（2042条2項参照）に従わなければならない（OLG Karlsruhe NJW-RR 1994, 905〔原典の1905は誤記〕）。
(11)　BGH NJW 1983, 2247.
(12)　BGHZ 174, 346 = NJW 2008, 1157.――最後の遺言執行者の任期中の予備共同執行者の指定について KG ZEV 2008, 528 も参照。
(13)　BGH NJW 1997, 1362 = ZEV 1997, 116（分割前の相続人共同体においては，連邦通常裁判所によれば，遺言執行者の報酬は共同相続人全員が負担する）。
(14)　後位相続人に対する情報提供義務について（先位相続人と後位相続人の遺言執行者が同一であるとき）BGHZ 127, 360 = NJW 1995, 456.

（22-774）。明文で規定されていないけれども，遺贈された（そして受遺者に所有権移転された）個別財産の継続的管理のための遺言執行を 2209 条，2210 条の規定に従って定めることも（遺贈執行）[15]。

2．権　限

23-796　遺言執行者は，遺産の占有および**遺産中の個別財産を処分**することができる一方[16]，**無償の処分**[17]は原則としてはできない（2205 条中段・後段）。他方，遺言執行者は遺産について相続分を処分することはできない[18]。さらに，遺産中の個別財産を処分する権限は，2208 条 1 項の規定に従って，被相続人は，これを除外することができる[19]。**相続人**は，権利者ではあるが，遺言執行者の管理下にある遺産中の個別財産を処分することができない（2211 条 1 項）。このことは，遺言執行が終了するか，遺言執行者が特定の個別財産を管理下から除くまで，すべての種類の遺言執行に妥当する[20]。しかし，**相続人による即時取得は可能である**（2211 条 2 項）。遺言執行者の管理下にある土地については，**土地登記簿**に**遺言執行者**が付記登記されることで（土地登記法 52 条），処分権限のない相続人による即時取得を防ぐことができる。

23-797　遺言執行者が遺産中の個別財産を処分する権限を有する限り，遺言執行者は，たとえば，遺産中の個別財産を売却において，遺産に関して処分の義務を負うこともできる（2206 条 1 項後段）[21]。契約当事者は遺言執行者であるため，意思表示の瑕疵またはある事情を知っていたこともしくは知らなかったことにつき過失があったことについては，遺言執行者について決する[22]。また，遺言執行者は，**通常の管理**

---

(15)　BGHZ 13, 203; Grüneberg/Weidlich § 2223 Rn.2.
(16)　遺言執行者は自己の権利として行動するので，相続人が未成年者であるときは，1821 条・1822 条の規定する場合であっても，たとえば遺産中の土地を処分するのに家庭裁判所の許可を要しない（BGH ZEV 2006, 262）。── 他方，181 条の規定は一般に類推適用され，遺言執行者は，被相続人または相続人から権限を与えられたときに限って自己代理行為（Insichgeschäft）〔山田 1993, 332〕をすることができる（BGHZ 30, 67 = NJW 1959, 1429; MünchKomm/Zimmermann § 2205 Rn.85）。
(17)　一部無償の処分も無効である（BGH ZEV 2016, 202 Rn.10）。
(18)　BGH NJW 1984, 2464. 共同相続人は，自己の相続分を処分することができるが（2033 条 1 項），遺言執行が継続する。
(19)　BGH NJW 1984, 2464.
(20)　BGH NJW 2009, 2458, 2459 がまとめる（遺言執行の対象となっている土地の共同所有を解消のためにする分割のための競売が許されないことについても）。
(21)　ここで，遺言執行者が通常管理の原則の違反する場合において，遺産に不利益をもたらす意図があるときは，法律行為は良俗違反により無効である（138 条 1 項）。それ以外の場合においては，代理権濫用や明らかに疑わしい遺言執行者の行為があるときは，相続人は，履行請求に対して悪意の抗弁で対抗することができる（BGH NJW-RR 1989, 642）。
(22)　BGH ZEV 2021, 382 Rn.15（166 条の規定またはこのために発展した知不知の定めに従っ

（ordnungsgemäßen Verwaltung）〔近藤 1955, 285〕のために必要な限りにおいて，遺産のために債務を負担することができる（2206条1項前段）[23]。

23-798 また，遺言執行者は，その管理する権利を裁判上行使することができる（能動的訴訟の排他的追行権限[24]）（2212条）。遺産に対する請求権（遺産債務）は，相続人および遺言執行者の双方に対して裁判上行使することができる（2213条1項前段）（受動的訴訟の重畳的追行権限）。ただし，遺留分侵害額請求は，常に相続人に対してなされなければならない（2213条1項後段）。

3．法的地位

23-799 遺言執行者は，公権上ではなく，**私法上の機能のみを有する**。遺言執行者の地位を理論上いかに評価するかという問題は，破産管財人の地位をめぐる有名な論争にほぼ対応していて，（そこにおけるのと同様に）決して過大評価してはならない。通説によれば[25]，遺言執行者は相続人の遺産に関する法定代理人ではなく（代理人説），裁判外や裁判上で（訴訟当事者として，いわゆる職務上の当事者として）自己の名で，しかし他人の権利に効力を及ぼす**私的職務担当者**と解される（職務説）。

4．報酬と責任

23-800 遺言執行者は，被相続人による別段の定めのない限り，その職務から**相当の報酬**（angemessene Vergütung）〔近藤 1955, 297〕を受ける（2221条）[26]。遺言執行者は，**遺産の通常管理の義務を負い**（2216条1項），過失による義務違反があったときは，相続人（遺贈の執行のときは受遺者に対して）に対して**損害賠償義務を負う**（2219条1項——請求権発生原因！）。相続人と遺言執行者の間の法的関係（情報提供義務，返

　　て相続人の知不知が影響を与えることはない）。
(23) 義務の負担通常な管理のために必要であることを契約当事者が過失なく認識していれば，有効に負担することができる（BGH NJW 1983, 40）。
(24) 被相続人が別段の定めをしなかったときは，このことは，他の相続開始によって被相続人に帰属していた遺留分侵害額請求権にも妥当する（BGH NJW 2015, 59）。——遺言執行者の訴訟追行権限の例外は，遺産債務者としての遺言執行者に対する請求権について認められるべきである。そのような請求権を相続人は裁判上行使することができる（BGH ZEV 2003, 75）。——人的会社の持分についての遺言執行における訴訟追行権限について 23-80 参照。
(25) BGHZ 13, 203, 205; 25, 275, 279; MünchKomm/Zimmermann vor §2197 Rn.5; Staudinger/Reimann（2016）vor §§2197 ff. Rn.19 f.
(26) 報酬の相当性が争いになることが多いため，遺言で定めておくことを強く推奨される。遺言執行者の職務の範囲や難易度によることになる。実務で広く用いられている（拘束力はない）報酬規程（たとえば「新ライン規程」，OLG Köln ZEV 2008, 335; OLG Schleswig RNotZ 2010, 267 参照）に基づいて，遺産の価額の一部として算定することは原則として許されるが，それだけによってはならない（BGH ZEV 2005〔原典の 1995 は誤記〕, 22, 23）。

還義務，費用償還請求など）は，委任に関する規定の多くが準用される（2218 条 1 項）。

23-801 遺言執行者は，その個別の措置について遺産裁判所の監督を受けることはないが，重大な理由（wichtiger Grund）〔近藤 1955, 301〕があるときは，**遺産裁判所は利害関係者の申立てによりこれを解任する**（entlasssen）〔近藤 1955, 301〕ことができる（2227 条）[27]。法律では明文で，とりわけ重大な義務違反や適当な事務執行の不適格が規定されているが，重大な利益相反や遺言執行者の公平性に対する客観的な不信も考慮される[28]。この点に関する多くの紛争は，被相続人の好意でなされたことであったとしても，相続人には（特に継続執行において，23-794 参照）耐え難い干渉と感じられるところの遺言執行の根本問題を反映しているのである。被相続人は，遺言執行者を解任する判断を**仲裁裁判所に委ねることはできない**（12-356 参照）。

5．遺言執行者証明書

23-802 申請があれば，遺産裁判所は遺言執行者に**指名に関する証明書**（Zeugnis über seine Ernennung）〔近藤 1955, 448〕を交付しなければならない（2368 条前段）。証明書の手続きと内容については，家事非訟事件手続法 354 条参照。この証明書により，遺言執行者は法的取引において身分証明をすることができる。相続証書に関する諸規定は，遺言執行者証明書に準用される（2368 条後段）。したがって，2365 条の規定に従って，証明書に記載された者が遺言執行者となったものと**推定**される。しかし，何よりも，証明書が 2366 条の規定に従って公信力を有することが重要である。そのため，証明書で誤って遺言執行者と示された人物と善意で法律行為をした者は保護される。というのは，これらの法律行為は，遺言執行者の地位が存在したものとみなされるからである。この信頼保護は，（相続証書のときとは異なり，18-660 参照）**債務負担行為**（Verpflichtungsgeschäft）〔山田 1993, 673〕についても，遺言執行者の職務の範囲に属するであろう限りにおいて妥当する[29]。──**欧州相続証書**も[30]，遺言執行者の立場を示している。

---

(27) 申立権者は，特に相続人，遺留分権利者および受遺者であるが，通常の遺産債権者は，遺言執行によってその権利が直接影響を受けることがないため，申立権者ではない（BGHZ 35, 296）。解任の判断は事実審の裁判官（Tatrichter）〔山田 1993, 617〕の裁量によるが，解任と職務継続の衡量の際には，被相続人の意思も考慮しなければならない（KG FamRZ 2011, 1254; OLG Düsseldorf ErbR 2022, 142, 145）。
(28) BayObLG ZEV 1995, 366; OLG Saarbrücken ErbR 2021, 244.
(29) MünchKomm/Grziwotz §2368 Rn.48; Grüneberg/Weidlich §2368 Rn.8; Staudinger/Herzog (2016) §2368 Rn.27.
(30) 18-660d 参照。

6．相続人の責任と破産

23-803 遺言執行者指定は，遺産債務に対する相続人の責任を遺産に制限するものではないが，相続人（または遺言執行者）は，一般則に従って責任制限されることがある（20-706 以下参照）。相続人固有の債権者は，遺言執行者の管理にかかる遺産中の個別財産に対する執行をすることができない（2214 条）。その限りで，遺産は**特別財産**として扱われる。相続人の財産について**破産手続**が開始したときは，遺言執行にかかる遺産は，破産財団に含まれるが，遺言執行終了までは，相続人固有の債権者ではなく，遺産の債権者のみがその債権の引当てとすることができる特別財団となる[31]。

Ⅲ　一人会社および人的会社の持分における遺言執行

1．一人会社の場合

23-804 遺産に個人事業（einzelkaufmännisches Unternehmen）が含まれ，被相続人が遺言執行者に継続管理させるつもりだったとき（たとえば，相続人が未成年である間），問題が生じる。相続法の規定によれば，遺言執行者による管理では，商行為から生じる債務について遺言執行者が個人としては責任を負わず，相続人はその責任を遺産に限定することができる。しかし，商法の原則によれば，個人事業の所有者は個人として無限責任を負わなければならない。そのため，通説によると，遺言執行者による個人事業の経営は，個人事業主の無制限の個人責任の原則と合致する方法でのみ認められる。つまり，遺言執行者は，相続人の受託者として自己の名義で自己の無限責任をもって事業を継続するか（信託的解決（Treuhandlösng）），相続人の代理人として相続人自身がその全財産で無限責任を負う（代理的解決（Vollmachtlösng），相続人による代理権授与を要するため），である[32]。

2．人的会社の持分の場合

23-805 民法上の組合，合名会社または合資会社の持分については，遺言執行者による継続的管理がやはり問題となる。これらの持分の共同相続人の 1 人または数人に対する譲渡は，通説によると，特定承継によってされる，とされているが（17-594

---

(31) BGHZ 167, 352 = NJW 2006, 2698. 遺言執行は破産手続開始によっても終了しないため，破産管財人は遺言執行者の管理・処分権限に配慮しなければならず，遺言執行終了までは遺産を換価することができない。

(32) 詳しくは，BGHZ 12, 100, 102; 35, 13, 15; Dauner-Lieb, Unternehmen in Sondervermögen (1998), 298 ff.; Lange Kap. 22 Rn.18 ff.; Grüneberg/Weidlich § 2205 Rn.7 ff.. —— 異論は，Muscheler, Die Haftungsordnung der Testa-mentsvollstreckung (1994), 285 ff.

参照），会社持分は，合有財産に含まれないとしても遺産の一部であり，遺言執行の対象となることがある。しかし，会社持分を管理執行の対象とすることは，会社法上必要な社員の無限責任を承継人となる相続人に直接引き継がせ，── それに応じて ── 社員権を自己の責任で行使できるようにするという特定承継の目的に抵触するおそれがあるからである。

23-806 個人責任を負う社員の持分（つまり，民法上の組合および合名会社の持分ならびに合資会社の無限責任社員（Komplementär）〔山田 1993, 367〕の持分）を遺言執行者が**無制限に**管理することは許されない，と考えるのが多数説である[33]。さもなければ，遺言執行者の行為によって，それら持分の相続人は無制限の個人責任を負うことになるからである。もっとも，このことは，個人責任を負う社員の持分について**限定的な遺言執行**をも不可能とするものではない。

つまり，ここで説明した制限は，資本会社（Kapitalgesellschaft）の持分，特に有限会社の持分の遺言執行には妥当しない[34]。

23-807 遺言執行者は，会社持分に関する**財産権**（たとえば，利益分配や将来の分割残高）を管理・処分することができるが，相続人の社員権に直接影響を及ぼすことができない[35]。したがって，遺言執行者は，会社の内部事情に介入することができず，社員権（経営権，議決権）を行使することができない[36]。そのため，遺言執行者は，社員間の法的紛争に関しては，訴訟追行権（2212条，2213条）を有しない[37]。上記のような限定的な内容の遺言執行も，民法上の組合の持分について認められている[38]。

23-807a 遺言執行者の権限は，**代理的解決**（相続人による遺言執行者に対する代理権授与）または**信託的解決**（遺言執行者が社員の地位を信託的に引き受ける，すなわち，外部的には社員として行動し，会社債務に関して無制限の個人責任を負う）により，より広範に獲得することができる[39]。しかし，これらの解決の要件は，それが被相続人の

---

(33) BGHZ 68, 225, 239; BGH NJW 1981, 749, 750; BGHZ 108, 187, 195 = NJW 1989, 3152, 3154; Lange Kap. 22 Rn.118 ff. ── 学説には，反対説も有力である。Muscheler (Fn. 32), 534 ff.; Michalski/J. Schmidt Rn.891; Erman/Westermann § 2205 Rn.29; MünchKomm/Zimmermann § 2205 Rn.36 ff.

(34) BGHZ 201, 216 = ZEV 2014, 662（議決権を含む社員権の行使は，議決権行使禁止により ── 有限会社法47条4項 ── 遺言執行者が決議から除外されたときでも，社員総会招集請求権と同様，遺言執行者のみに帰属する）。

(35) BGH NJW 1998, 1313; WM 2022, 612 Rn.18 がまとめている。

(36) OLG Düsseldorf ZEV 2008, 142, 143.

(37) BGH NJW 1998, 1313.

(38) BGH NJW 1996, 1284 = ZEV 1996, 110.

(39) OLG Düsseldorf ZEV 2008, 142.

23-808　有限責任社員の持分（Kommanditanteil）は，原則として，他の社員が（定款においてまたは後発的に）同意している限り，遺言執行者による継続管理に含めることができる[40]。有限責任社員は，自らの出資を超えては，合資会社の債務に関して責任を負わないため，合名会社の持分（または合資会社の無限責任社員の持分）について生じる問題は，ここでは生じない。

IV　遺言執行者の職務の終了

23-809　遺言執行者の職務は，最後の職務を履行したときに当然に終了する。2210条の規定に従った期間経過，遺言執行者の死亡（2225条），完全な行為能力の喪失またはすべての財産事項に関する世話人の選任（2225条，2201条）および**遺産裁判所による解任**（2227条，23-801参照）も，その職務を終了させる。また，**遺言執行者は遺産裁判所に対する意思表示によっていつでもその職務を解約告知（kündigen）することができ**（2226条），それにより自らの法的地位も終了する。職務終了後，遺産は，相続人に返還しなければならない（2218条1項，667条）。

事案29の解答

23-810　a）シュトレッカー氏はベルク氏の遺言によりその遺言執行者に指定されているところ（2197条1項），2202条1項の規定に従って，彼がその**職務**を受諾するまでは，その職務は開始しない。受諾の意思表示は遺産裁判所に対してなされなければならない（2202条2項前段）。

23-811　b）シュトレッカー氏は，被相続人が別段の定めをしない限り，遺言執行者として**相当の報酬**を請求することができる（2221条）。本件では，この問題に関して遺言は何も言及していない。被相続人が友人を遺言執行者に指定したこと自体は，被相続人の意思が無報酬であることを示すものではない。この点に関して遺言は何も言っておらず，相当の報酬を請求することができる。

23-812　c）シュトレッカー氏は，被相続人の終意処分の実行（2203条――清算執行）と遺産の管理（2209条――管理執行）の双方を委託されている。彼は，原則として，遺産中の個別財産を処分することができる（2205条中段）。しかし，被相続人は，別段の定めをすることができる（2208条1項前段）。本件では，これがベルクハイムの2

---

[40]　BGHZ 108, 187, 192 = NJW 1989, 3152, 3153. 遺言執行者の申請により，遺言執行者が商業登記簿に付記登記される（BGH ZEV 2012, 335）。

筆の土地に関してなされている。これらの土地の売却禁止は，**物権的効力**，すなわち遺言執行者がこれらの土地を処分することができない，という効力を有している。

23-813 共同相続人2人の同意を得て処分することが可能かどうかは疑わしい。娘2人が死ぬまで売却をするなという被相続人の意思に反することになろう。しかし，そうすると，誰もその土地を処分することはできなくなるであろう。これは，法律行為によって処分権を排除することはできないとする，137条前段に規定される原則と矛盾する。しかしながら，何よりも，ベルク氏の定めの**保護目的**を考慮しなければならない。彼は，娘たちの利益のために，遺言執行者による譲渡の可能性を排除したかったのである。しかし，娘2人の同意があれば，この目的は無意味になる。したがって，共同相続人の同意があるときの遺言執行者による処分は**有効**と解すべきである[41]。

23-814 d) 被相続人が遺言執行者に遺産を継続管理するよう定めたことで（2209条前段），共同相続人の分割請求権は消滅する（2044条第1項前段）[42]。共同相続人の死亡までの期間延長は，その期間が30年以上となっても，2044条2項中段・2210条1項中段の規定に従って許される。したがって，2人の娘は，ベルクハイムの2筆の土地を除いても，遺産分割を請求することができない。現時点で遺産価値の一部でも取得することができる唯一の方法は，相続放棄であり，それによって，2306条1項の規定に従って，遺留分侵害額請求権を取得する道が開かれる（24-824b参照）。

第23章の問題と事案

1．未婚で子を産まないまま死亡したシュルル夫人は，遺言で，数人の甥や姪を異なる割合で共同相続人に指定し，多数の遺贈や負担（中にはかなり不明瞭な内容のものもある）を定めていた。遺産の分配をめぐり，関係者の間で意見の食い違いが生じている。共同相続人の1人であるネットは遺産裁判所に出向き，遺産分割のために遺言執行者を選任することを申し立て，フライブルク大学の相続法の専門家とされるL教授を推薦した。裁判所はこの申立てを認めるべきか？

2．遺言執行者は，遺産分割において，以下の行動をとるか？
a）公権力の行使として
b）相続人の法定代理人として
c）私的職務担当者として自己の名において

---

[41] BGHZ〔原典のBGHは誤記〕56, 275 = NJW 1971, 1805.
[42] MünchKomm/Zimmermann §2209 Rn.3.

3．遺産裁判所は，シュヴェンク氏の公正証書遺言の指定に基づいて，弁護士のフォルン氏に遺言執行者証明書を交付した。フォルン氏は，遺産中の絵画をクンストリープ氏に売却し，その代金を共同相続人の間で分配した。その直後，シュヴェンクの新しい自筆証書遺言が見つかり，その中で彼は友人のシュペート氏を単独の遺言執行者にしていた。
a）遺産裁判所は何をしなければならないか？
b）シュペート氏はクンストリープ氏に対し，絵画の返還を請求することができるか？
4．被相続人から遺産分割を委ねられた遺言執行者のシュペート氏は，共同相続人に指定された被相続人の3人の子の1人であるクラーク氏から，遺産目録を作成して送るよう繰り返し請求された。シュペート氏は当初全く反応せず，最終的には，現在もっと重要な仕事があると答えた。そこでクラーク氏は，管轄の遺産裁判所に対し，事実を明らかにした上で，シュペート氏の解任を申し立てた。
a）裁判所はこの申立てを認めるべきか？
b）裁判所は，その決定を下す前にシュペート氏に意見を陳述する機会を与えなければならないか？

解　答

23-815　1．推薦された者が相続法の専門家であるか否かにかかわらず，その旨の被相続人による処分が欠ける以上，裁判所はその申立てを認めることができない。被相続人が自ら遺言執行者を指定する（2197条1項），遺言執行者の指定を遺産裁判所に委ねる（2200条1項）死因処分が必要である。

23-816　2．正解はc）である。遺言執行者には公権が帰属しない。また，通説によれば，遺言執行者は，相続人の名義ではなく自己の名義で法律行為をなし，その権限を私的職務から導いているため，相続人の代理人として行動しているのではない（職務説，職務上の当事者説とも）。

23-817　3．a）2258条1項の規定に従って，フォルン氏の遺言執行者への指定は，自筆証書遺言によって撤回されている。したがって，交付された遺言執行者証明書は不実のものである。それは遺産裁判所が回収しなければならない（2368条3項，2361条1項）。

23-818　b）シュペート氏は，絵画の所有権が相続人共同体に帰属したままであれば，遺言執行者としての職務により，985条の規定に従ってクンストリープ氏に対して返還を請求することができる。クンストリープ氏は，フォルン氏との物権的合意

（Einigung）〔山田 1993, 183〕と引渡し（929条）によって所有権を取得することができるはずであった。しかし，この所有権移転は，フォルン氏が有効に遺言執行者に指定されていなかったため，絵画を処分する権利の無い者が行っている。しかし，フォルン氏に交付されていた**遺言執行者証明書**は，2366条後段・2366条の規定に従って，**公信力**があった。したがって，遺言執行者証明書が不実のものであることについて善意のクンストリープ氏が絵画の所有権を取得し，シュペート氏は，その返還を請求することができない。

23-819 4．a) 2227条の規定に従って，遺言執行者の解任は**利害関係者の申立**てを要件とする。クルーク氏は，共同相続人として，利害関係があることは間違いない。さらに，解任には**重大な理由**が要件であり，法律では明文で，重大な義務違反や適当な事務執行の不適格が例として挙げられている。遺言執行者は，2215条1項の規定により，就職後直ちに遺産目録を相続人に提供する義務を負っている。この重大な義務の履行を頑なに拒絶することは，解任の十分な理由になり得る[43]。本件では，遺言執行という職務に対する理解が乏しいことが明らかな拒絶理由から，遺言執行者は解任されるべきであると思われる。

23-820 b) 家事非訟事件手続法345条4項前段2号の規定に従って，遺産裁判所は，遺言執行者を当事者として手続に関与させ，法律上の聴聞を保障しなければならない。

---

(43) BayObLG FamRZ 1998, 325; ただし，具体的事案において OLG Zweibrücken FGPrax 1997, 109 と OLG Hamm OLGZ 1986, 1 が異なる判断をしている。

第24章　遺留分権

事案30：2022年に死亡した被相続人マックス・クラーは，適式の遺言で妻アンナを8/10と子フリーダとハイナーを各1/10の相続人に指定した。遺産額は160,000ユーロにのぼった。マックス・クラーは死亡する2年半前に，姪に350,000ユーロの価値（その後も変わらない）の土地を贈与して所有権を移転したが，これは姪の所有のままである。2021年末，ハイナーはマックス・クラーから50,000ユーロを受け，その際，マックス・クラーは，ハイナーがこの金額を遺留分のために考慮しなければならないと口頭で述べていた。アンナ，フリーダおよびハイナーは，いかなる権利を行使することができるだろう？

Ⅰ　要　件

1．内容と目的

24-821　遺言の自由は，被相続人が法定相続人を相続から締め出したり[1]，法定相続の場合よりも少なくしか与えなかったりすることを可能にするものである。しかし，この自由は，遺留分権によって厳しく制限される。これにより，**最近親者**（nächste Angehörige）は，被相続人の意思とは無関係に，遺産の価値に対する最低限の取り分を確保することができるのである。

24-821a　用語上は，相続開始前から存在する包括的法律関係としての**遺留分権**（Pflichtteilsrecht）は，相続開始後に遺留分権から生じる最重要の法律効果であるところの**遺留分侵害額請求権**（Pflichtteilsanspruch）とは区別されなければならない[2]。

24-821b　遺留分権は，合憲であるだけでなく，相続権保障（基本法14条1項）と親族保護（基本法6条1項）によって，その中核部分が憲法上保障されている。詳しくは3-72以下参照。ただし，立法府が立法にかなりの裁量を有している。

2．遺留権廃止の可能性

24-821c　原則として，被相続人は，死因処分によって遺留分権を排除することはできない。極めて厳格な要件の下で，特に遺留分権利者による著しい非行（schweres Vergehen）の場合に限り，2333条以下の規定に従って遺留分剥奪が可能になる（24-

---

(1) ただし，良俗違反の法律行為の禁止（138条1項）は，その限界として遵守されなければならない（9-243参照）。
(2) BGHZ 28, 177 = NJW 1958, 1964; MünchKomm/Lange § 2303 Rn.16 f.

854 以下参照）。さらに，遺留分権は，場合によっては和解金と引き換えに，被相続人と遺留分権利者との合意によってのみ，相続放棄または遺留分放棄という形で消滅させることができる（16-545 以下参照）。相続人による高額の遺留分侵害額請求は相当な破壊因子となりうるため，このような合意による取り決めは，事業承継の段取りにおいては特に重要であろう[3]。相続放棄でも単なる遺留分放棄でも，遺留分侵害額請求権を発生させない（2346 条 1 項後段・2 項）。

3．遺留分権利者の人的範囲

24-822　遺留分権利者の人的範囲は，被相続人の卑属（2303 条 1 項前段），親および配偶者（2303 条 2 項前段）に限定され，したがって，たとえば，被相続人の兄弟姉妹も遺留分権利者ではない。近い卑属に遺留分権利者がいて，遠い卑属や親を法定相続人でなくするときは，遠い卑属や親も遺留分権利者とはならない（2309 条）[4]。

24-822a　連邦通常裁判所[5]が扱った事案には問題があると思われる：被相続人の娘（唯一の子）が，自己のために（その卑属のためにではなく）**法定相続権を放棄**したが，その後被相続人の遺言により**単独相続人**に指定され，それを承認した。ところが，今度は，被相続人の娘（被相続人の孫）が，母に対して祖父の遺産の遺留分を主張してきた。相続放棄により，被相続人の娘は，2346 条 1 項後段の規定に従って，相続開始時時に既に生存していなかったものとして法定相続人から除外される。そうすると，被相続人の孫娘が法定相続人となる（1924 条 3 項）。孫娘は，廃除されているため，2303 条 1 項前段の規定に従って，遺留分権利者となるはずである。しかし，被相続人の娘が近い卑属として，相続を承認しているので，2309 条の規定に従って，遺留分権は認められないことになりそうである。しかし，連邦通常裁判所は，2309 条の趣旨は，被相続人の卑属の家系の 1 つが，他の関係者の不利益となる形で，二重に遺留分を受けることを防止することにすぎない，と考えた。この事案では，家系が 1 つしかなく，遺留分の問題がこの家系の「内部関係」にのみ関係するため，連邦通常裁判所は，縮小解釈をして 2309 条の規定を適用せず，孫娘の遺留分権を認めた。このように，被相続人の卑属の家系が 1 個か数箇かによって区別することには，納得できない[6]。

---

(3)　Winkler ZEV 2005, 89.
(4)　しかし，近い卑属が廃除されただけでなく，遺留分を有効に剥奪されたときは（24-854 以下参照），同様に廃除された遠い卑属は，法定相続することはできないけれども，遺留分権利者となる。BGHZ 189, 171 = NJW 2011, 1878.
(5)　BGHZ 193, 369 = NJW 2012, 3097.
(6)　学説は分かれている。連邦通常裁判所に賛成するのが，Reimann FamRZ 2012, 1382; Löhnig

4．相続から完全に除外された場合の遺留分侵害額請求権

24-823 遺留分侵害額請求権は，遺留分権利者が死因処分（遺言，相続契約）により相続から除外されたときに2303条の規定に従って発生する。死因処分によって遺留分が出捐された場合には，疑わしいときは，2304条の解釈規定に従って（遺留分の額における）相続人の指定とは解されず，この場合，法定の遺留分権を指示するだけか，または遺贈の形式による遺留分の出捐となる。

5．相続人および受遺者の遺留分侵害額請求権

a）相続分に加えての追加的な遺留分

24-824 遺留分侵害額請求権が生じるのは，遺留分権利者が相続から完全に除外されたときだけでなく，遺留分額（法定相続分の半分の価額，2303条1項後段）に達しない相続分や出捐がなされたときもそうである。法律上の規定は，遺留分権利者が常に遺留分の額の遺産を取得する道を確保することを目的としているのである。

24-824a 法定相続分の半分に満たない相続分しか与えられないときは，不足分の金額の**補足遺留分**（Zusatzpflichtteil）〔山田 1993, 757〕侵害額請求権（**追加遺留分侵害額請求権**ともいう）が発生する（2305条前段）。

c）制限付相続分または負担付相続分の放棄による遺留分侵害額請求権

24-824b また，被相続人の指定した**制限**（後位相続人の指定，遺言執行者の指定，遺産分割方法の指定）や**負担**（Beschwerung）（遺贈，負担（Auflage））により，相続分の価値が大幅に減少することがある。このような場合において，2306条1項の規定は，相続人に相続分[(7)]を放棄し，代わりに遺留分を請求する権利を認めている。この規定は，2009年相続法改正（3-85参照）に基づくものである。そうすると，相続分額は，もはや意味を持たない。相続放棄の期間制限は，相続人が制限や負担を認識したときから起算する（2306条1項・2項）。

24-824c 他方，遺留分権利者が自らに与えられた相続分を承認するときは，制限や負担も受け入れなければならず，そこから遺留分侵害額請求権を発生させることはできない。2305条後段に明示的に規定されているように，制限や負担は，補足遺留分の算定においても考慮されない（24-824a参照）。

JA 2013, 228; それに反対するのが，Röhl DNotZ 2012, 724, 727; G. Müller MittBayNot 2012, 478; Häberle NJW 2012, 3759, 3760; MünchKomm/Lange. §2309 Rn.8; Staudinger/Otte（2015）§2309 Rn.11; 疑問を呈するのがGrüneberg/Weidlich。§2309 Rn.3.

(7) たとえば，遺贈の負担を課された単独相続人も，相続を放棄し，遺留分権を主張することができる。OLG Karlsruhe ZEV 2008, 39.

24-825　2306条1項に規定されている場合を除いては，一般に，（法定または遺言）相続権を放棄することによって遺留分侵害額請求権を取得することはない。剰余共同制の夫婦財産制においては例外がある。すなわち，生存配偶者が相続を放棄したときは，生存配偶者は，1371条3項の規定に従って，剰余清算と（小さな）遺留分侵害額請求権利を取得する（6-175参照）。

　c）遺贈における遺留分侵害額請求権

24-826　遺留分権利者が相続分を与えられず遺贈されるだけのときは，**遺贈を放棄**した上で遺留分を請求することができる（2307条1項）。この権利は遺贈額に依存しない。遺留分より少額のない遺贈があるときは，その差額だけ，遺贈に加えて**補足遺留分**を請求することができる（補足遺留分侵害額請求権）（2307条1項後段）。

24-827　また，遺留分権利者が**相続分**に加えて**遺贈**も受けることもあり得る。相続分と遺贈の価額が法定相続権の2分の1の価額を下回るときは，その差額だけ補足遺留分侵害額請求権を行使することができる（2305条，2307条1項後段）。しかし，2307条1項前段の規定に従って，遺留分権利者は，遺贈だけを放棄し，遺留分額を限度として補足遺留分侵害額請求によって相続分との差額を請求することもできる。これに対し，相続放棄は，制限や負担があるときにのみ，遺留分侵害額請求権を発生させる（24-824b参照）。

Ⅱ　遺留分侵害額請求権の内容と算定

1．金銭請求権

24-828　遺留分権は，相続人または共同相続人に対する**金銭請求権**を発生させるが，その発生は相続開始時であり（2317条1項），**遺産債務**となる（1967条2項）。遺留分権は，相続権とは異なり，遺産への物権的関与を認めるものではなく，債権としての（債務法上の）請求権に過ぎない。これは専ら金銭を目的とするものであり，遺留分権利者は，遺産中の個別財産の譲渡を求めることはできない。遺留分侵害額請求権は，**相続可能かつ譲渡可能**であり（2317条2項），したがって，**質権設定も可能**である（1273条以下）。民事訴訟法852条1項の規定に従って，（強制執行の）**差押え**は，請求権が約定のものであるまたは係争中であるときにのみすることができるが，連邦通常裁判所は[8]，この制限を換価可能性にのみ関連させ，債権者保護の観点から，差押えをした時点の順序での質権となる事前の差押え（vorherige Pfändung）も許容している。ただし，遺留分侵害額請求権弁済のための裁判上の転付（民事訴訟法835条1項）

---

(8)　BGHZ 123, 183 = NJW 1993, 2876.

による換価は，その後，契約上その請求権が承認されるか，遺留分権利者が訴訟係属させたときにのみ可能となる[9]。

2．遺留分率

24-829 遺留分侵害額請求権は，**法定相続分額の半額である**（2303条1項後段）。したがって，これを算定するには，遺留分権利者が法定相続の際に受けるべき相続分を確定する必要がある。廃除された者，〔単独行為としての〕相続放棄をした者または相続欠格者は含まれるが（2310条前段），契約によって相続を放棄して法定相続から除外された者は含まれない（2310条後段）（単なる遺留分放棄は異なる。16-552参照）。

24-830 夫婦財産制の剰余共同制における**配偶者の遺留分率**を算定する際には，場合分けが必要である。生存配偶者が遺留分に加えて夫婦財産制上算定される剰余清算請求権を有するときは，1931条1項の規定に従って増加しない相続分に基づく小さな遺留分が基準となる。それに対し，2305条，2307条1項後段の規定に従って補足遺留分を請求できるときは，1371条1項の規定に従って増加する相続分の価額が基準となる（いわゆる大きな遺留分）。詳しくは，6-170以下および6-185の概観参照。

24-831 他の遺留分権利者，特に卑属の遺留分を算定するには，原則として，**配偶者の増加した相続分**を基準としなければならない。これは，配偶者が法定相続人として増加した相続分を受けるときや死因処分によってその額の相続分が与えられたときに限られず，単独相続人に指定されたときも同様である[10]。たとえば，遺言により単独相続人となった妻の他に，被相続人の子が3人いるときは，遺留分侵害額請求権は遺産額の各1/12となる[11]。それに対し，配偶者が増加しない（いわゆる小さな）遺留分（と剰余清算請求権）を有する場合，他の遺留分権利者の遺留分は，配偶者の増加しない相続権を基礎として算定される（1371条2項）。したがって，配偶者に相続法上の解決と夫婦財産制上の解決のいずれが用いられるかにより**卑属の遺留分**は異なってくる。その結果，後者では遺産が剰余清算請求権を負担するのに対し，前者では負担しない。

3．遺産の評価

24-832 金銭請求権の額を決定するためには，**遺留分率を相続開始時**（2311条1項

---

(9) BGH ZEV 2009, 247.
(10) BGHZ 37, 58 が詳しい。
(11) 計算：配偶者の法定相続分は，1/2となり（1931条1項前段，3項，1371条1項），子の法定相続分は，各1/6となる（1924条4項）。

前段）の**遺産価額**（積極財産から遺産債務を控除したもの[12]）に乗じなければならない（2311条2項前段）。必要であれば，遺産の価額は鑑定によって算定される（2311条2項前段）[13]。被相続人の指示でまたは2049条の解釈規定に従って，農地が・収・穫・高・の・価・額・で（自身が遺留分権利者の）相続人に承継されるときは，その収穫高の価額は原則として[14]遺留分算定の基準となる（2312条1項前段）。

合名会社・合資会社の会社持分の価額算定については，17-594末尾参照。

24-833 停止条件付であるなど**不確定な権利および債務**は，ひとまず考慮されないけれども[15]，条件が成就するときは，考慮されなければならない（2313条1項・2項）。たとえば，被相続人が既に取得していた宝くじによって相続開始後に生じる利益についてである[16]。

4．加算（Anrechnung）と持戻し（Ausgleichung）

24-834 被相続人が生前に遺留分権利者に対して自ら何かを**出捐**し，そこで受けた額を遺留分に加算すると意思表示することで，遺留分侵害額請求権を少額に抑えることができる（2315条1項）。

24-835 加算の要件が満たされているときは，その出捐は遺留分侵害額請求権から

---

(12) しかし，控除されないものとして，破産法327条1項2号の規定に従った遺留分侵害額請求権に劣後する遺産債務，すなわち遺贈と負担がある。BGHZ 230, 130 = NJW 2021, 2115 Rn.19f.（これは墓碑管理の負担についても妥当する）。こうして，遺留分侵害額請求権は，法定相続分の半額よりも高くなる可能性がある（BGH NJW 1988, 136, 137）（当時の非嫡出子の相続賠償請求権について）。――配偶者に先取分が帰属するときは（1932条），それが卑属または両親の遺留分算定の際に，遺産額から控除される（2311条1項後段）。すなわち，生存配偶者が死因処分によって相続人となったとき（先取分を主張できないとき，6-195参照）には適用されず，単独相続人に指定されたときも適用されない，BGHZ 73, 29; OLG Naumburg FamRZ 2001, 1406.

(13) 法律が特定の方法を規定していない評価については，当たり前であるけれども，相続人と遺留分権利者との間で争われることが多い，たとえば，BGH NJW 2015, 2336参照（相続人に既に他の共有持分が帰属していたときは，不動産の共有持分は減価なくに評価されるとしたもの）。

(14) この規定は，農地経営維持のためのものであり，不利な扱いを受けた共同相続人を冷遇するものである。したがって，連邦通常裁判所は，基本法3条1項の観点からこれを縮小解釈し，受益者では効率のよい農地経営維持が困難であるとき（BGHZ 98, 375），農地から収穫能力を損ねずに建設可能な土地が分筆できるとき（BGHZ 98, 382），および砂利採取可能な土地についても同様に分筆できるときは（BGH FamRZ 1992, 172），規定を適用しないこととした。

(15) これは，担保権の実行が不確定である限りにおいて，遺産中の不動産に対する物権的負担にも妥当する（BGHZ 187, 304 = NJW 2011, 606）。

(16) それに対し，相続人がその代金を支払ったときは，たとえそれが被相続人によって締結されていた契約の枠内であったとしても，その利益は遺産には含まれず，したがって遺留分権利者の利益とはならない（AG Pirmasens NJW-RR 1998, 1463）。

単純に控除するのではない。むしろ，受益者の遺留分算定の際にその価額がまず遺産に加算されなければならない（2315条2項前段）[17]。たとえば，遺留分率が1/4，遺産額が40,000ユーロ，算入される出捐が8,000ユーロであれば[18]，遺留分侵害額請求権は次のように算定される：(40,000＋8,000)×1/4－8,000＝4,000ユーロ。

24-836 被相続人の出捐[19]または逆に被相続人のために卑属が特別の給付をしたときの卑属間の持戻義務は，遺留分侵害額請求権の金額に影響を与える可能性がある。卑属の法定相続において2050条以下または2057a条の規定に従ってこのような持戻義務が生じるときは（21-750以下参照），2316条1項前段の規定に従って，遺留分の算定は，持戻しの結果生じる相続分の価額に基づくことになる[20]。

5．共同相続人の連帯責任と内部関係における負担

24-837 共同相続人は，対外的には**連帯債務者**（2058条）として遺留分侵害額請求権に責任を負い，対内的には遺留分権利者に代わり法定相続人（2320条1項）または遺言相続人（2320条2項）となった共同相続人は内部関係において負担を負う。たとえば，被相続人が2人の娘に法定相続権を残したが，息子に代わってその子を指定したときは，子だけで廃除された息子の遺留分侵害額請求権を内部関係で負担しなければならない。

24-838 外形的関係における連帯責任のために，共同相続人が遺留分侵害額請求を履行したときは，自身が遺留分を請求したであろうときよりも，遺産からの取分額が少なくなってしまうということになりかねない。その限りにおいて，共同相続人は，遺留分侵害額請求権の弁済を拒絶することができる（2319条前段）。遺留分権利者は，その他の共同相続人に請求しなければならない（2319条後段）。

---

(17) 2315条2項後段の規定に従って，出捐時の価額が基準となる。被相続人がより高額の加算をもたらす異なる基準日を定めたいときは，通説に従うと，相続放棄または遺留分（2346条）の形式を遵守しなければならない。このときは，憲法上の問題はない（BVerfG DNotZ 2006, 773 = FamRZ 2006, 927）。

(18) 出捐後の購買力低下が考慮される。つまり，場合によっては，出捐の価値に対応する高い金額となる（BGHZ 65,75）。

(19) 「先取りした相続」で出捐されたときは，清算（2050条3項，2316条1項）もしくは遺留分の加算（2315条1項）または双方（2316条4項）が意図されていたのかどうかを明らかにする必要がある。その解釈について，BGH ZEV 2010, 190。

(20) これは，単独相続人に指定され，清算の対象となる給付をした卑属のためにも適用される（BGH NJW 1993, 1197）。被相続人が遺言によって清算義務を除外したときは，この限りでない（21-754c参照）。

Ⅲ　遺留分補充請求権

1．対象となる贈与

24-839　遺留分自体は原則として剥奪することができないので，被相続人は，遺留分権利者に何も遺さないか，できるだけ少なくしか遺さないために，生前に自己の財産の大部分を贈与する，という考えに至ることがあろう。そのため，遺留分権利者は，相続開始までの 10 年間に贈与がなされたときは（2325 条 3 項），遺留分の補充（Pflichtteilsergänzung）を請求することができる（2325 条 1 項）。しかし，もちろん，自己の受けた贈与も考慮される（2327 条 1 項前段）[21]。

24-840　贈与は，出捐が無償であることに当事者が合意しているときは，贈与者（ここでは被相続人[22]）の財産からの利得である（516 条 1 項）。公益財団の目的促進のための財団への出捐もこれに含まれる[23]。また，混合贈与〔山田 1993, 266〕は，つまり，受贈者の反対給付が合意されるが，被相続人の出捐額の方が高く，余剰分について無償の出捐の意思がある贈与は，遺留分補充請求のきっかけとなり得る。原則として，合意された反対給付が被相続人の給付と客観的に明らかに不均衡であるときは，このように解される（推定される）[24]。被相続人と受贈者が，当初贈与されたものの完全な対価についてその後合意したときは，贈与による補充の請求をすることができない[25]。

24-841　夫婦間の無償出捐は，親族法の文脈で展開してきた無名の（婚姻による）出捐という評価にかかわらず，依然として 2325 条の規定の贈与に含まれている（詳細は 15-523 参照）[26]。ただし，婚姻による出捐は，たとえば，配偶者に十分な老後の備えを提供する役割を果たすときなどにおいては，有償となり得るだろう[27]。非婚の

---

(21)　通説（BGH NJW 1990, 180, 181; OLG Koblenz ZEV 2005, 312（LS）= NJOZ 2005, 935）によれば，2325 条 3 項の 10 年の期間は，ここでは適用されない。——これは説得力のない不公平な扱いであり，比例条項の導入（24-844）によりさらに不当となっている。したがって，Zacher-Röder/Eichner ZEV 2011, 557 の 2327 条 1 項前段の規定に含まれる参照規定の範囲を 2325 条 3 項にも拡大する，という異論に利がある。法政策上批判するのが，MünchKomm/Lange §2327 Rn.7; Staudinger/Olshausen（2015）§2327 Rn.9.

(22)　被相続人が（他の被相続人の）遺留分侵害額請求権を相続放棄によって取得して（2306 条 1 項）主張することがなかった場合において，自己の財産からの出捐がないときは，贈与は存在しない．BGH NJW 2002, 672.

(23)　BGH ZEV 2004, 115 unter Aufhebung von OLG Dresden NJW 2002, 3181.

(24)　BGH NJW 2009, 1143, 1145. —— 給付と反対給付の証明責任を遺留分権利者が負担することについて，BGH NJW 1981, 2458.

(25)　BGHZ 171, 136 = NJW-RR 2007, 803.

(26)　BGHZ 116, 167 = NJW 1992, 564.

(27)　BGH NJW 2018, 1475 Rn.22.

生活共同体における無償の出捐についても同様である。それに対し，夫婦財産共同制の開始に伴う財産の増加は，夫婦がその財産制を自由に取り決められることを遺留分権利者も甘受しなければならないため，原則として 2325 条の規定する贈与には含まれない[28]。遺留分権発生前（特に婚姻前）の贈与の考慮については，24-864 参照。

24-842　道義（sittliche Pflicht）〔近藤 1955, 411〕の履行[29]または「儀礼（Anstand）〔近藤 1955, 411〕」としてなされた贈与（慣習上のその時々の贈物）は除外される（2330 条）（15-525 脚注 56 参照）。

24-843　贈与は被相続人によってなされたものでなければならない。したがって，いわゆるベルリン遺言（単一主義，14-463 以下参照）の場合であっても，先に死亡した配偶者による贈与が，生存配偶者の死亡による相続に関する遺留分補充請求権を根拠づけることはなく，遺留分権利者は，2327 条 1 項の規定に従ってその贈与を考慮してもらう必要がない[30]。—— 第三者に無償で出捐された生命保険の評価については，17-581a 参照。生存者間の法律行為による（合名会社または合資会社）会社持分の無償の出捐（17-588 以下参照）も，遺留分補充請求権を生じさせることがある。相続人の償還請求権が生じない場合における組合員死亡による組合解散の際の遺留分補充については，17-584 参照。

2．期間制限

a) 10 年間の期間制限と補充義務の減額

24-844　被相続人からの贈与が相続より前であればあるほど，贈与された財産が，その贈与がなければ相続開始時に被相続人の財産であったかどうかが疑わしくなる。同時に，時間の経過は，その贈与が遺留分を減少させる意図でなされたという推定を弱めてしまう[31]。つまり，遺留分補充の正当性が薄れるのである。法は，この点を考慮し，期間制限を定めている。それらの規定は，2009 年相続法改正で大幅に変更され（3-85 参照），しかも，補充義務を軽減する方向であった。立法者は[32]，受贈者（2329 条の規定に従っても補充的に主張することができる，24-847 参照）に対し，返還請

---

[28]　BGHZ 116, 178 = NJW 1992, 558.
[29]　この贈与は道義上正当化されるだけでなく，道義上必要なものでなければならない。評価においては，その契機と目的が遺留分権保護の必要性と衡量されなければならない（BGH NJW 1984, 2939）。たとえば，OLG Karlsruhe OLGZ 1990, 457（夫の事業に従事し，ほとんど扶養されてこなかった妻に対する，実家の半分の共有持分の譲渡が道義上のものであるとしたもの）を参照。
[30]　BGHZ 88, 102 = NJW 1983, 2875 に詳しい。
[31]　2009 年改正理由書もこれを前提とする。BT-Drucks. 16/8954, S. 21.
[32]　BT-Drucks.16/8954, S. 21. 特に公益財団や公益社団が受贈者として念頭に置かれている。

求に対する補償をより迅速に与えることを何よりも望んでいた。従来は，相続開始時に 10 年以上経過していないすべての贈与は，補充義務の範囲に含まれていた。2010 年 1 月 1 日以降のすべての相続に適用される現行規定（2325 条 3 項前段）によれば[33]，価値は 10 年間毎年 10 分の 1 ずつ減少する。したがって，相続開始の前年の贈与のみが全額について補充義務の対象となり，たとえば，相続開始前の 4 年前の贈与はその 10 分の 7 の額しか対象とならない。なお，相続開始の 10 年以上前に行われた贈与については，従来どおり補充義務の対象とはならない（2325 条 3 項中段）。

b）贈与時期の判定

24-844a 2325 条 3 項中段の規定する 10 年の期間は，贈与された物の給付時から起算する。場合によっては，たとえば「継続した」取得のときや被相続人による使用が留保されるときなど，この規定の意味での給付がいつであったのか疑わしいことがある。これに関し，連邦通常裁判所は，被相続人自身が 10 年間なお負担しなければならない効果を生じさせ，その状態が既にこの効果を考慮して，「悪意の贈与」を防止し得るであろう，という状態を作出しなければならない〔さもなければ期間が起算しない〕という原則を確立している[34]。土地贈与について，連邦通常裁判所は[35]，土地登記簿登記（登記所における取得者の登記申請時ではない）を基準とし，その時点で贈与者の土地所有権喪失が終局的なものとなるからであると判示した。この見解によれば，被相続人が終身の用益権（Nießbrauch）〔山田 1993, 448〕を留保した土地の贈与においては，登記簿登記が具備されても，「利用権の放棄」がなければ，期間は進行しない[36]。

24-844b これらの問題は，2325 条 3 項前段の規定を適用するときは，譲渡された物の給付が相続開始より何年前になされたかを判断しなければならないため，10 年の期間内においても重要である。10 年間の起算時についてと同じ原則が適用されなければならないだろう。

c）夫婦間贈与に関する特別規定

24-845 夫婦間贈与においては，2325 条 3 項後段の規定に従って，10 年の期間は婚姻解消前には開始しない。したがって，婚姻が相続開始時まで継続していたときは，過去の夫婦間贈与を理由に，遺留分権利者たる被相続人の卑属は，遺留分補充請求を

---

(33) 民法施行法 229 条の 23 第 4 項後段。旧法が適用される贈与にも適用される。
(34) BGHZ 98, 226 = NJW 1987, 122.
(35) BGHZ 102, 289 = NJW 1988, 821.
(36) BGHZ 125, 395 = NJW 1994, 1791; BGH ZEV 2016, 445, 446. —— 異論は，MünchKomm/Lange § 2325 Rn.71 f.; Birkenbeil ErbR 2021, 2, 4 ff.; Ivens ZEV 2021, 277, 279 f. —— 価額算定については脚注 40 参照。

することができる。この規定は，2009年の相続法改正により，第三者への贈与のときは，相続開始前10年以内であれば遺留分の加算が年々減少するため，さらに重要性を増している。この異なる扱いには，一般平等原則（基本法3条1項）からも，基本法6条1項の婚姻保護からも憲法上の重大な異論がある[37]。被相続人にとって，配偶者に贈与するよりも，婚姻関係にないパートナーに贈与する方が，子の遺留分請求権縮減がはるかに容易なのである。しかし，連邦憲法裁判所は[38]，――これは説得力のないものであるが――，被相続人の配偶者に対する贈与とその他の者，特に被相続人の非婚のパートナーや被相続人の子に対する贈与とを異なる扱いとすることは客観的に正当であるとして，この規定を合憲と判断している。連邦憲法裁判所は，配偶者への贈与後も，たとえば，相互の扶養義務の枠組みの中で，または剰余清算において，被相続人は譲渡された財産に関与しているのだ，と言う。しかし，これが正しいかどうかは，具体的事案の状況，とりわけ譲渡された財産が利益を生じさせるかどうか，扶養義務がどう履行されるか，そして夫婦が法定夫婦財産制の剰余共同制に服しているか，に完全に依存する。立法府は，2325条3項後段を廃止するのが賢明であろう。いかなる場合においても，この規定は，婚姻前になされた，後の配偶者への贈与にも拡大解釈されて適用されてはならない[39]。

3．贈与の評価と加算

24-846 価額評価については，消耗品については贈与時が基準となる（2325条2項前段）。その他の物については，相続開始時を基準とするが，これが低いときは，出捐時を基準とする（いわゆる低価主義（Niederstwertprinzip）〔小島 1966, 50〕[40]）（2325

---

[37] 違憲とするのが LG Braunschweig NJW 1988, 1857（旧規定について）; Derleder ZEV 2014, 8; Brox/Walker § 32 Rn.21; Muscheler Rn.4253 f. 憲法上の疑義を表明するのが，MünchKomm/Lange § 2325 Rn.78; Staudinger/Olshausen (2015) § 2325 Rn.60. 合憲とするのが Staudinger/Otte (2017) Einl. zum Erbrecht, Rn.87c, 93.

[38] BVerfG ZEV 2019, 79. 2009年までの旧規定についても同様に BVerfG NJW 1991, 217（部決定（Kammerentscheidung））。

[39] OLG Düsseldorf NJW 1996, 3156 は適切にも OLG Zweibrücken FamRZ 1994, 1492 を否定した。

[40] ここでは，贈与時の価額は，それ以降の購買力の低下を考慮して算定される，BGHZ 85, 274, 282 = NJW 1983, 1485; OLG Schleswig ZEV 2009, 81; Grüneberg/Weidlich § 2325 Rn.18. ――連邦通常裁判所は，被相続人が終身用益権（または居住権）を留保している土地の贈与においても，〔原価と時価のいずれか低い方という〕低価主義を適用し，10年の期間を進行させなかった（24-844a 参照）。連邦通常裁判所は，純粋な土地価額の比較が贈与の時期に依存するときに限って，（金銭評価された）用益権価額を控除する（BGHZ 118, 49 = NJW 1992, 2887; BGHZ 125, 395, 399 = NJW 1994, 1791; BGH FamRZ 2006, 777 = NJW-RR 2006, 877）。学説は分かれていて，用益権留保を評価において一般に考慮するべきでないとする見解（Leipold JZ

条 2 項後段)。したがって，価額下落は遺留分権利者の負担となり，価額増大は遺留分権利者の利益とはならない。贈与された物または出捐の無償部分の価額は，遺産額 (Nachlasswert) に加算され，遺留分侵害額請求権は，この増加した価額を基礎に算定される。

4．相続人に対する請求権の制限，受贈者に対する請求権

24-847 贈与目的物の価額の加算によって，遺留分の計算においてみなし遺産額を算定することになる。そのため，相続人が補充された遺留分侵害額請求権を履行するときは，相続人には遺留分よりも少なくしか残らない場合があり得る。そのときは，相続人は，遺留分の補充を拒絶することができる（2328 条）。ただし，その際，遺留分権利者は，2329 条の規定の枠内で受贈者に対して贈与の返還を請求することができる[41]。受贈者自身が遺留分権利者であるときは，2328 条の規定の類推により，自身の遺留分の価額を超える分だけを返還すれば足りる[42]。

5．相続人の遺留分補充請求権

24-848 「遺留分補充請求権」という表現は，一般則の規定に従った —— 特に廃除による —— 遺留分侵害額請求権が既に存在し，これに 2325 条の規定による請求権が追加されるときにのみ極めて正確である。しかし，被相続人が，遺留分権利者の法定相続権をそのままにするけれども，自身の財産の相当部分を生前贈与してしまい，実質的に相続権を価値の無いものにしてしまったときはどうであろうか？　その答えは，2326 条の規定によって与えられる。すなわち，相続人は，2325 条の要件を満たせば，補充請求権を（共同相続人に対してまたは 2329 条の規定に従って受贈者に対して[43]）取得することができる。遺留分権利者に法定相続分の半分未満しか遺されていなければ，2325 条の規定による金額の補充請求権を取得する（2326 条前段）。出捐された相続分がそれ以上であれば，法定相続分の半分を超える出捐の価額は，補充請求権から控除される（2326 後段）。相続人は，遺留分のみを受けるときより価額上不利にはな

1994, 1121, 1123; Birkenbeil ErbR 2021, 2, 8 f.) もあれば，贈与時の価額算定の際に用益権価額を控除し，その後に初めて価額比較をすべきという見解もある（Muscheler Rn.4248; Ivens ZEV 2021, 277, 281ff.）。また，価額比較の後で，すなわち土地価額の算定時期に関係なく常に用益権価額を控除することが適切であると考える第三の見解もある（Jaspert ZEV 2020, 69, 74）。

(41) 請求権の内容については，脚注 76 参照。
(42) BGHZ 85, 274, 284.
(43) BGHZ 80, 205（遺留分権利者の共同相続人も，遺産が遺留分補充請求権の弁済に足りないときは，2329 条 1 項後段の規定を類推して受贈者またはその相続人に対して直接に請求することができる）。

らないはずである。補充請求権は，廃除を要件とはしていないので，相続人は，相続
放棄をしたときでも，前述の範囲内でこれを取得する[44]。

Ⅳ　情報提供請求権

24-849　相続にではない遺留分権利者は，遺産の正確な額を知らないことが多い。
そこで，2314条1項の規定は，**相続人に対する情報提供請求権**を与え，これは，相
続開始時に存在した遺産中の個別財産だけでなく，遺産債務，清算義務の対象となる
出捐，被相続人が死亡前10年以内[45]にした贈与にも（2325条によって）及ぶもので
ある[46]。遺留分権利者は，遺産の費用で，遺産中の個別財産の目録とその価額調査
を請求することができる（260条，2314条1項中段）。調査は，相続開始後に相続人が
売却した遺産中の個別財産についても請求することができる[47]。相続人ではない遺
留分権利者は，公証人による遺産目録の作成を請求することもできる（2314条1項後
段）。このような公証人による**遺産目録**のハードルは，遺留分権利者の利益のために，
最近の判例において高くなっている。したがって，公証人は，情報提供義務者の説明
を認証するだけでなく，自ら，独立に遺産の存在を確認することが要求される[48]。
調査範囲については，債権者の立場にある客観的な第三者が必要とするものを基準と
する[49]。もっとも，公証人には強制手段がないため，隠蔽の兆候を究明するための
相続人に対する批判的な照会や，相続人から提出された書類の慎重な吟味が**重視され
る**[50]。遺留分権利者は，相続人の協力が得られないために公証人による遺産目録が
不完全であるときは，相続人に対してその補充を請求することができる[51]。公証人
による遺産目録が提出されても，これに疑義があるときは，相続人は，その目録の完
全性について宣誓に代わる保証（eidesstattliche Versicherung）をする義務を負う[52]。

24-850　遺留分権利者の権利行使の際の負担を軽減するため，2314条の規定の類推
適用により，被相続人から受けた無償の出捐に関する**受贈得者に対する情報提供請求**

---

[44]　BGH NJW 1973, 995.
[45]　BGHZ 89, 24 = NJW 1984, 487（補充義務の対象となる贈与の存在が証明されれば，価額調査も請求することができる）。
[46]　BGHZ 33, 373 = NJW 1961, 602. さらに，配偶者への贈与に関する情報は，2325条3項の規定に従って，時間的制限なく提供されなければならない。MünchKomm/Lange§2314 Rn.8.
[47]　BGH NJW 2022, 192.
[48]　BGH NJW 2019, 231 Rn.32; NJW 2020, 2187（Schönenberg-Wessel の評釈有り）Rn.8.
[49]　BGH NJW 2020, 2187 Rn.8.
[50]　Keim NJW 2020, 2996.
[51]　BGH NJW 2020, 2187.
[52]　BGH ZEV 2022, 84（Lange の評釈有り）= FamRZ 2022, 317（Lotte の賛成評釈有り）。

権も認められるべきである[53]。

Ⅴ　遺留分の猶予

24-850a　遺産にも相続人自身の財産にも十分な流動資金がないときは，相続開始に伴って発生し弁済期にある遺留分侵害額請求権は，相続人に対し，遺産の一部を売却することを強いることがある。しかし，とりわけ家族の住居を手放したり，事業を売却したりせざるを得ないというような困難な事案においては，相続人は，2331a条の規定に従って，遺留分侵害額請求権の弁済猶予を求めることができる。

24-850b　2331a条1項後段の規定に従って，相続人と遺留分権利者の利益を考慮する必要がある[54]ところの猶予についての決定は，遺産裁判所の管轄である（2331a条2項前段）。裁判所は，申請に応じ，2331a条2項後段・1382条3項の規定に従って，相続人に対し，猶予された請求権の担保を提供することを命じることができる。

Ⅵ　消　滅　時　効

1．通常の3年の時効期間

24-851　通常の3年の消滅時効期間（195条）は，補足遺留分侵害（2305条，2307条1項後段）を含む遺留分侵害額請求権および遺留分補充請求権（2325条）にも適用される。199条1項の規定の規定に従って，請求権が発生し，遺留分権利者（またはその法定代理人，18-604脚注7参照）が請求権発生原因たる事実を認識した，または重過失により認識しなかった年の末日から起算される。遺留分侵害額請求権は，相続開始時に発生する（2317条1項）ので，その発生の要件となる事実を知っていたか，重過失により知らなかったことを条件として，相続開始の年の末日から3年の時効期間が進行する。その発生要件には，相続開始と法定相続人としての地位に加え，遺留分権利者を侵害する死因処分も含まれる。一方，遺産の構成や価値に関する認識は無関係であり，遺留分権利者が後日，遺産中のさらなる個別財産を認識したとしても，消滅時効期間が進行し直すわけではない[55]。相続人に対する補充請求権に関しても，侵害となる無償の出捐を知ったこと（または重大な過失による不知）が要件となる[56]。

（53）　BGHZ 55, 378; 89, 24, 27. ただし，受贈者の費用による鑑定書作成までは，受贈者に対して請求することはできない（BGHZ 107, 200 = NJW 1989, 2887）。
（54）　OLG Rostock ZEV 2019, 589.
（55）　BGH NJW 2013, 1086（旧規定についてであるけれども，2009年改正法についても妥当する；同旨が Lange DNotZ 2013, 458, 460; Joachim ZEV 2013, 261 は反対）。
（56）　BGHZ 103, 333 = NJW 1988, 1667. 死因処分および贈与による侵害においては，遺留分侵

24-851a 例：遺留分権利者が遺言の存在を知り，その内容を知らせることが可能であるにもかかわらず，知らせなかったときは，原則として，侵害行為の不知は重過失とみなされる。死因処分や無償の出捐の事実を知っていたにもかかわらず，遺留分権利者がそれなりの理由があってその処分が無効であると考えたときは，その侵害の悪意または重過失はなかったことになる[57]。遺留分権利者が（時効進行中に）廃除の有効な撤回と解しても致し方のない更なる処分を知ったときは，遺留分権利者を廃除する遺言の存在についての悪意によって消滅時効期間が一旦進行していても，それを妨げることもある[58]。

2．受贈者に対する請求権の特則

24-852 受贈者に対する遺留分権利者の請求権に関しては，特則が設けられている。すなわち，この請求権の（3年間の）消滅時効期間は，2332条1項の規定に従って，相続開始から進行し，請求権発生原因たる事実についての悪意や重過失による善意は無関係である。つまりここでは，長い期間を経れば返還請求を覚悟しなくてよいという受贈者の利益が特に保護されるのである。しかし，被相続人の非嫡出子が，相続開始後3年以上経過するまでの被相続人の血統であることの確定した確認を受けていないとき（1600d条5項の権利不行使規定により，それ以前には請求権を行使することができない）にもこれが妥当するか否か極めて疑問であると思われる。それでも連邦通常裁判所は[59]，相続開始から3年後の消滅時効期間の起算を肯定し，受贈者にできるだけ早く法的安定性をもたらそうという立法者意思を重視したのである。しかし，今日の諸規定の立法経緯もさることながら[60]，何よりも基本法14条1項，6条1項および5条の規定による非嫡出子の相続権および遺留分権の保護は，少なくとも父子関係の確定が遅れたことが非嫡出子の責めに帰すことができないときは，反対説[61]に有利に働くと思われる。

　　　害額請求権に関しては，死因処分の認識，遺留分補充請求権に関しては，無償の出捐の（後からの）認識が要件とされるべきである。
- [57] BGH NJW 1964, 297. 遺留分権利者が終意処分の解釈に基づいて，その法定相続権が侵害されるとは考えなかったときも同様である。BGH NJW 2000, 288.
- [58] BGHZ 95, 76 = NJW 1985, 2945.
- [59] BGHZ 224, 40 = NJW 2020, 395 = ZEV 2020, 101.
- [60] 詳しくは，Muscheler ZEV 2020, 106 f. 2332条2項の規定を参照し，ここで規定されている以外の事案では，遺留分権利者が請求権を行使することができないうちは，現行法においても2329条の規定に従って請求権の消滅時効も進行しないことを主張するものである。連邦通常裁判所に反対するのが，Schubert JR 2020, 664 であり，203条以下の規定の類推適用によって消滅時効期間の停止を主張する。

3．主観的事情から独立した 30 年の消滅時効

24-852a 悪意または重過失による善意の要件が欠けるために 3 年の消滅時効期間が進行しないときでも，199 条 3a 項の規定に従って，請求権発生時に進行する 30 年間の消滅時効が適用される。

4．停止と新たな進行

24-853 遺留分侵害額請求権および受贈者に対する請求権の消滅時効は，相続放棄または遺贈放棄後に初めて行使することができる，ということによっては妨げられない（2332 条 2 項）。したがって，権利者は，3 年の消滅時効期間経過前にこれに関して決定しなければならない。

24-853a その他の点では，民法 203 条以下の一般規定が消滅時効の停止および新たな進行に関して適用される。消滅時効期間の新たな進行につながる 212 条 1 項 1 号の意味における承認は，たとえば，相続人が遺留分侵害額請求権の確認のために遺産額に関する情報を提供する意思があることを表明することである[62]。法的手段をとることによる，特に訴えの提起による消滅時効期間の停止（204 条 1 項 1 号）においては，行使された請求権に限定されることに注意しなければならない。したがって，情報提供を求める訴えでは，遺留分侵害額請求権の消滅時効期間の進行を停止しない。当初金額を明示しないで提起された，段階訴訟（Stufenklage）（民事訴訟法 254 条）の形の遺留分侵害額請求が，情報提供を求める訴えとともに係属したのであれば，この限りではない[63]。

Ⅶ　遺留分の剝奪

1．趣　旨

24-854 遺留分侵害額請求権の範囲において，被相続人の私的自治は，遺留分権利者ために制限される。しかし，通常は正当であることが，被相続人にとって不当なことがある。特に，遺留分権利者が被相続人に対して深刻な負い目があるときである。このような例外においては，被相続人は，2333 の（包括的[64]）規定に従って遺留分を剝奪することができる[65]。当時の規定の合憲性は，連邦憲法裁判所によって確認

---

[61] Muscheler ZEV 2020, 106, 107 f. 遺留分権利者が消滅時効期間の起算前に父子関係の司法判断を申し立てたときは，211 の規定を類推して消滅時効期間の停止が憲法上の理由から必要であるとするのが，Piekenbrock NJW 2020, 371, 372 ff.
[62] BGH NJW 1975, 1409.
[63] BGH NJW 2019, 1219 Rn.12.
[64] BGH NJW 1974, 1084.

されている（詳しくは3-72b参照）。2009年改正（3-85参照）では，この規定が大幅に改められ，従来の卑属，親および配偶者に対する剥奪事由に区別がなくなり，剥奪事由の詳細が新たに定められた。これは，遺言の自由を強化するという観点から，剥奪事由を（非常に慎重に）拡大したこととも関連している。しかし，立法府は，連邦憲法裁判所が非行条項や疎遠条項に否定的であることを表明した後に，これらを盛り込むことを控えている（3-72b参照）。

2．遺留分剥奪事由

24-855　遺留分の剥奪は，主に，遺留分権利者によって被相続人またはその近親者に対する重大な犯罪行為がなされたときに許される。そのため，法が遺留分剥奪を許容しているのは，被相続人の卑属（2333条2項の規定に従って親，配偶者および登録パートナーも同様）が，被相続人，その配偶者，他の卑属または「被相続人同様の近親者」[66]の生命に危害を加えたとき〔近藤 1955, 414〕（2333条1項1号），または上記の者に対して重罪〔山田 1993, 657〕もしくは重い故意の軽罪〔近藤 1955, 414〕に及んだとき（2333条1項2号）である[67]。被相続人に対して法律上負担する扶養義務を悪意で履行しないとき〔近藤 1955, 414〕も，遺留分剥奪が正当化される（2333条1項3号）。

24-855a　卑属の被相続人の意思に反する不名誉または不道徳な行状〔近藤 1955, 414〕による従来の剥奪事由（2333条旧5号）は，時代遅れとして廃止された。現在では，2333条1項4号の規定に従って，遺留分権利者が故意の犯行（Straftat）〔山田 1993, 605〕を理由に有罪判決を受け，1年以上の執行猶予のない自由刑（Freiheitsstrafe）〔山田 1993, 243〕を受けることが確定したときは，遺留分を剥奪することができる。判決の確定を要件としているのは，従来の規定と比較し，関係者にとっての法的安定性を高める趣旨である[68]。しかし，遺留分の剥奪には，遺留分権利者が遺産に関与することが被相続人にとって理不尽（unzumutbar）であるという，かなり曖昧な要件が加えられているため，その趣旨は部分的にしか達成されていない。改正理由書

---

(65)　これは，（卑属の浪費生活や債務超過において）2338条の規定に従った好意的遺留分の制限（Pflichtteilsbeschränkung in guter Absicht）〔近藤 1955, 418〕の可能性とは区別される。
(66)　2009年相続法改正によって従来法の要件を拡大したところであるが，たとえば，非婚のパートナー，継子，看護をうける子〔山田 1993, 483〕などが考えられる（BT Drucks. 16/8954, S. 23 参照）。
(67)　被相続人の現金の盗難も，少なくとも，個別事案次第で被相続人に特に苦痛を強いるときは，これに当たることがある。OLG Stuttgart ZEV 2019, 284.
(68)　Begr. BT-Drucks. 16/8954, S. 23.

によれば⁽⁶⁹⁾，これは「親族における被相続人自身の価値観に犯行が大きく反するとき」を想定していて，したがって，被相続人自身が犯行に関与していたり，犯行の主体であったりしたときは，適用されない。このように，従来の制度の影響（被相続人の意思に反する行状）を維持しようとする試みは，あまり成功していないように思われる。非常に重大な犯行においては，その客観的な違法性で理不尽さ（Unzumutbarkeit）を根拠付けるのに足りるのが通常であり⁽⁷⁰⁾，そうでないときは，犯行が被相続人や親族の法益（Rechtsgut）〔ゲッツェ 2010, 379〕に対するものであることが理不尽さにつながることがある（ただし，この種の事案のほとんどは，既に 2333 条 1 項 1 号と 2 号の規定の適用範囲に含まれている）。──本章事案 3 の問題と事案も参照。

24-856 2333 条 1 項 4 号後段の規定に従って，有罪の宣告を受けてはいないけれども，遺留分権利者が類似の重大な故意行為によって精神病院またはリハビリ施設への収容命令が確定したときも，遺留分の剥奪は許される。この規定は，遺留分権利者が被相続人を攻撃した際に「自然な」故意が肯定され得たにもかかわらず，責任無能力であることを理由に遺留分の剥奪を否定することは違憲であると判断した連邦憲法裁判所の決定（3-73 参照）を考慮したものである。

3．剥奪の形式

24-857 遺留分剥奪は，終意処分によってなされなければならないが，それには遺言作成時に剥奪事由が存在し，かつ，遺言に記載されなければならない（2336 条 1 項・2 項）。2333 条 1 項 4 号の剥奪事由においては，2336 条 2 項後段の規定に従って，なされた犯行に加えて被相続人にとって理不尽である理由も記載しなければならない（有罪の判決言渡しが後になってもよい）。判例がかなり厳格な記載要件を整えたため，法律に素人の被相続人はここで圧倒されてしまいがちである。判例によると，遺言の形式を採っていない意思表示を指示するだけでは足りず，被相続人が剥奪の理由とする具体的な事案の核心は，少なくとも遺言そのものから認識できるものでなければならないとされている⁽⁷¹⁾。ドイツ連邦憲法裁判所の見解によれば，このような要件を課しても合憲である⁽⁷²⁾。

---

(69) Begr. BT-Drucks. 16/8954, S. 24.
(70) その際，2336 条 2 項後段の規定に従って，理不尽さの理由の記載は不要となることがある（OLG Oldenburg ErbR 2021, 352, 353）。また，BT-Drucks. 16/8954, S. 24 も，行為が特に重大であるときは，理不尽さの推定が正当化されるとしている。
(71) BGHZ 94, 36 = JZ 1985, 746; OLG Oldenburg ErbR 2021, 352.
(72) BVerfG NJW 2005, 2691.

4．証明責任

24-857a 2336条3項の明文の規定によれば，剥奪事由の存在証明責任は，被相続人による剥奪を主張する者，すなわち，たとえば剥奪による遺留分侵害額請求権の履行を拒絶する相続人が負う。

5．宥恕（Verzeihung）〔山田 1993, 692〕

24-858 遺留分剥奪の判断において，剥奪事由の存在が証明されるときでも，剥奪の権利は被相続人側の宥恕によって消滅することに留意しなければならない（2337条前段）。宥恕は明示的である必要はなく，遺留分権利者に対する被相続人の行動から，受けた非行を見逃し，もはやそれを理由に何かをするつもりはないという意思が明白であれ，それで十分である[73]。

24-858a 宥恕によって，既になされた遺留分剥奪は，無効となる（2337条後段）。遺言中に無効となる遺留分の剥奪に加え，他の処分，たとえば相続人指定がなされていたときとしても，原則として，それは2085条の規定に従って有効である。ただし，仮に遺留分の剥奪が無効であることを知っていたとしたときに，相続人指定が行われなかったであろうときはこの限りではない。もっとも，宥恕によって剥奪が無効となるときは，それは決して容易に認められるべきではない[74]。

事案30の解答

1．補足遺留分

24-859 フリーダとハイナーは，各1/10の相続分に加え，2305条前段の規定に従って**補足遺留分**（補足遺留分侵害額請求権）を受けることができる。その要件は，彼らの指定相続分が法定相続分の半分未満であることである。卑属の法定相続分算定において，被相続人とその妻は，剰余共同制の法定夫婦財産制にあったため，増加した配偶者の相続分を前提とし（24-831参照），1931条1項前段・3項，1371条1項の規定に従って，計1/2となる。したがって，子であるフリーダとハイナーの法定相続分は，1924条1項・4項の規定に従って各1/4となる。法定相続分の半分（1/8）と遺言による指定相続分（1/10）の差は，1/40である。

したがって，フリーダは，160,000ユーロの1/40，すなわち4,000ユーロを共同相続人であるアンナに請求することができる。

---

[73] BGH NJW 1974, 1084; OLG Nürnberg NJW-RR 2012, 1225. しかし，OLG Stuttgart ZEV 2019, 284 Rn.15 によれば，黙示の宥恕に低すぎる要件を課すことはできない。

[74] Vgl. BGH NJW 1959, 2113.

24-859a 2315条1項の規定に従って，ハイナーは，既に受け取った50,000ユーロを遺留分に算入しなければならない。被相続人が出捐の際にその旨を定めているからである。これについては，特別な書式は定められていないので，被相続人が口頭ですれば足りる。2315条2項前段の規定に従って，算入は，受益者の遺留分を確定するために（他の権利者の遺留分には影響しない），贈与を遺産に加算する方法で行われる。したがって，ハイナーの補足遺留分は210,000ユーロの1/40 = 5,250ユーロとなり，参入れるべき出捐の方が高額であるため，ハイナーは何も受け取らないことになる。

2．遺留分補充

24-860 被相続人から姪への土地の贈与は，2325条3項後段の10年の期間内に行われたため，2325条1項の規定に従って，フリーダとハイナーの**遺留分補充請求権**が発生する。この贈与は相続開始前の3年以内であったため，2325条3項前段[75]の規定に従って，10分の8の額，すなわち28万ユーロの額で考慮される。

24-860a ハイナーについては，算入されるべき出捐もここで考慮されなければならない。彼の遺留分を計算するためのみなし遺産総額は，160,000 + 50,000 + 280,000 = 490,000ユーロである。その1/8の遺留分は61,250ユーロとなる。しかし，ハイナーは遺言による相続分として遺産の1/10（価額16,000ユーロ）を受け，算入されるべき出捐として50,000ユーロを既に受けているため，不動産の贈与は彼の遺留分侵害額請求権を発生させない。

24-860b フリーダについては，不動産価額の8/10が遺産に加わることで，その1/8の遺留分率ため，遺留分侵害額請求権が35,000ユーロだけ増加することになる。そうすると，アンナはフリーダに対し，合計39,000ユーロを支払わなければならないことになろう。しかし，2328条の規定に従って，贈与による遺留分補充請求権を含め，アンナ自身の遺留分が残らないときは，この金額の支払を拒絶するアンナの権利が生じる可能性がある。補充請求権を考慮した上で，アンナの遺留分金額は，11万ユーロ（遺産価値の1/4に考慮されるべき贈与目的物の価値の8/10を加えたもの）になる。しかし，もしアンナがフリーダに3万9,000ユーロを支払わなければならないとすると，彼女の遺言による相続分（価額：16万ユーロの8/10，つまり12万8000ユーロ）は8万9000ユーロしか残らないため，遺留分を下回ることになる。したがって，アンナはフリーダに18,000ユーロを支払えば足りることになる。

24-861 しかし，フリーダがアンナに請求できない21,000ユーロについて，フリー

---

(75) 24-844参照。

ダは，受贈者である姪に対し，2329条1項前段の規定に従って，この金額の範囲内で不動産に対する強制執行を受忍することを請求することができる[76]。しかし，姪は，2329条2項により，不足する金額，すなわち21,000ユーロをフリーダに支払うことで，これを回避することもできる。

全体的な結果

フリーダは，アンナに対し，4,000ユーロの補足遺留分と18,000ユーロの遺留分補充を請求することができる。さらに，21,000ユーロの贈与を受けた姪に対し，被相続人からの土地に対する執行の受忍を請求することができる。

ハイナーは，相続分を有する他は，請求権を有しない。

第24章の問題と事案

1．被相続人が遺言で廃除したところの生存配偶者は，遺産中のいかなる個別財産を請求することができるか？

2．2019年1月，未亡人となったハインツ・ネットは，2人の息子に対し，各30万ユーロの価値の土地を贈与した。2020年10月，ネットは再婚した。2022年2月1日にネットが死亡した際，死因処分を作成することなく，ネットは22万ユーロの財産を遺した。2人の息子とネットの未亡人の間で，遺産の配分について争いが生じている。どのような法律関係になっているのであろうか？

3．寡夫となったギムナジウム教諭Eの唯一の卑属は，1990年生まれの息子Sである。Eは環境保護にとりわけ熱心で，環境保護政党の地方議会議員としても数年間活動していた。Sは，Eの意に反して右翼団体に加わり，2014年には敵対する政治団体との衝突の際，傷害致死の共犯として，16箇月の自由刑の実刑判決を言い渡され，確定した。Sは，この刑に服した。彼は右翼団体との交際を完全に断ち，もう政治活動をしていない。Eは，病気のため，2022年に遺言書を作成することを決意した。彼は，自分の約30万ユーロの財産を，主に，数年前から未婚で同棲しているパートナーのLに出捐したいと考えている。こうすることで，Eは自分の死後のLの扶助を確実にしたいと考えているのである。Eは，Sとは，もはや連絡を取り合っておらず，Eにはできるだけ何も遺したくない。Sは，弁護士から遺留分を放棄する用意があるかどうかの問い合わせを受けたが，返答をしてない。Eは，法律関係を明らかに

---

[76] このように，2329条1項前段の規定に基づく請求は，たとえ法律の文言が「返還」であったとしても，その趣旨に合うよう解釈されるべきである（BGHZ 85, 274, 282 = NJW 1983, 1485, 1486）。——興味深いのは，BGH NJW 2013, 3786であり，共有持分の贈与により受贈者が単独所有となったときは，執行上は，共有持分が存続していると擬制するものである。

第 24 章　遺留分権

するために，S に前科があることを理由に E から遺留分を剥奪することができる，という確認を求めて S を相手方にして管轄の地方裁判所に訴えを提起しようと考えている。このような訴訟は，成功の見込みがあるだろうか？

4．寡夫となった被相続人は，遺言により娘 T を単独相続人とし，息子 S を相続から廃除し，D 夫人のために 190,000 ユーロの遺贈をした。遺産総額は 240,000 ユーロである。T は相続を承認した。S と D は，T に対していかなる請求をすることができるだろうか？

解　答

24-862　1．全くできない！　配偶者には，法定相続分の半額の遺留分権が帰属する。この権利は，相続開始と同時に発生する**相続人に対する金銭請求権**であり（2317条1項），遺産中の個別財産等に対する権利ではない。生存中の配偶者は，法定相続人となっていないので，先取分（Voraus）（1932条）を請求することもできない。（ただし，廃除は，被相続人の生存中に配偶者が既に共有していた個別財産についての権利には影響を及ぼさない）。

24-863　2．a）**相 続 権**

妻は 1/2（1931条1項前段・3項，1371条1項），2 人の息子は各 1/4（1924条1項・4項）の相続分の相続人となる。未亡人が相続放棄し，代わりに（小さな）遺留分（遺産総額の 1/8）と夫婦財産制の剰余清算を請求すること（1371条3項）が有利であるかどうかは，剰余の額が明らかではないため，本件事案では判断することができない。

24-864　b）**被相続人の2人の息子に対する生存配偶者の遺留分補充請求権**

被相続人による土地贈与により，2325条1項の規定に従って，生存中の妻に遺留分補充請求権が生じる可能性がある。しかし，贈与時には，被相続人はその後寡婦となる妻とは未婚であった。このことから，遺留分補充請求権は，遺留分権が贈与時に既に存在していたことを要件とするか否かが問題となる。遺留分補充の趣旨が，主として被相続人が他人への生存中の贈与によって遺留分権を脱法することを防止することにあると解するのであれば，この問いは，肯定することができるだろう。贈与時に遺留分権がまだ存在していなかったときは，被相続人にそのような意図があったとは考えられないからである。実際に，連邦通常裁判所は[77]，以前の判例において，このような考察に基づき，遺留分補充請求権は，贈与時に遺留分権が存在することを要

---

[77]　BGHZ 59, 210; BGH NJW 1997, 2676.

件とする，と判示していた。しかし，この判例を，連邦通常裁判所は[78]，2325条の文言と立法経緯に言及し，覆した。連邦通常裁判所は現在，被相続人が生存中に築いた財産に対する最低限の取り分を近親者に保証するという遺留分権の基本的な考え方に言及し[79]，遺留分権が贈与時に既に存在していたかどうかは無関係であると断じている。連邦通常裁判所の判決では，卑属の遺留分補充請求権が問題とされたが，連邦通常裁判所の示した理由付けによれば，生存配偶者の遺留分補充請求権にも妥当するであろう[80]。

24-865 2人の息子への贈与は，相続開始前の4年以内に行われたため，2325条3項前段の規定に従って，10分の7，すなわち各210,000ユーロが持ち戻されることになる。2326条の規定から明らかであるように，遺留分権利者で自ら相続人となった者も，補充請求権を取得することができる。ただし，法定相続分の半分を超えて遺されたものの価額を持ち戻さなければならない（2326条後段）。2325条の規定による補充請求権は，（持ち戻されるべき部分のある）出捐によって増加した遺産額（220,000ユーロ ＋ 210,000ユーロ ＋ 210,000ユーロ ＝ 640,000ユーロに遺留分率1/4を乗じた160,000ユーロ）と実際の遺産額から算出した遺留分侵害額請求権（220,000ユーロ × 1/4 ＝ 55,000ユーロ）との差額，つまり105,000ユーロである。2326条後段の規定に従って，ここから遺産額の1/4を超えて配偶者に残されたものが控除されることになり，ここでは，1/4とは，55,000ユーロである。従って，生存配偶者は共同相続人に対して50,000ユーロの補充請求権を取得する。

3．a）訴えの可否

24-866 確認の訴えの可否は，遺留分剥奪の権利が民事訴訟法256条1項の規定が意味するところの**法律関係**（Rechtsverhältnis）〔山田 1993, 519〕を構成しているかどうかによる。剥奪の権利は，被相続人の死後にのみ効力を生じるが，それにもかかわらず，遺留分権利者との関係では，被相続人が既に権利を有する現在の権利である。遺留分剥奪の権利は，遺留分権利者と被相続人の間の被相続人の生存中に既に存在す

---

(78) BGHZ 193, 260 ＝ NJW 2012, 2730.
(79) しかし，なぜ遺留分権があるのか，つまりこの法制度の目的は何なのかという疑問は残り，遺留分権は被相続人自身が相続した財産も対象としているので，被相続人が築いた財産に特に言及していることにも驚かされる。
(80) OLG Hamm BeckRS 2016, 117427 Rn.160; Keim NJW 2012, 3484, 3485; ders. NJW 2016, 1617; MünchKomm/Lange § 2325 Rn.9（態度をまとめてはいない）; Staudinger/Olshausen (2015) § 2325 Rn.66. —— 異論は，Bonefeld ZErb 2012, 225; Grüneberg/Weidlich § 2325 Rn.4 は，態度を明らかにしていない。

る法律関係の一部である。包括的な法律関係の枠内でのこのような個々の権利も確認の訴えの対象となり得る[81]。

24-866a 民事訴訟法256条1項の規定は，さらに，原告が早期の確認に法律上の利益（rechtliches Interesse）を有することを要件としている。Lの扶養という観点からは，，被相続人にとっては，単独相続人に指定されたLがいかなる遺留分侵害額請求を受けることになるのか，知ることは重要である。したがって，確認の利益は存在する。訴えは**適法**（zulässig）である。

b）**訴えに理由があること**

24-867 Eが遺言でLを単独相続人に指定したときは，2303条1項前段の規定に従って，息子に遺留分権が生じる。法定相続であれば，1924条1項の規定に従って，息子は単独相続人であったはずである。したがって，遺留分侵害額請求権は，2303条1項後段の規定に従って，遺産額の半分となり，Sは，単独相続人Lに対する15万ユーロの金銭請求権を取得することになる。

24-867a 遺留分剥奪事由としては，2333条1項4号前段の規定が根拠となるだろう。Sは，故意の犯行により，1年以上の実刑判決を受け，それが確定している。しかし，それを理由にSが遺産を受けることがEにとって理不尽であるかどうかは，詳細に検討されなければならない。Sの犯行が，社会通念に照らして特に非難されるべきものであるだけでなく，被相続人個人の信念に明らかに反するものであり，Sもそれを認識していたことからすると，これが肯定される。理不尽であることの事由は，2336条2項後段の規定に従って，被相続人の遺留分剥奪の処分にも記載されなければならない。

24-867b 他方，Sが犯行に及んだのが比較的若年であったこと，刑期を終えたこと，また犯行に至った環境から離れたことを考慮しなければならない。重大な犯行ではあるが，犯罪者の更生の過程で時間の経過で忘れることもできるものである。2336条2項後段の規定に従って，処分作成時に理不尽とする事由が存在することが要件である。2019年においては，犯行は反社会的態度の継続を示すものではなく[82]，Eの親族の名誉を害することも著しく少なくなっている[83]。たしかに，卑属が不名誉・不道徳な生活から継続して離れたときは，不名誉・不道徳な生活という剥

---

(81) BGH NJW 1974, 1084. —— 被相続人には遺留分剥奪の権利がない，という遺留分権利者の消極的確認の訴えもまた許容される，OLG Saarbrücken NJW 1986, 1182.
(82) 2009年相続法改正法の理由書，BT-Drucksache 16/8954, S. 22, 23によると，2333条1項4号の規定する剥奪事由は，重大な反社会的な非行全般とされている。
(83) 上記理由書16/8954, S. 22によると，被相続人の意思に反する不名誉な行為や不道徳な行為を理由とする旧剥奪事由の廃止について，その規定が「今日ではもはやほとんど特定すること

奪事由が適用されなくなるとした旧2333条2項に相当する規定は存在しなくなったが，理不尽さの吟味においてその後の生活を考慮することは妨げられない。

24-868　EとSとの間にもはや音信がないという事情は，この検討の文脈では限られた重みしか持たない。一つには，本件の事案からは，Sだけに責任があるかどうかは明らかではないし，もう一つには，――連邦憲法裁判所も強調しているように[84]――，遺留分権は，親族関係に不和がある場合にこそ重要であることに留意しなければならないからである。Eが自己の財産で特にパートナーの生活を保障しようとする意図は，Sが遺産を受けることの理不尽さを根拠付けない。なぜなら，被相続人の遺言の自由を制限することこそが，遺留分権の趣旨だからである[85]。まとめると，Sの重大な犯行にもかかわらず，Sが遺産を受けることはEにとって理不尽ではないと思われ，Eには，遺留分剥奪の権利はない。

したがって，Eが提起した確認の訴えは，理由のないものとして棄却されなければならないだろう。

24-869　4．a）Sの請求権

Sは，遺言により法定相続分である1/2（1924条1項・4項）を奪われたので，相続人であるTに対して，遺産額の1/4に相当する遺留分侵害額請求権（2303条1項）を行使することができる。遺産額の算定においては，なされた**遺贈は控除されない**（24-832，脚注12参照）。したがって，Sは，Tに対して60,000ユーロの遺留分の支払を請求することができる。

24-870　b）Dの請求権

TがDに19万ユーロの遺贈を支払わなければならないならば，Tの手元には，T自身の遺留分侵害額請求権の金額（6万ユーロ）より少ない5万ユーロしか残らない（Sの遺留分侵害額請求権のさらなる負担は考慮しない）。Tは，減額されない遺留分侵害額請求権を取得するために，2306条1項の規定に従って**相続放棄**をすることができたであろう。

24-871　Tは，2306条1項の規定する道を採って相続放棄をすることをせず，相続を承認したけれども，2318条の規定に従って**遺贈による請求権の減額**が問題となる。

　のできない親族の名誉を守る」ために機能していたと述べられる一方，2333条1項4号新しい遺留分剥奪事由たる理不尽さの主観的要件については，遺留分剥奪は「親族保護と完全に切り離されてはならない」と述べられている（S. 24）。

(84)　BVerfGE 112, 332, 355 f. = NJW 2005, 1561, 1565（vgl. dazu Rn.72b）．

(85)　もちろん，Eがパートナーと婚姻をすることで，Sの遺留分権をかなり（遺産額の1/4まで）減らすことができるという考えもある。

2318条1項の規定に従って，Tは，遺留分の負担（Sへの6万ユーロ）を自分とDが按分して負担する限度で，遺贈の履行を拒絶することができる。被相続人は，死因処分によりこの規定の適用を排除することができるが（2324条），本件の事実関係によれば，そのような処分を想定することができない。按分は，5万ユーロ（遺贈額控除後のTの相続分額）対19万ユーロ（遺贈額），すなわち5対19の割合でしなければならない。したがって，Tの遺留分の負担は，12,500ユーロ（6万ユーロの24分の5），Dのそれは47,500ユーロ（6万ユーロの24分の19）である。したがって，TはDの遺贈の請求権を142,500ユーロに減額することができる。

24-872 Tは，自身の遺留分権を有するので，2318条3項の規定に従って，さらなる減額が問題となる。これは，Tが2306条1項の〔相続放棄の〕選択肢を利用しなかったという事実によって妨げられるものではない。2318条3項の規定は，他の遺留分権者による侵害から保護を趣旨としていて，2306条1項の規定とは異なる趣旨だからである。たしかに，2318条3項の規定は，Tが遺留分侵害額請求権の全額を受けるという形で適用されることはないだろう。むしろ，Tは，Sの遺留分侵害額請求権を負担することによって，自己の遺留分額が減殺される金額だけ遺贈を減額することができるのである[86]。そこで，2318条3項の規定に従って，遺贈はさらに，2318条1項の規定によりTが最終的に負担しなければならないであろう遺留分の負担だけ，すなわち12,500ユーロの減額を受ける。

結論：Tは，Sに対し，6万ユーロ，Dに対し，13万ユーロを支払う義務を負う。

---

[86] BGHZ 95, 222 = NJW 1985, 2828; v. Olshausen FamRZ 1986, 524; MünchKomm/Lange § 2318 Rn.14. 連邦通常裁判所が肯定した，2318条3項の規定が（2319条の規定に加えて）遺留分権を有する共同相続人にも適用されるか否かの問題はここでは関係がない。

第 25 章　遺産売買および生存中の第三者の遺産に関する契約

I　遺産売買の内容と形式

25-873　遺産売買とは，相続人（売主）が他人（買主）に対し，遺産を一定の対価で買主に移転することを約する契約である。相続人は，遺産を売却することで，早期に金銭を得ることができ，決済の手間も省くことができる。遺産売買は，承継された遺産に関するものであるため（2371 条参照），相続開始後にのみ有効に成立する（相続開始前の契約については，25-877 参照）。遺産売買の目的は，単独相続権または共同相続人の共同相続権である。契約は公証人による認証[1]が要件となる（2371 条）。その法的性質として，遺産売買は債務法上の契約であり，433 条以下の規定に言う売買であるが，これには相続法上の多くの特別規定が適用されることになる。——遺産の売却に関する規定は，遺産の再売買，および遺産の譲渡を目的とするその他の契約に準用される（2385 条 1 項，遺産の贈与については，2385 条 2 項参照）。

II　遺産の売却の履行と瑕疵担保責任

25-874　売主による遺産の売却の履行は，その売却が単独相続権売却か共同相続人の持分を売却するかによって，異なる方法でなされる。単独相続権は，そのものとして（一つの処分行為で）譲渡することはできず[2]，相続人は，遺産中のすべての個別財産を，個別の物権行為で買主に移転しなければならない（動産・不動産の所有権移転，債権譲渡など）。これに対し，共同相続人であれば，遺産中の個別財産またはその持分を処分することはできず（2033 条 2 項），相続分移転することによって（2033 条 1 項），すなわち単一の処分取引によって遺産売却を履行しなければならない。

25-875　売主の（代償を含む）引渡義務および遺産中の個別財産の消費の場合の売主の賠償義務等に関する特別規定が 2374 条以下である。権利の瑕疵に対する売主の責

---

(1)　形式要件の欠如が（たとえば 311b 条 1 項後段の規定とは異なり）履行によって治癒されることはない。BGH NJW 1967, 1128, 1131; NJW-RR 2013, 713 Rn.16; Lange Kap. 13 Rn.13; Muscheler Rn.4320; Jauernig/Stürner § 2371 Rn.2; MünchKomm/Musielak § 2371 Rn.6 f.; Grüneberg/Weidlich § 2371 Rn.2. —— 異論は，Brox/Walker § 45 Rn.3; Frank/Helms § 23 Rn.6; Staudinger/Olshausen (2016) § 2371 Rn.27.Keller ZEV 1995, 427, 433 は，共同相続人の株式の売却が株式の譲渡により履行された場合（2033 条 1 項）の治癒を肯定する。これに詳細に反対するのが，Pohlmann, Die Heilung formnichtiger Verpflichtungsgeschäfte durch Erfüllung (1992), 211 ff.

(2)　BGH WM 1967, 978.

任は，売却された相続権の不存在，制限や抵当権の存在，遺産債権者に対する無制限の（すなわち，もはや制限することのできない）責任に限定される（2376条1項）。これに対し，遺産の売主は，遺産額や特定が遺産に含まれることについては，責任を負わない。ただし，その責任に関する特約があるときは，この限りではない。同様に，売主は，悪意の黙秘や性質保証をした場合を除き，遺産中の**物の瑕疵**について責任を負わない（2376条2項）。一般の売買（446条前段）とは異なり，遺産中の個別財産の**偶発的な滅失損傷の危険**は，遺産の売買契約成立時で既に買主に移転する（2380条前段）。

Ⅲ 遺産債務に対する責任

25-876 遺産の売却をして遺産を買主に移転させても，当初は売主が相続人（または共同相続人）となり，遺産債務の債務者となったことに変わりはない。債権者の同意なしに第三者との契約によって債務者の地位を処分することはできないので，**売主は遺産の売却・移転後も引き続き遺産債務を負うことになり**，2382条1項前段がこれを明示している。もっとも，売主に加え，**買主も遺産売買成立時から，遺産債務の責任を負う**（2382条1項前段）。売主と買主の責任（2383条）が遺産額に限定されるかどうかは，相続人の責任に関する一般規定（すなわち，責任制限がなされない限り，原則として無限責任，20-706以下参照）により判断される。売主と買主は，対外的には（遺産債権者に対して）**連帯債務者**として責任を負うが[3]，対内的には，一般に，買主が遺産債務を負担しなければならない（2378条）。

Ⅳ 生存中の第三者の遺産に関する契約

25-877 311b条4項の規定は，被相続人の生存中に将来の相続権を金銭に換えることを防止する趣旨である。**生存中の第三者の遺産に関する契約はもちろん，遺産の遺留分侵害額請求権や遺贈請求権に関する契約も無効である**[4]。その理由は，一方では，期待された相続権が様々な理由（たとえば，被相続人の早期死亡，その他の処分）で消滅する可能性があるため，このような契約には相当な不確実性が伴うからである。他方では，生存中に既に第三者の遺産が見込んで取引をし，それによって死を予見可能な時期に期待あるいは待望されることとするのは好ましくないと考えられているからである。

---

(3) Kipp/Coing § 112 vor I; Staudinger/Olshausen (2016) § 2382 Rn.7; MünchKomm/Musielak §2382 Rn.3.
(4) ただし，被相続人の同意があり，2348条の形式要件が遵守されていれば，相続放棄への転換は可能である（BGH NJW 1974, 43 参照）。

25-878 ただし，311b 条 5 項は，将来の法定相続人間の契約に関し，法定相続分[5]または遺留分に関する契約（いわゆる**遺産契約**）については**例外**とし，これらは有効であるが公証人による認証が要件となる[6]。遺産売買に関する規定は，311b 条 5 項の規定に基づいて有効な契約にも適用される[7]。

---

(5) もっとも，311b 条 5 項は，法定相続分に相当する相続分が死因処分に基づいて取得される場合にも適用される（BGHZ 104, 279 = NJW 1988, 2726）。
(6) これは，契約が被相続人の同意を得て相続放棄や遺留分放棄に関連して締結された場合も同様である（BGH ZEV 1995, 142）。
(7) Staudinger/Olshausen（2016）Einl. zu §§ 2371 – 2385 Rn.25.

参 考 文 献

◆ **相続法教科書**

Brox/Walker, Erbrecht, 29. Aufl., 2021.
Crezelius, Unternehmenserbrecht, 2. Aufl., 2009.
Ebenroth, Erbrecht, 1992.
Frank/Helms, Erbrecht, 7. Aufl., 2018.
Frohn, Nachlassrecht, 4. Aufl., 2021.
Gursky/Lettmaier, Erbrecht, 7. Aufl., 2018.
Harder/Kroppenberg, Grundzüge des Erbrechts, 5. Aufl., 2002.
Hausmann/Hohloch（Hrsg.）, Handbuch des Erbrechts, 2. Aufl., 2010.
Kipp/Coing, Erbrecht. Ein Lehrbuch, 14. Bearbeitung, 1990.
Lange, Erbrecht, 2. Aufl., 2017.
Löhnig, Erbrecht, 3. Aufl., 2016.
Lange/Kuchinke, Lehrbuch des Erbrechts, 5. Aufl., 2001.
von Lübtow, Erbrecht. Eine systematische Darstellung, 1. u. 2. Halbband, 1971.
Michalski/J. Schmidt, BGB-Erbrecht, 5. Aufl., 2019.
Muscheler, Erbrecht, Bd. I u. II, 2010.
Olzen/Looschelders, Erbrecht, 6. Aufl., 2020.
Röthel, Erbrecht, 18. Aufl., 2020.
Schmoeckel, Erbrecht, 6. Aufl., 2020.
Weirich/Keim/Schuck/Bauer, Erben und Vererben, 6. Aufl., 2010.
Zimmermann, Erbrecht, 5. Aufl., 2019.

◆ **民法注釈書**

Alternativkommentar zum Bürgerlichen Gesetzbuch, 1990（zit. AK-BGB und Bearbeiter）.
Bamberger/Roth, Beck'scher Online-Kommentar BGB, Bd. 3（zit. BeckOK BGB und Bearbeiter）.
Beck'scher Online-Großkommentar（zit. BeckOGK BGB und Bearbeiter）.
BGB-RGRK（und Bearbeiter）, Das Bürgerliche Gesetzbuch, Kommentar herausgegeben von Mitgliedern des Bundesgerichtshofes, 12. Aufl., Bd. V, 1. Teil 1974, 2. Teil 1975.
Burandt/Rojahn（und Bearbeiter）, Erbrecht, 3. Aufl., 2019.
Damrau（und Bearbeiter）, Praxiskommentar Erbrecht, 4. Aufl., 2020.
Erman（und Bearbeiter）, Bürgerliches Gesetzbuch, 1. u. 2. Bd., 16. Aufl., 2020.
Grüneberg（und Bearbeiter）（vormals *Palandt*）, Bürgerliches Gesetzbuch, 81. Aufl., 2022.
Handkommentar zum BGB（zit. Hk-BGB und Bearbeiter）, 11. Aufl., 2022.
Horn, Materialienkommentar Erbrecht, 2020.
Jauernig（und Bearbeiter）, Bürgerliches Gesetzbuch, 18. Aufl., 2021.

参 考 文 献

Juris Praxiskommentar BGB（und Bearbeiter），Bd. 5, Erbrecht, 9. Aufl., 2020.
Kroiß/Horn/Solomon, Nachfolgerecht, 2. Aufl., 2019（zit. NK-Nachfolgerecht und Bearbeiter）．
Münchener Kommentar zum Bürgerlichen Gesetzbuch（zit. MünchKomm und Bearbeiter），Bd. 11, Erbrecht, 8. Aufl., 2020.
Nomoskommentar zum BGB, Bd. 5, Erbrecht, 6. Aufl., 2021（zit. NK-BGB und Bearbeiter）．
Prütting/Wegen/Weinreich（und Bearbeiter），BGB Kommentar, 16. Aufl., 2021.
Soergel（und Bearbeiter），Bürgerliches Gesetzbuch, 14. Aufl., 2021, Bd. 32, Erbrecht 1（§§ 1922-2146）; Bd. 33, Erbrecht 2（§§ 2147-2385）．
Staudinger（und Bearbeiter），Kommentar zum Bürgerlichen Gesetzbuch, jeweils mit Angabe des Jahres der Bearbeitung.

◆ 判例集・事例集

Benner, Klausurenkurs im Familien- und Erbrecht, 6. Aufl., 2021.
Eberl-Borges/Zimmer, Examinatorium Familien- und Erbrecht, 2. Aufl., 2019.
Eidenmüller/Fries, Fälle zum Erbrecht, 6. Aufl., 2017.
Lipp, Examensrepetitorium Erbrecht, 4. Aufl., 2017.
Löhnig/Leiß, Fälle zum Familien- und Erbrecht, 5. Aufl., 2021.
Roth, Familien- und Erbrecht mit ausgewählten Verfahrensfragen. Ein fallbezogenes Examinatorium, 5. Aufl., 2010.
Röthel, Fallrepetitorium Familien- und Erbrecht, 2009.
Schlüter, Prüfe dein Wissen, BGB, Erbrecht, 10. Aufl., 2007.

相続法教科書および民法注釈書は執筆者の姓だけで引用している。
法令名を書かず条数のみ挙げているのは民法の規定である。

訳語出典一覧

青木哲・浦野由紀子・八田卓也「家庭事件及び非訟事件の手続に関する法律」（第 2 編，第 3 編，第 4 編及び第 7 編）（2009）https://www.moj.go.jp/content/000012248.pdf

東季彦『全譯獨逸民法』（有斐閣，1930）

臼井豊「デジタル遺品訴訟のゆくえ (2) —— BGH2018 年 7 月 12 日判決の速報と解説・論評」立命館法学 383 号（2019）224 頁～256 頁

エーザー，アルビン，甲斐克則・天田悠訳「治療中止，自殺幇助，および患者の事前指示 —— 臨死介助における新たな展開と改正の努力について」早稲田法学 88 号（2013）241 頁～262 頁

太田武男・佐藤義彦編『注釈ドイツ相続法』（三省堂，1989）

小川惠「ドイツ相続法における遺産分割と遺言執行者」同志社法学 71 巻 3 号（2019）1155 頁～1192 頁

於保不二雄・高木多喜男『現代外國法典叢書 (3) 獨逸民法〔Ⅲ〕』（有斐閣，1955）

金子洋一「ドイツ国際私法における相続準拠法の適用範囲について —— 遺産の範囲の決定に関する序論的考察」千葉大学人文社会科学研究 26 号（2013a）129 頁～142 頁

金子洋一「EU 相続規則における相続準拠法の適用範囲について —— ドイツ国際私法の観点から」半田吉信編『千葉大学大学院人文社会科学研究科 研究プロジェクト報告書 第 253 集 日独比較民事法』（2013b）151 頁～244 頁

神作裕之・松井秀征・高橋美加・久保大作・伊藤雄司『ドイツ商法典（第 1 編～第 4 編）』（法務省大臣官房司法法制部，2016）

ケストラー，オリヴァー・フランツ，神谷遊訳「ドイツにおける離婚の効果に関する合意」広島法科大学院論集 3 号（2007）279 頁～294 頁

ゲッツェ，ベルンド『独和法律用語辞典〔第 2 版〕』（成文堂，2010）

小島康裕「ドイツ株式法における初期資産評価論と秘密積立金概念の生成（上）—— 株式会社会計法の基礎理論（その二）」福島大学商学論集 35 巻 2 号（1966）45 頁～82 頁

後藤元伸「民法改正後の民法上の組合と権利能力なき社団 —— ドイツにおける権利能力なき社団論の現代的展開とともに」関西大学ノモス 47 号 1 頁～44 頁

近藤英吉・福地陽子『現代外國法典叢書 (4) 獨逸民法〔Ⅴ〕相續法』（有斐閣，1955）

柴田光蔵『法律ラテン語辞典』（日本評論社，1985）

初宿正典『ドイツ語圏人名地名カタカナ表記辞典』（信山社，2021）

高橋寿一「ドイツにおける農地政策と農地取引規制」日本不動産学会誌 24 巻 3 号（2010）127 頁～135 頁

田中宏治「ドイツ相続法における代償財産」千葉大学法学論集 35 巻 1・2 号（2020）1 頁～63 頁

田中宏治「ドイツ民法におけるデジタル遺産 —— フェイスブック事件」磯村保ほか編『法律行為法・契約法の課題と展望』磯村保先生古稀記念論集（成文堂，2022）683 頁～702 頁

田中宏治「ドイツ民法における『遺言の自由』—— 判例と世話組織法（BtOG）」原田剛ほか

編『民法の展開と構成』小賀野晶一先生古稀祝賀（成文堂，2023a）229 頁～244 頁
田中宏治「デジタル遺産に関するドイツ・フェイスブック事件再論」沖野眞已ほか編『これからの民法・消費者法（Ⅰ）』河上正二先生古稀記念（信山社，2023b）787 頁～804 頁
田中宏治「ドイツ倒産法における相続人のための免責許可」千葉大学法学論集 38 巻 1・2 号（2023c）127 頁～141 頁
常岡史子「住居賃借権の承継と居住の保護 —— ドイツにおける相続的承継と特別承継」横浜法学 22 巻 3 号（2014）89 頁～141 頁
中西優美子「EU の法制度」植田隆子ほか編『新 EU 論』（信山社，2014）
中本香織「わが国における当事者適格概念の生成過程 —— 判決効との関係を中心に」早稲田法学 94 巻 2 号（2019）47 頁～87 頁
早津裕貴「ドイツ公勤務者の法的地位に関する研究(2)」名古屋大学法政論集 273 号（2017）37 頁～74 頁
本間靖規「訴訟承継について」立命館法学 369・370 号（2016）629 頁～650 頁
松久和彦「ドイツにおける夫婦財産制改正の背景と概要」立命館法学 327・328 号（2009）832 頁～858 頁
村上淳一・Hans Peter Marutschke『ドイツ法入門』（有斐閣，1991）
山口和人『ドイツ民法Ⅱ（債務関係法）』（国立国会図書館調査及び立法考査局，2015）
山田晟『ドイツ法律用語辞典（改訂増補版）』（大学書林，1993）
横田守弘「ドイツにおける終日制学校の拡充と法」西南学院大学法学論集 45 巻 2 号（2012）71 頁～156 頁
渡邉泰彦「翻訳（第 1626 条～第 1772 条）」法務省大臣官房司法法制部・法務資料 468 号『ドイツ民法典第 4 編（親族法）』

条文索引

条数ごとに欄外番号を記載している（章数省略）。**ゴチック**は重要な箇所を示す。

◆ 基 本 法
1: 28, 635（脚注 71）, 765
2: 28, 69, 635（脚注 71）, 765
3: 79, 255, 257a, 299a, 457（脚注 4）, 832（脚注 14）, 845
6: 71, 72, 77, 92, 169, 207, 256, 457（脚注 4）, 821b, 845
14: 28, 62, 65 以下, 68, 72, **74 以下**, 77, 169, 207, 254, 262, 299a, 631, 821b
19: 66
34: 646（脚注 106）
103: 646
106: 74

◆ 民 法
2: 153, 268
38: 634
40: 634
45: 24
54: 26
83: 29
84: 29
90: 621
97: 194
98: 194
104: 265, 269, 272
105: 269
106: 272, 285
107: 273, 285, 549a, 604
111: 604
116: 409
117: 409
118: 409
119: **420 以下**, 433, 453, 516（脚注 34）, 545b, 563, 613 以下, 621
120: 420, 433
121: 563
122: 439, 518
123: 420, **429 以下**, 433, 613

381

条 文 索 引

125: 292, 320, 409, 411, 501, 597a
126: 307, 310（脚注 23）
126a: 307
126b: 307
130: 360a, 434, 470（脚注 29）, 575, 580, 583
133: 317, 361 以下, 384, 391
134: 234, **241** 以下, 521, 531
137: 529（脚注 69）, 813
138: 61, 234, 242a（脚注 11）, **243** 以下, 249, 409, **448** 以下, 479, 520, 529, 532, 545c, 797（脚注 21）, 821（脚注 1）
139: 412, 449, **451** 以下, 497, 547
140: 349, 386, **401** 以下, 449
142: 410, 433（脚注 43）, 437, 443, 446, **454** 以下, 477, 489, 518, 536, 563, 618, 622, 623（脚注 36）
143: **434** 以下, 446, 516, 536
144: 422（脚注 9）, 517
151: 575, 579
153: 575, 583
157: 361
158: 447, 547
159: 480（脚注 50）
160: 571
161: 480（脚注 50）
168: **573** 以下
185: 735
187: 619
188: 619
195: 641a, 851
199: 641b, 852a
203: 853a
204: 853a
212: 853a
241: 780
242: 501, 528
259: 696（脚注 2）
260: 640b, 849
275: 513, 773
277: 679
280: 548, 761, 773
283: 773
286: 761

311a: 761
311b: 548（脚注 13）, 873（脚注 1）, **877 以下**
313: 548, 564
314: 538（脚注 79）
320: 548
323: 513（脚注 29）, 537, 538（脚注 79）, 548, 727（脚注 13）
328: 509（脚注 26）, 577, 582, **597 以下**
331: **577 以下**, **582 以下**, **597 以下**
346: 513（脚注 29）, 514, 548
362: 663
397: 571
398: 664, 686
413: 686
421: 33, 50, 756, 762, 774
425: 774（脚注 5）
426: 762
433: 664, 873
446: 875
463: 529（脚注 74）
464: 727, 731
471: 726（脚注 10）
472: 731
516: 597a, 840
518: **568 以下**, **571 以下**, 579, 583, 597a
528: 548a
530: 548a
550: 596
563: 4
598: 596
611: 538
620: 538
621: 538, 580
626: 538
649: 580
662: 708, 734
666: 626
667: 626, 663, 809
670: 626, 734
671: 580
672: 573
675: 580

681: 626, 663
683: 626, 734a
684: 734a
718: 721（脚注 1）
727: 584
738: 587, 592
741: 722
745: **732 以下**
752: 746
753: 746
812: 36, 330, 545a, 580, 583, 638, 665, 740
816: 660, 665, 691
818: 522, 641
821: 583
822: 522
823: 636
826: 520
839: 646（脚注 106）
857: 4, 623, 633, 640a, 739
858: 633
861: 638
873: 531, 729, 747
883: 529（脚注 73）
891: 654
892: **657 以下**, 676
925: 531, 729, 747
929: 739, 747, 818
932: 623, 641（脚注 94）, **657 以下**, 676, 690, 739
935: 623, 633, 640a, 658, 739
952: 582
985: **531 以下**, **582 以下**, 596, 638, 640a, 690, 739, 818
986: 596
987: 641
1007: 638
1061: 634
1090: 634
1273: 686, 828
1303: 275
1313: **154a 以下**
1314: 155
1353: 154

1357: 194（脚注 39）
1363: 45, **163 以下**, 179, 203
1365: 402
1371: 4, 23f, g, 35, 45, 84, 156, **165 以下**, **174 以下**, 179, **182 以下**, **185 以下**, 188, **200 以下**, **203 以下**, **206 以下**, 702, 825, **830 以下**, 859, 863
1372: **168 以下**, 207
1373: 23g, 168, 182
1374: 168, 182
1375: 168, 176, 182
1378: 168, 169（脚注 21）, 182, 207
1382: 850b
1408: 179
1410: 499
1414: 186
1416: 191, 721（脚注 1）
1417: 191
1418: 191, 358
1419: 192
1471: 192
1476: 192
1482: 191
1483: 193
1484: 193
1492: 193
1493: 193
1494: 193
1503: 193
1519: 193a
1564: **154a 以下**, 207
1565: 206
1566: 206
1569: 156
1586: 634
1586b: 156, 696
1589: 4, 89, 110, 113, 121, 144
1590: 90, 121
1591: 4, 98
1592: 98, **99 以下**, 103
1594: **100 以下**
1599: **99 以下**
1600: 103

条文索引

1600d: 103, 106, 852
1615: 634, 696
1624: 750
1629: **764** 以下
1629a: 766
1638: 358
1643: 604, 764
1680: 764
1753: 109
1754: 6, 107, 129, 151, 153
1755: 107
1756: 107, 142, 151
1766a: 157, 373a
1767: 153
1770: 4, 108, 133, 153
1772: 4, 153
1773: 627, 707（脚注 14）
1777: 358
1814: 270
1821: 627（脚注 39）
1822: 604, 627（脚注 39）, 764
1825: 270
1833: 709（脚注 16）
1836: 707（脚注 14）
1886: 707（脚注 14）
1890: 627
1896: 270
1903: 270
1909: 358（脚注 10）
1912: 28
1915: 627, 707（脚注 16）, 709（脚注 16）
1919: 627
1922: 24, 26, 32, 39, **51** 以下, 124, 382, 623, 631, **636** 以下, 696, 724, 729, 763
1923: 28, 51, 199, 431（脚注 34）, 568, 682
1924: 23h, **34** 以下, **44** 以下, 48, 111, 114, **116** 以下, **122** 以下, 129, 135, 139, **178** 以下, 181, 190, 206, 259, 323, 354, 750
1925: 35, 44, 111, 122, **131** 以下, 135, 151, 153, 354, 381, 389, 398, **443** 以下
1926: 111, **136** 以下, 139, **148** 以下, 151, 162, **203** 以下
1927: 142, 149
1928: **140** 以下, 144, 146
1929: **140** 以下, 146

1930: 35, 44, 113, 122, 139, 144, 151, 354
1931: **34 以下**, **44 以下**, 157, 158 以下, 162, 165, **170 以下**, **178 以下**, **185 以下**, **190 以下**, 193b, 201, **203 以下**, 206, 323, 830, 859, 863
1932: 176, 180, 183, **194 以下**, 205, 832（脚注 12）, 862
1933: **155 以下**, 206, 373, 655
1934: 160
1934a 旧条文：93
1936: 34, 74, 137（脚注 2）, 229
1937: **36 以下**, 46, 53, 233, 274, 351, 354
1938: 36, 53, 230, 354
1939: 41, 49, 317, 355, 367, 379, 768
1940: 352, 355, 387, 401, 455, 780
1941: 37, 53, 233, 491, 493, 531, 768
1942: 23i, 174, 230, 522, **601 以下**, 619, 623, 661, 724
1943: 607, 611, 619, 662
1944: 489, 603, 605, 619, 662
1945: 6, 23i, 603, 617
1946: 603, 607
1947: 612
1948: 606（脚注 8）
1949: 612, 662
1950: 594, 606
1951: 142, 149（脚注 7）, 606
1953: 174, 181, 183, 195, 605, 623, 662, 778
1954: 617, 622
1955: 617, 622
1956: 612, 615（脚注 17）, 617, 620
1957: 618, 622
1958: 625, 705
1959: 624, 626, 639, 663
1960: 105, 627
1961: 627
1962: 627
1963: 199
1964: 231
1965: 231
1966: 231
1967: 33, 50, 52, 168, 170, 183, 232, 330, 596, 625, 690（脚注 34）, 696, 702, 774, 828
1968: 702
1969: 198
1970: 704

1973: 704, 714
1974: 704a
1975: 232, 697, **706 以下**, 713, 718
1976: 708, 713
1977: 708
1978: 708, 713, 715
1979: 709
1980: 709, 712
1981: 707, 720
1984: 708
1985: 709, 712
1986: 710
1987: 707（脚注 14）
1988: 710
1989: 714
1990: 710, 715, 718, 766
1991: 715, 766
1992: 715, 718, 775
1993: 698
1994: 232, 698
2001: 698
2002: 698
2005: 698
2007: 142
2011: 232
2013: 698（脚注 4）, 707
2014: 705
2015: 705
2018: 626, **638 以下**, 641d, 665
2019: 638, 640
2020: 641
2021: 641
2022: 641
2023: 641
2024: 641
2027: 640b, 696（脚注 2）
2028: 640b（脚注 92）
2029: 638
2032: 40, 58, 124, 374, 382, **721 以下**, 729, 761, 763
2033: 40, 365, 687, 723, **725 以下**, 729, 745, 761, 873（脚注 1）, 874
2034: 726, **730 以下**

2035: 727, 731

2038: **732 以下**, 734a, 736, 740

2039: 737, 739, 762

2040: 695, **735 以下**, 739, 761

2041: 738, 741

2042: 382, 742, **745 以下**, 793（脚注 10）

2044: 51, 743, 814

2046: 746

2047: 746

2048: 39, 280, 356, 367, 382, 748, 761, 777, 783

2049: 748（脚注 55）, 832

2050: 750, 753

2052: 750（脚注 57）

2055: 470, 751

2056: 751, 753

2057a: 187, 330, **754 以下**, 836

2057b: 754a

2058: 33, 50, 756, 758, 762, 764, 774, 837

2059: 50, **756 以下**

2060: 760, 762

2062: 707, 758

2064: 237, 266, 277

2065: **278 以下**, **286 以下**, 388, 411, 448, 484, 671, 770, 787

2066: 195, **368 以下**, 376（脚注 45）, 506

2067: 370

2068: 371

2069: 372, 377, 399, 467, 472, **489a 以下**, 577（脚注 25）, 667, 682, 685

2072: 780

2074: 447, 683（脚注 18）

2075: 450, 479

2077: 154（脚注 1）, **373 以下**, 405, 410, 458, 506, 579（脚注 31）, 655

2078: 238, 242a（脚注 11）, 339, 340（脚注 68）, 373a, **420 以下**, 439, 442, 445, 453, 455, 476, 515, 518, 536, 554, 613, 628a（脚注 45）, 689（脚注 33）

2079: **431 以下**, 438, 476, 489, 515

2080: 433, 436, 443, 446, 453, 475, 476（脚注 43）, 516（脚注 34）, 517

2081: **434 以下**, 443, 453, 476（脚注 43）, 517

2082: 436, 453

2083: 436

2084: 317, 361, **385 以下**, 391, 401（脚注 72）, 403, 411, 567, 572

2085: 288, 308（脚注 18）, 322, **411 以下**, 437, 445, 449, **451 以下**, 514, 518, 544, 858a

2087: 317, **366 以下**, **378 以下**, 388, 405, 419, 441, 506, 570（脚注 7）, 768

2088: 352, 367, 374, 381, 389, 398, 416
2089: **374 以下**
2090: 375
2091: 58, 376, 400, 483
2092: 376
2094: 374, 377, 398, 416, 467, 472, 667, 731
2096: 279, 354, 372, 377, 398, **666 以下**, 688, 692
2097: 666（脚注 1）
2099: 377, 398, 667
2100: 354, 480, 668, 689
2101: 28, 51, 672
2102: 689
2104: 447, 669
2105: 447
2106: 669, 672
2108: **682 以下**, 692, 694
2109: 51, 673, 743
2111: 543, 677, 683, 690, 741
2112: 543, 674
2113: 480, **674 以下**, 680, 690, 695
2130: 641d, 679, 690（脚注 34）
2131: 679
2133: 677（脚注 12）
2134: 681
2136: 480, 680
2137: 681
2138: 681
2139: 668, 689
2147: 49, 57, 383, 446, 506, 570, 774
2148: 383, 774
2150: 382, 777, 783
2151: 280, 776, 787
2156: 280, 388, 770
2160: 568, 779
2169: 394（脚注 61）, 519, 594, 771, 788
2170: 772
2171: 773
2173: 771
2174: 41, 49, 57, 379, 768, 786, 788
2176: 174, 778
2180: 174, 778

2182: 772
2190: 779
2191: 779, 788
2192: **387 以下**, 401
2193: 280, 388, 780（脚注 13），787
2194: 781
2197: 356, 384, 390, 789, 810, 815
2198: 280, 790
2199: 794
2200: 280, 790, 794, 815
2201: 791, 809
2202: 792, 810
2203: 356, 384, 390, 793, 812
2204: 747, 793
2205: 390, 793, 796, 812
2206: 797
2208: 794, 796, 812
2209: 260, **794 以下**, 812, 814
2210: 260, **794 以下**, 809, 814
2211: 796
2212: 798, 807
2213: 798, 807
2214: 260, 803
2215: 819
2216: 800
2218: 800, 809
2219: 800
2221: 800, 811
2222: 795
2223: 795
2225: 809
2226: 809
2227: 801, 809, 819
2229: **266 以下**, **269 以下**, **274 以下**, 285, 306, 331, 409
2231: 274, 291, 305, 317, 499
2232: 267, 293（脚注 2），vor 295, 297, 499, 540
2233: 267, 274, **298 以下**, 306
2247: 267, **305 以下**, 310, 315, **317 以下**, 411, 459, 482
2248: 316, 340
2249: 326
2250: **326 以下**

391

条文索引

2251: 328
2252: 325
2253: 37, 238, 274, 329, 349, 469, 491, 507, 530, 542, 544
2254: 333, 343, **349 以下**, 359, 455, 472（脚注 33）, 485, 507, 530, 542
2255: 331, 336, 338, 342, **344 以下**, **349 以下**, 472（脚注 33）
2256: 331, 340, 342, 509
2257: 341, 345, 410
2258: 315, 334, 341, 343, 349, 477, 505（脚注 20）, 507, 509（脚注 27）, 817
2259: 316
2265: 37, 233, 275, 401, **456 以下**
2266: 457
2267: 457（脚注 5）, 459, 482
2268: 373b, 458
2269: **464 以下**, 480, 483, 487, 782
2270: 37, 275, **466 以下**, 470, 472（脚注 35）, 477, 481, 483, 485（脚注 57）, 486, **488 以下**, 489a, 782
2271: 37, 275, 335（脚注 49）, **470 以下**, 483, **488 以下**, 489a, 783
2272: 457
2274: 237, 272, 277, 494, 496, **498 以下**
2275: **272 以下**, 276, 285, 498
2276: 349, 401, 459, 491（脚注 1）, **498 以下**, 540
2278: 276, 494, 503, 505a, 507, **530 以下**, **542 以下**, 777
2279: 278, 373b, 498, 505（脚注 20）, 506, **514 以下**, 518
2280: 498
2281: 239, 421, 423, 433（脚注 42）, **475 以下**, 489, **515 以下**, 536
2282: 476, 489, 516, 536
2283: 476, 489, **516 以下**
2284: 517
2285: 476, 517
2286: 474, 520, 531
2287: 474, **519 以下**, **522 以下**, 527, 531, 533, 581b, 641b
2288: 474, **519 以下**, **522 以下**
2289: 276, 505, 519, **530 以下**, 534, 543
2290: 509, 535
2291: 510
2292: 509
2293: 470, 504, 511
2294: 472, 512
2295: 513, **538 以下**
2296: 470, 488, 514, 539
2297: 514

2298: 494, 514, 518
2299: 507, 509, 514, 530, 544, 789
2300: 500, 509
2301: **568** 以下, **575** 以下, 580a, **582** 以下, **596** 以下
2302: 236, 329, 349, 401, 495, 548（脚注 13）
2303: 38, 48, 54, 170, 175, 183, 226, 234, 259, 323, 354, 357, 417, 465, 485, 489, 546, **822** 以下, 829, 862, 867
2304: 415, 823
2305: 173, 259, 824a, 824c, 830, 859
2306: 175（脚注 27）, 259, 465, 614a, 814, **824b** 以下, 840（脚注 22）, **870** 以下
2307: 173, 175, 826, 830
2309: 822a
2310: 552, 557, **560** 以下, 829
2311: 170, 183, 832
2312: 832
2313: 833
2314: **849** 以下
2315: **834** 以下
2316: 330, 754c, 836
2317: 38, 828, 862
2318: **871** 以下
2319: 838, 872（脚注 86）
2320: 837
2324: 871
2325: 581a, 696（脚注 1）, **839** 以下, 848, 849（脚注 46）, 851, 860, **864** 以下
2326: 848, 865
2327: 839, 843
2328: 847, 860b
2329: 844, **847** 以下, 861
2330: 842
2331a: **850a** 以下
2332: 604（脚注 7）, 641b, 852, 853
2333: 72b, 73, 234（脚注 2）, 357, 417, 512, 821c, **854** 以下, **867a** 以下
2336: 357, 417, 472, **857** 以下
2337: **858** 以下
2338: 854（脚注 65）
2339: 240, **628** 以下
2340: 629
2341: 629
2342: 629
2344: 629

2345: 630
2346: 175（脚注 28）, 230, **545 以下**, **550 以下**, 563, 821c, 822a
2347: 549a, b, 556
2348: 527, **548 以下**, **558 以下**, 877（脚注 4）
2349: 550, 553, **557 以下**
2350: 550
2351: 525（脚注 61）, 548, **555 以下**
2352: 472, 505, 527, 545, 553, 555, 559
2353: 6, 294, 642, 648
2361: 644, 651, 817
2362: 641d, 652
2365: 647, **654 以下**, 660i, 802
2366: **656 以下**, 660j, **664 以下**, 802, 818
2367: **659 以下**
2368: 660i, 802, **817 以下**
2371: 365（脚注 26）, 687, 726, 730, 745（脚注 50）, 873
2374: 875
2376: 875
2378: 876
2380: 875
2382: 876
2383: 876
2385: 365（脚注 26）, 687, 873

◆ 公 証 法

6: 301
7: 301, 327（脚注 43）
8: 303
10: 302
11: 302
13: 303
17: 302
22: 299a, 301
24: 299a
25: 301, 303
27: 301, 327（脚注 43）
28: 302
30: 302
34: 304, 500
34a: 304a

◆ **欧州相続規則**

1: 23g
2: 23j
3: 21（脚注18），649a
4: 23i, 649, 649b
5: 649
11: 649
13: 23j
20: 15
21: 13, 17, 23h, 649
22: 18, 20, 360
24: 21
25: 14, 21
27: **22 以下**
32: 30a
33: 232a
34: 23a
35: 23c
62: 660b, c
63: 660d
64: 660e
65: 660d, e
66: 660f
67: 660f
69: 23e, **660h 以下**
70: 660k
71: 660l
75: 14, 22
83: 11

事 項 索 引

事項ごとに欄外番号を記載している（章数省略）。**ゴチック**は重要な箇所を示す。

◆ あ 行

愛人遺言　243, 245 以下
悪意の抗弁　505（脚注 21），527（脚注 67），797（脚注 21）
後の遺言　334, 341, 343
暗示理論　264, 396
安定した共同生活関係　157, 373a
EU 相続規則（EuErbVO）　10 以下，649 以下，660a 以下
遺　言　37, **290 以下**, 351 以下，408 以下
遺言開封　304a, 316
遺言作成　290 以下
　　──作成時　315
　　──作成場所　315
遺言執行　259 以下，390, 471, **789 以下**
　　──人的会社の持分　805 以下
　　──相続契約　505a
　　──有限責任社員の持分　808
遺言執行者　280, 301, 356, 384, 388 以下，434, 466, 542, 645, 648, 712, 743, 747, **789 以下**, 824b
　　──遺産中の個別財産の処分　796
　　──解　任　801, 809, 819 以下
　　──交　代　505a
　　──債務負担行為　797
　　──代理権濫用　797（脚注 21）
　　──通常の管理　797, 800
　　──報　酬　795（脚注 13），**800**, 811
遺言執行者証明書　660d, **802**, 817 以下
遺言執行者付記登記　796
遺言書登録簿　**304a**, 316
遺言相続　36 以下，**233 以下**
遺言提出　316
遺言能力　**265 以下**, 302, 331, 409, 514a
　　──年齢要件　266 以下，306
遺言の一義性　363
遺言の自由　60 以下，**69 以下**, 77, **233 以下**, 299a, 305, 329, 422, 515, 628a, 821
遺言の破棄　331, **336 以下**, 342, 350

遺言の変造 336 以下
遺言の無効 408 以下
遺言法 84（脚注 43）
遺言方式の同等性 291, 333
遺言無能力
　　── 精神病による 269 以下, 514a
遺　産 33, 631 以下
遺産管理 697, **706 以下**, 720, 758
　　── 共同相続人による 732 以下
　　── 責　任 703, 707 以下
遺産管理人 645, **708 以下**
　　── 解　任 707（脚注 14）
遺産契約 878
　　── 取消し 554, 563
遺産債権者 581b, 609, **696 以下**, 706 以下
　　── 遺産保護人の選任申立て 627
　　── 公示催告手続 704
遺産裁判所 6 以下
　　── 遺産の保全 627
　　── 管　轄 6 以下, 644, 649 以下
　　── 相続証書手続 643 以下
　　── 相続放棄の意思表示の受領 603
　　── 取消しの意思表示の受領 434, 517, 617
遺産債務 33, 142, 168, 260, 625, 678, 696 以下, **700 以下**, 709 以下
　　── 承認前の権利行使 625
遺産債務に対する責任 142, 232, 594, **696 以下**
　　── 遺産売買 876
　　── 共同相続人 756 以下
遺産相続人債務 678, **703**
遺産そのものの負債 703
遺産中の個別財産
　　── 会社持分 594, 805 以下
　　── 即時取得 656 以下
遺産の債務超過 602, 620 以下, 697, **711 以下**, 720, 775
遺産の保全 627
遺産売買 873 以下
遺産分割協議の仲介 746
遺産費用債務 702
遺産分裂（国際私法） 23b, 649c
遺産保護 105, **627**, 707
遺産保護人 **627**, 712

事 項 索 引

　　—— 遺産債務に対するの責任　876
意識障害　269
慰謝料請求権（相続性）　634a
移　植　636
遺　贈　23d, 23e, 41, 49, 57, 197 以下, 280 以下, 288, 355, 366 以下, 378 以下, 383, 419, 433, 435, 441, 445 以下, 474, 510, 524, 526, 570, **768 以下**, 786 以下, 826 以下
遺贈欠格　630
遺贈執行　795
遺贈の不実現（相続契約）　522 以下
遺族年金　2
一部相続証書　648
一部分割　745
一部無効（一部相対的無効）　322, **411 以下**, 451
一定の種類のものであることの強制　351
一般人格権　32, 635 以下, 765
　　—— 財産的価値の構成部分　635a 以下
　　—— 死後人格保護　635
一般平等取扱法　251
遺留分　38, 48, 54, 61, 72 以下, 85 以下, 93, 243, 259, 417, 522, 581 以下, 594, 614 以下, 702, 714, **821 以下**, 877 以下
　　—— 親　の　822
　　—— 終りの相続人の　465
　　—— 会社持分の特定承継における　594
　　—— 憲法上の保障　72 以下
　　—— 配偶者の　**170 以下**, 175 以下, 183 以下, 200 以下, 822, 830
　　—— 卑属の　72 以下, 323, 822 以下, 836
遺留分欠格　630
遺留分権利者の看過
　　—— 取消原因として　431 以下, 438
遺留分権利者の相続人　824 以下, 848
遺留分剥奪　72b, 73, 357, 417, 472, **854 以下**, 866 以下
遺留分罰条項　259（脚注 64）, 465
遺留分放棄　545, **551 以下**, 560 以下
遺留分補充請求権　581a, 696（脚注 1）, **839 以下**, 851, 860, 864 以下
遺留分率　552, 557, 823, **829 以下**
姻族関係　90, 121, 467（脚注 24）
インターネット・ドメイン　633a
縁組　→養子縁組
援助給付請求権　2
欧州経済利益団体　585（脚注 59）
欧州人権条約　96 以下, 97b, 257d, e

欧州相続証書　660a 以下, 802
欧州連合　85b, 85c
大きな遺留分　171, 173, 175, 184, 201
親の相続権　110 以下, **131 以下**, 153
　　―― 遺留分権　822

◆　か　行
害意ある贈与
　　―― 共同遺言　**473 以下**, 581b
　　―― 受贈者としての遺留分権利者　522
　　―― 相続契約　520, **522 以下**, 533, 581b
諧謔行為　409
介護（持戻し）　754 以下
外国人
　　―― 相　続　14, 649 以下
外国相続法　10 以下
外国滞在地　14
会社持分
　　―― 債　務　583c 以下
解　釈
　　―― 遺　言　361 以下, 387 以下
　　―― 解釈規則　366 以下
　　―― 解釈契約　365
　　―― 基本権適合的　257c 以下
　　―― 共同遺言の　361（脚注 12), 464, 467, 489a, 490
　　―― 限　界　363 以下
　　―― 好意的　385 以下
　　―― 人権適合的　257c 以下
　　―― 相続契約　361（脚注 12), 503
　　―― 補充的　391 以下
解　消
　　―― 婚姻の　154 以下
　　―― 相続契約の　509 以下
　　―― 相続放棄の　555 以下
海上遺言　328
解除条件　447 以下, 465, 479 以下, 513, 547, 571
開　封　304a, 316, 500
価額調査請求権　849, 850（脚注 53)
確定責任　→証明責任
家　系　**114 以下**, 130, 135, 190, 376（脚注 45), 399
家事非訟事件手続法　6

事 項 索 引

家政に要したもの（先取分）180, **194 以下**
株　式
　——　相続性　583c
仮決定
　——　相続証書　647
仮登記　529
　——　善意取得　659
完全養子　107
管理執行（継続執行）260, 794, 812
期待権
　——　後位相続人の　683, 686
　——　債　権　632
基本法（基本権）62, **65 以下**, 74 以下, 76 以下, 79b, 92, 207, 242, 251 以下, 299a, 457（脚注 4），
　646, 765, 821b, 832（脚注 14），845, 856
休暇補償請求権　631a
旧東ドイツ　64, 75（脚注 31），428（脚注 33）
旧非嫡出子　95 以下, 431（脚注 35）
給付不能　773
休眠遺産　601
強制執行　625, 645, 697, 705, 786, 828, 861
強制相続人（国家）230
共同遺言　37, 233, 275, 361（脚注 12），401, **456 以下**
共同遺言における終りの相続人　372, **461 以下**, 473, 479, 483, 487, 603
共同相続契約　494
共同相続人　40, **721 以下**
　——　商行為の継続　763 以下
　——　責　任　50, **756 以下**
　——　相続人共同体の分割　742 以下
　——　持戻し　750 以下
共同相続人の回収権限　737
共同相続人の先買権　**726 以下**, 730 以下
共同相続人の相続分　724 以下
共同相続人の分割責任　760
強　迫
　——　相続欠格事由として　628a
　——　取消原因として　238 以下, 339, **429**, 475
虚偽表示　409
既履行の贈与　571
義理の子　373a
儀礼上の贈与　675, 842
緊急遺言　324 以下

400

事項索引

金銭遺贈 524
禁治産 270
くじ引き 278
国の先占権 232a
国の取り分（相続税）74 以下
組合持分
　── 遺言執行 805 以下
　── 相続性 588 以下
継　子 121
継親子養子縁組 107
継続執行 794
兄弟姉妹の相続権 89, 110, **131 以下**, 153
系　統 132, 137
契約上の処分 491, **502 以下**, 530 以下, 541 以下
結婚祝い（先取分）180, 194, 196
血族（指定）370
血族関係 89 以下
血族関係の近さ 110, 141, 144
血族相続権 34 以下, 71, **86 以下**, 110
血族養子縁組 107, 151
血　統 89 以下, 852
限定相続証書 649c
権利能力のない社団 26
子　　→卑属
行為基礎 391, 548, 556, 564 以下, 579
行為基礎の喪失 391, 548, 556, 564 以下, 579
後位相続開始 480, 543, 668 以下
後位相続人 259 以下, 401, 447, 462, 464 以下, 479 以下, 487, 543 以下, **668 以下**, 687a
　── 相続および相続権移転 682 以下
　── 相続証書 648, 651
後位相続人遺言執行者 795
好意的遺留分の制限 854（脚注 65）
好意的解釈 **385 以下**, 387 以下, 403
行為能力 27, 265, 272 以下, 276, 285, 498, 549a, 549b, 604, 791, 809
抗　告 647, 650
抗告期間 650
抗告理由
　── 相続証書手続における 650
合資会社 26, 585 以下, **595**
　── 遺言執行 808
公示催告手続 704, 759

401

事 項 索 引

公証手続　300 以下, 500
公証人　8 以下, 267, 274, 291, **293 以下**, 306, 499 以下, 689, 746
公証人による遺産目録　849
公証法　9, 299a, 300 以下, 326, 500
公序条項　23c
公信力
　　―― 遺言執行者証明書　802, 818
　　―― 欧州相続証書　660j
　　―― 相続証書　656 以下
公正証書遺言　293 以下, 340
拘束力
　　―― 共同遺言　37, 275, 456, **471 以下**, 483, 489 以下
　　―― 相続契約　37, 239, 276, 349, 491 以下, **503 以下**, 508 以下, 515, **519 以下**, 530 以下, 541 以下
公的遺言　293 以下
公的保管　293, 304, 316, 500
　　―― からの返還　331, 340, 342, 500, 509
購買力低下　751, 835(脚注 18), 846(脚注 40)
公　法　2
公務員援助給付　2〔原典の 3 は誤記〕
合名会社　26, **585 以下**, 763
　　―― 遺言執行　805 以下
合　有　40, 192, 594, 721 以下, 763, 805
合有財産　191 以下, 772
合有の訴え　737, 757
国際裁判管轄
　　―― 欧州相続証書　660e
　　―― 相続証書　649 以下
国際私法　**10 以下**, 23h 以下, 315
国籍主義　14
個人の権利保障（相続権の）　65
子に関する改正法　94(脚注 3)
婚　姻
　　―― 遺言作成後の取消原因として　431
婚姻による出捐　523, 841
婚姻の自由　256 以下, 448
混　同　687
婚　約　272, 276, 373, 410, 424, 448(脚注 55), 457, 498

◆さ　行
債権者公示催告　704

事項索引

債権的遺贈　768
再婚条項　448, **478 以下**
最初の遺贈　779, 788
最低相続権　38, 61, 72a, 243
財　産　32 以下, **631 以下**
財産が尽きた旨の抗弁　714
財産共同制　**191 以下**, 358, 841
財産共同制の継続　193
財産目録作成　232, **698**
財　団　**26 以下**, 684 以下, 840
裁判所公証人費用法　9
詐　欺　430, 628a
　　── 方式要件についての　501
先取遺贈　197, 382, 594, 748, **777**, 783 以下
先取分　176, 180, **194 以下**, 205, 702, 862
錯　誤
　　── 遺産の債務超過に関する　621
　　── 相続権取得原因に関する　612
　　── 動機の　**423 以下**, 432, 442, 515, 536, 554, 563, 616
　　── 内容の　**421 以下**, 613 以下
　　── 表示行為の（表示上の錯誤）　**421 以下**, 615
　　── 法律効果の　421（脚注 7), 614
差押え
　　── 遺贈請求権の　786
　　── 遺留分侵害額請求権の　828
　　── 後位相続人の期待権の　686
3 箇月の抗弁　705
30 日間扶養を受ける者　**198**, 702
3 人の証人の面前における遺言　327
残余財産　681, 710
残余財産への指定　681
死因処分　36 以下, **233 以下**
死因処分の義務　236, 349
死因贈与　**567 以下**, 577 以下
事業承継　79, 284, **583a 以下**, 763 以下
　　── 遺言執行　804 以下
事後遺贈　779, 788
死後人格保護　635
死後生殖　28a
死後代理権　**572 以下**
自己の財産にするのと同一の注意　679

403

事 項 索 引

自己利益（生存中の）523（脚注 47），**525 以下**，533
使　者　575 以下
死者の追憶　635
死者の名誉　635
自　称（被相続人の遺言中の）311
市場経済秩序　63
私人の財産法　1
事前指示　1（脚注 1）
事前の相続の持戻し　93
死　体　636
市町村長遺言　326
失権条項　450
失踪法　30, 169（脚注 21）
私的遺言　→自筆証書遺言
私的自治　61, 233, 235, 854
私的相続　67
自筆証書遺言　267, 291, 294, **305 以下**, 347 以下, 361, 401, 411, 421
自筆証書遺言の作成日時記載　315
自筆証書遺言の署名　307, **310 以下**, 318 以下
自筆証書遺言の場所の記載　315, 321
死亡時　31
死亡時のための生存中の法律行為　567 以下
司法上の内容規制　251
死亡の場合に効力を有する第三者のためにする契約　**577 以下**, 589
司法補助官（相続証書手続）644, 646, 650
事務管理　734a
社会システム
　　── 相続法への影響　59 以下
社会主義国家（相続権）64
社会保障　2
社　団　26a
社団の社員たる地位　634
終意処分
　　── 概　念　37
　　── 内　容　353 以下
終意処分の下書き　**309 以下**, 386（脚注 50），401（脚注 71），459
終意処分の確定性　278a
収穫高の価額　832
住　居　4
重　婚　155（脚注 7），160a
10 年間の期間制限（遺留分補充）**844 以下**, 860 以下, 865

事 項 索 引

州　法　5（注 5），7
受益の放棄　472, 545, **553**, 559
取　得
　—— 遺贈による　778 以下
　—— 後位相続財産の　669 以下
　—— 相続財産の　600 以下
種類遺贈　524, 772
順　位　35, **110 以下**, 131 以下
障害者（遺言作成）299a, 301
障害者遺言　243 以下, 246, 248, 259 以下
常居所　13 以下, 23h 以下, 649 以下
条　件
　—— 死因贈与における　568 以下
　—— 終意処分における　447 以下
商　号
　—— 従前の所有者の死後の継続　5, 583b, 763 以下
商行為
　—— 遺言執行　804
　—— 事業負債　583b, 701
　—— 相続性　583b, 763
　—— 相続人共同体による継続　763
　—— 未成年の相続人による継続　764 以下
使用貸借契約　596
譲　渡
　—— 将来債権　632
情報提供請求権　528, 626, 640b, 849 以下, 853a
証明責任
　—— 遺言の取消原因　440
　—— 遺言の方式遵守と内容　337
　—— 遺言無能力　269a
　—— 遺留分の補充　840（脚注 24）
　—— 権利主張者間の紛争における　655
　—— 交付された相続証書　654 以下
　—— 署名の真実性　307（脚注 11）
　—— 相続証書手続における　646
　—— 代位（後位相続）　677
　—— 良俗違反　246
消滅時効
　—— 遺贈請求権　778
　—— 遺留分侵害額請求権　851 以下
　—— 害意ある贈与　522

405

事 項 索 引

　　── 相続法上の請求権　641a 以下
剰余共同制　84, **163 以下**, **185**, 825, 830 以下
剰余清算　**165 以下**, 193b, 207
　　── 計　算　168, 182
将来債権の譲渡　632
職業世話人の受領禁止　242b〔原典の 242a は誤記〕
職権相続人調査　7
処　分
　　── 遺言執行者による　796
　　── 共同相続人による遺産中の個別財産の　735 以下
　　── 生存中の処分と相続契約　519 以下
　　── 先位相続人による　674 以下
　　── 相続分の　724 以下
　　── 表見相続人による　623 以下
処分の制限（先位相続人）480, 543, **674 以下**, 680 以下
所有権秩序　62 以下
人格権　32, **635 以下**
信義則　566, 594, 610
　　── 方式違反　501
人工授精　28a
人工臓器　636
親族相続権　71, 86 以下
身　体　636
信託的解決（遺言執行）804, 807a
心停止と脈拍停止（死亡時）31
人的会社　26, **584 以下**, 675（脚注 7）, 805 以下
人的会社における加入条項　589
人的会社法の現代化のための法律（MoPeG）584, 595a 以下
親等主義　110, 141, 146
心裡留保　409
随意条件　448
推　定
　　── 欧州相続証書の真実性の　660i
　　── 国の法定相続権の　231
　　── 相続証書の真実性の　654 以下
　　── 撤回意思の　338, 345 以下
　　── 同時死亡の　30 以下, 169（脚注 21）
数個の血族関係　142, 149
税　74 以下, 176, 702
税区分　81 以下
清算会社　586

事 項 索 引

清算執行 793, 812
性状の錯誤 423(脚注 10), 616, 621
精神衰弱 269
精神病 269
生存中の第三者の遺産に関する契約 877 以下
制度保障（相続権の）65
成年養子縁組 108, 133, 153
生命保険契約 577 以下, 581a, 597 以下
税　率 83
責任制限 232, 697 以下, 703, 705, **706 以下**, 758, 766, 775, 803, 876
世襲農場法 5(脚注 5), 39(脚注 14), 281(脚注 18), 501
積極的後位相続 447
世　話 242a, 270, 549a, 809
世話組織法 242b〔原典の 242a は誤記〕
先位相続人 160, 401, 462, 479 以下, 487, 543 以下, 668 以下, **674 以下**
　── 解除条件付 480
　── 停止条件付 480
　── 免責された 480, **680 以下**
全員一致の原則（相続人共同体における）732 以下
先順位の優先 113
宣誓に代わる保証
　── 義務の移転 696(脚注 2)
選択剰余共同制 193a 以下
選択的相続人指定 279
潜脱無効 474, 521, 525
全部承継（会社持分）593
占有移転 4, 623, 633
占有離脱 623, 633, 658, 739
相関的処分 37, 275, 438(脚注 49), 456, 460, **466 以下**, 489a, 490, 553, 581b, 782
臓器移植 636
臓器摘出 636
葬儀費用 702
相　続
　── 遺　言 36 以下, **233**, 352
　── 家系による 114 以下, 132
　── 系統による 132, 137
　── 順位による 35, 110 以下
　── 法　定 34 以下, 86 以下, 352, 374
　── 法定・遺言 352, 374
　── ホーエンツォレルン事件における 250, 253 以下
相続開始 24 以下

407

事項索引

相続開始前の死亡 **30 以下**, **117 以下**, **132**, 137, 153, 372, 377, 391, 398 以下, 472, 568 以下, 629, 682 以下
相続開始によって生ずる債務 702
相続契約 37, 239, 373b, 401 以下, 421, **491 以下**, 777
　——解　除 511 以下, 537 以下
　——締結能力 **271 以下**, 276, 285
　——取消し 515 以下, 536
　——方　式 499 以下
相続契約における単独の処分 **507**, 509, 530
相続契約の解除 504, **511 以下**, 537 以下
相続契約の指定相続人に対する侵害 520 以下
相続欠格 628 以下
相続欠格における否認の訴え 629
相続権に関する既判力のある決定 651, 653
相続権の憲法上の保障 28a, 62, **65 以下**, 74 以下, 207, 233, 299a, 631
相続権の本質的内容 **66**, 75
相続権平等化法 84, 94
相続財産破産手続 581b, 697, 709 以下, **711 以下**, 758 以下
　——開始の拒絶 715 (脚注 21)
相続されない権利 634
相続準拠法 10 以下
相続証書 294, 356a (脚注 5), **642 以下**, **660c**
　——回　収 651 以下
　——公信力 656 以下
相続証書申請権者 645, 651 (脚注 122)
相続証書の回収 644, 650a, **651 以下**
相続証書の真正性の推定 654 以下
相続証書の不実 **651 以下**, 654, 656, 659
相続性 32 以下, 62, **631 以下**
　——後位相続人の権利の 683 以下, 694
　——債務の 696
相続税 **74 以下**, 176 (脚注 30), 702
　——遺産債務として 702
相続人
　——責任制限 697 以下, 717, 758
　——相続財産の取得 600 以下
　——相続能力 **26 以下**, 387, 600
　——第三者による指定 281 以下, 286 以下
　——表　見 607, **623 以下**, 662 以下
相続人共同体 40, 160, 591, 595, **721 以下**, 761 以下
　——分　割 742 以下

408

事 項 索 引

相続人固有の財産　625, 697, 703, 708, 713 以下, 756
相続人指定　36, 233, 281 以下, 286 以下, 354, **366 以下**, 387 以下, 402, 461 以下
相続人としての行為　610
相続人としての法人　26, 29, 51
相続人に対する不法の私力　633
相続人の抗弁　705, 715
相続人の債権者　260, 697, 708, 803
相続人の母になる者　199
相続人賠償請求権　93
相続能力　**26 以下**, 387, 600
相続の消極的自由　65a
相続の承認　607 以下
相続の持戻し　93
相続の持戻請求権　93
相続分　40, 504, **724 以下**, 795 以下
相続分（増加．減少）　375
相続分の一部　725（脚注 7, 9）
相続分の加算　748
相続分の加重　23f, 23g, **165 以下**, 193b
相続法（相続権）
　── 客観的意味における　1
　── 社会主義国家における　64
　── 主観的意味における　1
相続法改正　84 以下, 88, 167
相続放棄　230, 472, 505, **545 以下**, **822a**
　── 解　消　555 以下
　── 効　力　550 以下
　── 成　立　549
相続放棄期間　489, 603, 611, 619, 662, 778, 785
相続放棄の意思表示　603
相続法上の解決（剰余共同制）　23f, 23g, **165 以下**, 200
曾祖父母の相続権　111, 140 以下
相対的無効
　── 遺言の　410
　── 相関的処分　468, 477, 481, 488
　── 双務（双務的）相続契約　494
双務（双務的）相続契約　494
贈与と遺留分　522, **839 以下**
贈与の約束　**567 以下**, 577 以下
即時取得
　── 遺言執行者証明書　802, 818

409

事 項 索 引

　　―― 欧州相続証書 660j
　　―― 後位相続 676
　　―― 個々の共同相続人からの 739
　　―― 相続証書 656 以下
　　―― 表見相続人からの 623
訴訟関係 637
訴訟追行権
　　―― 遺言執行者の 798, 807
　　―― 共同相続人の 737
祖父母の相続権 111, 136 以下, 151, 159, 162, 203 以下

◆ た　行
代　位
　　―― 後位相続 677, 690
　　―― 相続回復請求権 640
　　―― 相続人共同体 738, 741
第 1 順位の法定相続人 111, 126
対価関係（死亡時の第三者のためにする契約）**578 以下**, 598
滞在所主義 13 以下, 649
第三者による決定
　　―― 遺言執行者の 280, 790
　　―― 受遺者の 280, 776
　　―― 相続人の 278, 281 以下, 286 以下, 388
　　―― 負担による受益者の 280, 388
第三者による相続人指定 **281 以下**, 286 以下
第三者のためにする貯蓄口座 577 以下
第 3 順位の法定相続人 **136**, 139
胎　児 28
代襲主義 **116 以下**, 125
第 2 順位の法定相続人 131 以下
代表主義 116, 125, 137
第 4 順位の法定相続人 140
代　理
　　―― 死因処分における 277, 498
　　―― 相続放棄における 549a, 549b
　　―― 贈与における 572 以下
代理権 309（脚注 21）, 571, **572 以下**
代理的解決（遺言執行）804, 807a
代理母 98
宝くじ 833
多重国籍 18

410

事 項 索 引

脱退分割　745, 747
単一主義　**463 以下**, 480, 487, 843
段階訴訟　640b, 853a
単独相続法　→世襲農場法
小さな遺留分　170 以下, 175 以下, 183 以下, 201
中央遺言登録簿　**304a**, 316
中間処分（相続証書手続）645
仲裁裁判所　356a
調達遺贈　772
著作権　631a, 635b
賃貸借関係（被相続人死後の継続）4
追加（自筆証書遺言）312
低価主義　846
定款上の承継条項　588 以下
　　――一　部　592
　　――単　純　591
停止条件　447 以下, 479 以下, 571
抵触する処分　315, **334 以下**, 470, 507
適　合　23d 以下
デジタル遺産　633a
撤　回
　　――遺言の　238, 274, **329 以下**, 410, 851a
　　――相関的処分の　470 以下, 481
　　――贈与の　580
　　――撤回の　341 以下, 410
手続法　6 以下
転遺贈　774
転　換　386, **401 以下**, 449, 457（脚注 5）, 877（脚注 4）
転致（国際私法）23a, 23b
同一内容の遺言　338a
同意留保　270
登記許諾　632
動機の錯誤　**423 以下**, 432, 442 以下, 515, 536, 554, 563, 616
同権法　84
同時死亡の推定　30 以下, 169（脚注 21）
同祖血族　111
同祖血族主義　110 以下
登録申請　844a
登録パートナーシップ　→パートナーシップ
特定承継　39, **590 以下**, 595 以下, 805
　　――会社持分の　**590 以下**, 805 以下

411

事項索引

独仏の夫婦財産制 193a 以下
特別部 9
特別方式遺言 324 以下
特有財産 191, 193
独立資金 750, 753
土地登記簿
 ――遺言執行 796
 ――後位相続 676, 695
 ――相続人共同体 722
 ――相続の証明 294, 348, 642, 676(脚注 9)
土地方式 23
特許権 631a
取消し
 ――遺言の 413, 418 以下, 442 以下, 450, 689(脚注 33)
 ――遺留分権利者の看過による 431 以下
 ――共同遺言の 475 以下
 ――強迫による 238 以下, 339, 429, 475
 ――詐欺による 430
 ――承認の 612 以下
 ――相関的処分の 475 以下
 ――相続契約の 515 以下
 ――相続放棄の 545, 554, 563
 ――第三者による 476, 517
 ――撤回の 339, 433
 ――動機の錯誤による 423 以下, 432, 442 以下, 515, 536, 554, 563, 616
 ――内容の錯誤による 421 以下, 613 以下
 ――表示上の錯誤による 421 以下, 615
 ――父子関係の 99 以下, 103, 105
 ――放棄の 612 以下
 ――母子関係の 98
取消期間
 ――遺言の 436, 453
 ――共同遺言の 476(脚注 45)
 ――承認と放棄の 617
 ――相続契約の 516
取消原因
 ――遺言の 420 以下, 453
 ――共同遺言の 476, 489
 ――承認と放棄の 613 以下, 621
 ――相続契約の 515
 ――の主張 434(脚注 44)

事項索引

取消権者
 —— 遺言の　433, 443, 453
 —— 共同遺言の　475 以下
 —— 相続契約の　515 以下
取消しにおける信頼利益　439, 453, 518
取消しの意思表示
 —— 遺言の　434 以下, 453
 —— 承認と放棄の　617
 —— 相続契約の　516 以下
取消しの効力　419, 437 以下
取り消すことができる処分の追認　422（脚注 9）, 517
取引行為　657a, 768（脚注 1）
取り分割合　752

◆ な 行
内容の錯誤　421 以下, 613 以下
2009 年相続法改正法　85, 229, 553, 641a, 754a, 824b, 844, 845, 854 以下, 867b（脚注 82 以下）
日常家事処理権　194（脚注 39）
二面相続契約（双務的相続契約）　401, **494**, 514, 518
年　金　2〔原典の 3 は誤記〕
農業経営　5, 281, 563 以下, 832
脳死（死亡時）　31
農場相続人の決定　281（脚注 18）, 501
農林地取引法　746（脚注 53）

◆ は 行
ハーグ条約（終意処分の方式）　22 以下
パートナーシップ　**208 以下**
 —— 相続税　81 以下
パートナーシップ会社　585（脚注 59）
パートナー法　208
配偶者
 —— 遺留分　170 以下, 175 以下, 183 以下, 822, 830 以下
 —— 共同遺言　456 以下
 —— 相続権　86 以下, 91, **54 以下**
 —— 相続権の発展　84
売春法　246
廃　除　38, 168 以下, 230, 243, 259, **354**, 546, 823, 851a, 862
破産裁判所　712
破産手続　697, 711 以下
話すことも書くこともできない人　70, 299a

事項索引

半兄弟姉妹 132
反致（国際私法）23a 以下
非婚姻法 84, 92 以下, 187
非婚の生活共同体 4, 81（脚注 41）, 157, 198, 373a, 457, 841
非婚の父子関係
　── 裁　判 103 以下
　── 認　知 100 以下
非財産的権利 32, 635 以下
非訟事件 6
被相続人 24 以下
被相続人の当たり前の想定 426, 442
被相続人の仮定的意思 373, **392 以下**, 401, 406, 412, 427, 442
被相続人の期待 423 以下, 515
被相続人の債務 701
被相続人の親族法上の指示 358
被相続人の生存中の自己利益 523（脚注 47）, 525 以下, 533
被相続人の生存中の出捐 750 以下, 834 以下
被相続人の想定 426 以下, 432
被相続人の無意識の想定 426, 442
卑　属
　── 遺留分 822 以下
　── 遺留分放棄 552
　── 教育費請求権 165（脚注 16）, 176
　── 共同遺言（終りの相続人）461 以下
　── 後位相続人 685
　── 相続権放棄 550, 552
　── 相続人指定 371 以下
　── 法定相続権 86 以下, 131 以下
　── 持戻し 750 以下, 836
非嫡出子 84, **92 以下**, 129, 187, 431（脚注 35）
非嫡出子相続平等化のための第 2 法 84, **97 以下**, 431（脚注 35）
非嫡出子の平等化 92 以下, 431（脚注 35）
費　用 9, 648a
表見相続人 607, **623 以下**, 639, 663
表示上の錯誤 421 以下
平等原則 255, 299a, 845
夫婦財産共同制 **191 以下**, 358, 523, 772, 841
夫婦財産制上の解決（剰余共同制）**168 以下**, 174, 176, 200
父子関係 99 以下
父子関係の確定 **103 以下**
不主張の抗弁 704a

事 項 索 引

不足の抗弁 **715**, 718, 766, 775
負　担
　—— 解　釈 387
　—— 第三者による給付の決定 280
　—— 転　換 401
負担を課される者
　—— 遺贈において 774
　—— 負担（Auflage）において 780 以下
普通方式の遺言 291
物権的遺贈 23d, 23e, 768
物権的合意
　—— 表意者の死後の効力 632
物権的合意の仮登記
　—— 即時取得 659
不当な影響 248a
部分的な連邦法 5（脚注 5）
不滅の委任状 573
扶養請求権 156, 523, **634**, 696
　—— 相続人の母になる者の 199
分　割
　—— 継続された財産共同制の 193
　—— 財産共同制の 192
　—— 相続人共同体の 356, 382, 742 以下
分割方法の指定 39, 356, 367, 382, **748 以下**, 761, 777, 783 以下
文　書
　—— 公正証書遺言 300 以下
　—— 自筆証書証書 307 以下
分離主義 **462 以下**, 479, 487
別産制 **186 以下**, 190, 323
ベルリン遺言 463, 465 以下, 603, 782, 843
変更の留保
　—— 共同遺言 472
　—— 相続契約 504, 505a（脚注 22）
包括承継 39, 351, 382, **631 以下**, 696
放　棄
　—— 遺贈の 778, 826 以下
　—— 終りの相続人による 603
　—— 剰余共同制における 174 以下
　—— 相続の 602 以下, 824b, 825, 848
　—— 胎児のための 28

415

事項索引

方　式
　──遺　言　290 以下
　──遺言の撤回　332 以下
　──解釈との関係　364
　──共同遺言　459 以下
　──国際私法　22 以下
　──相続契約　499 以下
　──特別方式遺言　324 以下
方式違背
　──遺　言　292
　──相続契約　501
法定遺贈　197 以下
法定先取遺贈　197
法定相続　4, 34 以下, 71, **86 以下**
法定相続人としての国　34, 74, 88, 137(脚注 2), **229 以下**
　──合憲性　68
法定代理（親）764 以下
法定夫婦財産制　163
法の違反を理由とする抗告　650
法の選択　18 以下, 466, 503
法律効果の錯誤　421(脚注 7), 614
法律上当然の取得　**600 以下**, 661, 724, 778
法律上の禁止　241 以下, 521, 531
法律上の聴聞
　──遺言執行者の解任　820
　──相続証書　646
保　管
　──公正証書遺言　293, 304
　──自筆証書遺言　316
　──相続契約　500
　──撤　回　331, 340, 500, 509
保険料　581a
保護人　358(脚注 10)　→遺産保護人も参照
母子関係　98
補充規則　366 以下
補充的遺言解釈　372, **391 以下**, 397a
補償関係　578
補足遺留分　173, 824a, 826, 830, 851, 859
　──剰余共同制　173
補足遺留分侵害額請求権　173, 824a, 826, 859
ボニファティウス事件　576(脚注 22)

416

本人作成　237, **277** 以下

◆ ま　行

埋　葬　636
埋葬費用　702
孫　111 以下, 115, 489a 以下
まだらボケで意識がはっきりしている時期　269b（脚注 6）
マルクス主義　64
未懐胎であった人
　　── 後順位相続人としての指定　28, 672
未成年者
　　── 遺言能力　266 以下, 274
　　── 相続した商行為の継続　764 以下
未成年者の責任制限に関する法律　766
民事訴訟　9, 434, 637, 653
民法上の組合　26 以下, 584, 588 以下, 595a 以下, 805 以下
無限責任　583b, 697 以下, 716, 758, 764 以下, 876
無体財産権
　　── 相続性　635b
無名出捐　523, 841
妾遺言　243, 246
免責された先位相続人　480, 680 以下
目的を定めた遺贈（目的遺贈）　280, **770**
目的を定めた負担（目的負担）　280, 388, 780（脚注 13）
持戻義務　748, 750 以下, 754c, 777, 836

◆ や　行

約定夫婦財産制　186, 191, 193a
優遇する意思　777
有限会社
　　── 持分の相続性　583d
有限責任社員の持分　595, 677（脚注 10）, 808
宥恕（遺留分剥奪）　858 以下
良い態度の期待　426
用益権　634, 680, 769
用益権の留保　521, 844a, 846（脚注 40）
養子縁組　107 以下, 129, 133, 150 以下
予備後位相続人　682, 684 以下, 694
予備受遺者　779
予備相続人　279, 354, 372, 377, 398 以下, **666 以下**, 688 以下, 692
拠り所理論　364, 396

事項索引

◆ ら　行
ライヒ世襲農場法 5(脚注 5)
利益（先位相続）543, 677
離　婚 101, 154 以下, 168, 206 以下, 373, 405 以下, 458, 506, 579, 655(脚注 130)
離婚条項 448
離婚の際の和解 402
留保財産 191, 193, 358
良俗違反 61, **243 以下**, 448 以下, 520, 532, 545c〔原典の 545a は誤記〕
　　――一　部 414
　　――遺留分放棄 545c
　　――相続放棄 602
　　――判断の基準時 249 以下
連帯債務の支払を求める訴え 756
老人ホーム法 242 以下

◆ わ　行
和解契約 547 以下, 564 以下
忘れられた遺言 334, 432, 455, 476(脚注 45)

〈著者紹介〉
ディーター・ライポルト（Dieter Leipold）
フライブルク大学名誉教授
- 1939年　1月15日パッサウ生まれ
- 1957年　ミュンヘン大学法学部入学
- 1962年　国家試験1次（ミュンヘン）（評点1.46；バイエルン州第1位）
- 1963年　ミュンヘン大学法学部助手
- 1965年　博士号取得（ミュンヘン大学法学部）（最優等（summa cum laude））
- 1966年　国家試験2次（ミュンヘン）（評点2.20；バイエルン州第1位）
- 1970年　教授資格取得：（民法，労働法，民事訴訟法および民事手続法）
- 1970年　エアランゲン＝ニュルンベルク大学法学部教授
- 1979年　フライブルク大学法学部教授
- 2007年　フライブルク大学法学部名誉教授

〈訳者紹介〉
田中 宏治（たなか・こうじ）
千葉大学大学院社会科学研究院教授
- 1967年　10月29日埼玉県生まれ
- 1986年　私立武蔵高校卒業
- 同年　　東京大学文科Ⅰ類入学
- 1991年　東京大学法学部卒業
- 1993年　東京大学大学院法学政治学研究科修士課程修了
- 1997年　東京大学大学院法学政治学研究科博士課程中退
- 同年　　大阪大学法学部助手
- 1999年　ドイツ学術交流会（DAAD）長期奨学生
- 同年　　大阪大学大学院法学研究科助教授
- 2001年　フライブルク大学法学部修士課程修了（LL.M.）
- 2009年　千葉大学大学院専門法務研究科教授（現在に至る）
- 2017年　千葉大学大学院社会科学研究院教授（現在に至る）

〈主要著作〉
『代償請求権と履行不能』（信山社，2018年）
『ドイツ売買論集』（信山社，2021年）

法学翻訳叢書
017
ドイツ民法

ドイツ相続法

2024(令和6)年12月25日 初版第1刷発行

著 者　ディーター・ライポルト
訳 者　田　中　宏　治
発行者　今井 貴・稲葉文子
発行所　株式会社　信　山　社
〒113-0033　東京都文京区本郷 6-2-9-102
　　Tel 03-3818-1019　Fax 03-3818-0344
　　info@shinzansha.co.jp
笠間才木支店　〒309-1600　茨城県笠間市笠間 515-3
笠間来栖支店　〒309-1625　茨城県笠間市来栖 2345-1
　　Tel 0296-71-0215　Fax 0296-72-5410
出版契約 2024-2374-3-01010　Printed in Japan

ⓒ著者・訳者, 2024　印刷・製本／藤原印刷
ISBN978-4-7972-2374-3 C3332.P.444/324.510 a.019 ドイツ民法
2374-0101：012-050-030 《禁無断複写》

JCOPY 〈(社)出版者著作権管理機構 委託出版物〉
本書の無断複写は著作権法上での例外を除き禁じられています。複写される場合は、そのつど事前に、(社)出版者著作権管理機構(電話03-5244-5088、FAX03-5244-5089、e-mail: info@jcopy.or.jp)の許諾を得てください。また、本書を代行業者等の第三者に依頼してスキャニング等の行為によりデジタル化することは、個人の家庭内利用であっても、一切認められておりません。

高校生との対話による次世代のための民法学レクチャー
◇学びの基本から学問世界へ◇

民法研究レクチャーシリーズ

不法行為法における法と社会
― JR 東海事件から考える ―
瀬川信久 著

法の世界における人と物の区別
能見善久 著

グローバリゼーションの中の消費者法
松本恒雄 著

所有権について考える
― デジタル社会における財産 ―
道垣内弘人 著

最新刊
憲法・民法関係論と公序良俗論
山本敬三 著

信山社

民法研究 第2集
東アジア編／フランス編
大村敦志 責任編集

フランス民法の伝統と革新 I ― 総論と家族・債務
L. ルヴヌール／S. マゾー゠ルヴヌール／M. ルヴヌール゠アゼマール 著
水野紀子・大村敦志 監訳

これからの民法・消費者法 I・II
河上正二先生古稀記念

沖野眞已・丸山絵美子・水野紀子
森田宏樹・森永淑子 編

人間の尊厳と法の役割 ― 民法・消費者法を超えて
廣瀬久和先生古稀記念

河上正二・大澤 彩 編

― 信山社 ―

実効的権利保護—訴訟による訴訟における権利保護
ディーター・ライポルド 著／松本博之 編訳

ドイツ売買論集
田中宏治

代償請求権と履行不能
田中宏治

新債権総論 I・II
潮見佳男

新契約各論 I・II
潮見佳男

判例プラクティス民法 III 親族・相続
（第2版）
松本恒雄・潮見佳男・羽生香織 編

信山社